CH00420266

Notas dos autores

A nossa liberdade de opinião e expressão.
- Artigo 220º da Constituição da República Federativa do Brasil. Capítulo V da Comunicação Social: A manifestação do pensamento, a criação, a expressão e a informação, sob qualquer forma, processo ou veículo não sofrerão qualquer restrição, observado o disposto nesta Constituição.
§ 2º - É vedada toda e qualquer censura de natureza política, ideológica e artística.

As fotos do livro.
As fotos estão neste site: https://sites.google.com/view/sociedadearmonica

Índice

Introdução ao estudo da Doutrina Espírita

Sobre a imortalidade da alma, a natureza dos espíritos e suas relações com os homens, as leis morais, a vida presente e o futuro da Humanidade, segundo os ensinos dados por espíritos superiores, com o concurso de diversos médiuns, recebidos e coordenados por Allan Kardec.

1 - Espiritismo e Espiritualismo.

Pras coisas novas, nós necessitamos de palavras novas, pois assim exige a clareza de linguagem, pra evitarmos a confusão inerente aos múltiplos sentidos dos próprios vocábulos. As palavras 'espiritual', 'espiritualista' e 'espiritualismo' têm uma significação bem definida, vamos dar-lhes outra, pra aplica-las à Doutrina dos Espíritos, seria multiplicar as causas já tão numerosas da anfibologia.

Com efeito, o Espiritualismo é o oposto do Materialismo, quem quer que acredite haver em si mesmo alguma coisa além da matéria é Espiritualista, mas não se segue daí que creia na existência dos espíritos ou em suas comunicações com o mundo visível. Em lugar das palavras 'espiritual' e 'espiritualismo', vamos empregar, pra designar esta última crença, as palavras 'Espírita' e 'Espiritismo', nas quais a forma lembra a origem e o sentido radical e que por isso mesmo têm a vantagem de ser perfeitamente inteligíveis, deixando pro espiritualismo a sua significação própria.

Diremos, portanto, que a Doutrina Espírita ou o Espiritismo tem por princípio as relações do mundo material com os espíritos ou os seres do mundo invisível. Os adeptos do Espiritismo serão então os Espiritistas. Como especialidade *O Livro dos Espíritos* contém a Doutrina Espírita, como generalidade ele se liga ao Espiritualismo, do qual apresenta uma das fases. Essa a razão por que traz sobre o título as palavras, Filosofia Espiritualista.

2 - Alma, princípio vital e fluido vital.

Há outra palavra que devemos nos entender porque é uma das chaves de toda doutrina moral e tem suscitado numerosas controvérsias, por falta duma acepção bem determinada, é a palavra alma. A divergência de opiniões sobre a natureza da alma provém da aplicação particular que cada qual faz desse vocábulo. Uma língua perfeita, em que cada ideia tivesse a sua representação por um termo próprio, evitaria muitas discussões, com uma palavra pra cada coisa, todos se entenderiam.

Segundo uns, a alma é o princípio da vida orgânica material, não tem existência própria e se extingue com a vida, é o puro materialismo. Nesse sentido e por comparação, dizem dum instrumento quebrado, que não produz mais som, que ele não tem alma. De acordo com esta opinião, a alma seria um efeito e não uma causa. Outros pensam que a alma é o princípio da inteligência, agente universal de que cada ser absorve uma porção. Segundo estes, não haveria em todo o universo senão uma única alma, distribuindo fagulhas pros diversos seres inteligentes, durante a vida, após a morte, cada fagulha volta à fonte comum, confundindo-se no todo, como os córregos e os rios retornam ao mar de onde saíram.

Esta opinião difere da precedente em que, segundo esta hipótese, existe em nós algo mais do que a matéria, restando qualquer coisa após a morte, mas é quase como se nada restasse, pois não subsistindo a individualidade nós não teríamos mais consciência de nós mesmos. De acordo com esta opinião, a alma universal seria Deus e cada ser uma porção da Divindade, é esta uma variedade do Panteísmo.

Segundo outros, enfim, a alma é um ser moral, distinto, independente da matéria e que conserva a sua individualidade após a morte. Esta concepção é incontestavelmente a mais comum, porque, sob um nome ou outro, a ideia desse ser que sobrevive ao corpo se encontra em estado de crença instintiva, e independente de qualquer grau de civilização, entre todos os povos. Essa doutrina, pra qual a alma é causa e não efeito, é a dos espiritualistas. Sem discutir o mérito dessas opiniões e não considerando senão o lado linguístico da questão, diremos que essas três aplicações da palavra alma constituem três ideias distintas, que reclamariam cada uma um termo diferente.

Essa palavra tem, portanto, significação tríplice, e cada qual está com a razão, segundo o seu ponto de vista ao lhe dar uma definição, a falha se encontra na língua, que não dispõe de mais duma palavra pra três ideias. Pra evitar confusões, seria necessário restringir a acepção da palavra alma a uma de suas ideias. Escolher esta ou aquela é indiferente, simples questão de convenção, e o que importa é esclarecer.

Pensamos que o mais lógico é tomá-la na sua significação mais vulgar, e por isso chamamos alma ao ser imaterial e individual que existe em nós e sobrevive ao corpo. Ainda que este ser não existisse e não fosse mais que um produto da imaginação, seria necessário um termo pra designá-lo. Na falta duma palavra especial pra cada uma das duas outras ideias, chamaremos de princípio vital, o princípio da vida material e orgânica, seja qual for a sua fonte, que é comum a todos os seres vivos, desde as plantas ao homem. A vida podendo existir, sem a faculdade de pensar, o princípio vital é coisa distinta e independente.

A palavra vitalidade não daria a mesma ideia. Pra uns, o princípio vital é uma propriedade da matéria, um efeito que se produz quando a matéria se encontra em dadas circunstâncias, segundo outros, e essa ideia é a mais comum, ele se encontra num fluido especial, universalmente espalhado, do qual cada ser absorve e assimila uma parte durante a vida, como vemos os corpos inertes absorverem a luz. Este seria então o fluido vital, que, segundo certas opiniões, não seria outra coisa senão o fluido elétrico animalizado, também designado por fluido magnético, fluido nervoso, etc.

Seja como for, há um fato incontestável, pois resulta da observação, é que os seres orgânicos possuem uma força íntima que produz o fenômeno da vida, enquanto essa força existe, que a vida material é comum a todos os seres orgânicos, e que ela independe da inteligência e do pensamento, que a inteligência e o pensamento são faculdades próprias de certas espécies orgânicas, enfim, que, entre as espécies orgânicas dotadas de inteligência e pensamento, há uma dotada dum senso moral especial que lhe dá incontestável superioridade perante as outras e que é a espécie humana.

Compreende-se que, com uma significação múltipla, a alma não exclui o materialismo, nem o panteísmo. Mesmo o espiritualista pode muito bem entender a alma segundo uma ou outra das duas primeiras definições, sem prejuízo do ser material distinto, ao qual dará qualquer outro nome. Assim, essa palavra não representa uma opinião, é um Proteu, que cada qual ajeita a seu modo, o que dá origem a tantas disputas intermináveis.

Evitaríamos igualmente a confusão, mesmo empregando a palavra alma nos três casos, desde que lhe ajuntássemos um qualificativo pra especificar a maneira pela qual a encaramos ou a aplicação que lhe damos. Ela seria então um termo genérico, representando ao mesmo tempo o princípio da vida material, da inteligência e do senso moral, que se distinguiriam pelo atributo, como o gás, por exemplo, que se distingue se ajuntando as palavras hidrogênio, oxigênio e azoto.

Poderíamos dizer, e talvez fosse o melhor, a alma vital pra designar o princípio da vida material, a alma intelectual pro princípio da inteligência, e a alma espírita pro princípio da nossa individualidade após a morte. Como se vê, tudo isto é questão de palavras, mas questão muito importante pra nos entendermos.

Dessa maneira, a alma vital seria comum a todos os seres orgânicos, plantas, animais e homens, a alma intelectual seria própria dos animais e dos homens, e a alma espírita pertenceria somente ao homem. Acreditamos dever insistir tanto mais nestas explicações, quanto a Doutrina Espírita repousa naturalmente sobre a existência em nós dum ser independente da matéria e que sobrevive ao corpo. Devendo repetir frequentemente a palavra alma no curso desta obra, tínhamos de fixar o sentido em que a tomamos, a fim de evitar qualquer engano.

3 - A Doutrina e seus contraditores.

A Doutrina Espírita, como toda novidade, tem seus adeptos e seus contraditores. Tentaremos responder a algumas das objeções destes últimos, examinando o valor das razões em que se apoiam, sem termos, entretanto, a pretensão de convencer a todos, pois há pessoas que acreditam que a luz foi feita somente pra elas. Dirigimo-nos às pessoas de boa fé, sem ideias preconcebidas ou posições firmadas, mas sinceramente desejosas de se instruírem, e lhes demonstraremos que a maior parte das objeções que fazem à doutrina provém duma observação incompleta dos fatos e dum julgamento formado com muita ligeireza e precipitação.

Recordaremos inicialmente, em breves palavras, a série progressiva de fenômenos que deram origem a esta doutrina. O primeiro fato observado foi o movimento de objetos, designaram-no vulgarmente com o nome de mesas girantes ou dança das mesas. Esse fenômeno, que parece ter sido observado primeiramente na América, ou melhor, que se teria repetido nesse país, porque a História prova que ele remonta a mais alta Antiguidade, produziu-se acompanhado de circunstâncias estranhas, como ruídos insólitos e golpes desferidos sem uma causa ostensiva, conhecida.

Dali, ele se propagou rapidamente pela Europa e por outras partes do mundo, a princípio provocou muita incredulidade, mas a multiplicidade das experiências em breve não mais permitiu que se duvidasse da sua realidade. Se esse fenômeno se tivesse restringido ao movimento de objetos materiais, poderia ser explicado por uma causa puramente física. Estamos longe de conhecer todos os agentes ocultos da natureza e mesmo todas as propriedades dos que já conhecemos, a eletricidade, aliás, multiplica diariamente ao infinito os recursos que oferece ao homem e parece dever iluminar a ciência com uma nova luz.

Não haveria, portanto, nada de impossível em que a eletricidade, modificada por certas circunstâncias, ou qualquer outro agente desconhecido, fosse a causa desse movimento. A reunião de muitas pessoas, aumentando o poder de ação, parecia dar apoio a essa teoria porque se poderia considerar essa reunião como uma pilha múltipla, em que a potência corresponde ao número de elementos. O movimento circular nada tinha de extraordinário, pertence à natureza. Todos os astros se movem circularmente, poderíamos, pois, estar em face dum pequeno reflexo do movimento geral do Universo, ou, melhor dito, uma causa até então desconhecida poderia produzir acidentalmente, nos pequenos objetos e em dadas circunstâncias, uma corrente análoga à que impulsiona os mundos.

Mas o movimento não era sempre circular. Frequentemente era brusco, desordenado, o objeto violentamente sacudido, derrubado, conduzido numa direção qualquer e, contrariamente a todas as leis da estática, suspenso e mantido no espaço. Não obstante, nada havia ainda nesses fatos que não pudesse ser explicado pelo poder dum agente físico invisível. Não vemos a eletricidade derrubar edifícios, arrancar árvores, lançar a distância os corpos mais pesados, atraí-los ou repeli-los?

Supondo-se que os ruídos insólitos e os golpes não fossem efeitos comuns da dilatação da madeira ou de qualquer outra causa acidental, poderiam ainda muito bem ser produzidos por acumulação do fluido oculto. A eletricidade não produz os ruídos mais violentos? Até esse momento, como se vê, tudo pode ser considerado no domínio dos fatos puramente físicos e fisiológicos, e sem sair dessa ordem de ideias, ainda haveria matéria pra estudos sérios, digna de prender a atenção dos sábios. Por que não aconteceu assim?

É penoso dizer, mas o fato se liga a causas que provam, entre mil outras semelhantes, a leviandade do espírito humano. De início, a vulgaridade do objeto principal que serviu de base às primeiras experiências talvez não lhe seja estranha. Que influência não teve uma simples palavra, muitas vezes, sobre coisas mais graves. Sem considerar que o movimento poderia ser transmitido a um objeto qualquer, prevaleceu a ideia da mesa, sem dúvida por ser o objeto mais cômodo e porque todos se sentam mais naturalmente em torno duma mesa que de qualquer outro móvel.

Ora, os homens superiores são às vezes tão pueris que não seria impossível certos espíritos de elite se julgarem diminuídos, se tivessem de ocupar-se daquilo que se convencionaria chamar a dança das mesas. É mesmo provável que, se o fenômeno observado por Galvani o tivesse sido por homens vulgares e caracterizado por um nome burlesco, estivesse ainda relegado ao lado da varinha mágica. Qual o sábio que não se teria julgado diminuído ao ocupar-se da dança das rãs? Alguns, entretanto, bastante modestos pra aceitarem que a natureza poderia não lhes ter dito a última palavra, quiseram ver pra tranquilidade de consciência, mas aconteceu que o fenômeno nem sempre correspondeu à sua expectativa, e por não se ter produzido constantemente, à sua vontade e segundo a sua maneira de experimentação, concluíram eles pela negativa.

Malgrado, porém, a sua sentença, as mesas, pois que há mesas, continuam a girar, e podemos dizer com Galileu: - *Contudo, elas se movem.*

Diremos ainda que os fatos se multiplicaram de tal modo que têm hoje direito de cidadania e que se trata apenas de encontrar pra eles uma explicação racional. Pode-se induzir qualquer coisa contra a realidade do fenômeno pelo fato dele não se produzir sempre de maneira idêntica, segundo a vontade e as exigências do observador? Os fenômenos de eletricidade e de química não estão subordinados a determinadas condições e devemos negá-los porque não se produzem fora delas? Devemos estranhar que o fenômeno do movimento de objetos pelo fluido humano tenha também as suas condições e deixe de se produzir quando o observador, firmado no seu ponto de vista, pretende fazê-lo seguir ao seu capricho ou sujeitá-lo às leis dos fenômenos comuns, sem considerar que, pra fatos novos, pode e deve haver novas leis?

Ora, pra conhecer essas leis, é necessário estudar as circunstâncias em que os fatos se produzem e esse estudo não pode ser feito sem uma observação perseverante, atenta, e por vezes bastante prolongada, mas objetam algumas pessoas, há frequentemente fraudes visíveis. Perguntaremos inicialmente se estão bem certas de que há fraudes e se não tomaram por fraudes efeitos que não conseguiram apreender, mais ou menos como o camponês que tomava um sábio professor de física, fazendo experiências, por um destro escamoteador, e mesmo supondo-se que as fraudes tenham ocorrido algumas vezes, seria isso razão pra negar o fato?

Deve-se negar a Física porque há prestidigitadores que se enfeitam com o título de físicos? É necessário, ao demais, considerar o caráter das pessoas e o interesse que elas poderiam ter em enganar. Seria tudo então simples brincadeira? Pode-se muito bem brincar um instante, mas uma brincadeira indefinidamente prolongada seria tão fastidiosa pro mistificador como pro mistificado. Haveria, além disso, uma mistificação que se propaga dum extremo a outro do mundo e entre as pessoas mais graves, mais veneráveis e esclarecidas, alguma coisa pelo menos tão extraordinária quanto o próprio fenômeno.

4 - Manifestações inteligentes.

Se os fenômenos de que nos ocupamos se restringissem ao movimento dos objetos, teriam permanecido no domínio das ciências físicas, mas não aconteceu assim, eles estavam destinados a nos colocarem na pista dos fatos duma ordem estranha. Acreditou-se haver descoberto, não sabemos por iniciativa de quem, que o impulso dado aos objetos não era somente o produto duma força mecânica cega, mas que havia nesse movimento a intervenção duma causa inteligente.

Esta via, uma vez aberta, oferecia um campo inteiramente novo de observações, era o véu que se levantava sobre muitos mistérios, mas haverá realmente neste caso uma potência inteligente? Essa é a questão. Se essa potência existe, o que é ela, qual a sua natureza, a sua origem? E ela superior à Humanidade? Tais são as outras questões que decorrem da primeira. As primeiras manifestações inteligentes verificaram-se por meio de mesas que se moviam e davam determinados golpes, batendo um pé, e assim respondiam, segundo o que se havia convencionado, por "sim" ou por "não" à questão proposta.

Até aqui, nada de seguramente convincente pros céticos, porque podia crer-se num efeito do acaso. Em seguida, obtiveram-se respostas mais desenvolvidas por meio das letras do alfabeto, dando o móvel um número de ordem de cada letra, chegava-se a se formarem palavras e frases que respondiam às questões propostas. A justeza das respostas e sua correspondência com a pergunta provocaram a admiração. O ser misterioso que assim respondia, interpelado sobre a sua natureza, declarou que era um espírito ou Gemo, deu o seu nome e forneceu diversas informações a seu respeito. Esta é uma circunstância muito importante a notar.

Ninguém havia então pensado nos espíritos como um meio de explicar o fenômeno, foi o próprio fenômeno que revelou a palavra. Fazem-se hipóteses frequentemente nas ciências exatas pra se conseguir uma base ao raciocínio, mas neste caso não foi o que se deu. Esse meio de correspondência era demorado e incômodo. O espírito é esta e também uma circunstância digna de nota, indicou outro. Foi um desses seres invisíveis quem aconselhou a adaptar-se um lápis a uma cesta ou a um outro objeto. A cesta, posta sobre uma folha de papel, é movimentada pela mesma potência oculta que faz girar as mesas, mas, em lugar dum simples movimento regular, o lápis escreve por si mesmo, formando palavras frases discursos inteiros de muitas páginas, tratando das mais altas questões de Filosofia, de Moral, de Metafísica, de Psicologia, etc., e isso com tanta rapidez como se escrevesse a mão.

Esse conselho foi dado simultaneamente na América, na França e em diversos países. Eis os termos em que foi dado em Paris, a 10 de Junho de1853, a um dos mais fervorosos adeptos da Doutrina, que há muitos anos desde 1849, se ocupava com a evocação dos espíritos: - *Vá buscar no quarto ao lado a cestinha, prenda nela um lápis, coloque-a sobre o papel e ponha-lhe os dedos na borda.*

Feito isso, depois de alguns instantes, a cesta se pôs em movimento e o lápis escreveu legivelmente esta frase: - *Isto que eu vos disse, proíbo-vos expressamente de dizer a alguém, na primeira vez que escrever, escreverei melhor.*

O objeto a que se adapta o lápis, não sendo mais que simples instrumento sua natureza e sua forma não importam, procurou-se a disposição mais cômoda e foi assim que muitas pessoas passaram a usar uma prancheta. A cesta ou a prancheta não podem ser postas em movimento senão sob a influência de certas pessoas, dotadas pra isso dum poder especial e que se designa pelo nome de médiuns, ou seja, intermediários entre os espíritos e os homens. As condições que produzem este poder estão ligadas a causas ao mesmo tempo físicas e espirituais ainda imperfeitamente conhecidas porquanto se encontram médiuns de todas as idades, de ambos os sexos e em todos os graus de desenvolvimento intelectual. Essa faculdade, entretanto, se desenvolve pelo exercício.

5 - Desenvolvimento da psicografia.

Mais tarde reconheceu-se que a cesta e a prancheta nada mais eram do que apêndices da mão, e o médium, tomando diretamente o lápis, pôs-se a escrever por um impulso involuntário e quase febril. Por esse meio as comunicações se tornaram mais rápidas, mais fáceis e mais completas, é esse hoje, o meio mais comum, tanto que o número de pessoas dotadas dessa aptidão é bastante considerável e se multiplica dia-a-dia.

A experiência, por fim, tornou conhecidas muitas outras variedades da faculdade mediúnica, descobrindo-se que as comunicações podiam igualmente se verificar através da escrita direta dos espíritos, ou seja, sem o concurso da mão do médium nem do lápis. Verificado o fato, um ponto essencial restava a considerar, o papel do médium nas respostas e a parte que nelas tomava, mecânica e espiritualmente. Duas circunstâncias capitais, que não escapariam a um observador atento, podem resolver a questão.

A 1ª é a maneira pela qual a cesta se move sob a sua influência, pela simples imposição dos dedos na borda, o exame demonstra a impossibilidade dum médium imprimir uma direção à cesta. Essa impossibilidade se torna, sobretudo evidente quando duas ou três pessoas tocam ao mesmo tempo na mesma cesta, seria necessário entre elas uma concordância de movimentos realmente fenomenal, seria ainda necessária a concordância de pensamentos pra que pudessem se entender sobre a resposta a dar. Outro fato, não menos original, vem ainda aumentar a dificuldade. É a mudança radical da letra, segundo o espírito que se manifesta e a cada vez que o mesmo espírito volta, repetindo-a. Seria, pois, necessário que o médium se tivesse exercitado em modificar a própria letra de vinte maneiras diferentes, e, sobretudo que ele pudesse se lembrar da caligrafia deste ou daquele espírito.

A 2ª circunstância resulta da própria natureza das respostas, que são, na maioria dos casos, sobretudo quando se trata de questões abstraías ou científicas, notoriamente fora dos conhecimentos e às vezes do alcance intelectual do médium. Este, de resto, geralmente, não tem consciência do que escreve e por outro lado nem mesmo entende a questão proposta, que pode ser feita numa língua estranha ou mentalmente, sendo a resposta dada nessa língua. Acontece, por fim, que a cesta escreve de maneira espontânea, sem nenhuma questão proposta, sobre um assunto absolutamente inesperado.

As respostas, em certos casos, revelam um teor de sabedoria, de profundeza e de oportunidade, pensamentos tão elevados e tão sublimes, que não podem vir senão duma inteligência superior, impregnada da mais pura moralidade. Doutras vezes, são tão levianas, tão frívolas e mesmo tão banais que a razão se recusa a admitir que possam vir da mesma fonte. Essa diversidade de linguagem não se pode explicar senão pela diversidade de inteligências que se manifestam. Essas inteligências são humanas ou não? Esse é o ponto a esclarecer e sobre o qual se encontrará nesta obra a explicação completa, tal como foi dada pelos próprios espíritos.

Eis, portanto, os efeitos evidentes que se produzem fora do círculo habitual de nossas observações, que não se passam de maneira misteriosa, mas à luz do dia, que todos podem ver e constatar, que não são privilégio de nenhum indivíduo e que milhares de pessoas repetem à vontade todos os dias. Esses efeitos têm necessariamente uma causa e, desde que revelam a ação duma inteligência e duma vontade, eles saem domínio puramente físico. Muitas teorias foram formuladas a respeito. Passaremos a examiná-las dentro em pouco e veremos se podem tornar compreensíveis todos os fatos produzidos. Admitamos, por enquanto, a existência de seres distintos da Humanidade, pois é essa a explicação dada pelas inteligências e vejamos o que eles nos dizem.

6 - Resumo da doutrina dos espíritos.

Os seres que se manifestam se designam a si mesmos, como dissemos pelo nome de espíritos ou gênios, e dizem, alguns pelo menos, que viveram como homens na Terra. Constituem o mundo espiritual, como nós constituímos durante a nossa vida, o mundo corporal. Resumimos em poucas palavras os pontos principais da doutrina que nos transmitiram, a fim de mais facilmente responder a certas objeções, Deus é eterno, imutável, imaterial, único, todo-poderoso, soberanamente justo e bom.

Criou o Universo, que compreende todos os seres animados e inanimados, materiais e imateriais. Os seres materiais constituem o mundo visível ou corporal e os seres imateriais o mundo invisível ou espírita, ou seja, dos espíritos. O mundo espírita é o mundo normal, primitivo, eterno, preexistente e sobrevivente a tudo. O mundo corporal é secundário, ele pode deixar de existir ou nunca ter existido, sem alterar a essência do mundo espírita. Os espíritos revestem temporariamente um invólucro material perecível e sua destruição pela morte os devolve à liberdade.

Entre as diferentes espécies de seres corporais, Deus escolheu a espécie humana pra encarnação dos espíritos que chegaram a um certo grau de desenvolvimento, o que lhes dá superioridade moral e intelectual perante as demais. A alma é um espírito encarnado e o corpo é apenas o seu invólucro. Há no homem três coisas: 1 - O corpo ou ser material, semelhante ao dos animais e animado pelo mesmo princípio vital; 2 - A alma ou ser imaterial, espírito encarnado no corpo; e 3 - O liame que une a alma ao corpo, princípio intermediário entre a matéria e o espírito.

O homem tem assim duas naturezas, pelo corpo participa da natureza dos animais, dos quais possui os instintos, pela alma participa da natureza dos espíritos. O liame ou perispírito que une corpo e espírito é uma espécie de invólucro semimaterial. A morte é a destruição do invólucro mais grosseiro. O espírito conserva o segundo, que constitui pra ele um corpo etéreo, invisível pra nós no seu estado normal, mas que ele pode tornar acidentalmente visível e mesmo tangível, como se verifica nos fenômenos de aparição. O espírito não é, portanto, um ser abstrato, indefinido, que só o pensamento pode conceber.

É um ser real, definido, que em certos casos pode ser apreciado pelos nossos sentidos da vista, da audição e do tato. Os espíritos pertencem a diferentes classes, não sendo iguais em poder nem inteligência, saber ou moralidade. Os da primeira ordem são os espíritos superiores que se distinguem pela perfeição, pelos conhecimentos e pela proximidade de Deus, a pureza dos sentimentos e o amor do bem, são os anjos ou os espíritos puros.

As demais classes se distanciam mais e mais dessa perfeição. Os das classes inferiores são inclinados às nossas paixões, o ódio, a inveja, o ciúme ou orgulho, etc., e se comprazem no mal. Nesse número há os que não são nem muito bons, nem muito maus, antes perturbadores e intrigantes do que maus, a malícia e a inconsequência parecem ser as suas características, são os espíritos estouvados ou levianos. Os espíritos não pertencem eternamente à mesma ordem. Todos melhoram, passando pelos diferentes graus da hierarquia espírita. Esse melhoramento se verifica pela encarnação, que a uns é imposta como uma expiação e a outros como missão. A vida material é uma prova a que devem submeter-se repetidas vezes até atingirem a perfeição absoluta, é uma espécie de peneira ou depurador de que eles saem mais ou menos purificados.

Deixando o corpo, o espírito volta ao mundo dos espíritos, de que havia saído pra reiniciar uma nova experiência material após um lapso de tempo mais ou menos longo durante o qual permanecerá no estado de espírito errante. Devendo o espírito passar por muitas encarnações, conclui-se que todos nós tivemos muitas existências e que teremos ainda outras mais ou menos aperfeiçoadas, seja na Terra ou noutros mundos. A encarnação dos espíritos ocorre sempre na espécie humana. Seria um erro acreditar que ele pudesse encarnar num corpo de animal. As diferentes existências corporais do espírito são sempre progressivas e jamais retrógradas, mas a rapidez do progresso depende dos esforços que fazemos pra chegar à perfeição.

As qualidades da alma são as mesmas do espírito encarnado. Assim, o homem de bem é a encarnação dum bom espírito e o homem perverso, a dum espírito impuro. A alma tinha a sua individualidade antes da encarnação e a conserva após a separação do corpo. No seu regresso ao mundo dos espíritos, a alma reencontra todos os que ela conheceu na Terra e todas as suas existências anteriores se delineiam na sua memória, com a recordação de todo o bem e todo o mal que tenha feito. O espírito encarnado está sob influência da matéria.

O homem que supera essa influência, pela elevação e purificação de sua alma, se aproxima dos bons espíritos com os quais estará um dia. Aquele que se deixa dominar pelas más paixões e põe todas as suas alegrias na satisfação dos apetites grosseiros se aproxima dos espíritos impuros, dando preferência à natureza animal. Os espíritos encarnados habitam os diferentes globos do Universo. Os espíritos não encarnados ou errantes não ocupam nenhuma região determinada ou circunscrita, estão por toda parte, no espaço e ao nosso lado, vendo-nos e acotovelando-nos sem cessar. É toda uma população invisível que se agita em nosso redor.

Os espíritos exercem sobre o mundo moral e mesmo sobre o mundo físico uma ação incessante. Eles agem sobre a matéria e sobre o pensamento e constituem uma das forças da natureza, causa eficiente duma multidão de fenômenos até agora inexplicáveis ou mal explicados que não encontram solução racional. As relações dos espíritos com os homens são constantes. Os bons espíritos nos convidam ao bem, nos sustentam nas provas da vida e nos ajudam a suportá-las com coragem e resignação, os maus nos convidam ao mal, pra eles é um prazer nos ver sucumbir e cair no seu estado.

As comunicações ocultas verificam-se pela influência boa ou má que eles exercem sobre nós sem sabermos, cabendo ao nosso julgamento discernir as más e boas inspirações. As comunicações ostensivas se realizam por meio da escrita, da palavra ou doutras manifestações materiais, na maioria das vezes através dos médiuns que lhes servem de instrumentos. Os espíritos se manifestam espontaneamente ou pela evocação. Podemos evocar todos os espíritos, os que animaram homens obscuros ou dos personagens mais ilustres, qualquer que seja a época em que tenham vivido, os de nossos parentes, de nossos amigos ou inimigos, e deles obter, por comunicações escritas ou verbais, conselhos, informações sobre a situação em que se acham no espaço, seus pensamentos a nosso respeito, assim como as revelações que tenham a permissão de nos fazer.

Os espíritos são atraídos na razão de sua simpatia pela natureza moral do meio que os evoca. Os espíritos superiores gostam das reuniões sérias em que predominam o amor do bem e o desejo sincero de instrução e de melhoria. Sua presença afasta os espíritos inferiores, que encontram, ao contrário, livre acesso e podem agir com inteira liberdade entre as pessoas frívolas ou guiadas apenas pela curiosidade e por toda parte onde encontrem maus instintos. Longe de obtermos bons conselhos e informações úteis desses espíritos, nada mais devemos esperar do que futilidades, mentiras, brincadeiras de mau gosto ou mistificações, pois frequentemente se servem de nomes veneráveis pra melhor nos induzirem ao erro. Distinguir os bons e os maus espíritos é extremamente fácil. A linguagem dos espíritos superiores é constantemente digna, nobre, cheia da mais alta moralidade, livre de qualquer paixão inferior, seus conselhos revelam a mais pura sabedoria e têm sempre por alvo o nosso progresso e o bem da Humanidade. A dos espíritos inferiores é inconsequente, quase sempre banal e mesmo grosseira, se dizem às vezes coisas boas e verdadeiras, dizem com mais frequência falsidades e absurdos, por malícia ou ignorância, zombam da credulidade e se divertem à custa dos que os interrogam, lisonjeando-lhes a vaidade e embalando-lhes os desejos com falsas esperanças.

Em resumo, as comunicações sérias, na perfeita acepção do termo, não se verificam senão nos centros senos, cujos membros estão unidos por uma íntima comunhão de pensamentos dirigidos pro bem. A moral dos espíritos superiores se resume, como a do Cristo nesta máxima evangélica: - *Fazer aos outros o que desejamos que os outros nos façam, ou seja, fazer o bem e não o mal.*

O homem encontra nesse princípio a regra universal de conduta, mesmo pras menores ações. Eles nos ensinam que o egoísmo, o orgulho, a sensualidade são paixões que nos aproximam da natureza animal, prendendo-nos à matéria, que o homem que, desde este mundo, se liberta da matéria pelo desprezo das futilidades mundanas e o cultivo do amor ao próximo, se aproxima da natureza espiritual, que cada um de nós deve se tornar útil segundo as faculdades e os meios que Deus nos colocou nas mãos pra nos provar, que o Forte e o Poderoso devem apoio e proteção ao Fraco porque aquele que abusa da sua força e do seu poder pra oprimir o seu semelhante, viola a lei de Deus.

Eles ensinam enfim que no mundo dos espíritos nada pode estar escondido, o hipócrita será desmascarado e todas as suas torpezas reveladas, a presença inevitável e incessante daqueles que prejudicamos é um dos castigos que nos estão reservados, ao estado de inferioridade e de superioridade dos espíritos correspondem penas e alegrias que nos são desconhecidas na Terra. Mas eles nos ensinam também que não há faltas irremissíveis que não possam ser apagadas pela expiação. O homem encontra o meio necessário nas diferentes existências que lhe permitem avançar, na via do progresso em direção à perfeição que é o seu objetivo final. Este é o resumo da Doutrina Espírita, como ela aparece no ensinamento dos espíritos superiores. Vejamos agora as objeções que lhe fazem.

7 - A ciência e o Espiritismo.
A oposição das corporações científicas é, pra muita gente, senão uma prova pelo menos uma forte presunção contrária. Não somos dos que levantam a voz contra os sábios, pois não queremos dar motivo a nos chamarem de estouvados, temo-los, pelo contrário, em grande estima e ficaríamos muito honrados se fôssemos contados entre eles. Entretanto, sua opinião não poderia representar, em todas as circunstâncias, um julgamento irrevogável.

Quando a Ciência sai da observação material dos fatos e trata de apreciá-los e explicá-los, abre-se pros cientistas o campo das conjeturas, cada um constrói o seu sistemazinho, que deseja fazer prevalecer e sustenta encarniçadamente. Não vemos diariamente as opiniões mais contraditórias serem preconizadas e rejeitadas, repelidas como erros absurdos e depois proclamadas como verdades incontestáveis? Os fatos, eis o verdadeiro critério dos nossos julgamentos, o argumento sem réplica. Na ausência dos fatos, a dúvida é a opinião do homem prudente.

No tocante as coisas evidentes, a opinião dos sábios é justamente digna de fé, porque eles as conhecem mais e melhor que o vulgo, mas no tocante a princípios novos, a coisas desconhecidas, a sua maneira de ver não é mais do que hipotética, porque eles não são mais livres de preconceitos que os outros.

Direi mesmo que o sábio terá, talvez, mais preconceitos que qualquer outro, pois uma propensão natural o leva a tudo subordinar ao ponto de vista de sua especialidade, o matemático não vê nenhuma espécie de prova senão através duma demonstração algébrica, o químico relaciona tudo com a ação dos elementos, e assim por diante. Todo homem que se dedica a uma especialidade escraviza a ela as suas ideias. Afastai-o do assunto e ele quase sempre se confundirá, porque deseja tudo submeter ao seu modo de ver, é esta uma consequência da fragilidade humana.

Consultarei, portanto, de bom grado e com absoluta confiança, um químico, sobre uma questão de análise, um físico, sobre a força elétrica, um mecânico, sobre a força motriz, mas eles me permitirão, sem que isto afete a estima que lhes devo por sua especialização, que não tenha em melhor conta a sua opinião negativa sobre o Espiritismo do que a dum arquiteto sobre questões de música. As ciências comuns se apoiam nas propriedades da matéria, que podem ser experimentadas e manipuladas à vontade, os fenômenos espíritas se apoiam na ação de inteligências que têm vontade própria e nos provam a todo instante não estarem submetidas ao nosso capricho.

As observações, portanto, não podem ser feitas da mesma maneira, num e noutro caso. No Espiritismo, elas requerem condições especiais e outra maneira de encará-las, querer sujeitá-las aos processos ordinários de investigação seria estabelecer analogias que não existem. A Ciência propriamente dita, como Ciência, é incompetente pra se pronunciar sobre a questão do Espiritismo, não lhe cabe se ocupar do assunto e seu pronunciamento a respeito, qualquer que seja, favorável ou não, nenhum peso teria.

O Espiritismo é o resultado duma convicção pessoal que os sábios podem ter como indivíduos, independente de sua condição de sábios. Querer, porém, deferir a questão à Ciência seria o mesmo que entregar a uma assembleia de físicos ou astrônomos a solução do problema da existência da alma. Com efeito, o Espiritismo repousa inteiramente sobre a existência da alma e o seu estado após a morte. Ora, é supinamente ilógico pensar que um homem deva ser grande psicólogo pelo simples fato de ser grande matemático ou grande anatomista.

O anatomista, dissecando o corpo humano, procura a alma e, porque não a encontra com o seu bisturi, como se encontrasse um nervo, ou porque não a vê envolar-se como um gás, conclui que ela não existe. Isso em razão de se colocar num ponto de vista exclusivamente material. Segue-se daí que ele esteja com a razão, contra a opinião universal? Não. Vê-se, portanto, que o Espiritismo não é da alçada da Ciência. Quando as crenças espíritas estiverem vulgarizadas, quando forem aceitas pelas massas, o que, a julgar pela rapidez com que se propagam, não estaria muito longe, se dará com elas o que se têm dado com todas as ideias novas que encontraram oposição, os sábios se renderão à evidência. Eles aceitarão individualmente, pela força das circunstâncias.

Até que isso aconteça, seria inoportuno desviá-los de seus trabalhos especiais pra constrangê-los a se ocupar de coisa estranha, que não está nas suas atribuições nem nos seus programas. Enquanto isso, os que, sem estudo prévio e aprofundado da questão, se pronunciam pela negativa e zombam dos que não concordam com a sua opinião, esquecem que o mesmo aconteceu com a maioria das grandes descobertas que honraram a Humanidade.

Arriscam-se a ver os seus nomes aumentando a lista dos ilustres negadores das ideias novas, inscritos ao lado dos membros da douta assembleia que, em 1752, recebeu com estrondosa gargalhada o relatório de Franklin sobre os para-raios, julgando-o indigno de figurar entre as comunicações de pauta, e daquela outra que fez a França perder as vantagens da navegação a vapor ao declarar o sistema de Fulton um sonho impraticável. Não obstante, eram questões da alçada da Ciência.

Se essas assembleias, que contavam com os maiores sábios do mundo, só tiveram zombarias e sarcasmo pras ideias que ainda não compreendiam e que, alguns anos mais tarde, deviam revolucionar a Ciência, e os costumes e a indústria, como esperar que uma questão estranha aos seus trabalhos possa ser melhor aceita? Esses erros lamentáveis não tirariam aos sábios, entretanto, os títulos com que noutros assuntos conquistaram o nosso respeito, mas é necessário um diploma oficial pra se ter bom senso? E fora das cátedras acadêmicas não haverá mais do que tolos e imbecis?

Basta olhar pros adeptos da Doutrina Espírita, pra se ver entre eles só existem ignorantes e se o número imenso de homens de mérito que a abraçaram permite que o releguemos ao rol das simples crendices. O caráter e o saber desses homens autorizam-nos a dizer, pois se eles o afirmam, deve pelo menos haver alguma coisa. Repetimos ainda que, se os fatos de que nos ocupamos estivessem reduzidos ao movimento mecânico dos corpos, a pesquisa da causa física do fenômeno seria do domínio da Ciência, mas desde que se trata duma manifestação fora do domínio das leis humanas, escapa à competência da Ciência material porque não pode ser explicada por números nem por forças mecânicas.

Quando surge um fato novo, que não se enquadra em nenhuma Ciência conhecida, o sábio, pra estudá-lo, deve fazer abstração de sua ciência e dizer a si mesmo que se trata dum estudo novo, que não pode ser feito através de ideias preconcebidas. O homem que considera a sua razão infalível está bem próximo do erro, mesmo aqueles que têm as mais falsas ideias apoiam-se na própria razão e é por isso que rejeitam tudo o que lhes parece impossível. Os que ontem repeliram as admiráveis descobertas de que a Humanidade hoje se orgulha, apelaram a esse juiz pra rejeitá-las.

Aquilo que chamamos razão é quase sempre orgulho mascarado e quem que se julgue infalível coloca-se como igual a Deus. Dirigimo-nos, portanto, aos que são bastante ponderados pra duvidar do que não viram e, julgando o futuro pelo passado, não acreditam que o homem tenha chegado ao apogeu nem que a natureza lhe tenha virado a última página do seu livro.

8 - Perseverança e seriedade.

Acrescentemos que o estudo duma Doutrina como a Espírita, que nos lança de súbito numa ordem de coisas tão nova e grande, não pode ser feito proveitosamente, senão por homens sérios, perseverantes, isentos de prevenções e animados duma firme e sincera vontade de chegar a um resultado. Não podemos classificar assim aos que julgam a priori, levianamente, sem terem visto tudo, que não imprimem aos seus estudos nem a continuidade, nem a regularidade e o recolhimento necessários, e menos ainda aos que, pra diminuírem a sua reputação de homens de espírito, se esforçam por encontrar um lado burlesco nas coisas mais verdadeiras ou assim consideradas por pessoas cujo saber, caráter e convicções, merecem a consideração dos que se prezam de urbanidade.

Que se abstenham, portanto, os que não julgam os fatos dignos de sua atenção, ninguém pretende violentar-lhes a crença, mas que eles também saibam respeitar as dos outros. O que caracteriza um estudo sério é a continuidade. Devemos admirar-nos de não obter respostas sensatas a perguntas naturalmente sérias, quando as fazemos ao acaso de maneira brusca, em meio às perguntas preliminares ou complementares. Quem quer adquirir uma ciência deve estudá-la de maneira metódica, começando pelo começo e seguindo o seu encadeamento de ideias. Aquele que propõe a um sábio, ao acaso, uma questão sobre Ciência de que ignora os rudimentos, obterá algum proveito? O próprio sábio poderá, com a maior boa vontade, dar-lhe uma resposta satisfatória?

Essa resposta isolada será forçosamente incompleta e, por isso mesmo, quase será ininteligível, ou poderá parecer absurda e contraditória, acontece o mesmo em nossas relações com os espíritos. Se nós desejamos aprender com eles, temos de seguir-lhes o curso, mas, como entre nós, é necessário escolher os professores e trabalhar com assiduidade. Dissemos que os espíritos superiores só comparecem às reuniões sérias, aquelas, sobretudo, em que reina a perfeita comunhão de pensamentos e bons sentimentos. A leviandade e as perguntas ociosas os afastam como, entre os homens, afastam as criaturas ponderadas, o campo fica então livre à turba de espíritos mentirosos e frívolos, sempre à espreita de oportunidades pra zombarem de nós e se divertirem à nossa custa.

No que se transformaria uma pergunta séria, numa reunião dessas? Teria resposta? De quem? Seria o mesmo que lançarmos, numa reunião de gaiatos, estas perguntas, o que é a alma? O que é a morte? E outras coisas assim divertidas. Se quereis respostas sérias, sede sérios vós mesmos, em toda a extensão do termo, e mantende-vos nas condições necessárias, somente então obtereis grandes coisas. Sede, além disso, laboriosos e perseverantes em vossos estudos, pra que os espíritos superiores não vos abandonem, como faz um professor com os alunos negligentes.

9 - Monopolizadores do bom senso.

O movimento de objetos é um fato comprovado, resta saber se nesse movimento há ou não manifestação inteligente e, em caso afirmativo, qual a sua origem. Não falamos do movimento inteligente de certos objetos, nem das comunicações verbais ou das que são escritas diretamente pelos médiuns. Esse gênero de manifestações, tão evidente pra aqueles que viram e aprofundaram o assunto, não é, à primeira vista, bastante independente da vontade pra convencer um observador novato. Não trataremos, portanto, senão da escrita obtida com a ajuda dum objeto munido de lápis, com a cesta, a prancheta, etc.

A maneira por que os dedos do médium são postos sobre o objeto desafia, como já dissemos, a mais consumada destreza em participar de qualquer forma da formação de letras, mas admitamos ainda que, por uma habilidade maravilhosa, possa ele enganar os olhos mais atentos. Como se explicar a natureza das respostas, quando elas superam as ideias e os conhecimentos do médium? E note-se que não se trata de respostas monossilábicas, mas quase sempre de muitas páginas escritas com admirável rapidez, seja espontaneamente ou sobre assunto determinado.

Pela mão do médium menos versado em literatura, surgem poesias duma sublimidade e duma pureza impecáveis, que não desmereceriam os melhores poetas humanos, e o que aumenta ainda a estranheza desses fatos é que eles se produzem e vede os médiuns se multiplicam ao infinito. Esses fatos são reais ou não? A esta pergunta só podemos responder, vede e observai, não vos faltarão oportunidades, mas, sobretudo, observai com consciência, por longo tempo e obedecendo às condições necessárias. À evidência, o que respondem os antagonistas? Sois vítimas do charlatanismo, dizem eles, ou joguetes duma ilusão. Responderemos, de início, que é preciso afastar a palavra charlatanismo de onde não existem lucros, pois os charlatães não agem gratuitamente. Seria, quando muito, uma mistificação.

Mas por que estranha coincidência os mistificadores se teriam entendido, dum extremo ao outro do mundo, pra agir da mesma maneira, produzir os mesmos efeitos e dar, sobre os mesmos assuntos e nas diversas línguas, respostas idênticas, senão quanto às palavras, pelo menos quanto ao sentido? Como é que pessoas sérias, honradas e instruídas se prestariam a semelhantes manobras, e com que objetivo? Como teriam encontrado entre as crianças a paciência e a habilidade necessárias? Porque, se os médiuns não forem instrumentos passivos, é claro que necessitam de habilidade e de conhecimentos incompatíveis com certas idades e posições sociais.

Então acrescentam que, se não há embuste, dos dois lados podem estar embaídos por uma ilusão. Em boa lógica, a qualidade das testemunhas tem um certo peso, ora, é o caso de perguntar se a Doutrina Espírita, que conta hoje milhões de adeptos, só os recruta entre os ignorantes. Os fenômenos em que ela se apoia são tão extraordinários que concebemos a dúvida, mas não se pode admitir a pretensão de alguns incrédulos ao monopólio de bom senso, ou que, sem respeito às conveniências e ao valor moral dos adversários, tachem de ineptos a todos os que não concordam com as suas opiniões.

Aos olhos de toda pessoa judiciosa, a opinião dos homens esclarecidos que viram determinado fato por longo tempo e o estudaram e meditaram será sempre uma prova ou, pelo menos, uma presunção favorável, por ter podido prender a atenção de homens sérios, que não tinham nenhum interesse em propagar erros nem tempo a perder com futilidades.

10 - A Linguagem dos espíritos e o poder diabólico.

Entre as objeções, algumas são mais ponderáveis pelo menos na aparência, porque se baseiam na observação de pessoas sérias. Uma dessas observações se refere à linguagem de certos espíritos, que não parece digna da elevação atribuída aos seres sobrenaturais. Se quisermos reportar-nos ao resumo da doutrina atrás apresentada, veremos que os próprios espíritos ensinam que não são iguais em conhecimentos nem em qualidades morais, e que não se deve tomar ao pé da letra tudo o que dizem. Cabe às pessoas sensatas separar o bom do mau.

Seguramente, os que deduzem desse fato que tratamos com seres malfazejos, cuja única intenção é a de nos mistificarem, não conhecem as comunicações dadas nas reuniões em que se manifestam espíritos superiores, pois doutra maneira não pensariam assim. É pena que o acaso tenha servido tão mal a essas pessoas, não lhes mostrando senão o lado mau do mundo espírita, pois não queremos supor uma tendência simpática atraia pra elas os maus espíritos em lugar dos bons, os espíritos mentirosos ou esses cuja linguagem é de revoltante grosseria.

Poderíamos concluir, quando muito, que a solidez dos seus princípios não seja bastante forte pra preservá-las do mal, e que, achando um certo prazer em lhe satisfazer a curiosidade, os maus espíritos, por seu lado, se aproveitam disso pra se introduzir entre elas, enquanto os bons se afastam. Julgar a questão dos espíritos por esses fatos seria tão pouco lógico como julgar o caráter dum povo pelo que se diz e se faz numa reunião de alguns estabanados ou gente de má fama, a que não comparecem os sábios nem as pessoas sensatas. Os que assim julgam estão na situação dum estrangeiro que, chegando a uma grande capital pelo seu pior arrabalde, julgasse toda a população da cidade pelos costumes e a linguagem desse bairro mesquinho.

No mundo dos espíritos, há também desníveis sociais, se aquelas pessoas quisessem estudar as relações entre os espíritos elevados, ficariam convencidas de que a cidade celeste não contém apenas a escória popular, mas perguntam elas, os espíritos elevados chegam até nós? Responderemos, não permaneçais no subúrbio, vede, observai e julgai, os fatos aí estão pra todos. A menos que a essas pessoas se apliquem estas palavras de Jesus: - *Têm olhos e não veem, têm ouvidos e não ouvem.*

Uma variante desta opinião consiste em não ver nas comunicações espíritas e em todos os fatos materiais a que elas dão lugar senão a intervenção dum poder diabólico, novo Proteu que revestiria todas as formas pra melhor nos iludir. Não a consideramos suscetível dum exame sério e por isso não nos deteremos no caso, ela já está refutada pelo que dissemos atrás. Acrescentaremos apenas que, se fosse assim, teríamos de convir que o Diabo é às vezes bem inteligente, bastante criterioso e sobretudo muito moral, ou então que existem bons Diabos.

Como acreditar, de fato, que Deus não permita senão ao espírito do mal manifestar-se pra nos perder, sem nos dar por contrapeso os conselhos dos bons espíritos? Se ele não o pode, isto é uma impotência, se ele o pode e não faz, isso é incompatível com sua bondade, e uma e outra suposição seriam blasfêmia. Acentuemos que admitir a comunicação dos maus espíritos é reconhecer o princípio das manifestações. Ora, desde que estas existem, será com a permissão de Deus. Como acreditar, sem cometer impiedade, que ele só permita o mal, com exclusão do bem? Uma doutrina assim é contrária ao bom senso e as mais simples noções da religião.

11 - Grandes e pequenos.

É estranho, acrescentam, que só falem de espíritos de personalidades conhecidas e perguntam por que motivo só estes se manifestam. É um erro proveniente, como muitos outros, de observação superficial. Entre os espíritos que se manifestam espontaneamente, há maior número de desconhecidos do que de ilustres. Eles se designam por qualquer nome, muitas vezes por nomes alegóricos ou característicos. Quanto aos evocados, desde que não se trate de parentes ou amigos, é muito natural que sejam de preferência os conhecidos. Os nomes de personalidades ilustres chamam mais a atenção por serem mais destacados.

Acham ainda estranho que os espíritos de homens eminentes atendam familiarmente ao nosso apelo, ocupando-se, às vezes, de coisas insignificantes em comparação com as de que se ocupavam durante a vida. Isso nada tem de estranho pros que sabem que o poder ou a consideração de que esses homens gozavam no mundo não lhes dá nenhuma supremacia no mundo espírita. Os espíritos confirmam com isso as palavras do Evangelho, os grandes serão humilhados e os pequenos serão exaltados, que devem ser entendidas em relação à categoria que cada um de nós ocupará entre eles. É assim que aquele que foi o primeiro na Terra poderá se encontrar entre os últimos, aquele que nos faz curvar a cabeça nesta vida pode voltar como o mais humilde artesão, porque, ao deixar a vida, ele perdeu toda a sua grandeza e o mais poderoso monarca talvez lá se encontre abaixo do último dos seus soldados.

12 - Da identificação dos espíritos.

Um fato demonstrado pela observação e confirmado pelos próprios espíritos é que os espíritos inferiores se apresentam muitas vezes com nomes conhecidos e respeitados. Quem pode, portanto, assegurar que os que dizem haver sido Sócrates, Júlio César, Carlos Magno, Fénelon, Napoleão, Washington, etc., tenham realmente animado esses personagens? Essa dúvida existe entre alguns adeptos bastante fervorosos da Doutrina Espírita. Admitem a intervenção e a manifestação dos espíritos, mas perguntam que controle podemos ter da sua identidade. Esse controle é de fato bastante difícil de realizar, mas, se não pode ser feito de maneira tão autêntica como por uma certidão de registro civil, pode sê-lo por presunção, através de certos indícios.

Quando se manifesta o espírito de alguém que pessoalmente conhecemos, dum parente ou dum amigo, sobretudo se morreu há pouco tempo, acontece geralmente que sua linguagem corresponde com perfeição às características que conhecíamos. Isto já é um indício de identidade. Mas a dúvida já não será certamente possível quando esse espírito fala de coisas particulares, lembra casos familiares que somente o interlocutor conhece. Um filho não se enganará, por certo, com a linguagem de seu pai ou de sua mãe, nem os pais com a linguagem do filho. Passam-se algumas vezes, nessas evocações íntimas, coisas impressionantes, capazes de convencer o mais incrédulo. O cético mais endurecido é muitas vezes aterrado com as revelações inesperadas que lhe são feitas.

Outra circunstância bastante característica favorece a identidade. Dissemos que a caligrafia do médium muda geralmente com o espírito evocado, reproduzindo-se exatamente a mesma, de cada vez que o mesmo espírito se manifesta. Constatou-se inúmeras vezes que, pra pessoas mortas recentemente, a escrita revela semelhança flagrante com a que tinha em vida, têm-se visto assinaturas perfeitamente idênticas. Estamos longe, - entretanto, de citar esse fato como uma regra, sobretudo como constante, mencionamo-lo como coisa digna de registro.

Os espíritos que atingiram certo grau de depuração são os únicos libertos de toda influência corporal, mas quando estão completamente desmaterializados, conservam a maior parte das ideias, dos pendores e até mesmo das manias que tinham na Terra e ainda um meio pelo qual podemos reconhecê-los, mas chegamos ao reconhecimento, sobretudo, através duma multidão de detalhes que somente uma observação atenta e contínua pode revelar. Veem-se escritores discutirem suas próprias obras ou suas doutrinas, aprovando-lhes ou condenando-lhes certas partes, outros espíritos lembrarem circunstâncias ignoradas ou pouco conhecidas de suas vidas ou suas mortes. Todas as coisas, enfim, que são pelo menos provas morais de identidade, as únicas que se podem invocar tratando-se de coisas abstratas.

Se, pois, a identidade do espírito evocado pode ser, até certo ponto, estabelecida em alguns casos, não há razão pra que ela não possa ser em outros. E se, pra pessoas de morte mais remota, não temos os mesmos meios de controle, dispomos sempre daqueles que se referem à linguagem e ao caráter, porque seguramente o espírito dum homem de bem nunca falará como o dum perverso ou imoral. Quanto aos espíritos que se servem de nomes respeitáveis, logo se traem por sua linguagem e suas máximas. Aquele que se dissesse Fénelon, por exemplo, e ainda que acidentalmente ferisse o bom senso e a moral, mostraria nisso mesmo o seu embuste.

Se, ao contrário, os pensamentos que exprimisse são sempre puros, sem contradições, constantemente à altura do caráter de Fénelon, não haverá motivo pra duvidar- se de sua identidade. Do contrário, teríamos de supor que um espírito que só prega o bem pode conscientemente empregar a mentira, sem nenhuma utilidade. A experiência nos ensina que os espíritos do mesmo grau, do mesmo caráter e animados dos mesmos sentimentos, se reúnem em grupos e em famílias. Ora, o número dos espíritos é incalculável e estamos longe de conhecê-los a todos, a maioria deles não têm nomes pra nós.

Um espírito da categoria de Fénelon pode, portanto, vir em seu lugar, às vezes mesmo com seu nome, porque é idêntico a ele e pode substituí-lo e porque necessitamos dum nome pra fixar as nossas ideias, mas que importa, na verdade, que um espírito seja realmente o de Fénelon? Desde que só diga boas coisas e não fale senão como faria o próprio Fénelon, é um bom espírito, o nome sob o qual se apresenta é indiferente e nada mais é, frequentemente, do que um meio pra fixação de nossas ideias. Não se verificaria o mesmo nas evocações íntimas, pois nestas, como já dissemos, a identidade pode ser estabelecida por meio de provas que são, de alguma forma, evidentes.

Por fim, é certo que a substituição dos espíritos pode ocasionar uma porção de enganos, resultar em erros e muitas vezes em mistificações. Esta é uma das dificuldades do Espiritismo prático, mas jamais dissemos que esta Ciência seja fácil nem que se possa aprendê-la brincando, como também não se dá com qualquer outra Ciência. Nunca será demais repetir que ela exige estudo constante e quase sempre bastante prolongado. Não se podendo provocar os fatos, é necessário esperar que eles se apresentem por si mesmos e frequentemente eles nos são trazidos pelas circunstâncias em que menos pensávamos.

Pro observador atento e paciente, os fatos se tornam abundantes porque ele descobre milhares de nuanças características que lhe parecem como raios de luz. O mesmo se dá com referência às ciências comuns, enquanto o homem superficial só vê numa flor a sua forma elegante, o sábio descobre verdadeiras maravilhas pro seu pensamento.

13 - As divergências de linguagem.
Estas observações levam-nos a dizer algumas palavras sobre outra dificuldade, referente à divergência de linguagem dos espíritos. Sendo os espíritos muito diferentes uns dos outros quanto ao conhecimento e à moralidade, é evidente que a mesma questão pode ser resolvida por eles de maneira contraditória, de acordo com suas respectivas categorias, como o fariam, entre os homens, um sábio, um ignorante ou um brincalhão de mau gosto. O essencial é saber a quem nos dirigimos. Mas, acrescentam, como se explica que os espíritos reconhecidos como superiores não estejam sempre de acordo? Diremos, inicialmente, que, além da causa já assinalada, há outras que podem exercer certa influência sobre a natureza das respostas, independente da qualidade dos espíritos. Este é um ponto capital, cuja explicação vamos obter pelo estudo.

Eis porque dizemos que estes estudos requerem atenção contínua, observação profunda e, sobretudo, como, aliás, todas as ciências humanas, a continuidade e a perseverança. Necessitamos de anos pra fazer um médico medíocre e três quartas partes da vida pra fazer um sábio, mas se quer obter em algumas horas a ciência do infinito. Que ninguém, portanto, se iluda, o estudo do Espiritismo é imenso, liga-se a todas as questões da metafísica e da ordem social, é todo um mundo que se abre ante nós. Será de espantar que exija tempo e muito tempo pra sua realização?

A contradição, aliás, não é sempre tão real quanto pode parecer. Não vemos todos os dias homens que professam a mesma ciência divergirem nas suas definições, seja porque empregam termos diferentes, seja por diferenças de ponto de vista, embora a ideia fundamental seja sempre a mesma? Que se conte, se possível, o número de definições dadas sobre a gramática. Acrescentemos que a forma da resposta depende quase sempre da forma da pergunta. Seria pueril, portanto, ver-se uma contradição onde geralmente não existe mais do que uma diferença de palavras. Os espíritos superiores não se preocupam absolutamente com a forma, pra eles, a essência do pensamento é tudo.

Tomemos, por exemplo, a definição de alma. Não tendo esta palavra uma definição única, os espíritos podem, como nós, divergir na sua aplicação, um poderá dizer que ela é o princípio da vida, outro, chamá-la de centelha anímica, um terceiro, dizer que ela é interna, um quarto, que é externa, etc., e todos terão razão segundo os seus pontos de vista. Poderíamos mesmo acreditar que alguns deles professem teorias materialistas e, no entanto, não ser assim.

O mesmo acontece com relação a Deus, será ele o princípio de todas as coisas, o criador do Universo, a inteligência suprema, o infinito, o grande espírito, etc., mas em definitivo será sempre Deus. Citemos ainda a classificação dos espíritos. Formam eles uma série ininterrupta do mais baixo ao mais alto grau e sua classificação é, portanto, arbitrária, um poderá estabelecê-la em três classes, outro em cinco, dez ou vinte, à vontade, sem por isso estar em erro.

Todas as ciências humanas oferecem o mesmo exemplo, cada sábio tem o seu sistema, os sistemas variam, mas a Ciência é sempre a mesma. Quer se aprenda botânica pelo sistema de Lineu, de Jussieu ou de Tournefort, não se saberá menos botânica. Deixemos, portanto, de dar às coisas puramente convencionais mais importância do que merecem, pra nos atermos ao que é verdadeiramente sério, e não raro, a reflexão nos fará descobrir, naquilo que parece mais disparatado, uma similitude que nos escapara ao primeiro exame.

14 - As questões de ortografia.

Passaríamos ligeiramente sobre a objeção de alguns céticos quanto às falhas ortográficas de alguns espíritos, se ela não nos desse oportunidade a uma observação essencial. Essa ortografia, deve se dizer, nem sempre é impecável, mas somente a falta de argumentos pode torná-la objeto duma crítica séria, com a alegação de que, se os espíritos tudo sabem, eles devem saber ortografia. Poderíamos opor-lhes numerosos pecados desse gênero cometidos por sábios da Terra, sem que lhes tenha diminuído o mérito, mas há neste fato uma questão mais grave. Pros espíritos, principalmente pros superiores, a ideia é tudo, a forma não é nada. Livres da matéria a sua linguagem é rápida como o pensamento, pois é o próprio pensamento que entre eles se comunica sem intermediários.

Devem, portanto, sentir-se mal quando são obrigados, ao se comunicarem conosco, a se servirem das formas demoradas e embaraçosas da linguagem humana e, sobretudo de sua insuficiência e imperfeição, pra exprimirem todas as suas ideias. É o que eles mesmos dizem, sendo curioso observar os meios que empregam pra atenuar esse inconveniente. O mesmo aconteceria conosco se nós tivéssemos de nos exprimir numa língua de palavras e fraseados mais longos e mais pobre de expressões do que a nossa. É a dificuldade que experimenta o homem de gênio impaciente com a lentidão da pena, sempre atrasada em relação ao pensamento.

Compreende-se, pois, que os espíritos liguem pouca importância às puerilidades ortográficas, principalmente quando tratam dum ensinamento profundo e sério. Não é, aliás, maravilhoso que se exprimam indiferentemente em todas as línguas, a todas compreendendo? Disso não se deve concluir, entretanto, que a correção convencional da linguagem lhes seja desconhecida, pois a observam quando necessário. Por exemplo, a poesia por eles ditada quase sempre desafia a crítica do mais exigente purista, e isso apesar da ignorância do médium.

15 - A loucura e suas causas.

Há ainda criaturas que veem perigo por toda parte, em tudo aquilo que não conhecem, não faltando as que tiram conclusões desfavoráveis ao Espiritismo do fato de terem algumas pessoas, que se entregaram a estes estudos, perdido a razão. Como podem os homens sensatos aceitar essa objeção? Não acontece o mesmo com todas as preocupações intelectuais, quando o cérebro é fraco?

Conhece-se o número de loucos e maníacos produzidos pelos estudos matemáticos, médicos, musicais, filosóficos e outros? E devemos, por isso, banir tais estudos? O que provam esses efeitos? Nos trabalhos físicos, estropiam-se os braços e as pernas que são os instrumentos da ação material, nos trabalhos intelectuais, estropia-se o cérebro, que é o instrumento do pensamento, mas se o instrumento se quebrou, o mesmo não aconteceu com o espírito, ele continua intacto e quando se libertar da matéria, não desfrutará menos da plenitude de suas faculdades. Foi no seu setor, como homem, um mártir do trabalho.

Todas as grandes preocupações intelectuais podem ocasionar a loucura, as Ciências, as Artes e a Religião fornecem os seus contingentes. A loucura tem por causa primária uma predisposição orgânica do cérebro, que o torna mais ou menos acessível a determinadas impressões. Havendo essa predisposição à loucura, ela se manifestará com o caráter da preocupação principal do indivíduo, que se tornará uma ideia fixa. Essa ideia poderá ser a dos espíritos, dos anjos, do Diabo, da fortuna, do poder, duma arte, duma ciência, da maternidade ou dum sistema político ou social. É possível que o louco religioso se apresente como louco espírita, se o Espiritismo foi a sua preocupação dominante, como o louco espírita se apresentaria doutra forma, segundo as circunstâncias.

Digo, portanto, que o Espiritismo não tem nenhum privilégio neste assunto e vou mais longe, digo que o Espiritismo bem compreendido é um preservativo da loucura. Entre as causas mais frequentes de superexcitação cerebral, devemos contar as decepções, as desgraças, as afeições contrariadas, que são também as causas mais frequentes do suicídio. Ora, o verdadeiro espírita olha as coisas deste mundo dum ponto de vista tão elevado, elas lhe parecem tão pequenas, tão mesquinhas, em face do futuro, que o aguarda, a vida é pra ele tão curta, tão fugitiva que as tribulações não lhe parecem mais do que incidentes desagradáveis duma viagem.

Aquilo que pra qualquer outro produziria violenta emoção, pouco o afeta, pois sabe que as amarguras da vida são provas pro seu adiantamento, desde que as sofra sem murmurar, porque será recompensado de acordo com a coragem ao suportá-las. Suas convicções lhe dão uma resignação que o preserva do desespero e consequentemente duma causa constante de loucura e suicídio. Além disso, conhece pelo exemplo das comunicações dos espíritos a sorte daqueles que abreviam voluntariamente os seus dias e esse quadro é suficiente pra fazê-lo meditar. Assim, o número dos que têm sido detidos à beira deste funesto despenhadeiro é considerável. Este é um dos resultados do Espiritismo.

Que os incrédulos se riam quanto quiserem, eu lhes desejo as consolações que ele proporciona a todos os que se dão ao trabalho de lhe sondar as misteriosas profundidades. Entre as causas da loucura, devemos ainda incluir o pavor, sendo que o medo do Diabo já desequilibrou alguns cérebros. Sabe-se o número de vítimas que ele tem feito ao abalar imaginações fracas com essa ameaça, que cada vez se procura tornar mais terrível através de hediondos pormenores? O Diabo, dizem, só assusta as crianças, é um meio de torná-las mais ajuizadas. Sim, como o bicho-papão e o lobisomem, mas quando elas deixam de temê-lo, ficam piores do que antes e pra conseguir tão belo resultado não se levam em conta as epilepsias causadas pelo abalo de cérebros delicados.

A religião seria bem fraca, se, por não usar o medo, seu poder ficasse comprometido. Felizmente assim não acontece. Ela dispõe doutros meios pra agir sobre as almas e o Espiritismo lhe fornece os mais eficazes e mais sérios, desde que os saiba aproveitar. Mostra as coisas na sua realidade e com isso neutraliza os efeitos funestos dum temor exagerado.

16 - A teoria magnética e do meio ambiente.

Resta-nos examinar duas objeções, as únicas que realmente merecem esse nome porque se apoiam em teorias racionais. Uma e outra admitem a realidade de todos os fenômenos materiais e morais, mas excluem a intervenção dos espíritos. Pra primeira dessas teorias, todas as manifestações atribuídas aos espíritos seriam apenas efeitos magnéticos. Os médiuns ficariam num estado que se poderia chamar de sonambulismo acordado, fenômeno conhecido de todos os que estudaram o magnetismo.

Nesse estado, as faculdades intelectuais adquirem um desenvolvimento anormal, os círculos da percepção intuitiva se ampliam além dos limites de nossa percepção ordinária. Dessa maneira o médium tiraria de si mesmo e por efeito de sua lucidez tudo quanto diz e todas as noções que transmite, mesmo sobre as coisas que lhe sejam mais estranhas no estado normal. Não seremos nós quem contestará o poder do sonambulismo, cujos prodígios presenciamos, estudando-lhe todas as facetas durante mais de 35 anos. Concordamos que, de fato, muitas manifestações espíritas podem ser explicadas por esse meio, mas uma observação prolongada e atenta mostra uma multidão de fatos em que a participação do médium, a não ser como um instrumento passivo, é materialmente impossível. Aos que participam desta opinião, diremos como já dissemos aos outros: - *Vede e observai, porque seguramente ainda não vistes tudo.*

E a seguir lhes apresentaremos duas considerações tiradas de sua própria doutrina. De onde veio a teoria espírita? É um sistema imaginado por alguns homens pra explicar os fatos? De maneira alguma, mas então quem a revelou? Precisamente esses médiuns de que exaltais a lucidez. Se, portanto, essa lucidez é tal como a supondes, por que teriam eles atribuído aos espíritos àquilo que teriam tirado de si mesmos? Como teriam dado esses ensinamentos tão precisos, tão lógicos, tão sublimes sobre a natureza das inteligências extra-humanas? De duas, uma, ou eles são lúcidos ou não são. Se o são e se podemos confiar na sua veracidade, não se poderia admitir sem contradição que não estejam com verdade.

Em segundo lugar, se todos os fenômenos provêm do médium, deviam ser idênticos pra um mesmo indivíduo e não se veria a mesma pessoa falar linguagens diferentes, nem exprimir alternadamente as coisas mais contraditórias. Essa falta de unidade nas manifestações dum mesmo médium prova a diversidade das fontes. Se, pois, não podemos encontrá-las todas no médium, é necessário procurá-las fora dele. Segundo a outra teoria, o médium é ainda a fonte das manifestações, mas, em vez de tirá-las de si mesmo, tira-as do meio ambiente. O médium seria uma espécie de espelho refletindo todas as ideias, todos os pensamentos e todos os conhecimentos das pessoas que o cercam, nada diria que não fosse conhecido pelo menos de algumas delas.

Não se poderia negar, e vai mesmo nisto um princípio da doutrina, a influência exercida pelos assistentes sobre a natureza das manifestações, mas essa influência é bem diversa do que se pretende e, entre ela e a que faria do médium um eco dos pensamentos alheios, há grande distância, pois milhares de fatos demonstram peremptoriamente o contrário. Há, portanto, um erro grave nessa teoria, que mais uma vez prova o perigo das conclusões prematuras. Essas pessoas, incapazes de negar a existência dum fenômeno que a ciência comum não consegue explicar, e não querendo admitir a intervenção dos espíritos, explicam-no a seu modo.

A teoria que sustentam seria sedutora, se pudesse abarcar todos os fatos, mas assim não acontece, e quando se demonstra, até à evidência, que algumas comunicações do médium são completamente estranhas aos pensamentos, aos conhecimentos, às próprias opiniões de todos os presentes, e que essas comunicações são muitas vezes espontâneas e contradizem as ideias preconcebidas, elas não se entregam por tão pouco. A irradiação, respondem, amplia-se muito além do círculo imediato que nos cerca, o médium é o reflexo de toda a Humanidade e dessa maneira, se não encontra as inspirações ao seu redor, vai procurá-las fora, na cidade, no país, no mundo inteiro e até mesmo noutras esferas.

Não creio que esta teoria encerre uma explicação mais simples e mais provável que a do Espiritismo, pois supõe uma causa bem mais maravilhosa. A ideia de que seres do espaço, em contacto permanente conosco, nos comuniquem os seus pensamentos, nada tem que choque mais a razão do que a suposição dessas irradiações universais, vindas de todos os pontos do Universo pra se concentrarem no cérebro dum indivíduo. Diremos ainda uma vez e este é o ponto capital, sobre o qual nunca será demais insistir, que a teoria sonambúlica e a que se poderia chamar refletiva foram imaginadas por alguns homens, são opiniões individuais, formuladas pra explicar um fato, enquanto a doutrina dos espíritos não é uma concepção humana, foi ditada pelas próprias inteligências que se manifestam, quando ninguém a imaginava e a opinião geral até mesmo a repelia.

Ora, perguntamos, onde os médiuns foram buscar uma doutrina que não existia no pensamento de ninguém sobre a Terra? Perguntamos ainda por que estranha coincidência milhares de médiuns, espalhados por todas as partes do globo, sem nunca se terem visto, concordaram em dizer a mesma coisa? Se o primeiro médium que apareceu na França sofreu a influência de opiniões já aceitas na América, por que estranha razão foi ele buscar as suas ideias a 2 mil léguas além-mar, no seio dum povo estranho por seus costumes e sua língua, em vez de tomar o que estava ao seu redor?

Mas há ainda uma circunstância em que não se pensou bastante. As primeiras manifestações, em França como na América, não se verificaram nem pela escrita, nem pela palavra, mas através de pancadas correspondentes às letras do alfabeto, formando palavras e frases. Foi por esse meio que as inteligências manifestantes declararam serem espíritos.

Se, portanto, pudéssemos supor a intervenção do pensamento do médium nas comunicações verbais ou escritas, o mesmo não se poderia fazer com relação às pancadas, cuja significação não poderia ser conhecida previamente. Poderíamos citar numerosos fatos que demonstram na inteligência manifestante uma individualidade evidente e uma absoluta independência de vontade. Enviaremos, portanto, os nossos contraditores a uma observação mais atenta, e se eles quiserem estudar bem, sem prevenções, nada concluindo antes de terem visto o necessário, reconhecerão a importância de suas teorias pra explicar todos os fatos. Limitar-nos-emos a propor as seguintes questões, por que a inteligência que se manifesta, qualquer que seja, recusa-se a responder a algumas perguntas sobre assuntos perfeitamente conhecidos, como, por exemplo, o nome e a idade do interrogante, o que ele traz na mão, o que fez na véspera, o que pretende fazer amanhã e assim por diante? Se o médium é o espelho dos pensamentos dos presentes, nada lhe seria mais fácil de responder.

Os adversários respondem a esse argumento perguntando, por sua vez, por que os espíritos, que tudo devem saber, não podem dizer coisas tão simples, segundo o axioma: - *Quem pode o mais, pode o menos.*

E disso concluem que não se trata de espíritos. Se um ignorante ou um brincalhão, apresentando-se perante duma outra assembleia, perguntasse, por exemplo, por que se faz dia pleno ao meio-dia, seria crível que ela se desse ao trabalho de responder seriamente e seria lógico concluir, do seu silêncio ou das zombarias que dirigisse ao interpelante, que seus membros eram tolos? Ora, é precisamente por serem superiores que os espíritos não respondem a perguntas ociosas ou ridículas, eles não querem entrar na berlinda, é por isso que eles se calam ou dizem que só se ocupam de coisas mais sérias.

Perguntaremos, afinal, por que os espíritos vêm e vão, muitas vezes, num dado momento, e por que, passando esse momento, não há nem preces nem súplicas que os façam voltar? Se o médium não agisse senão pela impulsão mental dos assistentes, é claro que, nessa circunstância, o concurso de todas as vontades reunidas deveria estimular a sua clarividência. Se, entretanto, ele não cede aos desejos da assembleia, apoiado pela sua própria vontade, é porque obedece a uma influência estranha, tanto a ele quanto aos demais, e essa influência demonstra com isso a sua independência e a sua individualidade.

17 - Preenchendo os espaços vazios.

O ceticismo no tocante à Doutrina Espírita, quando não resulta duma oposição sistemática, interesseira, provém quase sempre dum conhecimento incompleto dos fatos, o que não impede algumas pessoas de liquidarem a questão como se a conhecessem perfeitamente. Pode-se ter muito espírito e até mesmo muita instrução e não se ter bom senso, ora, o primeiro indício da falta de senso é a crença na própria infalibilidade. Muitas pessoas também não veem nas manifestações espíritas mais que um motivo de curiosidade. Esperamos que, pela leitura deste livro, encontrem nesses fenômenos estranhos alguma coisa além dum simples passatempo.

A Ciência Espírita contém duas partes, uma experimental, sobre as manifestações em geral, outra filosófica, sobre as manifestações inteligentes. Quem não tiver observado senão a primeira estará na posição daquele que só conhece a Física pelas experiências recreativas, sem haver penetrado na Ciência. A verdadeira Doutrina Espírita está no ensinamento dado pelos espíritos e os conhecimentos que esse ensinamento encerra são muito sérios pra serem adquiridos por outro modo que não por um estudo profundo e continuado, feito no silêncio e no recolhimento. Mesmo porque só nestas condições pode ser observado um número infinito de fatos e suas nuanças, que escapam ao observador e que permitem firmar-se uma opinião.

Se este livro não tivesse por fim mais do que mostrar o lado sério da questão, provocando estudos a respeito, isto já seria bastante e nos felicitaríamos por ter sido escolhido pra realizar uma obra sobre a qual não pretendemos ter nenhum mérito pessoal, pois os princípios aqui expostos não são de nossa criação, o mérito é, portanto, inteiramente dos espíritos que o ditaram. Esperamos que ele tenha outro resultado, o de guiar os homens desejosos de se esclarecerem, mostrando-lhes nestes estudos um objetivo grande e sublime, o do progresso individual e social, e indicando-lhes o caminho a seguir pra sua consecução.

Concluiremos com uma derradeira consideração. Os astrônomos, sondando os espaços, encontraram na distribuição dos corpos celestes, lacunas injustificáveis e em desacordo com as leis do conjunto. Suspeitaram que essas lacunas deviam corresponder a corpos que haviam escapado às observações. Por outro lado, observaram certos efeitos cuja causa lhes era desconhecida e disseram a si mesmos: "Ali deve haver um mundo, porque essa lacuna não pode existir e esses efeitos devem ter uma causa". Julgando então da causa pelos efeitos, puderam calcular os elementos e mais tarde os fatos vieram justificar as suas previsões.

Apliquemos este raciocínio à outra ordem de ideias. Se observarmos a série dos seres, perceberemos que eles formam uma cadeia sem solução de continuidade, desde a matéria bruta até o homem mais inteligente, mas entre o homem e Deus, que são o alfa e o ômega de todas as coisas, que imensa lacuna. Será razoável pensar que seja o homem o último anel dessa cadeia? Que ele transponha, sem transição, a distância que o separa do infinito? A razão nos diz que entre o homem e Deus deve haver outros elos, como disseram os astrônomos que entre os mundos conhecidos devia haver outros mundos. Qual a filosofia que preencheu essa lacuna?

O Espiritismo no-la apresenta preenchida pelos seres de todas as categorias do mundo invisível e esses seres não são mais que os espíritos dos homens nos diferentes graus que conduzem à perfeição. E assim tudo se liga, tudo se encadeia, do alfa ao ômega. Vós que negais a existência dos espíritos, preenchei o vazio que eles ocupam. E vós, que deles rides, ousai rir das obras de Deus e da sua onipotência. Allan Kardec

Prolegômenos.
São fenômenos que escapam às leis da ciência comum e se manifestam por toda parte e revelam como causa a ação duma vontade livre e inteligente. A razão nos diz que um efeito inteligente deve ter como causa uma força inteligente e os latos provaram que essa força pode entrar em comunicação com os homens através de sinais materiais.
Essa Força, interrogada sobre sua natureza, declarou pertencer ao mundo dos seres espirituais que se despojaram do envoltório corporal do homem. Desta maneira é que foi revelada a Doutrina dos Espíritos. As comunicações entre o mundo espírita e o mundo corpóreo pertencem à natureza e não constituem nenhum talo sobrenatural. É por isso que encontramos os seus traços entre todos os povos e cm todas as épocas. Hoje elas são gerais e evidentes por todo o mundo.
Os espíritos anunciam que os tempos marcados pela Providência pra uma manifestação universal estão chegados a que, sendo os ministros de Deus e os agentes da sua vontade, cabe-lhes a missão de instruir e esclarecer os homens, abrindo uma nova era pra regeneração da Humanidade. Este livro é o compêndio dos seus ensinamentos. Foi escrito por ordem e sob ditado dos espíritos superiores pra estabelecer os fundamentos duma filosofia racional, livre dos prejuízos do espírito de sistema. Nada contém que não seja a expressão de seu pensamento e não tenha sofrido o seu controle.
A ordem e a distribuição metódica das matérias assim como as notas e a forma de algumas partes da redação constituem a única obra daquele que recebeu a missão de publicá-lo. No número dos espíritos que concorreram pra realização desta obra, há muitos que viveram em diferentes épocas na Terra, onde pregaram e praticaram a virtude e a sabedoria. Outros não pertencem, por seus nomes, a nenhum personagem de que a História tenha guardado a memória, mas a sua elevação é atestada pela pureza de sua doutrina e pela união com os que trazem nomes venerados. Eis os termos em que nos deram, por escrito e por meio de muitos médiuns, a missão de escrever este livro.
Ocupa-te, com zelo e perseverança, do trabalho que empreendeste com o nosso concurso, porque esse trabalho é nosso. Nele pusemos as bases do novo edifício que se eleva e um dia deverá reunir todos os homens num mesmo sentimento de amor e caridade, mas, antes de tu o divulgares, vamos revê-lo juntos a fim de controlar todos os detalhes. Estaremos contigo sempre que o pedires, pra te ajudar nos demais trabalhos, porque esta não é mais do que uma parte da missão que te foi confiada e que um de nós já te revelou. Entre os ensinamentos que te são dados, há alguns que deves guardar somente pra ti, até nova ordem, avisaremos quando chegar o momento de publicá-los. Enquanto isso, medita-os, a fim de estares pronto quando te avisarmos.
Porás no cabeçalho do livro o ramo de parreira que te desenhamos porque é ele o emblema do trabalho do Criador. Todos os princípios materiais que podem melhor representar o corpo e o espírito nele se encontram reunidos, o corpo é o ramo, o espírito é a seiva, a alma ou o espírito ligado à matéria é o grão. O homem quinta essência o espírito pelo trabalho e tu sabes que não é senão pelo trabalho do corpo que o espírito adquire conhecimentos.
Não te deixes desencorajar pela crítica. Encontrarás contraditares encarniçados, sobretudo entre as pessoas interessadas em trapaças. Tu vai encontrar mesmo entre os espíritos, pois aqueles que não são completamente desmaterializados procuram, muitas vezes, semeara duvida, por malícia ou por ignorância, mas prossegue sempre, crê em Deus e marcha confiante, aqui estaremos pra te sustentar e aproxima-se o tempo em que a verdade brilhará por toda parte.

Sociedade Armônica

1ª parte - As causas primárias
Capítulo 1 - Deus

1 - Deus e o Infinito.
1 - O que é Deus?
- Deus é a inteligência suprema, causa primária de todas as coisas.

2 - O que devemos entender por infinito?
- Aquilo que não tem começo nem fim, o desconhecido, todo o desconhecido é infinito.

3 - Poderíamos dizer que Deus é o infinito?
- Definição incompleta. Pobreza da linguagem dos homens, insuficiente pra definir as coisas que estão além de suas inteligências.

A opinião de Kardec: > Os espíritos se referiam logicamente ao Universo. Tudo o que sabemos sobre isso tem um começo e um fim.

2 - Provas da Existência de Deus.
4 - Onde podemos encontrar a prova da existência de Deus?
- Num axioma que aplicais às vossas ciências, não há efeito sem causa. Procurai a causa de tudo o que não é obra do homem e vossa razão vos responderá.

5 - Que consequência nós podemos tirar do sentimento intuitivo, que todos os homens trazem consigo, da existência de Deus?
- Que Deus existe, pois de onde lhes virá esse sentimento, se ele não se apoiasse em nada? E uma consequência do princípio de que não há efeito sem causa.

6 - O sentimento íntimo da existência de Deus, que trazemos conosco, não seria o efeito da educação e o produto de ideias adquiridas?
- Se fosse assim, por que os vossos selvagens também teriam esse sentimento?

> Se o sentimento da existência dum ser supremo não fosse mais que o produto dum ensinamento, não seria universal e nem existiria, como as noções científicas, senão entre os que tivessem podido receber esse ensinamento.

7 - Poderíamos encontrar a causa primária da formação das coisas nas propriedades íntimas da matéria?
- Mas então qual seria a causa dessas propriedades? E sempre necessária uma causa primária.

> Atribuir a formação primária das coisas às propriedades íntimas da matéria seria tomar o efeito pela causa, pois essas propriedades são em si mesmas um efeito, que deve ter uma causa.

8 - Que pensar da opinião que atribui a formação primária a uma combinação fortuita da matéria, ou seja, ao acaso?
- Outro absurdo! Que homem de bom senso pode considerar o acaso como um ser inteligente? E, além disso, o que é o acaso? Nada!

> A harmonia que regula as forças do universo revela combinações e fins determinados, e por isso mesmo um poder inteligente. Atribuir a formação primária ao acaso, seria uma falta de senso, porque o acaso é cego e não pode produzir efeitos inteligentes. Um acaso inteligente já não seria um acaso.

9 - Onde se pode ver, na causa primária, uma inteligência suprema, superior a todas as outras?
- Tendes um provérbio que diz o seguinte, pela obra se conhece o autor. Pois bem, vede a obra e procurai o autor. É o orgulho que gera a incredulidade. O homem orgulhoso nada admite fora de si e é por isso que se considera um espírito forte. Pobre ser, que um sopro de Deus pode abater.

> Julga-se o poder duma inteligência pelas suas obras. Como nenhum ser humano pode criar o que a natureza produz, a causa primária há de estar numa inteligência superior à Humanidade. Sejam quais forem os prodígios realizados pela inteligência humana esta inteligência tem também uma causa e quanto maior for a sua realização, maior deve ser a causa primária. Esta inteligência superior é a causa primária de todas as coisas qualquer que seja o nome pelo qual o homem a designe.

3 - Atributos da divindade.

10 - O homem pode compreender a natureza íntima de Deus?
- Não. Falta-lhe, pra tanto, um sentido.

11 - Será um dia permitido ao homem compreender o mistério da Divindade?
- Quando o seu espírito não estiver mais obscurecido pela matéria e, pela sua perfeição, tiver se aproximado dela, então a verá e compreenderá.

> A inferioridade das faculdades do homem não lhe permite compreender a natureza intima de Deus. Na infância da Humanidade, o homem o confunde muitas vezes com a criatura, cujas imperfeições lhe atribui, mas á medida que o seu senso moral se desenvolve, seu pensamento penetra melhor o fundo das coisas e ele faz então, a seu respeito, uma ideia mais justa e mais conforme com a boa razão embora sempre incompleta.

12 - Se não podemos compreender a natureza íntima de Deus, podemos ter uma ideia de algumas de suas perfeições?
- Sim, de algumas. O homem se compreende melhor, à medida que se eleva sobre a matéria, ele as entrevê pelo pensamento.

13 - Quando dizemos que Deus é eterno, infinito, imutável, imaterial, único, todo-poderoso, soberanamente justo e bom, não temos uma ideia completa de seus atributos?
- Do vosso ponto de vista, sim, porque acreditais abranger tudo, mas ficai sabendo que há coisas acima da inteligência do homem mais inteligente, e pras quais a vossa linguagem, limitada às vossas ideias e às vossas sensações, não dispõe de expressões. A razão vos diz que Deus deve ter essas perfeições em grau supremo, pois se tivesse uma de menos ou que não fosse a grau infinito, não seria superior a tudo e, por conseguinte não seria Deus. Pra estar acima de todas as coisas, Deus não deve estar sujeito a vicissitudes e não pode ter nenhuma das imperfeições que a imaginação é capaz de conceber.

> Deus é eterno. Se ele tivesse tido um começo, teria saído do nada ou então teria sido criado por um ser anterior. É assim que, pouco a pouco, remontamos ao infinito e à eternidade. É imutável. Se ele estivesse sujeito a mudanças, as leis que regem o Universo não teriam nenhuma estabilidade. É imaterial. Quer dizer, sua natureza difere de tudo o que chamamos matéria, pois doutra forma ele não seria imutável, estando sujeito às transformações da matéria. É único. Se houvesse muitos Deuses, não haveria unidade de vistas nem de poder na organização do Universo. É todo-poderoso porque é único. Se não tivesse o poder soberano, haveria alguma coisa mais poderosa ou tão poderosa quanto ele, que assim não teria feito todas as coisas. E aquelas que ele não tivesse feito seriam obras de outro Deus. É soberanamente justo e bom. A sabedoria providencial das leis divinas se revela nas menores como nas maiores coisas, e esta sabedoria não nos permite duvidar da sua justiça, nem da sua bondade.

4 - Panteísmo.

14 - Deus é um ser distinto, ou seria, segundo a opinião de alguns, a resultante de todas as forças e de todas as inteligências do Universo reunidas?
- Se assim fosse, Deus não existiria, porque seria efeito e não a causa, ele não pode ser, ao mesmo tempo, uma e outra. Deus existe, não o podeis duvidar, e isso é o essencial. Acreditai no que vos digo e não queirais ir além. Não vos percais num labirinto de onde não poderíeis sair. Isso não vos tornaria melhores, mas talvez, um pouco mais orgulhosos, porque acreditaríeis saber, quando na realidade nada saberíeis. Deixai de lado todos esses sistemas, tendes que vos desembaraçar de muitas coisas que vos tocam mais diretamente. Isto vos será mais útil do que querer penetrar o que é impenetrável.

15 - Que pensar da opinião segundo a qual todos os corpos da natureza, todos os seres, todos os globos do Universo seriam partes da Divindade e constituiriam, pelo seu conjunto, a própria Divindade, ou seja, que pensar da doutrina panteísta?
- Não podendo ser Deus, o homem quer pelo menos ser uma parte de Deus.

16 - Os que professam essa doutrina pretendem nela encontrar a demonstração de alguns dos atributos de Deus. Sendo os mundos infinitos, Deus é, por isso mesmo, infinito, o vácuo ou o nada não existindo em parte alguma, Deus está em toda a parte, pois que tudo é parte integrante de Deus, dá a todos os fenômenos da natureza uma razão de ser inteligente. O que se pode opor a este raciocínio?
- A razão. Refleti maduramente e não vos será difícil reconhecer-lhe o absurdo.

> Esta doutrina faz de Deus um ser material que, embora dotado de inteligência suprema, seria em ponto grande aquilo que somos em ponto pequenos. Ora, a matéria se transformando sem cessar. Deus, nesse caso, não teria nenhuma

estabilidade e estaria sujeito a todas as vicissitudes e mesmo a todas as necessidades da Humanidade, faltar-lhe-ia um dos atributos essenciais da divindade, a imutabilidade.

As propriedades da matéria não podem ligar-se à ideia de Deus, sem que o rebaixemos em nosso pensamento, e todas as sutilezas do sofisma não conseguirão resolver o problema da sua natureza íntima. Não sabemos tudo o que ele é, mas sabemos aquilo que não pode ser, e este sistema está em contradição com as suas propriedades mais essenciais, pois confunde o criador com a criatura, precisamente como se quiséssemos que uma máquina engenhosa fosse parte integrante do mecânico que a concebeu. A inteligência de Deus se revela nas suas obras, como a dum pintor no seu quadro, mas as obras de Deus não são o próprio Deus, como o quadro não é o pintor que o concebeu e executou.

Capítulo 2 - Elementos gerais do universo

1 - Conhecimento do princípio das coisas.
17 - Pode o homem conhecer o princípio das coisas?
- Não. Deus não permite que tudo seja revelado ao homem, aqui na Terra.

18 - O homem penetrará um dia o mistério das coisas que lhe estão ocultas?
- O véu se ergue na medida em que ele se depura, mas pra compreensão de certas coisas ele necessita de faculdades que ainda não possui.

19 - 0 homem não poderá, pelas investigações da Ciência, penetrar alguns dos segredos da natureza?
- A Ciência lhe foi dada pro seu adiantamento em todos os sentidos, mas ele não pode ultrapassar os limites fixados por Deus.

> Quanto mais é permitido ao homem penetrar nesses mistérios, maior deve ser a sua admiração pelo poder e a sabedoria do Criador. Mas, seja por orgulho, seja por fraqueza sua própria inteligência o torna frequentemente joguete da ilusão. Ele acumula sistemas sobre sistemas e cada dia que passa mostra quantos erros tomou por verdades e quantas verdades repeliu como erros. São outras tantas decepções pro seu orgulho.

20 - Pode o homem receber, fora das investigações da Ciência, comunicações duma ordem mais elevada sobre aquilo que escapa ao testemunho dos sentidos?
- Sim, se Deus o julgar útil, pode revelar-lhe aquilo que a Ciência não consegue apreender.

> É através dessas comunicações que o homem recebe, dentro de certos limites, o conhecimento de seu passado e do seu destino futuro.

2 - Espírito e matéria.
21 - A matéria existe desde toda a eternidade, como Deus, ou foi criada por ele num certo momento?
- Só Deus o sabe. Há, entretanto, uma coisa que a vossa razão vos deve indicar, é que Deus, modelo de amor e de caridade, jamais esteve inativo. Qualquer que seja a distância a que possais imaginar, o início da sua ação, podereis compreendê-lo um segundo na ociosidade?

22 - Define-se geralmente a matéria como aquilo que tem extensão, pode impressionar os sentidos e é impenetrável. Essa definição é exata?
- Do vosso ponto de vista, sim, porque só falais daquilo que conheceis, mas a matéria existe em estados que não percebeis. Ela pode ser, por exemplo, tão etérea e sutil que não produza nenhuma impressão nos vossos sentidos, entretanto, será sempre matéria, embora não o seja pra vós.
- Que definição podeis dar da matéria?
- A matéria é o liame que escraviza o espírito, é o instrumento que ele usa e sobre o qual, ao mesmo tempo, exerce a sua ação.

> De acordo com isto, pode-se dizer que a matéria é o agente, o intermediário com a ajuda do qual e sobre o qual o espírito atua.

23 - O que é espírito?
- O princípio inteligente do Universo.
- E qual é a sua natureza íntima?
- Não é fácil analisar o espírito na vossa linguagem. Pra vós, ele não é nada porque não é coisa palpável, mas pra nós é alguma coisa. Ficai sabendo, nenhuma coisa é o nada e o nada não existe.

24 - Espírito é sinônimo de inteligência?
- A inteligência é um atributo essencial do espírito, mas um e outro se confundem num princípio comum, de maneira que, pra vós, são uma e a mesma coisa.

25 - O espírito é independente da matéria ou não é mais do que uma propriedade desta, como as cores são propriedades da luz e o som uma propriedade do ar?
- São distintos, mas é necessária a união do espírito e da matéria pra dar inteligência a esta.
- E esta união é igualmente necessária pra manifestação do espírito?

- É necessária pra vós porque não estais organizados pra perceber o espírito sem a matéria, vossos sentidos não foram feitos pra isso.

26 - Pode-se conhecer o espírito sem a matéria e a matéria sem o espírito?
- Pode-se, sem dúvida, pelo pensamento.

27 - Haveria assim dois elementos gerais do Universo, a matéria e o espírito?
- Sim, e acima de ambos, Deus, o criador, o pai de todas as coisas. Essas três coisas são o princípio de tudo o que existe, a trindade universal, mas ao elemento material é necessário ajuntar a fluido universal, que exerce o papel de intermediário entre o espírito e a matéria propriamente dita, demasiado grosseira pra que o espírito possa exercer alguma ação sobre ela embora, de certo ponto de vista, se pudesse considerá-lo como elemento material, ele se distingue por propriedades especiais.
Se fosse simplesmente matéria, não haveria razão pra que o espírito não o fosse também. Ele esta colocado entre o espírito e a matéria, é fluido, como a matéria e matéria, suscetível em suas inumeráveis combinações com esta, e sob a ação do espírito de produzir infinita variedade de coisas, das quais não conheceis mais do que uma ínfima parte. Esse fluido universal, ou primitivo, ou elementar, sendo o agente de que o espírito se serve, é o princípio sem o qual a matéria permaneceria em perpétuo estado de dispersão, e não adquiriria jamais as propriedades que a gravidade lhe dá.
- E seria esse fluido o que designamos por eletricidade?
- Dissemos que ele é suscetível de inumeráveis combinações. O que chamais fluido elétrico, fluido magnético, são modificações do fluido universal, que é, propriamente falando, uma matéria mais perfeita, mais sutil, que se pode considerar como independente.

28 - Sendo o espírito, em si mesmo, alguma coisa, não seria mais exato e menos sujeito a confusões, designar esses dois elementos gerais pelas expressões matéria inerte e matéria inteligente?
- As palavras pouco nos importam. Cabe a vós formular a vossa linguagem, de maneira a vos entenderdes. Vossas disputas provêm, quase sempre, de não vos entenderdes sobre as palavras, porque a vossa linguagem é incompleta pras coisas que não vos tocam os sentidos.

> Um fato patente domina todas as hipóteses, vemos matéria sem inteligência e um princípio inteligente independente da matéria. A origem e a conexão dessas duas coisas nos são desconhecidas. Que elas tenham ou não uma fonte comum e os pontos de contato necessários, que a inteligência tenha existência própria ou que seja uma propriedade, um efeito, que seja mesmo, segundo a opinião de alguns, uma emanação da Divindade, é o que ignoramos. Elas nos aparecem distintas e é por isso que a consideramos formando dois princípios constituintes do Universo. Vemos, acima de tudo isso, uma inteligência que domina todas as outras, que as governa, que delas se distingue por atributos essenciais, é esta inteligência suprema que chamamos Deus.

3 - Propriedades da Matéria.
29 - A ponderabilidade é atributo essencial da matéria?
- Da matéria como entendeis, sim, mas não da matéria considerada como fluido universal. A matéria etérea e sutil que forma esse fluido é imponderável pra vós, mas nem por isso deixa de ser o princípio da vossa matéria ponderável.

> A ponderabilidade é uma propriedade relativa, fora das esferas de atração dos mundos não há peso, da mesma maneira que não há alto nem baixo.

30 - A matéria é formada dum só ou de muitos elementos?
- Dum só elemento primitivo. Os corpos que considerais como corpos simples não são verdadeiros elementos, mas transformação da matéria primitiva.

31- De onde provêm as diferentes propriedades da matéria?
- Das modificações que as moléculas elementares sofrem, ao se unirem, e em determinadas circunstâncias.

32 - De acordo com isso, o sabor, o odor, as cores, as qualidades venenosas ou salutares dos corpos, não seriam mais do que modificações duma única e mesma substância primitiva?
- Sim, sem dúvida, e só existem pela disposição dos órgãos destinados a percebê-las.

> Esse princípio é demonstrado pelo fato de nem todos perceberem as qualidades dos corpos da mesma maneira, enquanto um acha uma coisa agradável ao gosto, o outro a acha má, uns veem azul o que os outros veem vermelho, o que pra uns é veneno, pra outros é inofensivo ou salutar.

33 - A mesma matéria elementar é suscetível de passar por todas as modificações e adquirir todas as propriedades?

- Sim, e é isso que deveis entender, quando dizemos que tudo está em tudo.

- E essa teoria não parece dar razão à opinião dos que não admitem, pra matéria, mais do que dois elementos essenciais, a força e o movimento, entendendo que todas as outras propriedades não são senão efeitos secundários, que variam segundo a intensidade da força e a direção do movimento?

- Essa opinião é exata. Falta acrescentar que, também, segundo a disposição das moléculas, como se vê, por exemplo, num corpo opaco que pode tornar-se transparente e vice-versa.

> O oxigênio, o hidrogênio, o azoto (nitrogênio), o carbono e todos os corpos que consideramos simples não são mais do que modificações duma substância primitiva. Na impossibilidade, em que nos encontramos ainda, de remontar de outra maneira, que não pelo pensamento, a essa matéria, esses corpos são pra nós verdadeiros elementos, e podemos, sem maiores consequências, considerá-los assim até nova ordem.

34 - As moléculas têm uma forma determinada?
- Sem dúvida que as moléculas têm uma forma, mas não a podeis apreciar.
- E essa forma é constante ou variável?
- Constante pras moléculas elementares primitivas, mas variável pras moléculas secundárias, que são aglomerações das primeiras. Isso que chamais molécula está longe da molécula elementar.

4 - Espaço Universal.
35 - O espaço universal é infinito ou limitado?
- Infinito. Supõe limites pra ele, o que haveria além? Isto confunde a tua razão, bem o sei, e, no entanto, a razão te diz que não pode ser doutra maneira. O mesmo se dá com o infinito em todas as coisas, não é na vossa pequena esfera que o podeis compreendê-lo.

> Supondo-se um limite pro espaço, qualquer que seja a distância a que o pensamento possa concebê-lo, a razão diz que, além desse limite, há alguma coisa. E assim, pouco a pouco, até o infinito, porque essa alguma coisa, mesmo que fosse o vazio absoluto, ainda seria espaço.

36 - O vazio absoluto existe em alguma parte do espaço universal?
- Não, nada é vazio. O que é vazio pra ti, está ocupado por uma matéria que escapa aos teus sentidos e aos teus instrumentos.

> Todos estes princípios estão hoje comprovados pela investigação científica, mesmo no campo do mais ortodoxo materialismo.

Sociedade Armônica

Capítulo 3 - A criação

O Universo compreende a infinidade dos mundos que vemos e não vemos, todos os seres animados e inanimados, todos os astros que se movem no espaço e os fluidos que o preenchem.

1 - Criação dos mundos.

37 - O Universo foi criado ou existe de toda a eternidade como Deus?

- Ele não pode ter sido feito por si mesmo e se existisse de toda a eternidade, como Deus, não poderia ser obra de Deus.

> A razão nos diz que o Universo não poderia fazer-se por si mesmo, e que, não podendo ser obra do acaso, deve ser obra de Deus.

38 - Como criou Deus o Universo?

- Pra me servir duma expressão corrente, por sua vontade. Nada exprime melhor essa vontade todo-poderosa do que estas belas palavras do Gênese, Deus disse: "Faça-se a luz e a luz foi feita".

39 - Podemos conhecer o modo de formação dos mundos?

- Tudo o que se pode dizer, e que podeis compreender, é que os mundos se formam pela condensação da matéria espalhada no espaço.

40 - Os cometas seriam, como agora se pensa, um começo de condensação da matéria, mundos em vias de formação?

- Isso está certo, absurdo, porém, é acreditar na sua influência. Quero dizer, influência que vulgarmente lhe atribuem, porque todos os corpos celestes têm a sua parte de influência em certos fenômenos físicos.

41 - Um mundo completamente formado pode desaparecer e a matéria que o compõe espalhar-se de novo no espaço?

- Sim, Deus renova os mundos, como renova os seres vivos.

42 - Podemos conhecer a duração da formação dos mundos, da Terra, por exemplo?

- Nada te posso dizer por que somente o Criador o sabe e bem louco seria quem pretendesse sabê-lo ou conhecer o número de séculos dessa formação.

2 - A formação dos seres vivos.

43 - Quando a Terra começou a ser povoada?

- No começo tudo era caos, os elementos estavam fundidos. Pouco a pouco cada coisa tomou o seu lugar, então apareceram os seres vivos, apropriados ao estado do globo.

44 - De onde vieram os seres vivos pra Terra?

- A Terra continha os germes, que esperavam o momento favorável pra se desenvolver. Os princípios orgânicos se reuniram desde o instante em que cessou a força de dispersão e formaram os germes de todos os seres vivos. Os germes permaneceram em estado latente e inerte, como a crisálida e as sementes das plantas, até o momento propício a eclosão de cada espécie, então, os seres de cada espécie se reuniram e multiplicaram.

45 - Onde estavam os elementos orgânicos antes da formação da Terra?

- Estavam, por assim dizer, em estado fluídico no espaço, entre os espíritos ou noutros planetas, esperando a criação da Terra pra começarem uma nova existência sobre um novo globo.

> A química nos mostra as moléculas dos corpos inorgânicos unindo-se pra formar cristais duma regularidade constante, segundo cada espécie, desde que estejam nas condições necessárias. A menor perturbação destas condições é suficiente pra impedir a reunião dos elementos, ou pelo menos a disposição regular que constitui o cristal. Por que não ocorreria o mesmo com os elementos orgânicos? Conservamos durante anos germes de plantas e de animais, que não se desenvolveram a não ser numa dada temperatura e num meio apropriado, viram-se grãos de trigo germinar depois de muitos séculos.

Há, portanto, nesses germes, um princípio latente de vitalidade, que só espera uma circunstância favorável pra se desenvolver. O que se passa diariamente sob os nossos olhos não pode ter existido desde a origem do globo? Esta formação dos seres vivos, saindo do caos pela própria força da natureza, tira alguma coisa à grandeza de Deus? Longe disso, corresponde melhor à ideia que fazemos de seu poder, a exercer-se sobre os mundos infinitos através de leis eternas. Esta teoria não resolve, é verdade, a questão da origem dos elementos vitais, mas Deus tem os seus mistérios, e estabeleceu limites às nossas investigações.

46 - Há seres que ainda nascem espontaneamente?
- Sim, mas o germe primitivo já existia em estado latente. Vocês são todos os dias testemunha desse fenômeno. Os tecidos dos homens e dos animais não contêm os germes duma multidão de vermes que esperam pra eclodir a fermentação pútrida necessária à sua existência? É um pequeno mundo que dormitava e desperta.

47 - A espécie humana se achava entre os elementos orgânicos do globo terrestre?
- Sim, e veio a seu tempo. Foi isso que deu motivo pra se dizer que o homem foi feito do limo da Terra.

48 - Podemos conhecer a época da aparição do homem e de outros seres vivos na Terra?
- Não, todos os vossos cálculos são quiméricos.

49 - Se o germe da espécie humana estava entre os elementos orgânicos do globo, por que os homens não se formam mais espontaneamente como em sua origem?
- O princípio das coisas permanece nos segredos de Deus, mas podemos dizer que os homens, uma vez, dispersos sobre a Terra, absorveram em si mesmos os elementos necessários à sua formação, pra transmiti-los segundo as leis da reprodução. O mesmo aconteceu com as demais espécies de seres vivos.

3 - O povoamento da Terra - Adão.
50 - A espécie humana começou por um só homem?
- Não, aquele que chamais Adão não foi o primeiro e nem o único a povoar a Terra.

51 - Podemos saber em que época viveu Adão?
- Mais ou menos naquela que lhe assinalais, cerca de 4 mil anos antes do Cristo.

> O homem cuja tradição se conservou sob o nome de Adão foi um dos que sobreviveram, em alguma região, a um dos grandes cataclismos que em diversas épocas modificaram a superfície do globo, e tornou-se o tronco duma das raças que hoje o povoam. As leis da natureza contradizem a opinião de que os progressos da Humanidade, constatados muito tempo antes do Cristo, se tivessem realizado em alguns séculos como o teria de ser, se o homem não tivesse aparecido senão depois da época abalada pra existência de Adão. Alguns, e com muita razão, consideram Adão como um mito ou uma alegoria, personificando as primeiras idades do mundo.

4 - A diversidade das raças humanas.
52 - De onde vêm as diferenças físicas e morais que distinguem as variedades de raças humanas na Terra?
- Do clima da vida e dos hábitos. Dá-se o mesmo com duas crianças da mesma mãe, que educadas uma longe da outra e de maneira diferente, não se assemelhassem em nada quanto à moral.

53 - O homem apareceu em muitos pontos do globo?
- Sim, e em diversas épocas, e é essa uma das causas da diversidade das raças, depois o homem se dispersou pelos diferentes climas e aliando-se os duma raça aos de outras, formaram-se novos tipos.
- E essas diferenças representam espécies distintas?
- Certamente, não, pois todos pertencem à mesma família. As variedades do mesmo fruto acaso não pertencem à mesma espécie?

54 - Se a espécie humana não procede dum só tronco, não devem os homens deixar de se considerar irmãos?
- Todos os homens são irmãos em Deus porque são animados pelo espírito e tendem pro mesmo alvo. Quereis sempre tomar as palavras ao pé da letra.

5 - A pluralidade dos mundos.
55 - Todos os globos que circulam no espaço são habitados?
- Sim, e o homem terreno está bem longe de ser, como acredita, o primeiro em inteligência, bondade e perfeição. Há, entretanto, homens que se julgam espíritos fortes e imaginam que só este pequeno globo tem o privilégio de ser habitado por seres racionais. Orgulho e vaidade! Creem que Deus criou o Universo somente pra eles.

> Deus povoou os mundos de seres vivos e todos concorrem pro objetivo final da Providência. Acreditar que os seres vivos estejam limitados apenas ao ponto que habitamos no Universo seria pôr em dúvida a sabedoria de Deus, que nada fez de inútil e deve ter destinado esses mundos a um fim mais sério do que o de alegrar os nossos olhos. Nada,

aliás, nem na posição, no volume ou na constituição física da Terra, pode razoavelmente levar-nos à suposição de que tenha o privilégio de ser habitada, com exclusão de tantos milhares de mundos semelhantes.

56 - A constituição física dos diferentes globos é a mesma?
- Não, eles absolutamente não se assemelham.

57 - A constituição física dos mundos não sendo a mesma pra todos, os seres que os habitam terão organização diferente?
- Sem dúvida, como entre vós os peixes são feitos pra viver na água e os pássaros no ar.

58 - Os mundos mais distanciados do Sol são privados de luz e calor, de vez que o Sol lhes aparece apenas como uma estrela?
- Tu acreditas que não há outras fontes de luz e de calor além do Sol? Não tendes em conta a eletricidade, que em certos mundos desempenha um papel desconhecido pra vós e bem mais importante que o que lhe cabe na Terra? Aliás, não dissemos que todos os seres vivam da mesma maneira que vós, com órgãos semelhantes aos vossos.

> As condições de existência dos seres nos diferentes mundos devem ser apropriadas ao meio em que têm de viver. Se nunca tivéssemos visto peixes, não compreenderíamos como alguns seres pudessem viver na água. O mesmo acontece com outros mundos, que sem dúvida contêm elementos pra nós desconhecidos. Não vemos na Terra as longas noites polares iluminadas pela eletricidade das auroras boreais? Que haveria de impossível pra eletricidade ser mais abundante que na Terra, desempenhando um papel geral cujos efeitos podemos compreender? Esses mundos podem conter em si mesmos as fontes de luz e calor necessárias aos seus habitantes.

6 - Considerações e concordâncias bíblicas concernentes à criação.
59 - Os povos fizeram ideias bastante divergentes sobre a criação, segundo o grau de seus conhecimentos. A razão apoiada na Ciência reconheceu a inverossimilhança de algumas teorias, a que os espíritos nos oferecem confirma a opinião há muito admitida pelos homens mais esclarecidos. A objeção que se pode fazer a essa teoria é a de estar em contradição com os textos dos livros sagrados, mas um exame sério nos leva a reconhecer que essa contradição é mais aparente que real resultante da interpolação dada a passagens que, em geral, só possuíam sentido alegórico.
A questão do primeiro homem, na pessoa de Adão, como único tronco da Humanidade, não é a única sobre a qual as crenças religiosas têm de se modificar o movimento da Terra parecia, em determinada época, tão contrário aos textos sagrados que não há formas da perseguição a que essa teoria não tenha dado pretexto. Não obstante, a Terra gira, malgrado os anátemas, e ninguém hoje em dia poderia contestá-lo sem ofender a sua própria razão. A *Bíblia* diz igualmente que o mundo foi criado em seis dias e fixa a época da criação em cerca de 4 mil anos antes da era cristã. Antes disso, a Terra não existia, ela foi tirada do nada. O texto é formal, e eis que a Ciência positiva a Ciência inexorável vem provar o contrário.
A formação do globo está gravada em caracteres indeléveis no mundo fóssil e está provado que os seis dias da criação representam outros tantos períodos, cada um deles, talvez, de muitas centenas de milhares de anos e não se trata dum sistema, uma doutrina uma opinião isolada, mas dum fato tão constante como o do movimento da Terra, e que a Teologia não pode deixar de admitir prova evidente do erro em que se pode cair, quando se tomam ao pé da letra as expressões duma linguagem frequentemente figurada.
Devemos concluir, então, que a *Bíblia* é um erro? Não, mas que os homens se enganam na sua interpretação. A Ciência, escavando os arquivos da Terra, descobriu a ordem em que os diferentes seres vivos apareceram na superfície, e essa ordem concorda com a indicada no *Gênese*, com a diferença de que essa obra, em vez de ter saído miraculosamente das mãos de Deus, em apenas algumas horas, realizou-se sempre por sua vontade, mas segundo a lei das forças naturais, em alguns milhões de anos.
Deus seria, por isso, menor e menos poderoso? Sua obra se tornaria menos sublime, por não ter o prestígio da instantaneidade? Evidentemente, não. É preciso fazer da Divindade uma ideia bem mesquinha pra não reconhecer a sua onipotência nas leis eternas que ela estabeleceu pra reger os mundos. A Ciência, longe de diminuir a obra divina, no-la mostra sob um aspecto mais grandioso e mais conforme com as noções que temos do poder e da majestade de Deus, pelo fato mesmo de ter ela se realizado sem derrogar as leis da natureza.
A Ciência, de acordo neste ponto com Moisés, coloca o homem por último na ordem da criação dos seres vivos. Moisés, porém, coloca o dilúvio universal no ano 1654 da formação do mundo, enquanto a Geologia nos mostra o grande cataclismo como anterior à aparição do homem, tendo em vista que, até agora, não se encontra nas camadas primitivas nenhum traço da sua presença, nem da presença dos animais que, sob o ponto de vista físico, são da sua mesma categoria. Mas nada prova que isso seja impossível, várias descobertas já lançaram dúvidas a respeito, podendo acontecer, portanto, que dum momento pra outro se adquira a certeza material da anterioridade da raça humana e então se reconhecerá que, nesse ponto, como em outros, o texto bíblico é figurado.
A questão está em saber se o cataclismo geológico é o mesmo de Noé. Ora, a duração necessária à formação das camadas fósseis não dá lugar a confusões, e no momento em que se encontrarem os traços da existência do homem

anteriores à grande catástrofe, ficará provado que Adão não foi o primeiro homem, ou que a sua criação se perde na noite dos tempos. Contra a evidência não há raciocínios possíveis e será necessário aceitar o fato como se aceitou o do movimento da Terra e o dos seis períodos da Criação.

A existência do homem antes do dilúvio geológico é, não há dúvida, ainda hipotética, mas eis como nos parece menos. Admitindo-se que o homem tenha aparecido pela primeira vez na Terra há quatro mil anos antes do Cristo, se 1650 anos mais tarde toda a raça humana foi destruída, com exceção apenas duma família, conclui-se que o povoamento da Terra data de Noé, ou seja, de 2350 anos antes da nossa era. Ora, quando os hebreus emigraram pro Egito, no 18° século, encontraram esse país bastante povoado e já bem avançado em civilização. A História prova que, nessa época, a Índia e outros países eram igualmente florescentes, mesmo sem levarmos em conta a cronologia de certos povos, que remonta a uma época ainda mais recuada.

Teria sido então necessário que do 24° ao 18° século, quer dizer, num espaço de 600 anos, não somente a posteridade dum único homem tivesse podido povoar todas as imensas regiões então conhecidas, supondo-se que as outras não estivessem povoadas, mas também que, nesse curto intervalo, a espécie humana tivesse podido elevar-se da ignorância absoluta do estado primitivo ao mais alto grau de desenvolvimento intelectual, o que é contrário a todas as leis antropológicas. A diversidade das raças humanas vem ainda em apoio desta opinião. O clima e os hábitos produzem, sem dúvida, modificações das características físicas, mas sabe-se até onde pode chegar à influência dessas causas, e o exame fisiológico prova a existência, entre algumas raças, de diferenças constitucionais mais profundas que as produzidas pelo clima.

O cruzamento de raças produz os tipos intermediários, tende a superar os caracteres extremos, mas não cria estes, produzindo apenas as variedades. Ora, pra que tivesse havido cruzamento de raças, era necessário que houvesse raças distintas, e como explicarmos a sua existência, dando-lhes um tronco comum e, sobretudo tão próximo? Como admitir que, em alguns séculos, certos descendentes de Noé se tivessem transformado a ponto de produzirem a raça etiópica, por exemplo? Uma tal metamorfose não é mais admissível que a hipótese dum tronco comum pro lobo e a ovelha, o elefante e o pulgão, a ave e o peixe. Ainda uma vez, nada poderia prevalecer contra a evidência dos fatos.

Tudo se explica, pelo contrário, admitindo-se a existência do homem antes da época que lhe é vulgarmente assinalada, a diversidade das origens, Adão, que viveu há 6 mil anos, como tendo povoado uma região ainda inabitada, o dilúvio de Noé como uma catástrofe parcial, que se tomou pelo cataclismo geológico e tendo-se em conta por fim, a forma alegórica peculiar ao estilo oriental, que se encontra nos livros sagrados de todos os povos. Eis porque é prudente não se acusar muito ligeiramente de falsas as doutrinas que podem, cedo ou tarde, como tantas outras, oferecer um desmentido aos que as combatem. As ideias religiosas, longe de perder, se engrandecem, ao marchar com a Ciência, esse o único meio de não apresentarem ao ceticismo um lado vulnerável.

Sociedade Armônica

Capítulo 4 - O princípio vital

1 - Seres Orgânicos e Inorgânicos.

Os seres orgânicos são os que trazem em si mesmos uma fonte de atividade íntima que lhes dá a vida, eles nascem, crescem, reproduzem-se e morrem, são providos de órgãos especiais pra realização dos diferentes atos da vida e apropriados às necessidades da sua conservação. Compreendem os homens, os animais e as plantas. Os seres inorgânicos são os que não possuem vitalidade nem movimentos próprios, sendo formados apenas pela agregação da matéria, os minerais, a água, o ar, etc.

60 - É a mesma força que une os elementos materiais nos corpos orgânicos e inorgânicos?
- Sim, a lei de atração é a mesma pra todos.

61 - Há uma diferença entre a matéria dos corpos orgânicos e inorgânicos?
- É sempre a mesma matéria, mas nos corpos orgânicos é animalizada.

62 - Qual a causa da animalização da matéria?
- Sua união com o princípio vital.

63 - O princípio vital é propriedade dum agente especial ou apenas da matéria organizada, numa palavra, é um efeito ou uma causa?
- E uma e outra coisa. A vida é um efeito produzido pela ação dum agente sobre a matéria. Esse agente, sem a matéria, não é vida, da mesma forma que a matéria não pode viver sem ele. É ele que dá vida a todos os seres, que o absorvem e assimilam.

64 - Vimos que o espírito e a matéria são dois elementos constitutivos do universo. O princípio vital formaria um terceiro?
- É um dos elementos necessários à constituição do Universo, mas tem a sua fonte nas modificações da matéria universal. É um elemento pra vós, como o oxigênio e o hidrogênio, que, entretanto, não são elementos primitivos, pois todos procedem dum mesmo princípio.
- E parece resultar daí que a vitalidade não tem como princípio um agente primitivo distinto, sendo antes uma propriedade especial da matéria universal, devido a certas modificações desta.
- É essa a consequência do que dissemos.

65 - O princípio vital reside num dos corpos que conhecemos?
- Ele tem como fonte o fluido universal, é o que chamais fluido magnético ou fluido elétrico animalizado. É o intermediário, o liame entre o espírito e a matéria.

66 - O princípio vital é o mesmo pra todos os seres orgânicos?
- Sim, modificado segundo as espécies. É ele que lhes dá movimento e duvidado, e os distingue da matéria inerte, pois o movimento da matéria não é a vida, ela recebe esse movimento, não o produz.

67 - A vitalidade é um atributo permanente do agente vital ou somente se desenvolve com o funcionamento dos órgãos?
- Só se desenvolve com o corpo. Não dissemos que esse agente, sem a matéria, não é vida? É necessária a união de ambos pra produzir a vida.
- E podemos dizer que a vitalidade permanece, quando o agente vital ainda não se uniu ao corpo?
- Sim, é isso.

> O conjunto dos órgãos constitui uma espécie de mecanismo, impulsionado pela atividade íntima ou princípio vital que neles existe. O principio vital é a força motriz dos corpos orgânicos. Ao mesmo tempo em que o agente vital impulsiona os órgãos, a ação destes entretém e desenvolve o agente vital, mais ou menos como o atrito produz o calor.

2 - A vida e a morte.
68 - Qual é a causa da morte nos seres orgânicos?
- A exaustão dos órgãos.
- E pode-se comparar a morte à cessação do movimento numa máquina desarranjada?
- Sim, pois se a máquina estiver mal montada, a sua mola se quebra, se o corpo estiver doente, a vida se esvai.

69 - Por que uma lesão do coração, mais que a dos outros órgãos, causa a morte?

- O coração é uma máquina de vida, mas não é ele o único órgão em que uma lesão causa a morte, ele não é mais do que uma das engrenagens essenciais.

70 - Em que se transformam a matéria e o principio vital dos seres orgânicos após a morte?
- A matéria inerte se decompõe e vai formar novos seres, o princípio vital retorna à massa.

> Após a morte do ser orgânico, os elementos que o formavam passam por novas combinações, constituindo novos seres que haurem na fonte universal o princípio da vida e da atividade. Absorvendo-o e assimilando-o, pra novamente o devolverem a essa fonte, logo que deixarem de existir. Os órgãos estão, por assim dizer, impregnados de fluido vital. Esse fluido dá a todas as partes do organismo uma atividade que lhes permite comunicar-se entre si, no caso de certas lesões, e restabelecerem funções momentaneamente suspensas, mas quando os elementos essenciais do funcionamento dos órgãos são destruídos ou profundamente alterados, o fluido vital não pode transmitir-lhes o movimento da vida e o ser morre.

Os órgãos reagem mais ou menos necessariamente uns sobre os outros, é da harmonia do seu conjunto que resulta essa reciprocidade de ação. Quando uma causa qualquer destrói esta harmonia, suas funções cessam, como o movimento dum mecanismo cujas engrenagens essenciais se desarranjaram, como um relógio gasto pelo uso ou desmontado por um acidente, que a força motriz não pode pôr em movimento.

Temos uma imagem mais exata da vida e da morte num aparelho elétrico. Esse aparelho recebe a eletricidade e a conserva em estado potencial, como todos os corpos da natureza. Os fenômenos elétricos, porém, não se manifestam, enquanto o fluido não for posto em movimento por uma causa especial, e só então se poderá dizer que o aparelho está ativo. Cessando a causa da atividade, o fenômeno cessa e o aparelho volta ao estado de inércia. Os corpos orgânicos seriam, assim, como pilhas de aparelhos elétricos, nos quais a atividade do fluido produz o fenômeno da vida, a cessação dessa atividade ocasiona a morte.

A quantidade de fluido vital não é a mesma em todos os seres orgânicos, varia segundo as espécies e não é constante no mesmo indivíduo, nem nos vários indivíduos duma mesma espécie. Há os que estão, por assim dizer, saturados do fluido vital, enquanto outros o possuem apenas em quantidade suficiente. É por isso que uns são mais ativos mais enérgicos e, de certa maneira, de vida superabundante. A quantidade de fluido vital se esgota. Pode tornar-se incapaz de entreter a vida se não for renovada pela absorção e assimilação de substâncias que o contém. O fluido vital se transmite dum indivíduo a outro. Aquele que o tem em maior quantidade pode dá-lo ao que tem menos e, em certos casos, fazer voltar uma vida prestes a extinguir-se.

3 - Inteligência e instinto.
71 - A inteligência é um atributo do princípio vital?
- Não, pois as plantas vivem e não pensam, não tendo mais do que a vida orgânica. A inteligência e a matéria são independentes, pois um corpo pode viver sem inteligência, mas a inteligência não pode se manifestar por meio dos órgãos materiais, somente a união com o espírito dá inteligência à matéria animalizada.

> A inteligência é uma faculdade especial, própria de certas classes de seres orgânicos aos quais dá, com o pensamento, a vontade de agir, a consciência de sua existência e de sua individualidade, assim como os meios de estabelecer relações com o mundo exterior e de prover às suas necessidades. Podemos fazer a seguinte distinção: 1 - Os seres inanimados, formados somente de matéria sem vitalidade nem inteligência, são os corpos brutos; 2 - Os seres animados não pensantes, formados de matéria e dotados de vitalidade, mas desprovidos de inteligência; e 3 - Os seres animados pensantes, formados de matéria, dotados de vitalidade e tendo ainda um princípio inteligente que lhes dá a faculdade de pensar.

72 - Qual é a fonte da inteligência?
- Nós já dissemos, é a inteligência universal.
- Poderíamos dizer que cada ser tira uma porção de inteligência da fonte universal e a assimila, como tira e assimila o princípio da vida material?
- Isto não é mais do que uma comparação, mas não exala, porque a inteligência é uma faculdade própria de cada ser e constitui a sua individualidade moral. De resto, bem o sabeis, há coisas que não é dado ao homem penetrar, e esta, por enquanto, é uma delas.

73 - O instinto é independente da inteligência?
- Precisamente, não, porque é uma espécie de inteligência. O instinto é uma inteligência não racional, é por ele que todos os seres provêm às suas necessidades.

74 - Pode-se assinalar um limite entre o instinto e a inteligência, ou seja, precisar onde acaba um e onde começa o outro?

- Não, porque eles frequentemente se confundem, mas podemos muito bem distinguir os atos que pertencem ao instinto dos que pertencem à inteligência.

75 - É certo dizer que as faculdades instintivas diminuem à medida que crescem as intelectuais?
- Não. O instinto existe sempre, mas o homem o negligencia. O instinto pode também conduzir ao bem, ele nos guia quase sempre e às vezes mais seguramente que a razão, ele nunca se engana.
- Por que a razão não é sempre um guia infalível?
- Ela seria infalível se não existisse falseada pela má educação, pelo orgulho e egoísmo. O instinto não raciocina, a razão permite ao homem escolher, dando-lhe o livre-arbítrio.

> O instinto é uma inteligência rudimentar, que difere da inteligência propriamente dita por serem quase sempre espontâneas as suas manifestações, enquanto as daquela são o resultado de apreciações e duma deliberação. Ele varia em suas manifestações segundo as espécies e suas necessidades. Nos seres dotados de consciência e de percepção das coisas exteriores, ele se alia à inteligência, o que quer dizer, à vontade e à liberdade.

2ª parte - O mundo espírita ou dos espíritos
Capítulo 1 - Dos espíritos

1 - Origem e natureza dos espíritos.
76 - Como podemos definir os espíritos?
- Podemos dizer que os espíritos são os seres inteligentes da criação, eles povoam o Universo, além do mundo material.

77 - Os espíritos são seres distintos da divindade ou não seriam mais do que emanações ou porções da divindade, por essa razão chamados filhos de Deus?
- Meu Deus! São sua obra, precisamente como acontece com um homem que faz uma maquina, esta é obra do homem e não ele mesmo. Sabes que o homem, quando faz uma coisa bela e útil, chama-a sua filha, sua criação. Pois bem, dá-se o mesmo com Deus, nós somos seus filhos, porque somos sua obra.

78 - Os espíritos tiveram princípio ou existem de toda a eternidade, como Deus?
- Se os espíritos não tivessem tido princípio, eles seriam iguais a Deus, mas pelo contrário, são sua criação, submetidos à sua vontade. Deus existe de toda a eternidade, isso é incontestável, mas quando e como ele nos criou não o sabemos. Podes dizer que não tivemos princípio, se com isso entendes que Deus, sendo eterno, deva ter criado sem cessar, mas quando e como cada um de nós foi feito, eu te repito, ninguém o sabe, isso é mistério.

79 - Uma vez que há dois elementos gerais do Universo, o inteligente e o material, poderíamos dizer que os espíritos são formados do elemento inteligente, como os corpos inertes são formados do material?
- É evidente. Os espíritos são individualizações do princípio inteligente, como os corpos são individualizações do princípio material e a maneira dessa formação é que desconhecemos.

80 - A criação dos espíritos é permanente ou verificou-se apenas na origem dos tempos?
- E permanente, o que quer dizer que Deus jamais cessou de criar.

81 - Os espíritos se formam espontaneamente ou procedem uns dos outros?
- Deus os criou, como a todas as outras criaturas, por sua vontade, mas repito ainda uma vez que a sua origem é um mistério.

82 - É certo dizer que os espíritos são imateriais?
- Como podemos definir uma coisa quando não dispomos dos termos de comparação e usamos uma linguagem insuficiente? Um cego de nascença pode definir a luz? Imaterial não é o termo apropriado, incorpóreo, seria mais exato, pois deves compreender que, sendo uma criação, o espírito deve ser alguma coisa. É uma matéria quintessenciada, pra qual não dispondes de analogias e tão eterizada que não pode ser percebida pelos vossos sentidos.

> Dizemos que os espíritos são imateriais porque a sua essência difere de tudo o que conhecemos pelo nome de matéria. Um povo de cegos não teria palavras pra exprimir a luz e os seus efeitos. O cego de nascença julga ter todas as percepções pelo ouvido, o olfato, o paladar e o tato, não compreende as ideias que lhe seriam dadas pelo sentido que lhe falta. Da mesma maneira, no tocante à essência dos seres super-humanos, nós somos como verdadeiros cegos. Não podemos defini-los, a não ser por meio de comparações sempre imperfeitas ou por um esforço da imaginação.

83 - Os espíritos terão fim? Compreende-se que o princípio de que eles emanam seja eterno, mas o que perguntamos é se a sua individualidade terá um termo, e se, num dado tempo, mais ou menos longo, o elemento de que são formados se desagregará e não retornará à massa de que saiu, como acontece com os corpos materiais. É difícil compreender que uma coisa que teve começo não tenha fim.
- Há muitas coisas que não compreendeis porque a vossa inteligência é limitada, mas isso não é razão pras repelirdes. O filho não compreende tudo o que o pai compreende, nem o ignorante, tudo o que o sábio compreende. Nós te dizemos que a existência dos espíritos não tem fim, é tudo quanto podemos dizer por enquanto.

2 - Mundo normal primitivo.
84 - Os espíritos constituem um mundo à parte, além daquele que vemos?
- Sim, o mundo dos espíritos ou das inteligências incorpóreas.

85 - Qual dos dois, o mundo espírita ou o mundo corpóreo, é o principal na ordem das coisas?
- O mundo espírita, ele preexiste e sobrevive a tudo.

86 - O mundo corpóreo poderia deixar de existir ou nunca ter existido, sem com isso alterar a essência do mundo espírita?
- Sim, eles são independentes, e, não obstante, a sua correlação é incessante, porque reagem incessantemente um sobre o outro.

87 - Os espíritos ocupam uma região circunscrita e determinada no espaço?
- Os espíritos estão por toda parte, eles povoam ao infinito os espaços infinitos. Há os que estão sem cessar ao vosso lado, observando-vos e aluando sobre vós, sem o saberdes, porque eles são uma das forças da natureza e os instrumentos de que Deus se serve pro cumprimento de seus desígnios providenciais, mas nem todos vão a toda parte, porque há regiões interditadas aos menos avançados.

3 - A forma e a ubiquidade dos espíritos.
88 - Os espíritos têm uma forma determinada, limitada e constante?
- Aos vossos olhos, não, aos nossos, sim. Eles são, se o quiserdes, uma flama, um clarão ou uma centelha etérea.
- E esta flama ou centelha tem alguma cor?
- Pra vós, ela varia do escuro ao brilho do rubi, de acordo com a menor ou maior pureza do espírito.

> Representam-se ordinariamente os gênios com uma flama ou uma estrela na fronte. É essa uma alegoria, que lembra a natureza essencial dos espíritos. Colocam-na no alto da cabeça, por ser ali que se encontra a sede da inteligência.

89 - Os espíritos gastam algum tempo pra cruzar o espaço?
- Sim, mas rápido como o pensamento.
- E o pensamento não é a própria alma que se transporta?
- Quando o pensamento está em alguma parte, a alma também o está, pois é a alma que pensa. O pensamento é um atributo.

90 - O espírito que se transporta dum lugar a outro tem consciência da distância que percorre e dos espaços que atravessa ou é subitamente transportado pra onde deseja ir?
- Uma e outra coisa. O espírito pode perfeitamente, se o quiser, dar-se conta da distância que atravessa, mas essa distância pode também desaparecer por completo, isso depende da sua vontade e também da sua natureza, se mais ou menos depurada.

91 - A matéria oferece obstáculos aos espíritos?
- Não, eles penetram tudo, o ar, a terra, as águas, o próprio fogo lhes são igualmente acessíveis.

92 - Os espíritos têm o dom da ubiquidade, ou, em outras palavras, o mesmo espírito pode dividir-se ou estar ao mesmo tempo em vários pontos?
- Não pode haver divisão dum. Espírito, mas cada um deles é um centro que irradia pra diferentes lados, e é por isso que parecem estar em muitos lugares ao mesmo tempo. Vês o Sol, que não é mais do que um, e, não obstante, irradia por toda parte e envia os seus raios até muito longe. Apesar disso, ele não se divide.
- E todos os espíritos irradiam com o mesmo poder?
- Bem longe disso, o poder de irradiação depende do grau de pureza de cada um.

> Cada espírito é uma unidade indivisível, mas cada um deles pode estender o seu pensamento em diversas direções, sem por isso se dividir. É somente nesse sentido que se deve entender o dom de ubiquidade atribuído aos espíritos. Como uma fagulha que projeta ao longe a sua claridade e pode ser percebida de todos os pontos do horizonte. Como, ainda, um homem que, sem mudar de lugar e sem se dividir, pode transmitir ordens, sinais e produzir movimentos em diferentes lugares.

4 - O perispírito.
93 - O espírito propriamente dito vive a descoberto ou, como pretendem alguns, envolvidos por alguma substância?
- O espírito é envolvido por uma substância que é vaporosa pra ti, mas ainda bastante grosseira pra nós, suficientemente vaporosa, entretanto, pra que ele possa elevar-se na atmosfera e transportar-se pra onde quiser.

> Como a semente dum fruto é envolvida pelo perisperma o espírito propriamente dito é revestido dum envoltório que, por comparação, se pode chamar perispírito.

94 - De onde tira o espírito o seu envoltório semimaterial?

- Do fluído universal de cada globo. É por isso que ele não é o mesmo em todos os mundos, passando dum mundo pra outro, o espírito muda de envoltório, como mudais de roupa.
- Dessa maneira, quando os espíritos de mundos superiores vêm até nós, tomam um perispírito mais grosseiro?
- É necessário que eles se revistam da vossa matéria, como já dissemos.

95 - O envoltório semimaterial do espírito tem formas determinadas e pode ser perceptível?
- Sim, uma forma ao arbítrio do espírito, e é assim que ele vos aparece algumas vezes, seja nos sonhos, seja no estado de vigília, podendo tomar uma forma visível e mesmo palpável.

5 - As diferentes ordens de espíritos.
96 - Os espíritos são iguais ou existe entre eles alguma hierarquia?
- São de diferentes ordens, segundo o grau de perfeição a que tenham chegado.

97 - Há um número determinado de ordens ou de graus de perfeição entre os espíritos?
- É ilimitado o número dessas ordens, pois não há entre elas uma linha de demarcação traçada como barreira, de maneira que se podem multiplicar ou restringir as divisões, à vontade. Não obstante, se considerarmos os caracteres gerais, poderemos reduzi-las a três ordens principais. Na 1ª ordem, podemos colocar os que já chegaram à perfeição, os espíritos puros. Na 2ª, estão os que chegaram ao meio da escala, o desejo do bem é a sua preocupação. Na 3ª, os que estão ainda na base da escala, os espíritos imperfeitos, que se caracterizam pela ignorância, o desejo do mal e todas as mais paixões que lhes retardam o desenvolvimento.

98 - Os espíritos da segunda ordem só têm o desejo do bem, terão também o poder de fazê-lo?
- Eles têm esse poder, de acordo com o grau de sua perfeição, uns possuem a ciência, outros, a sabedoria e a bondade. Todos, entretanto, ainda têm provas a sofrer.

99 - Os espíritos da terceira ordem são todos essencialmente maus?
- Não, uns não fazem bem nem mal, outros, ao contrário, se comprazem no mal e ficam satisfeitos quando encontram ocasião de praticá-lo. Há ainda espíritos leviano ou estouvados, mais travessos do que malignos, que se comprazem mais na malícia do que na maldade, encontrando prazer em mistificar e causar pequenas contrariedades, das quais se riem.

6 - A escala espírita.
100 - Observações preliminares. A classificação dos espíritos funda-se no seu grau de desenvolvimento, nas qualidades por eles adquiridas e nas imperfeições de que ainda não se livraram. Esta classificação nada tem de absoluta, nenhuma categoria apresenta caráter bem definido, a não ser no conjunto, dum grau a outro, a transição é insensível, pois, nos limites, as diferenças se apagam, como nos reinos da natureza, nas cores do arco-íris ou ainda nos diferentes períodos da vida humana.

Pode-se, portanto, formar um número maior ou menor de classes, de acordo com a maneira por que se considerar o assunto. Acontece nisto como em todos os sistemas de classificação científica, os sistemas podem ser mais ou menos completos, mais ou menos racionais, mais ou menos cômodos pra inteligência, mas, seja como for, nada alteram quanto à substância da Ciência.

Os espíritos, interpelados sobre isto, puderam, pois, variar quanto ao número das categorias, sem maiores consequências. Houve quem se apegasse a esta contradição aparente, sem refletir que eles não dão nenhuma importância ao que é puramente convencional. Pra eles, o pensamento é tudo, deixam-nos os problemas da forma, da escolha dos termos, das classificações, numa palavra, dos sistemas.

Ajuntemos ainda esta consideração que jamais se deve perder de vista, entre os espíritos, como entre os homens, há os que são muito ignorantes, e nunca será demais estarmos prevenidos contra a tendência a crer que eles tudo sabem, por serem espíritos.

Toda classificação exige método, análise e conhecimento aprofundado do assunto. Ora, no mundo dos espíritos, os que têm conhecimentos limitados são, como os ignorantes deste mundo, incapazes de apreender um conjunto e formular um sistema, eles não conhecem ou não compreendem senão imperfeitamente qualquer classificação, pra eles, todos os espíritos que lhes sejam superiores são da primeira ordem, pois não podem apreciar as suas diferenças de saber, de capacidade e de moralidade, como entre nós faria um homem rude, em relação aos homens ilustrados.

E aqueles mesmos que sejam incapazes, podem variar nos detalhes, segundo os seus pontos de vista, sobretudo quando uma divisão nada tem de absoluto. Lineu, Jussieu Tournefort tiveram cada qual o seu método, e a botânica não se alterou por isso. É que eles não inventaram nem as plantas nem os seus caracteres, mas apenas observaram as analogias, segundo as quais formaram os grupos e as classes.

Foi assim que procedemos. Nós também não inventamos os espíritos nem os seus caracteres. Vimos e observamos, julgamos pelas suas palavras e os seus atos, e depois os classificamos pelas semelhanças, baseando-nos nos dados que eles forneceram. Os espíritos admitem, geralmente, três categorias principais ou três grandes divisões. Na última, aquela que se encontra na base da escala, estão os espíritos imperfeitos, caracterizados pela predominância da matéria sobre o espírito e pela propensão ao mal.

Os da segunda se caracterizam pela predominância do espírito sobre a matéria e pelo desejo de praticar o bem, são os espíritos bons. A primeira, enfim, compreende os espíritos puros, que atingiram o supremo grau de perfeição. Esta divisão nos parece perfeitamente racional e apresenta caracteres bem definidos, não nos resta senão destacar, por um número suficiente de subdivisões, as nuanças principais do conjunto. Foi o que fizemos, com o concurso dos espíritos, cujas benevolentes instruções jamais nos faltaram.

Com a ajuda deste quadro, será fácil determinar a ordem e o grau de superioridade ou inferioridade dos espíritos com os quais podemos entrar em relação e, por conseguinte, o grau de confiança e de estima que eles merecem. Esta é de alguma maneira, a chave da Ciência Espírita, pois só ela pode explicar-nos as anomalias que as comunicações apresentam, esclarecendo-nos sobre as irregularidades intelectuais e morais dos espíritos. Observaremos, entretanto, que os espíritos não pertencem pra sempre e exclusivamente a esta ou aquela classe, o seu progresso se realiza gradualmente, e, como muitas vezes se efetua mais num sentido que noutro, eles podem reunir as características de varias categorias, o que é fácil apreciar por sua linguagem e seus atos.

Terceira Ordem: Espíritos imperfeitos.
101 - Caracteres gerais. Predominância da matéria sobre o espírito. Propensão ao mal. Ignorância, orgulho, egoísmo, e todas as más paixões que lhes seguem. Têm a intuição de Deus, mas não o compreendem. Nem todos são essencialmente maus, em alguns, há mais leviandade. Uns não fazem o bem, nem o mal, mas pelo simples fato de não fazerem o bem, revelam a sua inferioridade. Outros, pelo contrário, se comprazem no mal e ficam satisfeitos quando encontram ocasião de praticá-lo.

Podem aliar a inteligência à maldade ou à malícia, mas, qualquer que seja o seu desenvolvimento intelectual, suas ideias são pouco elevadas e os seus sentimentos mais ou menos abjetos. Os seus conhecimentos sobre as coisas do mundo espírita são limitados, e o pouco que sabem a respeito se confunde com as ideias e os preconceitos da vida corpórea. Não podem dar-nos mais do que noções falsas e incompletas daquele mundo, mas o observador atento encontra frequentemente, nas suas comunicações, mesmo imperfeitas, a confirmação das grandes verdades ensinadas pelos espíritos superiores.

O caráter desses espíritos se revela na sua linguagem. Todo espírito que, nas suas comunicações, trai um pensamento mau, pode ser colocado na terceira ordem, por conseguinte, todo mau pensamento que nos for sugerido provém dum espírito dessa ordem. Veem a felicidade dos bons, e essa visão é pra eles um tormento incessante, porque lhes faz provar as angústias da inveja e do ciúme. Conservam a lembrança e a percepção dos sofrimentos da vida corpórea, e essa impressão é frequentemente mais penosa que a realidade. Sofrem, portanto, verdadeiramente, pelos males que suportaram e pelos que acarretaram aos outros, e como sofrem por muito tempo, julgam sofrer pra sempre. Deus, pra puni-los, quer que eles assim pensem. Podemos dividi-los em cinco classes principais.

102 - 10ª classe. Espíritos Impuros: São inclinados ao mal e o fazem objeto de suas preocupações. Como espíritos, dão conselhos pérfidos, insuflam a discórdia e a desconfiança, e usam todos os disfarces, pra melhor enganar. Apegam-se às pessoas de caráter bastante fraco pra cederem às suas sugestões, a fim de levá-las à perda, satisfeitos de poderem retardar o seu adiantamento, ao fazê-las sucumbir ante as provas que sofrem.

Nas suas manifestações, reconhecem-se esses espíritos pela linguagem, a trivialidade e a grosseria das expressões, entre os espíritos como entre os homens, e sempre um índice de inferioridade moral, senão mesmo intelectual. Suas comunicações revelam a baixeza de suas inclinações e, se eles tentam enganar, talando de maneira sensata, não podem sustentar o papel por muito tempo e acabam sempre por trair a sua origem. Alguns povos os transformaram em divindades malfazejas, outros os designam como demônios, gênios maus, espíritos do mal.

Quando encarnados, eles se inclinam a todos os vícios que as paixões vis e degradantes engendram, a sensualidade, a crueldade, a felonia, a hipocrisia cupidez e a avareza sórdida. Fazem o mal pelo prazer de fazê-lo, no mais das vezes sem motivo, e, por ódio ao bem, quase sempre escolhem suas vítimas entre as pessoas honestas. Constituem verdadeiros flagelos pra Humanidade seja qual for a posição que ocupem, e o verniz da civilização não os livra do opróbrio e da ignomínia.

103 - 9ª classe. Espíritos Levianos: São ignorantes, malignos inconsequentes e zombeteiros. Eles se metem em tudo e a tudo respondem sem se importarem com a verdade. Gostam de causar pequenas contrariedades e pequenas alegrias, de fazer intrigas, de induzir maliciosamente ao erro por meio de mistificações e de espertezas.

A esta classe pertencem os espíritos vulgarmente designados pelos nomes de duendes, diabretes, gnomos, tragos. Estão sob a dependência de espíritos superiores, que deles se servem muitas vezes, como fazemos com os criados. Nas suas comunicações com os homens, a sua linguagem é, muitas vezes espirituosa e alegre, mas quase sempre sem profundidade, apanham as esquisitices e os ridículos humanos, que interpretam de maneira mordaz e satírica. Tomam-se nomes supostos, é mais por malícia do que por maldade.

104 - 8ª classe. Espíritos Pseudossábios: Seus conhecimentos são bastante amplos, mas julgam saber mais do que realmente sabem. Tendo realizado alguns progressos em diversos sentidos, sua linguagem tem um caráter sério, que pode iludir quanto à sua capacidade e às suas luzes, mas isso, frequentemente, não é mais do que um reflexo dos preconceitos e das ideias sistemáticas que tiveram na vida terrena. Sua linguagem é uma mistura de algumas verdades com os erros mais absurdos, entre os quais repontam a presunção, o orgulho, a inveja e a teimosia, de que não puderam despir-se.

105 - 7ª classe. Espíritos Neutros: Nem são bastante bons pra fazerem o bem, nem bastante maus pra fazerem o mal, tendem tanto pra um como pra outro, e não se elevam sobre a condição vulgar da humanidade, quer pela moral ou pela inteligência. Apegam-se às coisas deste mundo, saudosos de suas grosseiras alegrias.

106 - 6ª classe. Espíritos Batedores e Perturbadores: Estes espíritos não formam, propriamente falando, uma classe distinta quanto às suas qualidades pessoais, e podem pertencer a todas as classes da 3ª ordem. Manifestam frequentemente sua presença por efeitos sensíveis e físicos, como golpes, movimento e deslocamento anormal de corpos sólidos, agitação do ar etc.

Parece que estão mais apegados à matéria do que os outros, sendo os agentes principais das vicissitudes dos elementos do globo, quer pela sua ação sobre o ar, a água, o fogo, os corpos sólidos ou nas entranhas da terra. Reconhece-se que esses fenômenos não são devidos a uma causa fortuita e física, quando têm um caráter intencional e inteligente. Todos os espíritos podem produzir esses fenômenos, mas os espíritos elevados os deixam, em geral, a cargo dos espíritos subalternos, mais aptos pras coisas materiais que pras inteligentes. Quando julgam que as manifestações desse gênero são úteis, servem-se desses espíritos como auxiliares.

Segunda ordem: Bons Espíritos.
107 - Caracteres Gerais. Predomínio do espírito sobre a matéria, desejo do bem. Suas qualidades e seu poder de fazer o bem estão na razão do grau que atingiram. Uns possuem a ciência, outros a sabedoria e a bondade, os mais adiantados juntam ao seu saber as qualidades morais. Não estando ainda completamente desmaterializados, conservam mais ou menos, segundo sua ordem, os traços da existência corpórea, seja na linguagem, seja nos hábitos, nos quais se encontram até mesmo algumas de suas manias. Se não fosse assim, seriam espíritos perfeitos.

Compreendem Deus e o infinito e gozam já da felicidade dos bons. Sentem-se felizes quando fazem o bem e quando impedem o mal. O amor que os une é pra eles uma fonte de inefável felicidade, não alterada pela inveja nem pelos remorsos, ou por qualquer das más paixões que atormentam os espíritos imperfeitos, mas terão ainda de passar por provas, até atingirem a perfeição absoluta. Como espíritos, suscitam bons pensamentos, desviam os homens do caminho do mal, protegem durante a vida aqueles que se tornam dignos, e neutralizam a influência dos espíritos imperfeitos sobre os que não se comprazem nelas.

Quando encarnados, são bons e benevolentes com os semelhantes, não se deixam levar pelo orgulho, nem pelo egoísmo, nem pela ambição, não provam ódio, nem rancor, nem inveja ou ciúme, fazendo o bem pelo bem. A esta ordem pertencem os espíritos designados, nas crenças vulgares, pelos nomes de bons gênios, gênios protetores, espíritos do bem. Nos tempos de superstição e de ignorância, foram considerados divindades benfazejas. Podemos dividi-los em quatro grupos principais:

108 - 5ª classe. Espíritos Benévolos: Sua qualidade dominante é a bondade, eles gostam de prestar serviços aos homens e de protegê-los, mas o seu saber é limitado, o seu progresso realizou-se mais no sentido moral que no intelectual.

109 - 4ª classe. Espíritos Sábios: O que especialmente os distingue é a amplitude dos conhecimentos. Preocupam-se menos com as questões morais do que com as científicas, pras quais têm mais aptidão, mas só encaram a Ciência pela sua utilidade, livres das paixões que são próprias dos espíritos imperfeitos.

110 - 3ª classe. Espíritos Prudentes: Caracterizam-se pelas qualidades morais da ordem mais elevada. Sem possuir conhecimentos ilimitados, são dotados duma capacidade intelectual que lhes permite julgar com precisão os homens e as coisas.

111 - 2ª classe. Espíritos Superiores: Reúnem a ciência, a sabedoria e a bondade. Sua linguagem, que só transpira benevolência, é sempre digna, elevada, e frequentemente sublime. Sua superioridade os torna, mais que os outros, aptos a nos proporcionar as mais justas noções sobre as coisas do mundo incorpóreo, dentro dos limites do que nos é dado conhecer. Comunicam-se voluntariamente com os que procuram de boa fé a verdade e cujas almas estejam bastante libertas dos liames terrenos, pra compreendê-la, mas afastam-se dos que são movidos apenas pela curiosidade ou que, pela influência da matéria, se desviam da prática do bem. Quando, por exceção, se encarnam na Terra, é pra cumprir uma missão de progresso, e então nos oferecem o tipo de perfeição a que a humanidade pode aspirar neste mundo.

Primeira Ordem: Espíritos puros.
112 - Caracteres Gerais. Nenhuma influência da matéria. Superioridade intelectual e moral absoluta, em relação aos espíritos das outras ordens.

113 - 1ª classe. Classe Única: Percorreram todos os graus da escala e se despojaram de todas as impurezas da matéria. Havendo atingido a soma de perfeições de que é suscetível a criatura, não têm mais provas nem expiações a sofrer. Não estando mais sujeitos à reencarnação em corpos perecíveis, vivem a vida eterna, que desfrutam no seio de Deus. Gozam duma felicidade inalterável, porque não estão sujeitos nem às necessidades nem às vicissitudes da vida material, mas essa felicidade não é a duma ociosidade monótona, vivida em contemplação perpétua. São os mensageiros e os ministros de Deus, cujas ordens executam, pra manutenção da harmonia universal.

Dirigem a todos os espíritos que lhes são inferiores, ajudam-nos a se aperfeiçoarem e determinam as suas missões. Assistir os homens nas suas angústias, incitá-los ao bem ou à expiação das faltas que os distanciam da felicidade suprema é pra eles uma ocupação agradável. São, às vezes, designados pelos nomes de anjos, arcanjos ou serafins. Os homens podem comunicar-se com eles, mas bem presunçoso seria o que pretendesse tê-los constantemente às suas ordens.

7 - Progressão dos espíritos.
114 - Os espíritos são bons ou maus por natureza, ou são eles mesmos que procuram melhorar-se?
- Os espíritos mesmos se melhoram, melhorando-se, passam duma ordem inferior pra uma superior.

115 - Uns espíritos foram criados bons e outros maus?
- Deus criou todos os espíritos simples e ignorantes, ou seja, sem conhecimento. Deu a cada um deles uma missão, com o fim de esclarecê-los e progressivamente conduzir à perfeição, pelo conhecimento da verdade e pra aproximá-los dele. A felicidade eterna e sem perturbações, eles a encontrarão nessa perfeição. Os espíritos adquirem o conhecimento passando pelas provas que Deus lhes impõe. Uns aceitam essas provas com submissão e chegam mais prontamente ao seu destino, outros não conseguem sofrê-las sem lamentação, e assim permanecem, por sua culpa, distanciados da perfeição e da felicidade prometida.
- Segundo isto, os espíritos, na sua origem, se assemelham a crianças, ignorantes e sem experiência, mas adquirindo pouco a pouco os conhecimentos que lhes faltam, ao percorrer as diferentes fases da vida?
- Sim, a comparação é justa, a criança rebelde permanece ignorante e imperfeita, seu menor ou maior aproveitamento depende da sua docilidade, mas a vida do homem tem fim, enquanto a dos espíritos se estende ao infinito.

116 - Há espíritos que ficarão perpetuamente nas classes inferiores?
- Não, todos se tornarão perfeitos. Eles mudam, embora devagar, porque, como já dissemos uma vez, um pai justo e misericordioso não pode banir eternamente os seus filhos. Querias que Deus, tão grande, tão justo e tão bom, fosse pior que vós mesmos?

117 - Depende dos espíritos apressar o seu avanço pra perfeição?
- Certamente. Eles chegam mais ou menos rapidamente, segundo o seu desejo e a sua submissão à vontade de Deus. Uma criança dócil não se instrui mais depressa que uma rebelde?

118 - Os espíritos podem degenerar?
- Não. À medida que avançam, compreendem o que os afasta da perfeição. Quando o espírito concluiu uma prova, adquiriu conhecimento e não mais o perde. Pode permanecer estacionário, mas não retrogradar.

119 - Deus pode livrar os espíritos das provas que devem sofrer pra chegar à primeira ordem?
- Se eles tivessem sido criados perfeitos, não teriam merecimento pra gozar os benefícios dessa perfeição. Onde estaria o mérito sem a luta? De outro lado, a desigualdade existente entre eles é necessária à sua personalidade, e a missão que lhes cabe-nos diferentes graus está nos desígnios da Providência, com vistas à harmonia do Universo.

> Como, na vida social, todos os homens podem chegar aos primeiros postos, também poderíamos perguntar por que motivo o soberano dum país não faz, de cada um dos seus soldados, um general, por que todos os empregados subalternos não são superiores, por que todos os alunos não são professores. Ora, entre a vida social e a espiritual, existe ainda a diferença de que a primeira é limitada e nem sempre permite a escalada de todos os seus degraus, enquanto a segunda é indefinida e deixa a cada um a possibilidade de se elevar ao posto supremo.

120 - Todos os espíritos passam pela fieira do mal pra chegar ao bem?
- Não pela fieira do mal, mas pela da ignorância.

121 - Por que alguns espíritos seguiram o caminho do bem, e outros, o do mal?
- Não têm eles o livre-arbítrio? Deus não criou espíritos maus, criou-os simples e ignorantes, ou seja, tão aptos pro bem quanto pro mal, os que são maus, assim se tornaram por sua vontade.

122 - Como podem os espíritos, em sua origem, quando ainda não têm a consciência de si mesmos, ter a liberdade de escolher entre o bem e o mal? Há neles um princípio, uma tendência qualquer que os leve mais pra um lado que pra outro?
- O livre-arbítrio se desenvolve à medida que o espírito adquire consciência de si mesmo. Não haveria Uberdade, se a escolha fosse provocada por uma causa estranha à vontade do espírito. A causa não esta nele, mas no exterior, nas influências a que ele cede em virtude de sua espontânea vontade. Esta é a grande figura da queda do homem e do pecado original, uns cederam à tentação e outros a resistiram.
- E donde vêm as influências que se exercem sobre ele?
- Dos espíritos imperfeitos que procuram envolvê-lo e dominá-lo, e que ficam felizes de fazê-la sucumbir. Foi o que se quis representar na figura de Satanás.
- E esta influência só se exerce sobre o espírito na sua origem?
- Segue-o na vida de espírito, até que ele tenha de tal maneira adquirido o domínio de si mesmo que os maus desistam de obsedá-lo.

123 - Por que Deus permitiu que os espíritos pudessem seguir o caminho do mal?
- Como ousais pedir a Deus conta dos seus atos? Pensais poder penetraras seus desígnios? Entretanto, podeis dizer, a sabedoria de Deus se encontra na Uberdade de escolha que concede a cada um, porque assim cada um tem o mérito de suas obras.

124 - Havendo espíritos que, desde o princípio, seguem o caminho do bem absoluto, e outros, o do mal absoluto, haverá gradações, sem dúvida, entre esses dois extremos?
- Sim, por certo, e constituem a grande maioria.

125 - Os espíritos que seguiram o caminho do mal poderão chegar ao mesmo grau de superioridade que os outros?
- Sim, mas as eternidades serão mais longas pra eles.

> Por essa expressão, as eternidades, devemos entender a ideia que os espíritos inferiores fazem da perpetuidade dos seus sofrimentos, cujo termo não lhes é dado ver. Essa ideia se renova em todas as provas nas quais sucumbem.

126 - Os espíritos que chegam ao supremo grau, depois de passarem pelo mal, têm menos mérito que os outros aos olhos de Deus?
- Deus contempla os extraviados com o mesmo olhar, e os ama a todos do mesmo modo. Eles são chamados maus porque sucumbiram, antes, não eram mais que simples espíritos.

127 - Os espíritos são criados iguais quanto às faculdades intelectuais?
- São criados iguais, mas não sabendo de onde vêm, é necessário que o livre-arbítrio se desenvolva. Progridem mais ou menos rapidamente, tanto em inteligência como em moralidade.

> Os espíritos que seguem desde o princípio o caminho do bem nem por isso são espíritos perfeitos, se não têm más tendências, não estão menos obrigados a adquirir a experiência e os conhecimentos necessários à perfeição. Podemos compará-los às crianças que, qualquer que seja a bondade dos seus instintos naturais tem necessidade de desenvolver-se, de esclarecer-se e não chegam sem transição da infância à maturidade. Assim como temos homens que são bons e outros que são maus desde a infância, há espíritos que são bons ou maus desde o princípio com a diferença capital de que a criança traz os seus instintos formados, enquanto o espírito na sua formação, não possui mais maldade que bondade. Ele tem todas as tendências e toma uma direção ou outra em virtude do seu livre-arbítrio.

8 - Anjos e Demônios.
128 - Os seres que chamamos anjos, arcanjos, serafins formam uma categoria especial, de natureza diferente da dos outros espíritos?
- Não, são espíritos puros. Eles estão no mais alto grau da escala e reúnem em si todas as perfeições.

> A palavra anjo desperta geralmente a ideia da perfeição moral, não obstante é frequentemente aplicada a todos os seres, bons e maus, que existam fora da Humanidade. Diz-se, o bom e o mau anjo, o anjo da luz e o anjo das trevas, e nesse caso ela é sinônima de espírito ou de gênio. Tomamo-la aqui na sua significação boa.

129 - Os anjos também percorreram todos os graus?

- Percorreram todos, mas, como já dissemos, uns aceitaram a sua missão sem lamentar e chegaram mais depressa, outros empregaram maior ou menor tempo pra chegar à perfeição.

130 - Se a opinião de que há seres criados perfeitos e superiores a todos os outros é errônea, como se explica a sua presença na tradição de quase todos os povos?
- Aprende que o teu mundo não existe de toda a eternidade e que muito antes de existir já havia espíritos no grau supremo, os homens por isso, acreditam que eles sempre haviam sido perfeitos.

131 - Há demônios, no sentido que se dá a essa palavra?
- Se houvesse demônios, eles seriam obra de Deus, e Deus seria justo e bom, criando seres infelizes, eternamente voltados ao mal? Se há demônios, e no teu mundo inferior e noutros semelhantes que eles residem, são esses homens hipócritas que fazem dum Deus justo um Deus mau e vingativo, e que pensam lhe ser agradáveis pelas abominações que cometem em seu nome.

> A palavra demônio não implica a ideia de espírito mau, a não ser na sua acepção moderna, porque o termo grego dáimon, de que ela deriva, significa gênio, inteligência, e se aplicou aos seres incorpóreos, bons ou maus, sem distinção. Os demônios, segundo a significação vulgar do termo, seriam entidades essencialmente malfazejas, e seriam, como todas as coisas, criação de Deus, mas Deus, que é eternamente justo e bom, não pode ter criado seres predispostos ao mal por sua própria natureza, e condenados pela eternidade. Se eles não fossem obra de Deus, eles seriam eternos como ele e nesse caso haveria muitas potências soberanas.

A primeira condição de toda doutrina é a de ser lógica, ora, a dos demônios, no seu sentido absoluto, falha neste ponto essencial, que, na crença dos povos atrasados, que não conheciam os atributos de Deus, admitindo divindades malfazejas, também se admitissem os demônios, é concebível, mas pra quem quer que faca da bondade de Deus um atributo por excelência, é ilógico e contraditório supor que ele tenha criado seres voltados ao mal e destinados a praticá-lo perpetuamente, porque isso seria negar a sua bondade.

Os partidários do demônio se apoiam nas palavras do Cristo e não seremos nós que iremos contestar a autoridade dos seus ensinos, que desejaríamos ver mais no coração do que na boca dos homens, mas estaríamos bem certos do sentido que ele atribuía à palavra demônio? Não se sabe que a forma alegórica é uma das características da sua linguagem? Tudo o que o Evangelho contém deve ser tomado ao pé da letra? Não queremos outra prova, além desta passagem. Logo após esses dias de aflição, o Sol se obscurecerá e a Lua não dará mais a sua luz, as estrelas cairão do Céu e as potências celestes serão abaladas. Em verdade vos digo que esta geração não passará, antes que todas essas coisas se cumpram. Não vimos a forma do texto bíblico contraditada pela Ciência no que se refere à criação e ao movimento da Terra?

Não pode acontecer o mesmo com certas figuras empregadas pelo Cristo, que devia falar de acordo com o tempo e a região em que se achava? O Cristo não poderia ter dito conscientemente uma falsidade. Se, portanto, nessas palavras há coisas que parecem chocar a razão, é que não as compreendemos ou que as interpretamos mal. Os homens fizeram com os demônios o mesmo que com os anjos. Da mesma maneira que acreditam na existência de seres perfeitos desde toda a eternidade, tomaram também os espíritos inferiores por seres perpetuamente maus.

A palavra demônio deve, portanto, ser entendida como referente aos espíritos impuros, que frequentemente não são melhores que os designados por esse nome, mas com a diferença de ser o seu estado apenas transitório. São esses os espíritos imperfeitos que protestam contra as suas provações e por isso sofrem por mais tempo, mas chegarão por sua vez à perfeição, quando se dispuserem a tanto. Poderíamos aceitar a palavra demônio com esta restrição, mas, como ela é agora entendida num sentido exclusivo, poderia induzir em erro, dando margem á crença na existência de seres criados especialmente pro mal.

A propósito de Satanás, é evidente que se trata da personificação do mal sob uma forma alegórica, porque não se poderia admitir um ser maligno lutando de igual pra igual com a Divindade, e cuja única preocupação seria a de contrariar os seus desígnios. Como o homem necessita de imagens e figuras pra impressionar a sua imaginação, pintou os seres incorpóreos com formas materiais dotadas de atributos que lembram as suas qualidades ou os seus defeitos. Foi assim que os antigos, querendo personificar o tempo, deram-lhe a figura dum velho com uma foice e uma ampulheta.

Uma figura de jovem, nesse caso, seria um contrassenso. O mesmo se deu com as alegorias da Fortuna, da Verdade, etc. Os modernos representaram os anjos, os espíritos puros, numa figura radiosa, com asas brancas, símbolo da pureza, e Satanás, com chifres, garras e os atributos da bestialidade, símbolos das paixões. O vulgo, que toma as coisas ao pé da letra, vi nesses símbolos entidades reais, como outrora tinha visto Saturno na alegoria do Tempo.

Esta teoria espírita sobre os demônios vai hoje se impondo aos próprios meios religiosos que mais acirradamente a combateram. Em O Diabo, o escritor italiano Giovanni Papini a endossou, apoiado nos Pais da Igreja. O padre Pierre Theilhard de Chardin, cuja doutrina aproxima a teologia católica da concepção espírita, considera o Inferno como polo negativo do mundo, integrado ao Pleroma e assim se refere aos demônios, o condenado não e excluído do Pleroma, mas apenas da sua face luminosa e de sua beatitude. Perde-o, mas na está perdido pra ele.

Capítulo 2 - Encarnação dos espíritos

1 - O objetivo da encarnação.

132 - Qual é a finalidade da encarnação dos espíritos?

- Deus a impõe com o fim de levá-los à perfeição, pra uns, é uma expiação, pra outros, uma missão, mas, pra chegar a essa perfeição, eles devem sofrer todas as vicissitudes da existência corpórea, nisto é que está a expiação. A encarnação tem ainda outra finalidade, que é a de pôr o espírito em condições de enfrentar a sua parte na obra da Criação. É pra executá-la que ele toma um aparelho em cada mundo, em harmonia com a matéria essencial do mesmo, afim de nele cumprir, daquele ponto de vista, as ordens de Deus e dessa maneira, concorrendo pra obra geral, também progredir.

> A ação dos seres corpóreos é necessária à marcha do Universo, mas Deus, na sua sabedoria, quis que eles tivessem, nessa mesma ação, um meio de progredir e de se aproximarem dele. É assim que, por uma lei admirável de sua providência, tudo se encadeia, tudo é solidário na natureza.

133 - Os espíritos que, desde o princípio, seguiram o caminho do bem têm necessidade da encarnação?

- Todos são criados simples e ignorantes e se instruem através das lutas e atribulações da vida corporal. Deus, que é justo, não podia fazer feliz a uns, sem penas e sem trabalhos, e, por conseguinte sem mérito.

- Mas então de que serve aos espíritos seguirem o caminho do bem, se isso não os isenta das penas da vida corporal?

- Chegam mais depressa ao alvo, além disso, as penas da vida são frequentemente a consequência da imperfeição do espírito. Quanto menos imperfeito ele for, menos tormentos ele sofrerá. Aquele que não for invejoso, nem ciumento, nem avarento ou ambicioso, não passará pelos tormentos que se originam desses defeitos.

2 - Da alma.

134 - O que é a alma?

- Um espírito encarnado.

- E o que era a alma, antes de se unir ao corpo?

- Um espírito.

- As almas e os espíritos são, portanto, uma e a mesma coisa?

- Sim, as almas não são mais que espíritos. Antes de se ligar ao corpo, a alma é um dos seres inteligentes que povoam o mundo invisível e depois reveste temporariamente um invólucro carnal pra purificar e esclarecer.

135 - Há no homem outra coisa, além da alma e do corpo?

- Há o liame que une a alma e o corpo.

- E qual é a natureza desse liame?

- Semimaterial, quer dizer, um meio-termo entre a natureza do espírito e a do corpo, e isso é necessário, pra que eles possam se comunicar, e por meio desse liame que o espírito age sobre a matéria e vice-versa.

> O homem é, assim, formado de três partes essenciais: 1°, o corpo, ou ser material, semelhante aos dos animais e animado pelo mesmo princípio vital; 2°, a alma, espírito encarnado, do qual o corpo é a habitação; e 3°, o perispírito, princípio intermediário, substância semimaterial, que serve de primeiro envoltório ao espírito e une a alma ao corpo. Tais são num fruto, a semente, a polpa e a casca.

136 - A alma é independente do princípio vital?

- O corpo não é mais que o envoltório, sempre o repetimos.

- O corpo pode existir sem a alma?

- Sim, e não obstante, desde que o corpo deixa de viver, a alma o abandona. Antes do nascimento não há uma união decisiva entre a alma e o corpo, ao passo que, após o estabelecimento dessa união, a morte do corpo rompe os liames que a unem a ele, e a alma o deixa. A vida orgânica pode animar um corpo sem alma, mas a alma não pode habitar um corpo sem vida orgânica.

- O que seria o nosso corpo se não tivesse alma?

- Uma massa de carne sem inteligência, tudo o que quiserdes, menos um homem.

137 - O mesmo espírito pode encarnar-se duma vez em dois corpos diferentes?

- Não. O espírito é indivisível e não pode animar simultaneamente duas criaturas diferentes.

138 - Que pensar da opinião dos que consideram a alma como o princípio da vida material?

- Simples questão de palavras, com a qual nada temos. Começai por vos entenderdes.

139 - Alguns espíritos, e antes deles alguns filósofos, assim definiram a alma, uma centelha anímica emanada do Grande Todo. Por que essa contradição?

- Não há contradição, tudo depende da significação das palavras, por que não tendes uma palavra pra cada coisa?

> A palavra alma é empregada pra exprimir as coisas mais diferentes. Uns chamam alma ao principio da vida, e nessa acepção é exato dizer figuradamente, que a alma é uma centelha anímica emanada do Grande Todo. Essas últimas palavras se referem à fonte universal do princípio vital, em que cada ser absorve uma porção, que devolve ao todo após a morte.

Esta ideia não exclui absolutamente a dum ser moral, distinto, independente da matéria, e que conserva a sua individualidade. É a este ser que se chama igualmente alma e nesta acepção pode se dizer que a alma é um espírito encarnado. Dando da alma diferentes definições, os espíritos falaram segundo as aplicações que faziam da palavra e segundo as ideias terrestres de que estavam ainda mais ou menos imbuídos. Isso decorre da insuficiência da linguagem humana, que não tem um termo pra cada ideia, o que acarreta uma multidão de mal-entendidos e discussões. Eis porque os espíritos superiores dizem que devemos, primeiro, nos entendermos quanto às palavras.

140 - Que pensar da teoria da alma subdividida em tantas partes quantos são os músculos, presidindo cada uma às diferentes funções do corpo?

- Isso também depende do sentido que se atribuir à palavra alma. Se por ela se entende o fluido vital, está certo, se entende o espírito encarnado, está errado. Já dissemos que o espírito é indivisível, ele transmite o movimento aos órgãos através do fluido intermediário, sem por isso se dividir.

- Não obstante, há espíritos que deram esta definição.

- Os espíritos ignorantes podem tomar o efeito pela causa.

> A alma age por meio dos órgãos, e estes são animados pelo fluido vital que se reparte entre eles, e com mais abundância nos que são os centros ou focos de movimento, mas essa explicação não pode se aplicar à alma como sendo o espírito que habita o corpo durante a vida e o deixa com a morte.

141 - Há qualquer coisa de certo na opinião dos que pensam que a alma é externa e envolve o corpo?

- A alma não está encerrada no corpo como o pássaro numa gaiola. Ela irradia e se manifesta no exterior, como a luz através dum globo de vidro ou como o som ao redor dum centro sonoro. É por isso que se pode dizer que ela é exterior, mas não como um envoltório do corpo. A alma tem dois envoltórios, um, sutil e leve, o primeiro, que chamamos perispírito, o outro, grosseiro, material e pesado, que é o corpo. A alma é o centro desses envoltórios, como a amêndoa na casca, já o dissemos.

142 - Que dizer dessa outra teoria, segundo a qual, na criança, a alma vai se completando a cada período da vida?

- O espírito é apenas um, inteiro na criança, como no adulto, são os órgãos, instrumentos de manifestação da alma, que se desenvolvem e se completam. Isto é ainda tomar o efeito pela causa.

143 - Por que todos os espíritos não definem a alma da mesma maneira?

- Os espíritos não são todos igualmente esclarecidos sobre essas questões. Há espíritos ainda limitados, que não compreendem as coisas abstraías, como as crianças entre vós. Há também espíritos pseudossábios, que, pra se imporem, como acontece ainda entre vós, fazem rodeios de palavras. Além disso, mesmo os espíritos esclarecidos podem exprimir-se em termos diferentes, que no fundo têm o mesmo valor, sobretudo quando se trata de coisas que a vossa linguagem é incapaz de esclarecer, há então necessidade de figuras, de comparações, que tomais pela realidade.

144 - Que se deve entender por alma do mundo?

- O princípio universal da vida e da inteligência de que nascem as individualidades, mas os que se servem dessa expressão, frequentemente, não se entendem. A palavra alma tem aplicação tão elástica que cada um a interpreta de acordo com as suas fantasias. Tem-se, às vezes, atribuído uma alma à Terra, e por ela é necessário entender o conjunto dos espíritos abnegados que dirigem as vossas ações no bom sentido, quando os escutais, e que são de certa maneira os lugares-tenentes de Deus junto ao vosso globo.

145 - Como é que tantos filósofos antigos e modernos têm longamente discutido sobre a ciência psicológica, sem chegar à verdade?

- Esses homens eram os precursores da Doutrina Espírita eterna e prepararam o caminho. Eram homens e puderam enganar-se, porque tomaram pela luz as suas próprias ideias, mas os seus mesmos erros, através dos prós e contras de suas doutrinas, servem pra evidenciar a verdade. Aliás, entre esses erros se encontram grandes verdades, que um estudo comparativo vos fará compreender.

146 - A alma tem, no corpo, uma sede determinada e circunscrita?

- Não, mas ela se situa mais particularmente na cabeça, entre os grandes gênios e todos aqueles que usam bastante o pensamento, e no coração dos que sentem bastante, dedicando todas as suas ações à Humanidade.

- Que pensar da opinião dos que situam a alma num centro vital?

- Que o espírito se encontra de preferência nessa parte do vosso organismo, que é o ponto a que se dirigem todas as sensações. Os que a situam naquilo que consideram como centro da vitalidade a confundem com afluído ou princípio vital. Não obstante, pode dizer-se que a sede da alma se encontra mais particularmente nos órgãos que servem pras manifestações intelectuais e morais.

3 - O materialismo.

147 - Por que os anatomistas, os fisiologistas e, em geral, os que se aprofundam nas Ciências Naturais são frequentemente levados ao materialismo?

- O fisiologista refere tudo ao que vê. Orgulho dos homens, que tudo creem saber, não admitindo que alguma coisa possa ultrapassar o seu entendimento. Sua própria ciência os torna presunçosos, pensam que a natureza nada lhes pode ocultar.

148 - Não é estranho que o materialismo seja uma consequência de estudos que deveriam, ao contrário, mostrar ao homem a superioridade da inteligência que governa o mundo? Deve-se concluir que esses estudos são perigosos?

- Não é verdade que o materialismo seja uma consequência desses estudos e o homem que deles tira uma falsa consequência, pois ele pode abusar de tudo, mesmo das melhores coisas. O nada, aliás, os apavora mais do que eles se permitem aparentar, e os espíritos fortes são quase sempre mais fanfarrões do que valentes. A maior parte deles são materialistas porque não dispõem de nada pra preencher o vazio. Diante desse abismo que se abre ante eles, mostrai-lhes uma tábua de salvação e a ela se agarrarão ansiosamente.

> Por uma aberração da inteligência, há pessoas que não veem nos seres orgânicos nada mais que a ação da matéria, e a esta atribuem todos os nossos atos. Não veem no corpo humano senão a máquina elétrica, não estudaram o mecanismo da vida senão no funcionamento dos órgãos, viram-na extinguir-se muitas vezes pela ruptura dum fio, e nada mais perceberam além desse fio, procuraram descobrir o que restava, e como não encontraram mais do que a matéria inerte, não viram a alma escapar-se e nem puderam pegá-la, concluíram que tudo estava nas propriedades da matéria, e que, portanto, após a morte, o pensamento se reduz ao nada.

Triste consequência, se assim fosse, porque então o bem e o mal não teriam sentido, o homem estaria certo ao não pensar senão em si mesmo e ao colocar acima de tudo a satisfação dos prazeres materiais, os laços sociais estariam rompidos e os mais santos afetos destruídos pra sempre. Felizmente, essas ideias estão longe de ser generalizadas, pode-se mesmo dizer que estão muito circunscritas, não constituindo mais do que opiniões individuais, porque em parte alguma foram erigidas em doutrina. Uma sociedade fundada sobre essa base traria em si mesma os germes da dissolução, e os membros se despedaçariam entre si, como animais ferozes.

O homem tem instintivamente a convicção de que tudo não se acaba pra ele com a vida, tem horror ao nada, é em vão que se obstina contra a ideia da vida futura, e quando chega o momento supremo, são poucos os que não perguntam o que deles vai ser, porque a ideia de deixar a vida pra sempre tem qualquer coisa de pungente. Quem poderia, com efeito, encarar com indiferença uma separação absoluta e eterna de tudo o que ama? Quem poderia ver, sem terror, abrir-se à sua frente o imenso abismo do nada, pronto a tragar pra sempre todas as nossas faculdades, todas as nossas esperanças, e ao mesmo tempo dizer: - *Qual!*

Depois de mim, nada, nada, nada mais que o nada, tudo se apagará da memória dos que sobreviverem a mim, dentro em breve nenhum traço haverá de minha passagem pela terra, o bem mesmo que eu fiz será esquecido pelos ingratos a quem servi e nada pra compensar tudo isso, nenhuma perspectiva, a não ser a do meu corpo devorado pelos vermes. Este quadro não tem qualquer coisa de horroroso e de glacial? A religião nos ensina que não pode ser assim, e a razão o confirma, mas uma existência futura, vaga e indefinida, nada tem que satisfaça o nosso amor do positivo, e é isso que, pra muitos, engendra a dúvida.

Está certo que tenhamos uma alma, mas o que é a nossa alma? Tem ela uma forma, alguma aparência? É um ser limitado ou indefinido? Dizem alguns que é um sopro de Deus, outros, que é uma centelha, outros, uma parte do Grande Todo, o princípio da vida e da inteligência, mas o que é que tudo isso nos oferece? Que nos importa ter uma alma, se depois da morte ela se confunde com a imensidade, como as gotas d'água no oceano? A perda da nossa individualidade não é pra nós o mesmo que o nada? Diz-se ainda que ela é imaterial, mas uma coisa imaterial não pode ter proporções definidas, e o que isso equivale ao nada.

A religião nos ensina também que seremos felizes ou desgraçados, segundo o bem ou o mal que tenhamos feito, mas qual é esse bem que nos espera no seio de Deus? E uma beatitude uma contemplação eterna, sem outra ocupação que a de cantar louvores ao Criador? As chamas do Inferno são uma realidade ou apenas um símbolo? A própria Igreja as compreende nesse último sentido, mas então, que sofrimentos são esses? Onde se encontra o lugar de suplício? Numa palavra, o que se faz e o que se vê nesse mundo que nos espera a todos?

Ninguém se costuma dizer, voltou de lá pra nos dar conta do que existe. Isto, porém é um erro e a missão do Espiritismo é precisamente a de nos esclarecer sobre esse futuro a de nos fazer, até certo ponto, vê-lo e tocá-lo, não mais pelo raciocínio, mas através dos fatos. Graças às comunicações espíritas, isto não e mais uma presunção uma probabilidade sobre a qual cada um pinta à vontade, que os poetas embelezam com suas ficções ou enfeitam de imagens alegóricas que nos seduzem.

E a realidade que nos mostra a sua face, porque são os próprios seres de além-túmulo que nos vêm contar a sua situação, dizer-nos o que fazem, permitir-nos assistir, por assim dizer a todas as peripécias da sua nova vida, e, por esse meio, nos mostram a sorte inevitável que nos está reservada, segundo os nossos méritos ou os nossos delitos. Há nisso alguma coisa de antirreligioso? Bem pelo contrário, pois os incrédulos aí encontram a fé e os tíbios, uma renovação do fervor e da confiança. O Espiritismo é o mais poderoso auxiliar da religião e se assim acontece é porque Deus o permite, e o permite pra reanimar as nossas esperanças vacilantes e nos conduzir ao caminho do bem, pelas perspectivas do futuro.

Sociedade Armônica

Capítulo 3 - Retorno da vida corpórea pro espírito

1 - A alma após a morte.

149 - Em que se transforma a alma no instante da morte?
- Volta a ser espírito, ou seja, retorna ao mundo dos espíritos que ela havia deixado temporariamente.

150 - A alma conserva a sua individualidade após a morte?
- Sim, não a perde jamais. O que seria ela se não a conservasse?
- Como a alma constata a sua individualidade se não tem mais o corpo material?
- Tem um fluido que lhe é próprio, que tira da atmosfera do seu planeta e que representa a aparência da sua última encarnação, o seu perispírito.
- A alma não leva nada deste mundo?
- Nada mais que a lembrança e o desejo de ir pra um mundo melhor. Essa lembrança é cheia de doçura ou de amargor, segundo o emprego que tenha dado à vida. Quanto mais pura pra ela for, mais compreenderá a futilidade daquilo que deixou na Terra.

151 - Que pensar de que a opinião de que a alma, após a morte, retorna ao todo universal?
- O conjunto dos espíritos não constitui um todo? Quando está numa assembleia, fazes parte da mesma e, não obstante, conservas a tua individualidade.

152 - Que prova podemos ter da individualidade da alma após a morte?
- Não tendes esta prova pelas comunicações que obtendes? Se não estiverdes cegos, vereis, e se não estiverdes surdos, ouvireis, pois frequentemente uma voz vos fala e vos revela a existência dum ser que está ao vosso redor.

> Os que pensam que a alma, com a morte, volta ao todo universal, estarão errados, se por isso entendem que ela perde a sua individualidade, como uma gota d'água que caísse do oceano. Estarão certos, entretanto, se entenderem pelo todo universal o conjunto dos seres incorpóreos de cada alma ou espírito é um elemento. Se as almas se confundissem no todo, não teriam senão as qualidades do conjunto e nada as distinguiriam entre si, não teriam inteligência nem qualidades próprias. Entretanto, em todas as comunicações elas revelam a consciência do eu e uma vontade distinta. A diversidade infinita que apresentam, sob todos os aspectos, é a consequência da sua individualização. Se não houvesse, após a morte, se não o que se chama o Grande Todo, absorvendo todas as individualidades, esse todo seria homogêneo e, então, as comunicações recebidas do mundo invisível seriam todas idênticas. Desde que encontramos seres bons e maus, sábios e ignorantes, felizes e desgraçados, e dede que os há de todos os caracteres: alegres e tristes, levianos e sérios etc., é evidente que se trata de seres distintos.
A individualização ainda se evidencia quando esses seres provam a sua identidade através de sinais incontestáveis, de detalhes pessoais relativos à vida terrena e que podem ser contestados, ela não pode ser posta em dúvida, quando eles se manifestam por meio de aparições. A individualidade da alma foi teoricamente ensinada como um artigo de fé, mas o Espiritismo a torna patente, e de certa maneira material.

153 - Em que sentido se deve entender a vida eterna?
- É a vida do espírito que é eterna, a do corpo é transitória, passageira. Quando o corpo morre, a alma retorna à vida eterna.
- Não seria mais exato chamar a vida eterna a dos espíritos puros, que, tendo atingido o grau de perfeição, não têm mais provas a sofrer?
- Essa é a felicidade eterna, mas tudo isto é uma questão de palavras, chamais as coisas como quiserdes, desde que vos entendais.

2 - A separação da alma do corpo.

154 - A separação da alma e do corpo é dolorosa?
- Não, o corpo frequentemente sofre mais durante a vida que no momento da morte, neste, a alma nada sente. Os sofrimentos que, às vezes, se provam no momento da morte são um prazer pro espírito que vê chegar o fim do seu exílio.

> Na morte natural, que se verifica pelo esgotamento da vitalidade orgânica em consequência de idade, o homem deixa a vida sem perceber, é uma lâmpada que se apaga por falta de energia.

155 - Como se opera a separação da alma e do corpo?
- Os liames que a retinham, sendo rompidos, ela se desprende.
- A separação se verifica instantaneamente, numa transição brusca?

- Há uma linha divisória bem marcada entre a vida e a morte?
- Não, a alma se desprende gradualmente e não escapa como um pássaro cativo subitamente libertado. Os dois estados se tocam e se confundem, de maneira que o espírito se desprende pouco apouco dos seus liames, estes se soltam e não se rompem.

> Durante a vida, o espírito está ligado ao corpo pelo seu envoltório material ou perispírito, a morte é apenas a destruição do corpo, e não desse envoltório que se separa do corpo, quando cessa a vida orgânica. A observação prova que no instante da morte o desprendimento do espírito não se completa subitamente, ele se opera gradualmente, com lentidão variável, segundo os indivíduos.

Pra uns, é bastante rápido e pode dizer-se que o momento da morte, é também o da libertação que se verifica logo após. Noutros, porém, sobretudo naqueles cuja vida foi toda material e sensual, o desprendimento é mais demorado e dura, às vezes, alguns dias semanas e até mesmo meses, o que implica a existência no corpo de nenhuma vitalidade, nem a possibilidade de retorno á vida, mas a simples persistência duma afinidade entre o corpo e o espírito, afinidade que está sempre na razão da preponderância que, durante a vida, o espírito deu à matéria.

É lógico admitir que quanto mais o espírito estiver identificado com a matéria, mais sofrerá pra se separar dela. Por outro lado a atividade intelectual e moral, a elevação dos pensamentos operam um começo de desprendimento, mesmo durante a vida corpórea e quando a morte chega, é quase instantânea. Este é o resultado dos estudos efetuados sobre os indivíduos observados no momento da morte. Essas observações provam ainda que a afinidade que persiste, em alguns indivíduos, entre a alma e o corpo é às vezes, muito penosa, porque o espírito pode experimentar o horror da decomposição. Este caso é excepcional e peculiar a certos gêneros de morte, verificando-se em alguns suicídios.

156 - A separação definitiva entre a alma e o corpo pode verificar-se antes da cessação completa da vida orgânica?
- Na agonia, às vezes, a alma já deixou o corpo, que nada mais tem do que a vida orgânica. O homem não tem mais consciência de si mesmo, e, não obstante, ainda lhe resta um sopro de vida. O corpo é uma máquina que o coração põe em movimento. Ele se mantém enquanto o coração lhe fizer circular o sangue pelas veias e pra isso não necessita da alma.

157 - No momento da morte, a alma tem, às vezes, uma aspiração ou êxtase, que lhe faz entrever o mundo pro qual regressa?
- A alma sente, muitas vezes, que se quebram os liames que a prendem ao corpo, e então emprega todos os seus esforços pra rompê-los duma vez. Já parcialmente separada da matéria, vê o futuro desenrolar-se ante ela e goza por antecipação do estado de espírito.

158 - O exemplo da larva, que primeiro se arrasta pela terra, depois se fecha na crisálida, numa morte aparente, pra renascer numa existência brilhante, pode dar-nos uma ideia da vida terrena, seguida do túmulo e por fim duma nova existência?
- Uma pálida ideia. A imagem é boa, mas é necessário não torná-la ao pé da letra, como sempre a fazeis.

159 - Que sensação experimenta a alma, no momento em que se reconhece no mundo dos espíritos?
- Depende. Se tu fizeste o mal com o desejo desfazê-lo, estarás, no primeiro momento, envergonhado de o haver feito. Pra ajusto, é muito diferente, ele se sente aliviado dum grande peso porque não receia nenhum olhar perquiridor.

160 - O espírito encontra imediatamente aqueles que ele conheceu na Terra e que morreram antes dele?
- Sim, segundo a afeição que tenham mantido reciprocamente. Quase sempre eles o vêm receber na sua volta ao mundo dos espíritos e o ajudam a se libertar das faixas da matéria. Vê também a muitos que havia perdido de vista durante a passagem pela Terra, vê os que estão na erraticidade, bem como os que se encontram encarnados, que vai visitar.

161 - Na morte violenta ou acidental, quando os órgãos ainda não se debilitaram pela idade ou pelas doenças, a separação da alma e a cessação da vida se verificam simultaneamente?
- Geralmente é assim, mas em todos os casos o instante que os separa é muito curto.

162 - Após a decapitação, por exemplo, o homem conserva por alguns instantes a consciência de si mesmo?
- Frequentemente ele a conserva por alguns minutos, até que a vida orgânica se extinga duma vez, mas muitas vezes a preocupação da morte lhe faz perder a consciência antes do instante do suplício.

> Não se trata, aqui, senão da consciência que o suplicado pode ter de si mesmo como homem, por meio do corpo, e não como espírito. Se não perdeu essa consciência antes do suplício, ele pode conservá-la por alguns instantes, mas de duração muito curta, e a perde necessariamente com a vida orgânica do cérebro. Isso não quer dizer que o perispírito esteja inteiramente desligado do corpo, mas pelo contrário, pois em todos os casos de morte violenta, quando esta não

resulta da extinção gradual das forças vitais, os liames que unem o corpo ao perispírito são mais tenazes e o desprendimento completo é mais lento.

3 - A perturbação espiritual.
163 - Deixando o corpo, a alma tem imediata consciência de si mesma?
- Consciência imediata não é o termo, ela fica perturbada por algum tempo.

164 - Todos os espíritos experimentam, no mesmo grau e pelo mesmo tempo, a perturbação que se segue à separação da alma e do corpo?
- Não, pois isso depende da sua elevação. Aquele que já está depurado se reconhece quase imediatamente, porque se desprendeu da matéria durante a vida corpórea, enquanto o homem carnal, cuja consciência não é pura, conserva por muito tempo mais a impressão da matéria.

165 - O conhecimento do Espiritismo exerce alguma influência sobre a duração maior ou menor da perturbação?
- Uma grande influência, pois o espírito compreende antecipadamente a sua situação, mas a prática do bem e a pureza de consciência são o que exerce maior influência.

> No momento da morte, tudo, a princípio, é confuso. A alma necessita de algum tempo pra se reconhecer, sente-se como atordoada, no mesmo estado dum homem que saísse dum sono profundo e procurasse compreender a sua situação. A lucidez das ideias e a memória do passado lhe voltam à medida que se extingue a influência da matéria de que se desprendeu e que se dissipa essa espécie de nevoeiro que lhe turva os pensamentos. A duração da perturbação de após morte é muito variável: pode ser de algumas horas, como de muitos meses e mesmo de muitos anos. Aqueles em que é menos longa são os que se identificaram durante a vida com o seu estado futuro, porque então compreendem imediatamente a sua posição.
 Essa perturbação apresenta circunstâncias particulares, segundo o caráter dos indivíduos e, sobretudo de acordo com o gênero de morte. Nas mortes violentas, por suicídio suplício, acidente, apoplexia, ferimentos etc., o espírito é surpreendido, espanta-se, não acredita que esteja morto e sustenta teimosamente que não morreu. Não obstante, vê o seu corpo, sabe que é dele, mas não compreende que esteja separado. Procura as pessoas de sua afeição, dirige-se a elas e não entende por que não o ouvem. Esta ilusão mantém-se até o completo desprendimento do espírito e somente então ele reconhece o seu estado e compreende que não faz mais parte do mundo dos vivos.
 Esse fenômeno é facilmente explicável. Surpreendido pela morte imprevista, o espírito fica aturdido com a mudança brusca que nele se opera. Pra ele, a morte é ainda sinônimo de destruição, de aniquilamento, ora, como continua a pensar, como ainda vê e escuta, não se considera morto. E o que aumenta a sua ilusão é o fato de se ver num corpo semelhante ao que deixou na terra, cuja natureza etérea ainda não teve tempo de verificar. Ele o julga sólido e compacto como o primeiro e, quando se chama a sua atenção pra esse ponto, admira-se de não poder apalpá-lo.
 Assemelha-se este fenômeno ao dos sonâmbulos inexperientes que não creem estar dormindo. Pra eles, o sono é sinônimo de suspensão das faculdades, ora, como pensam livremente e podem ver, não acham que estejam dormindo. Alguns espíritos apresentam esta particularidade, embora a morte não os tenha colhido inopinadamente, mas ela é sempre mais generalizada entre os que, apesar de doentes, não pensavam em morrer. Vê-se então o espetáculo singular dum espírito que assiste aos próprios funerais como os de um estranho, deles falando como de uma coisa que não lhe dissesse respeito, até o momento de compreender a verdade.
 A perturbação que se segue à morte nada tem de penosa pro homem de bem, é calma e em tudo semelhante à que acompanha um despertar tranquilo. Pra aquele cuja consciência não está pura, é cheia de ansiedades e angústias. Nos casos de morte coletiva, observou-se que todos os que pereceram ao mesmo tempo nem sempre se reveem imediatamente. Na perturbação que se segue à morte, cada um vai pro seu lado ou só se preocupa com aqueles que lhe interessam.

Sociedade Armônica

Capítulo 4 - Da pluralidade das existências

1 - A reencarnação.
166 - A alma que não atingiu a perfeição durante a vida corpórea como acaba de se depurar?
- Submetendo-se à prova duma nova existência.
- Como ela realiza essa nova existência? Pela sua transformação como espírito?
- Ao se depurar, a alma sofre sem dúvida uma transformação, mas pra isso ela necessita da prova da vida corpórea.
- A alma tem muitas existências corpóreas?
- Sim, todos nós temos muitas existências. Os que dizem o contrário querem manter-vos na ignorância em que eles mesmos se encontram, esse é o seu desejo.
- Parece resultar, desse princípio, que, após ter deixado o corpo, a alma toma outro. Dito doutra maneira, que ela se reencarna em novo corpo. É assim que se deve entender?
- É evidente.

167 - Qual a finalidade da reencarnação?
- Expiação, melhoramento progressivo da Humanidade. Sem isso, onde estaria a justiça?

168 - O número das existências corpóreas é limitado ou o espírito se reencarna perpetuamente?
- A cada nova existência o espírito dá um passo na direção do progresso, quando se despojou de todas as impurezas, não precisa mais das provas da vida corpórea.

169 - O número das encarnações é o mesmo pra todos os espíritos?
- Não. Aquele que avança rapidamente se poupa das provas. Não obstante, as encarnações sucessivas são sempre muito numerosas porque o progresso é quase infinito.

170 - Em que se transforma o espírito depois de sua última encarnação?
- Espírito bem-aventurado, um espírito puro.

2 - Justiça da reencarnação.
171 - Sobre o que se funda o dogma da reencarnação?
- Sobre a justiça de Deus e a revelação, pois não nos cansamos de repetir, um bom pai deixa sempre aos filhos uma porta aberta ao arrependimento. A razão não diz que seria injusto privar pra sempre da felicidade eterna daqueles cujo melhoramento não dependeu deles mesmos? Todos os homens não são filhos de Deus? Somente entre os homens egoístas é que se encontram a iniquidade, o ódio implacável e os castigos sem perdão.

> Todos os espíritos também tendem a perfeição e Deus lhes proporciona os meios de consegui-la, com as provas da vida corpórea, mas, na sua justiça, permite-lhes realizar, em novas existências, aquilo que não puderam fazer ou acabar numa primeira prova. Não estaria de acordo com a equidade, nem segundo a bondade de Deus, castigar pra sempre aqueles que encontraram obstáculos ao seu melhoramento, independentemente de sua vontade, no próprio meio em que foram colocados. Se a sorte do homem fosse irrevogavelmente fixada após a sua morte, Deus não teria pesado as ações de todos na mesma balança e não os teria tratado com imparcialidade.

A doutrina da reencarnação, que consiste em admitir pro homem muitas existências sucessivas, é a única que corresponde à ideia da justiça de Deus, com respeito aos homens de condição moral interior, a única que pode explicar o nosso futuro e fundamentar as nossas esperanças, pois nos oferece o meio de resgatarmos os nossos erros através de novas provas. A razão assim nos diz e é o que os espíritos nos ensinam.

O homem que tem consciência da sua inferioridade encontra na doutrina da reencarnação uma consoladora esperança. Se tu crês na justiça de Deus, não pode esperar que, por toda a eternidade, haja de ser igual aos que agiram melhor do que ele. O pensamento de que essa inferioridade não o deserdará pra sempre do bem supremo e que ele poderá conquistá-lo através de novos esforços o ampara e lhe reanima a coragem. Qual é aquele que, no fim da sua carreira, não lamenta ter adquirido demasiado tarde uma experiência que já não pode aproveitar? Pois esta experiência tardia não estará perdida, ele a aproveitará numa nova existência.

3 - A encarnação nos diferentes mundos.
172 - Nossas diferentes existências corpóreas se passam todas na Terra?
- Não, mas nos diferentes mundos. As deste globo não são as primeiras nem as últimas, mas as mais materiais e distanciadas da perfeição.

173 - A cada nova existência corpórea a alma passa dum mundo a outro ou pode viver muitas vidas num mesmo globo?

- Pode reviver muitas vezes num mesmo globo, se não estiver bastante adiantada pra passar a um mundo superior.
- Podemos então reaparecer muitas vezes na Terra?
- Certamente.
- Podemos voltar a ela depois de ter vivido noutros mundos?
- Seguramente, podeis ter já vivido noutros mundos bem como na Terra.

174 - É uma necessidade reviver na Terra?
- Não, mas se não progredirdes, podeis ir pra outro mundo que não seja melhor e que pode mesmo ser pior.

175 - Há vantagem em voltar a viver na Terra?
- Nenhuma vantagem particular, a não ser que se venha em missão, pois então se progride, como em qualquer outro mundo.
- Não seria melhor continuar como espírito?
- Não, não! Ficar-se-ia estacionário e o que se quer é avançar pra Deus.

176 - Os espíritos, depois de se haverem encarnado noutros mundos, podem se encarnar neste, sem jamais terem passado por aqui?
- Sim, como vós noutros globos. Todos os mundos são solidários, o que não se faz num, pode-se fazer noutro.
- Assim, existem homens que estão na Terra pela primeira vez?
- Há muitos e em diversos graus.
- Pode-se reconhecer, por um sinal qualquer, quando um espírito se encontra pela primeira vez na Terra?
- Isso não teria nenhuma utilidade.

177 - Pra chegar à perfeição e à felicidade suprema, que é o objetivo final de todos os homens, o espírito deve passar pela série de todos os mundos que existem no Universo?
- Não, porque há muitos mundos que se encontram no mesmo grau e onde os espíritos nada aprenderiam de novo.
- Como então explicar a pluralidade de sua existência num mesmo globo?
- Eles podem ali se encontrar de cada vez, em posições bastante diferentes, que serão outras tantas ocasiões de adquirir experiência.

178 - Os espíritos podem renascer corporalmente num mundo relativamente inferior àquele em que já viveram?
- Sim, quando têm uma missão a cumprir, pra ajudar o progresso e então aceitam com alegria as tribulações dessa existência porque lhes fornecem um meio de se adiantarem.
- Isso não pode também acontecer como expiação, e Deus não pode enviar os espíritos rebeldes a mundo inferiores?
- Os espíritos podem permanecer estacionários, mas nunca retrogradas, sua punição, pois, é a de não avançar e ter recomeçar as existências mal empregadas, no meio que convém à sua natureza.
- Quais são os que devem recomeçar a mesma existência?
- Os que faliram em sua missão ou em suas provas.

179 - Os seres que habitam cada mundo estão todos no mesmo grau de perfeição?
- Não. É como na Terra, há os que estão mais ou menos adiantados.

180 - Ao passar deste mundo pra outro, o espírito conserva a inteligência que tinha aqui?
- Sem dúvida, pois a inteligência nunca se perde, mas ele pode não dispor dos mesmos meios pra manifestá-la. Isso depende da sua superioridade e do estado do corpo que adquirir.

181 - Os seres que habitam os diferentes mundos têm corpos semelhantes aos nossos?
- Sem dúvida que têm corpos, porque é necessário que o espírito se revista de matéria pra agir sobre ela, mas esse envoltório é mais ou menos material, segundo o grau de pureza a que chegaram os espíritos, e é isso que determina as diferenças entre os mundos que temos de percorrer. Porque há muitas moradas na casa de nosso Pai, e muitos graus, portanto. Alguns o sabem e têm consciência disso aqui na Terra, mas outros anda não sabem.

182 - Podemos conhecer exatamente o estado físico e moral dos diferentes mundos?
- Nós, espíritos, não podemos responder senão na medida do vosso grau de evolução. Quer dizer que não devemos revelar estas coisas a todos, porque nem todos estão em condições de compreendê-las, e elas os perturbariam.

> À medida que o espírito se purifica, o corpo que o reveste, aproxima-se igualmente da natureza espírita. A matéria se torna menos densa, ele já não se arrasta penosamente pelo solo, suas necessidades físicas são menos grosseiras, os seres vivos não têm mais necessidade de se destruírem pra se alimentar. O espírito é mais livre e tem, pras coisas distanciadas, percepções que desconhecemos, vê pelos olhos do corpo aquilo que só vemos pelo pensamento.

A purificação dos espíritos reflete-se na perfeição moral dos seres em que estão encarnados. As paixões animais se enfraquecem, o egoísmo dá lugar ao sentimento fraternal. É assim que, nos mundos superiores ao nosso, as guerras são desconhecidas, os ódios e as discórdias não têm motivo, porque ninguém pensa em prejudicar o seu semelhante. A intuição do futuro, a segurança que lhes dá uma consciência isenta de remorsos fazem que a morte não lhes cause nenhuma apreensão: eles a recebem sem medo e como uma simples transformação.

A duração da vida, nos diferentes mundos, parece proporcional ao seu grau de superioridade física e moral, e isso é perfeitamente racional. Quanto menos material é o corpo, está menos sujeito às vicissitudes que o desorganizam, quanto mais puro é o espírito, menos sujeito às paixões que o enfraquecem. Este é ainda um auxílio da providência, que deseja, assim, abreviar os sofrimentos.

183 - Indo dum mundo pra outro, o espírito passa por nova infância?
- Em toda parte a infância é uma transição necessária, mas não é, em toda parte, tão obtusa como no vosso mundo.

184 - Tem o espírito a faculdade de escolher o mundo onde passe a habitar?
- Nem sempre. Pode pedir que lhe seja permitido ir pra este ou aquele e pode obtê-lo, se o merecer, porquanto a acessibilidade dos mundos, pros espíritos, depende do grau da elevação destes.
- Se o espírito nada pedir, que é o que determina o mundo em que ele reencarnará?
- O grau da sua elevação.

185 - O estado físico e moral dos seres vivos é perpetuamente o mesmo em cada globo?
- Não, os mundos também estão submetidos à lei do progresso. Todos começaram como o vosso, por um estado inferior, e a Terra mesma sofrerá uma transformação semelhante, tornando-se um paraíso terrestre quando os homens se fizerem bons.

> É assim que as raças que hoje povoam a Terra desaparecerão um dia e serão substituídas por seres mais e mais perfeitos. Essas raças transformadas sucederão à atual, como esta sucedeu a outras que eram mais grosseiras.

186 - Há mundos em que o espírito, deixando de viver num corpo material, só tem por envoltório o perispírito?
- Sim, e esse envoltório torna-se de tal maneira etéreo que pra vós é como se não existisse, eis então o estado dos espíritos puros.
- Parece resultar daí que não existe uma demarcação precisa entre o estado das últimas encarnações e o do espírito puro?
- Essa demarcação não existe. A diferença se dilui pouco a pouco e se torna insensível, como a noite se dilui ante as primeiras claridades do dia.

187 - A substância do perispírito é a mesma em todos os globos?
- Não, é mais eterizada nuns do que noutros. Ao passar dum pra outro mundo, o espírito se reveste da matéria própria de cada um, com mais rapidez, que o relâmpago.

188 - Os espíritos puros habitam mundos especiais ou encontram-se no espaço universal, sem estar ligados especialmente a um globo?
- Os espíritos puros habitam determinados mundos, mas não estão confinados a eles como os homens a Terra, eles podem, melhor que os outros, estar em toda parte.

> De todos os globos que constituem o nosso sistema planetário, segundo os espíritos, a Terra é daqueles cujos habitantes são menos adiantados, física e moralmente. Marte lhe seria ainda inferior e Júpiter muito superior em todos os sentidos. O Sol não seria um mundo habitado por seres corpóreos, mas um lugar de encontro de espíritos superiores, que de lá irradiam seu pensamento pra outros mundos, que dirigem por intermédio de espíritos menos elevados, com os quais se comunicam por meio do fluido universal. Como constituição física, o Sol seria um foco de eletricidade. Todos os sóis, ao que parece, estariam nas mesmas condições.

O volume e o afastamento do Sol não tem nenhuma relação necessária com o grau de desenvolvimento dos mundos, pois parece que Vênus está mais adiantada que a Terra e Saturno menos que Júpiter. Muitos espíritos que animaram pessoas conhecidas na Terra disseram estar reencarnados em Júpiter, um dos mundos mais próximos da perfeição, e é de admirar que num globo tão adiantado se encontrem homens que a opinião terrena não considerava tão elevados.

Isto, porém, nada tem de surpreendente, se nós considerarmos que certos espíritos que habitam aquele planeta podiam ter sido enviados a Terra, em cumprimento duma missão que, aos nossos olhos, não os colocaria no primeiro plano, em segundo lugar, entre a sua existência terrena e a de Júpiter, podiam ter tido outras, intermediárias, nas quais se tivessem melhorado, em terceiro lugar, naquele mundo, como no nosso, há diferentes graus de desenvolvimento, e entre esses graus pode haver a distância que separa entre nós o selvagem do homem civilizado.

Assim, o fato de habitarem Júpiter, não se segue que estejam no nível dos seres mais evoluídos, da mesma maneira que uma pessoa não está no nível dum sábio do Instituto, pela simples razão de morar em Paris. As condições de longevidade não são, por toda parte, as mesmas da Terra, não sendo possível a comparação de idades. Uma pessoa, falecida há alguns anos, quando evocada, disse haver encarnado, seis meses antes, num mundo cujo nome é desconhecido. Interpelada sobre a idade que tinha nesse mundo, respondeu: - *Não posso calcular, porque não contamos o tempo como vós, além disso, o nosso meio de vida não é o mesmo, desenvolvemo-nos muito mais rapidamente, tanto assim que há apenas seis dos vossos meses nele me encontro, e posso dizer que, quando à inteligência, tenho 30 anos de idade terrena.*

Muitas respostas semelhantes foram dadas por outros espíritos e nada há nisso de inverossímil. Não vemos na Terra tantos animais adquirirem em poucos meses um desenvolvimento normal? Porque não poderia dar-se o mesmo com o homem, em outras esferas? Notemos, por outro lado, que o desenvolvimento alcançado pelo homem na Terra, na idade de 30 anos, talvez não seja mais que uma espécie de infância comparado ao que ele deve atingir. É preciso ter uma visão bem curta pra nos considerarmos os protótipos da criação, e seria rebaixar a Divindade, acreditar que, além de nós, ele nada mais poderia criar.

4 - A transmigração progressiva.
189. Desde o princípio de sua formação, o espírito goza de plenitude de suas faculdades?
- Não, porque o espírito, como o homem, tem também a sua infância. Em sua origem, os espíritos não têm mais do que uma existência instintiva, possuindo apenas a consciência de si mesmo e de seus atos. Só pouco a pouco a inteligência se desenvolve.

190 - Qual é o estado da alma em sua primeira encarnação?
- O estado da infância na vida corpórea. Sua inteligência apenas desabrocha, ela ensaia pra vida.

191 - As almas dos nossos selvagens estão no estado de infância?
- Infância relativa, pois são almas já desenvolvidas, dotadas de paixões.
- As paixões então indicam desenvolvimento?
- Desenvolvimento, sim, mas não perfeição. São um sinal de atividade e de consciência própria, na alma primitiva, a inteligência e a vida estão em estado de germes.

> A vida dos espíritos, no seu conjunto, segue as mesmas fases da vida corpórea, ele passa gradativamente do estado de embrião ao de infância, pra chegar, por uma sucessão de períodos, ao estado de adulto, que é o da perfeição, com a diferença de que nesta não existe o declínio nem a decrepitude da vida corpórea, que a sua vida, que teve um começo, não terá fim, que lhe é necessário, do nosso ponto de vista, um tempo imenso pra passar da infância espírita a um desenvolvimento completo e o seu progresso realizar-se, não sobre uma esfera apenas, mas através de diversos mundos.

A vida do espírito constitui-se, assim, duma série de existências corporais, sendo cada qual uma oportunidade de progresso, como cada existência corporal se compõe duma série de dias nos quais o homem adquire maior experiência e instrução, mas, da mesma maneira que, na vida humana, há dias infrutíferos, na do espírito, há existências corpóreas sem proveito, porque ele não soube conduzi-las.

192 - Por uma conduta perfeita podemos vencer já nesta vida todos os graus e nos tornar espíritos puros, sem passar pelos intermediários?
- Não, pois o que o homem julga perfeito está longe da perfeição, há qualidades que ele desconhece e nem pode compreender. Pode ser tão perfeito quanto a sua natureza o permita, mas esta não é a perfeição absoluta. Da mesma maneira que uma criança, por mais precoce que seja, deve passar pela juventude antes de chegar à maturidade, e um doente deve passar pela convalescença antes de recuperar a saúde. Além disso, o espírito deve se adiantar em conhecimento e moralidade e, se ele não progrediu senão num sentido, é necessário que o faça noutro, pra chegar ao alto da escala. Entretanto, quanto mais o homem se adianta na vida presente, menos longas e penosas serão as provas seguintes.
- O homem pode assegurar-se nesta vida uma existência futura menos cheia de amarguras?
- Sim, sem dúvida, pode abreviar o caminho e reduziras dificuldades. Somente o desleixado fica sempre no mesmo ponto.

193 - Pode um homem descer em suas novas existências abaixo do que já havia atingido?
- Em sua posição social, sim, como espírito, não.

194 - A alma dum homem de bem pode animar, noutra encarnação, o corpo dum celerado?
- Não, pois ela não pode degenerar.
- E a alma dum homem perverso pode se transformar na dum homem de bem?
- Sim, se ele se arrepender, então será uma recompensa.

> A marcha dos espíritos é progressiva e jamais retrógrada. Eles se elevam gradualmente na hierarquia, e não descem do plano atingido. Nas suas diferentes existências corporais, podem descer como homens, mas não como espíritos. Assim, a alma dum poderoso da Terra pode mais tarde animar um humilde artesão, e vice-versa, porque as posições entre os homens são frequentemente determinadas pelo inverso da elevação dos sentimentos morais. Herodes era rei e Jesus carpinteiro.

195 - A possibilidade de melhorar numa outra existência não pode levar certas pessoas a permanecerem no mau caminho, com o pensamento de que poderão se corrigir mais tarde?
- Aquele que assim pensa não acredita em nada e a ideia dum castigo eterno não o coibiria mais, porque a sua razão a repele e essa ideia conduz, à incredulidade. Se apenas se houvessem empregado os meios racionais pra orientar os homens, não existiriam tantos céticos. Um espírito imperfeito pode pensar como dizes, em sua vida corporal, mas, uma vez liberto da matéria, pensará doutra maneira, porque logo perceberá que calculou mal, e é então que trará, numa nova existência, um sentimento diverso. É assim que se efetiva o progresso e eis porque tendes na Terra uns homens mais adiantados que outros. Uns já têm uma experiência que os outros ainda não tiveram, mas que adquirirão pouco a pouco. Deles depende impulsionar o próprio progresso ou retardá-lo indefinidamente.

> O homem que se encontra numa posição má, deseja mudá-la o mais rapidamente possível. Aquele que se persuadiu de que as tribulações desta vida são a consequência de suas próprias imperfeições, procurará assegurar-se uma nova existência menos penosa, e este pensamento o desviará mais da senda do mal que o pensamento do fogo eterno, no qual não acredita.

196 - Só podendo os espíritos melhorar-se pelo sofrimento e as tribulações da existência corporal, segue-se que a vida material seria uma espécie de crivo ou de depurador, pelo qual devem passar os seres do mundo espírita pra chegarem à perfeição?
- Sim, e bem isso. Eles melhoram através dessas provas, evitando o mal e praticando o bem, mas somente depois de muitas encarnações ou depurações sucessivas é que atingem, num tempo mais ou menos longo, e segundo os seus esforços, o alvo pro qual se dirigem.
- E o corpo que influi sobre o espírito, pra melhorá-lo, ou o espírito que influi sobre o corpo?
- Teu espírito é tudo, teu corpo é uma veste que apodrece, eis tudo.

> Temos, no suco da vinha, uma imagem material dos diferentes graus de depuração da alma. Ele contém o licor chamado espírito ou álcool, mas enfraquecido por grande quantidade de matérias estranhas que lhe alteram a essência, e não chega à pureza absoluta senão depois de muitas destilações, em cada uma das quais se despoja de alguma impureza. O alambique é o corpo no qual ele deve entrar pra se depurar, as matérias estranhas são como o perispírito, que se purifica a si mesmo, à medida que o espírito se aproxima da perfeição.

5 - A sorte das crianças após a morte.
197 - O espírito duma criança morta em tenra idade é tão adiantado como o dum adulto?
- Às vezes, bem mais, porque pode ter vivido muito mais e possuir maiores experiências, sobretudo se progrediu.
- O espírito duma criança pode então ser mais adiantado que o de seu pai?
- Isso é bastante frequente, não o vedes tantas vezes na Terra?

198 - O espírito da criança que morre em tenra idade, não tendo podido fazer o mal, pertence aos graus superiores?
- Se não fez o mal, também não fez o bem e Deus não o afasta das provas que deve sofrer. Se é puro, não é pelo fato de ter sido criança, mas porque já se havia adiantado.

199 - Por que a vida se interrompe com frequência na infância?
- A duração da vida da criança pode ser, pro seu espírito, o complemento duma vida interrompida antes do termo devido, e sua morte é frequentemente uma prova ou uma expiação pros pais.
- Em que se transformam o espírito duma criança morta em tenra idade?
- Recomeça uma nova existência.

> Se o homem só tivesse uma existência e se, após essa, a sua sorte fosse fixada pra eternidade, qual seria o merecimento da metade da espécie humana, que morre em tenra idade, pra gozar sem esforço da felicidade eterna? E com que direito seria ela libertada das condições, quase sempre duras, impostas à outra metade? Uma tal ordem de coisas não poderia estar de acordo com a justiça de Deus, pela reencarnação. Faz-se a igualdade pra todos, o futuro pertence a todos, sem exceção e sem favoritismo, e os que chegarem por último só poderão se queixar de si mesmos. O homem deve ter o mérito das suas ações, como tem a sua responsabilidade.

Não é, aliás, razoável considerar-se a infância como um estado de inocência. Não se veem crianças dotadas dos piores instintos, numa idade em que a educação ainda não pôde exercer a sua influência? Não se veem algumas que parecem trazer inatos à astúcia, a falsidade, a perfídia, o instinto mesmo do roubo e do assassínio, e isso não obstante os bons exemplos do meio?

A lei civil absolve os seus erros, por considerar que elas agem mais instintivamente do que por deliberado propósito, mas de onde podem provir esses instintos, tão diferentes entre as crianças da mesma idade, educadas nas mesmas condições e submetidas às mesmas influências? De onde vem essa perversidade precoce, a não ser da inferioridade do espírito, pois que a educação nada tem com ela? Aqueles que são viciosos é que progridem menos e têm então de sofrer as consequências, não dos seus atos da infância, mas das suas existências anteriores. É assim que a lei se mostra a mesma pra todos, e a justiça de Deus a todos abrange.

6 - O sexo nos espíritos.

200 - Os espíritos têm sexo?

- Não como o entendeis, porque os sexos dependem da constituição orgânica. Há entre eles amor e simpatia, mas baseados na afinidade de sentimentos.

201 - O espírito que animou o corpo dum homem pode animar o duma mulher, numa nova existência e vice-versa?

- Sim, pois são os mesmos espíritos que animam os homens e as mulheres.

202 - Quando somos espíritos, preferimos encarnar num corpo de homem ou de mulher?

- Isso pouco importa ao espírito, depende das provas que ele tiver de sofrer.

> Os espíritos encarnam-se homens ou mulheres porque não têm sexo. Como devem progredir em tudo, cada sexo, como cada posição social, oferece-lhes provas e deveres especiais e novas ocasiões de adquirir experiências. Aquele que fosse sempre homem, só saberia o que os homens sabem.

7 - Parentesco e filiação.

203 - Os pais transmitem aos filhos uma porção de sua alma ou nada mais fazem do que lhes dar a vida animal, a que uma nova alma vem juntar depois a vida moral?

- Somente a vida animal, porque a alma é indivisível. Um pai estúpido pode ter filhos inteligentes e vice-versa.

204 - Desde que tivemos muitas existências, o parentesco remonta às anteriores?

- Não poderia ser doutra maneira. A sucessão das existências corpóreas estabelece entre os espíritos liames que remontam às existências anteriores, disso decorrem frequentemente as causas de simpatia entre vós e alguns espíritos que vos parecem estranhos.

205 - Segundo certas pessoas, a doutrina da reencarnação parece destruir os laços de família fazendo-as remontar às existências anteriores.

- Ela os amplia em vez de destruí-los. Baseando-se o parentesco em afeições anteriores, os laços que unem os membros duma mesma família são menos precários. A reencarnação amplia os deveres da fraternidade, pois no vosso vizinho ou no vosso criado pode encontrar-se um espírito que foi do vosso sangue.

- Ela diminui, entretanto, a importância que alguns atribuem à sua filiação, porque se pode ter tido como pai um espírito que pertencia a uma outra raça, ou que tivesse vivido em condição bem diversa.

- É verdade, mas essa importância se baseia no orgulho. O que a maioria honra nos antepassados são os títulos, a classe, afortuna. Este coraria de haver tido por avô um sapateiro honesto, e se vangloriaria de descender dum nobre debochado, mas digam ou façam o que quiserem, não impedirão que as coisas sejam como são, porque Deus não regulou as leis da natureza pela nossa vaidade.

206 - Desde que não há filiação entre os espíritos dos descendentes duma mesma família, o culto dos antepassados seria uma coisa ridícula?

- Seguramente, não, porque devemos nos sentir felizes de pertencer a uma família na qual se encarnam espíritos elevados. Embora os espíritos não procedam uns dos outros, não têm menos afeição pelos que estão ligados a eles por laços de família, porque os espíritos são frequentemente atraídos a esta ou aquela família por causa de simpatias ou ligações anteriores, mas acreditai que os espíritos de vossos antepassados não se sentem absolutamente honrados com o culto que lhes tributais por orgulho. Seu mérito não recai sobre vós senão na medida em que vos esforçais por seguir os seus bons exemplos somente assim a vossa lembrança lhes pode ser, não apenas agradável, mas até mesmo útil.

8 - Semelhanças físicas e morais.

207 - Os pais transmitem aos filhos, quase sempre, semelhança física. Transmitem também semelhança moral?

- Não, porque se trata de almas ou espíritos diferentes. O corpo procede do corpo, mas o espírito não procede do espírito. Entre os descendentes das raças nada mais existe do que consanguinidade.
- De onde vêm as semelhanças morais que existem às vezes entre os pais e os filhos?
- São espíritos simpáticos, atraídos pela afinidade de suas inclinações.

208 - O espírito dos pais não exerce influência sobre o do filho após o nascimento?
- Exerce, e muito, pois, como já dissemos, os espíritos devem concorrer pro progresso recíproco. Pois bem, o espírito dos pais tem a missão de desenvolver o dos filhos pela educação, isso é pra ele uma tarefa. Se nela falhar, será culpado.

209 - Por que pais bons e virtuosos têm filhos perversos? Ou seja, por que as boas qualidades dos pais não atraem sempre, por simpatia, bons espíritos como filhos?
- Um mau espírito pode pedir bons pais, na esperança de que seus conselhos o dirijam por uma senda melhor, e muitas vezes Deus o atende.

210 - Os pais poderão, pelos seus pensamentos e as suas preces atrair pro corpo do filho um bom espírito, em lugar dum espírito inferior?
- Não, mas podem melhorar o espírito da criança a que deram nascimento e que lhes foi confiada. Esse é o dever, filhos maus são uma prova pros pais.

211 - De onde vem a semelhança de caráter que existe frequentemente entre os irmãos, sobretudo entre os gêmeos?
- Espíritos simpáticos, que se aproximam pela similitude de seus sentimentos e que se sentem felizes de estar juntos.

212 - Nas crianças cujos corpos nascem ligados, e que têm certos órgãos comuns, há dois espíritos, ou seja, duas almas?
- Sim, mas a sua semelhança faz que muitas vezes não vos pareçam mais do que uma.

213 - Mas se os espíritos se encarnam nos gêmeos por simpatia, de onde lhes vem à aversão que, às vezes, se nota entre eles?
- Não é uma regra que os gêmeos tenham de ser espíritos simpáticos, espíritos maus podem querer lutar juntos no teatro da vida.

214 - Que pensar das histórias de crianças que lutam no ventre da mãe?
- Imagem! Pra figurar que o seu ódio era muito antigo, fazem-no remontar à fase anterior ao nascimento. Geralmente não percebeis bem as imagens poéticas.

215 - De onde vem o caráter distintivo que se observa em cada povo?
- Os espíritos também formam famílias pela similitude de suas tendências, mais ou menos purificadas, segundo a sua elevação. Pois bem, um povo é uma grande família em que se reúnem espíritos simpáticos. A tendência a se unirem que têm os membros dessas famílias é a origem da semelhança que determina o caráter distintivo de cada povo. Acreditas que espíritos bons e humanos procurarão um povo duro e grosseiro? Não. Os espíritos se simpatizam com as coletividades, como se simpatizam com os indivíduos. Procuram o seu meio.

216 - O homem conserva, em suas novas existências, os traços do caráter moral das existências anteriores?
- Sim, isso pode acontecer. Mas, ao melhorar-se, ele se modifica. Sua posição social também pode não ser a mesma. Se de senhor ele se torna escravo, suas inclinações serão muito diferentes e teríeis dificuldades em reconhecê-lo. O espírito sendo o mesmo, nas diversas encarnações, suas manifestações podem ter, duma pra outra, certas semelhanças. Estas, entretanto, serão modificadas pelos costumes da nova posição, até que um aperfeiçoamento notável venha a mudar completamente o seu caráter, pois de orgulhoso e mau pode tornar-se humilde e humano, desde que se haja arrependido.

217 - Nas suas diferentes encarnações, o homem conserva os traços do caráter físico das existências anteriores?
- O corpo é destruído e o novo corpo não tem nenhuma relação com o antigo, entretanto, o espírito se reflete no corpo, e embora seja apenas matéria, é modelado pelas qualidades do espírito, que lhe imprimem um certo caráter, principalmente ao semblante, sendo pois com razão que se apontam os olhos como o espelho da alma, o que quer dizer que o rosto, mais particularmente, reflete a alma.
Porque há pessoas excessivamente feias, que, no entanto, têm alguma coisa que agrada, quando encarnam um espírito bom, sensato, humano, enquanto há belos semblantes que nada te despertam, ou até mesmo provocam a tua repulsa. Poderias supor que só os corpos perfeitos envolvem espíritos mais perfeitos que eles, quando encontras, todos

os dias, homens de bem sob aparências disformes? Sem uma parecença pronunciada, a semelhança dos gostos e das tendências pode dar, portanto, aquilo que se chama um ar de conhecido.

> O corpo que reveste a alma numa nova encarnação, não tendo nenhuma relação necessária com o anterior, pois que pode provir de origem muito diversa, seria absurdo supor-se uma sucessão de existências ligadas por uma semelhança apenas fortuita.

Não obstante, as qualidades do espírito modificam quase sempre os órgãos que servem pras suas manifestações, imprimindo no rosto, e mesmo no conjunto das maneiras, um cunho distintivo. É assim que, sob o envoltório mais humilde, pode encontrar-se a expressão da grandeza e da dignidade, enquanto, sob o hábito do grande senhor, se veem, algumas vezes, a da baixeza e da ignomínia. Certas pessoas, saídas da mais ínfima posição, adquirem sem esforço os hábitos e as maneiras da alta sociedade, parecendo que reencontram o seu elemento, enquanto outras, malgrado seu nascimento e sua educação, estão ali sempre deslocados. Como explicar esse fato de outra maneira, senão pelo reflexo daquilo que o espírito foi?

9 - Ideias inatas.
218 - O espírito encarnado conserva algum traço das vitórias que obteve e dos conhecimentos que adquiriu nas existências anteriores?
- Resta-lhes uma vaga lembrança, que lhe dá o que chamamos ideias inatas.
- A teoria das ideias inatas não é quimérica?
- Não, pois os conhecimentos adquiridos em cada existência não se perdem, o espírito, liberto da matéria, sempre se recorda. Durante a encarnação pode esquecê-lo em parte, momentaneamente, mas a intuição que lhe fica ajuda o seu adiantamento. Sem isso, ele sempre teria de recomeçar, a cada nova existência, o espírito toma como ponto de partida aquele em que se achava na precedente.
- Deve então haver uma grande conexão entre duas existências sucessivas?
- Nem sempre tão grande como podes pensar, porque as posições são quase sempre muito diferentes, e no intervalo de ambas, o espírito pode progredir.

219 - Qual é a origem das faculdades extraordinárias dos indivíduos que, sem estudo prévio, parecem ter a intuição de certos conhecimentos, como as línguas, o cálculo, etc.?
- Lembrança do passado, progresso anterior da alma, mas do qual ela mesma não tem consciência. De onde queres que elas venham? Os corpos mudam, mas o espírito não muda, embora troque a vestimenta.

220 - Com a mudança dos corpos, podem perder-se certas faculdades intelectuais, deixando-se de ter, por exemplo, o gosto pelas artes?
- Sim, desde que se tenha desonrado essa faculdade, empregando-a mal. Uma faculdade pode, também, ficar adormecida durante uma existência, porque o espírito quer exercer outra que não se relaciona com ela. Nesse caso, permanece em estado latente, pra reaparecer mais tarde.

221 - E uma lembrança retrospectiva que deve o homem, mesmo no estado de selvagem, o sentimento instintivo da existência de Deus e o pressentimento da vida futura?
- E uma lembrança que ele conserva daquilo que sabia como espírito, antes de encarnar, mas o orgulho frequentemente abafa esse sentimento.
- E a mesma lembrança que se devem certas crenças relativas à Doutrina Espírita, que se encontram em todos o povos?
- Esta doutrina é tão antiga quanto o mundo. É por isso que a encontramos por toda parte e é esta uma prova da sua veracidade. O espírito encarnado, conservando a intuição do seu estado de espírito, tem a consciência instintiva do mundo invisível, mas quase sempre ela é falseada pelos preconceitos e a ignorância mistura a ela a superstição.

> Os espíritos aludem à eternidade espiritual da doutrina, de sua permanente projeção na Terra, mas devemos distinguir entre as suas manifestações falseadas, no passado, e a manifestação pura que se encontra neste livro. Os traços da Doutrina Espírita marcam o roteiro da evolução humana na Terra, mas só com este livro ela se apresentou definida e completa, por isso, o Espiritismo é, na Terra, uma Doutrina moderna.

Sociedade Armônica

Capítulo 5 - Considerações sobre a pluralidade das existências

Considerações sobre a pluralidade das existências.

222 - O dogma da reencarnação, dizem algumas pessoas, não é novo e foi retirado de Pitágoras, mas jamais dissemos que a Doutrina Espírita fosse uma invenção moderna. O Espiritismo deve ter existido desde a origem dos tempos, pois decorre da própria natureza. Temos sempre procurado provar que se encontram os seus traços desde a mais alta antiguidade. Pitágoras, como se sabe, não é o criador do sistema de metempsicose, que tomou dos filósofos indianos e dos meios egípcios, onde ela existia desde épocas imemoriais.

A ideia da transmigração das almas era, portanto, uma crença comum, admitida pelos homens mais eminentes. Por que maneira chegou até eles? Não sabemos, mas, seja como for, uma ideia não atravessa as idades e não é aceita pelas inteligências mais adiantadas, se não tiver um aspecto sério. A antiguidade desta doutrina, portanto, em vez de ser uma objeção, devia ser antes uma prova a seu favor. Há, porém, como igualmente se sabe, entre a metempsicose dos antigos e a moderna doutrina da reencarnação, a grande diferença de que os espíritos rejeitam, da maneira mais absoluta, a transmigração do homem nos animais e vice-versa.

Os espíritos, ensinando o dogma da pluralidade das existências corpóreas, renovam uma doutrina que nasceu nos primeiros tempos do mundo, e que se conservou até os nossos dias, no pensamento íntimo de muitas pessoas. Apresentam-na, porém, dum ponto de vista mais racional, mais conforme as leis progressivas da natureza e mais em harmonia com a sabedoria do Criador, ao despojá-la de todos os acréscimos da superstição.

Uma circunstância digna de nota é que não foi apenas neste livro que eles a ensinaram, nos últimos tempos, desde antes da sua publicação, numerosas comunicações da mesma natureza foram obtidas, em diversas regiões e se multiplicaram consideravelmente depois. Seria o caso, talvez, de se examinar por que todos os espíritos não parecem de acordo sobre este ponto. É o que faremos logo mais. Examinemos o assunto por outro ângulo, fazendo abstração da intervenção dos espíritos. Deixemo-los de lado por um instante. Suponhamos que esta teoria não foi dada por eles, suponhamos mesmo que nunca se tenha cogitado disto com os espíritos.

Coloquemo-nos momentaneamente numa posição neutra, admitindo o mesmo grau de probabilidade pra uma hipótese e outra, a saber, a da pluralidade e a da unicidade das existências corpóreas, e vejamos pra que lado nos levam a razão e o nosso próprio interesse. Certas pessoas repelem a ideia da reencarnação pelo único motivo de que ela não lhes convém, dizendo que lhes basta uma existência e não desejam iniciar outra semelhante. Conhecemos pessoas que, à simples ideia de voltar a Terra, ficam enfurecidas. Só temos a lhes perguntar se Deus devia pedir-lhes conselho e consultar os seus gostos, pra ordenar o Universo. De duas uma, a reencarnação existe ou não existe. Se existe, é inútil opor-se a ela, pois basta de sofrê-la, sem que Deus lhes peça permissão pra isso. Parece-nos ouvir um doente dizer: - *Já sofri hoje demais e não quero tornar a sofrer amanhã.*

Qualquer que seja a sua má vontade, isso não o fará sofrer menos amanhã e nos dias seguintes, até que consiga se curar. Da mesma maneira, se essas pessoas devem reviver corporalmente, reviverão, tornarão a reencarnar-se, perderão o tempo de protestar, como uma criança que não quer ir à escola ou um condenado, à prisão, pois terão de passar por ela. Objeções dessa espécie são demasiado pueris pra merecerem exame mais sério. Diremos, entretanto, a essas pessoas, pra tranquiliza-las, que a Doutrina Espírita sobre a reencarnação não é tão terrível como pensam, e que, se a estudassem a fundo, não teriam do que se assustar.

Saberiam que essa nova existência depende delas mesmas, será feliz ou desgraçada, segundo o que tiverem feito neste plano, e podem desde já elevar-se tão alto, que não mais deverão temer nova queda no lodaçal. Supomos falar a pessoas que acreditam num futuro qualquer após a morte, e não às que só têm o nada como perspectiva, ou que desejam mergulhar a sua alma no Todo Universal, sem conservar a individualidade, como as gotas de chuva no oceano, o que vem a ser mais ou menos a mesma coisa.

Se acreditais num futuro qualquer, por certo não admitireis que ele seja o mesmo pra todos, pois qual seria a utilidade do bem? Por que reprimir-se, por que não satisfazer a todas as paixões, a todos os desejos, mesmo à custa dos outros, pois que isso não teria consequência? Acreditais, pelo contrário, que esse futuro será mais ou menos feliz ou desgraçado, segundo o que tivermos feito durante a vida, e tereis o desejo de que seja o mais feliz possível, pois que deverá durar pela eternidade? Teríeis, por acaso, a pretensão de ser uma das criaturas mais perfeitas que já passaram pela Terra, tendo, assim, o direito imediato à felicidade dos eleitos? Não.

Admitis, então, que há criaturas que valem mais do que vós e têm direito a uma situação melhor, sem por isso vos considerardes entre os réprobos. Pois bem, colocai-vos por um instante, pelo pensamento, nessa situação intermediária, que será a vossa, como o admitis, e suponde que alguém venha dizer-vos: - *Sofreis, não sois tão felizes como poderíeis ser, enquanto tendes diante de vós os que gozam duma felicidade perfeita, quereis trocar a vossa posição com a deles?*

- *Sem dúvida, mas o que devo fazer?*

- *Quase nada, recomeçar o que fizestes mal e tratar de fazê-lo melhor.*

- *Hesitaríeis em aceitar, mesmo que fosse ao preço de muitas existências de provas?*

Façamos uma comparação mais prosaica. Se a um homem que, sem estar na miséria extrema, passa pelas privações decorrentes da sua precariedade de recursos viessem dizer: - *Eis uma imensa fortuna, que podereis gozar, sendo, porém, necessário trabalhar rudemente durante um minuto.*

Fosse ele o maior preguiçoso da Terra e diria sem hesitar: - *Trabalhemos um minuto, dois minutos, uma hora, um dia, se for preciso. O que será isso, pra acabar a minha vida na abundância?* Ora, o que é a duração da vida corporal, em relação à da eternidade? Menos que um minuto, menos que um segundo. Ouvimos algumas vezes este raciocínio, Deus, que é soberanamente bom, não pode impor ao homem o reinicio duma série de misérias e tribulações. Acharão, por acaso, que há mais bondade em condenar o homem a um sofrimento perpétuo, por alguns momentos de erro, do que em lhe conceder os meios de reparar as suas faltas?

Dois fabricantes tinham, cada qual, um operário que podia aspirar a se tornar sócio da firma. Ora, aconteceu que esses dois operários empregaram mal, certa vez, o seu dia de trabalho e mereceram ser despedidos. Um dos fabricantes despediu o seu empregado, apesar de suas súplicas, e este, não mais encontrando emprego, morreu na miséria. O outro disse ao seu: - *Perdeste um dia e me deves uma compensação, fizeste mal o trabalho e me deves a reparação, eu te permito recomeçar, trata de fazê-lo bem, e eu te conservarei, e poderás continuar aspirando à posição superior que te prometi.*

Seria necessário perguntar qual dos dois fabricantes foi mais humano? Deus, que é a própria clemência, seria mais inexorável que um homem? O pensamento de que a nossa sorte está pra sempre fixada, em alguns anos de prova, ainda mesmo quando nem sempre dependesse de nós atingir a perfeição sobre a Terra, tem qualquer coisa de pungente, enquanto a ideia contrária é eminentemente consoladora, pois não nos tira a esperança.

Assim, sem nos pronunciarmos pró ou contra a pluralidade das existências, sem admitir uma hipótese mais do que a outra, diremos que, se pudéssemos escolher, ninguém preferiria um julgamento sem apelo. Um filósofo disse que, se Deus não existisse, seria necessário inventá-lo, pra felicidade do gênero humano, o mesmo se poderia dizer da pluralidade das existências, mas, como dissemos, Deus não pede licença, não consulta as nossas preferências, as coisas são ou não são.

Vejamos de que lado estão as probabilidades e tomemos o problema sob outro ponto de vista, fazendo sempre abstração do ensinamento dos espíritos e unicamente, portanto, como estudo filosófico. Se não há reencarnação, não há mais do que uma existência corporal, isso é evidente. Se nossa existência corporal é a única, a alma de cada criatura foi criada por ocasião do nascimento, a menos que admitamos a anterioridade da alma, mas neste caso perguntaríamos o que era a alma antes do nascimento, e se o seu estado não constituiria uma existência, sob qualquer forma.

Não há, pois, meio-termo, ou a alma existia ou não existia antes do corpo. Se ela existia, qual era a sua situação? Tinha ou não consciência de si mesma? Se não a tinha, era mais ou menos como se não existisse, se tinha, sua individualidade era progressiva ou estacionária. Num e noutro caso, qual a sua situação ao chegar ao corpo? Admitindo, de acordo com a crença vulgar, que a alma nasce com o corpo ou, o que dá no mesmo, que antes da encarnação só tinha faculdades negativas, formulamos as seguintes questões:

1 - Por que a alma revela aptidões tão diversas e independentes das ideias adquiridas pela educação?

2 - De onde vem a aptidão extranormal de algumas crianças de pouca idade pra esta ou aquela ciência, enquanto outras permanecem inferiores ou medíocres por toda a vida?

3 - De onde vêm, pra uns, as ideias inatas ou intuitivas, que não existem pra outros?

4 - De onde vêm, pra certas crianças, os impulsos precoces de vícios ou virtudes, esses inatos de dignidade ou de baixeza, que contrastam com o meio em que nasceram?

5 - Por que alguns homens, independentemente da educação, são mais adiantados que os outros?

6 - Por que há selvagens e homens civilizados? Se tomarmos uma criança hotentote, de peito, e a educarmos, enviando-a depois aos mais renomados liceus, faremos dela um Laplace ou um Newton? Perguntamos qual a Filosofia ou a Teosofia que pode resolver esses problemas. Ou as almas são iguais ao nascer, ou não o são, quanto a isso não há dúvida. Se são iguais, por que essas tamanhas diferenças de aptidões? Dirão que dependem do organismo, mas nesse caso, teríamos a doutrina mais monstruosa e mais imoral.

O homem não seria mais que uma máquina, joguete da matéria, não teria a responsabilidade dos seus atos, tudo poderia atribuir-se às suas imperfeições físicas. Se as almas são desiguais, foi Deus quem as criou assim, então, por que essa superioridade inata, conferida a alguns? Essa parcialidade estaria conforme a sua justiça e ao amor que dedica por igual a todas as criaturas? Admitamos, ao contrário, uma sucessão de existências anteriores e progressivas, e tudo se explicará. Os homens trazem, ao nascer, a intuição do que já haviam adquirido. São mais ou menos adiantados, segundo o número de existências por que passaram ou conforme estejam mais ou menos distanciados do ponto de partida, precisamente como, numa reunião de pessoas de todas as idades, cada uma terá um desenvolvimento de acordo com o número de anos vividos.

Pra vida da alma, as existências sucessivas serão o que os anos são pra vida do corpo. Reuni um dia mil indivíduos de um até 80 anos, suponde que um véu tenha sido lançado sobre todos os dias anteriores, e que, na vossa ignorância, julgais todos eles nascidos no mesmo dia, perguntaríeis, naturalmente, por que uns são grandes e outros pequenos, uns velhos e outros jovens, uns instruídos e outros ainda ignorantes. Mas, se a nuvem que vos oculta o passado for afastada, se compreenderdes que todos viveram por mais ou menos tempo, tudo estará explicado. Deus, na sua justiça, não podia ter criado almas mais perfeitas e outras menos perfeitas, mas, com a pluralidade das existências, a desigualdade que vemos nada tem de contrário a mais rigorosa equidade.

É porque só vemos o presente e não o passado, que não o compreendemos. Este raciocínio repousa sobre algum sistema, alguma suposição gratuita? Não, pois partimos dum fato patente, incontestável, a desigualdade de aptidões e do desenvolvimento intelectual e moral. E verificamos que esse fato é inexplicável por todas as teorias correntes, enquanto a explicação é simples, natural, lógica, por uma nova teoria. Seria racional preferirmos aquela que nada explica à outra que tudo explica? No tocante à 6ª pergunta, dirão sem dúvida que o hotentote é uma raça inferior, então perguntaremos se o hotentote é ou não humano. Se é humano, por que teria Deus, a ele e a toda a sua raça, deserdado dos privilégios concedidos à raça caucásica?

Se o não é, por que procurar fazê-lo cristão? A Doutrina Espírita é mais ampla que tudo isso. Pra ela, não há muitas espécie de homens, mas apenas homens, seres humanos cujos espíritos são mais ou menos atrasados, mas sempre suscetíveis de progredir. Isso não está mais conforme a justiça de Deus? Vimos a alma no seu passado e no seu presente. Se a considerarmos quanto ao futuro, encontraremos as mesmas dificuldades.

1 - Se a existência presente deve ser decisiva pra sorte futura, qual é, na vida futura, respectivamente, a posição do selvagem e a do homem civilizado? Estarão no mesmo nível ou estarão distanciados no tocante à felicidade eterna?

2 - O homem que trabalhou toda a vida pra melhorar-se estará no mesmo plano daquele que permaneceu inferior, não por sua culpa, mas porque não teve o tempo nem a possibilidade de melhorar?

3 - O homem que praticou o mal, por não ter podido esclarecer-se, culpado por um estado de coisas que dele em nada dependeu?

4 - Trabalha-se pra esclarecer os homens, pra moralizá-los e civilizar, mas, pra um que se esclarece, há milhões que morrem cada dia antes que a luz consiga atingi-los. Qual é a sorte destes? Serão tratados como réprobos? Caso contrário, o que fizeram eles pra merecerem estar no mesmo plano que os outros?

5 - Qual é a sorte das crianças que morrem em tenra idade, antes de poderem ter feito o mal ou o bem? Se estiverem entre os eleitos, por que esse favor, sem nada terem feito pra merecê-lo? Por que privilégio foram elas subtraídas às tribulações da vida? Há uma doutrina que possa resolver essas questões? Admiti as existências sucessivas, e tudo estará explicado de acordo com a justiça de Deus. Aquilo que não pudermos fazer numa existência, faremos em outra. É assim que ninguém escapa à lei do progresso.

Cada um será recompensado segundo o seu verdadeiro merecimento, e ninguém é excluído da felicidade suprema, a que pode aspirar, sejam quais forem os obstáculos que encontre no seu caminho. Essas questões poderiam ser multiplicadas ao infinito, porque os problemas psicológicos e morais que não encontram solução, a não ser na pluralidade das existências, são inumeráveis. Limitamo-nos apenas aos mais gerais. Seja como for, talvez se diga que a doutrina da reencarnação não é admitida na Igreja, isto seria, portanto, a subversão da religião.

Nosso objetivo não é, no momento, tratar desta questão, bastando-nos haver demonstrado que ela é eminentemente moral e racional. Ora, o que é moral e racional não pode ser contrário a uma religião que proclame Deus como a bondade e a razão por excelência. O que teria acontecido à religião se, contra a opinião universal e o testemunho da Ciência, tivesse resistido à evidência e expulsado de seu seio quem não acreditasse no movimento do Sol e nos seis dias da criação? Que crédito mereceria e que autoridade teria, entre os povos esclarecidos, uma religião baseada nos erros evidentes, oferecidos como artigos de fé?

Quando a evidência foi demonstrada, a Igreja sabiamente se alinhou ao seu lado. Se está provado que existem coisas que seriam impossíveis sem a reencarnação, se certos pontos do dogma não podem ser explicados senão por este meio, será necessário admiti-la e reconhecer que o antagonismo entre essa doutrina e os dogmas é apenas aparente.

Mais tarde mostraremos que a religião talvez esteja menos afastada desta doutrina do que se pensa, e que ela não sofreria mais, ao admiti-la, do que com a descoberta do movimento da Terra e dos períodos geológicos, que a princípio pareciam opor um desmentido aos textos sagrados. O princípio da reencarnação ressalta, aliás, de muitas passagens das Escrituras, encontrando-se especialmente formulado, de maneira explícita, no Evangelho: Descendo eles da montanha, após a transfiguração, Jesus lhe preceituou, dizendo: - *Não digais a ninguém o que vistes, até que o Filho do Homem seja ressuscitado de entre os mortos.*

Seus discípulos então o interrogaram e lhe disseram: - *Por que dizem então os escribas que é necessário que Elias venha primeiro?*

E Jesus, respondendo, lhes disse: - *Em verdade, Elias virá primeiro e restabelecerá todas as coisas, mas eu vos declaro que Elias já veio, e eles não o conheceram, antes o fizeram sofre, tudo quanto quiseram. Assim também eles farão morrerão Filho do Homem.*

Então entenderam os discípulos que era de João Batista que ele lhes havia falado. Ora, se João Batista era Elias, houve então a reencarnação do espírito ou da alma de Elias no corpo de João Batista. Seja qual for, de resto, a opinião que se tenha sobre a reencarnação, que a aceitem ou não, ninguém a ela escapará por causa da crença em contrário. O ponto essencial é que se apoia na imortalidade da alma, nas penas e recompensas futuras, no livre-arbítrio do homem, na moral do Cristo, e, portanto, não é antirreligioso.

Raciocinamos, como dissemos, fazendo abstração de todo o ensinamento espírita, que, pra certas pessoas, não tem autoridade. Se, como tantos outros, adotamos a opinião referente à pluralidade das existências, não é somente porque ela veio dos espíritos, mas porque nos parece a mais lógica e a única que resolve as questões até então insolúveis. Que ela nos viesse dum simples mortal e a adoraríamos da mesma maneira, não hesitando em renunciar às nossas próprias ideias. Do mesmo modo, nós a teríamos repelido, embora viesse dos espíritos, se nos parecesse contrária à razão, como repelimos tantas outras. Porque sabemos por experiência que não se deve aceitar de olhos fechados tudo o que vem dos espíritos, como aquilo que vem da parte dos homens.

Seu primeiro título aos nossos olhos é, e antes de tudo, o de se lógica, mas ainda tem outro, que é o de ser confirmada pelos fatos, fatos positivos e por assim dizer materiais, que um estudo atento e raciocinado pode revelar a quem se der ao trabalho de observá-los com paciência perseverança e diante dos quais a dúvida não é mais possível. Quando esses fatos se popularizarem, como os da formação e do movimento da Terra, ser necessário reconhecer a evidência, e os seus opositores terão gasto em vão os argumentos contrários.

Reconhecemos, em resumo, que a doutrina da pluralidade das existências é a única a explicar aquilo que, sem ela, é inexplicável. Que é eminentemente consoladora e conforme a justiça mais rigorosa, sendo pro homem a tábua de salvação que Deus lhe concedeu, na sua misericórdia. As próprias palavras de Jesus não podiam deixar dúvida a respeito. Eis o que se lê no Evangelho segundo São João, capítulo III, Jesus, respondendo a Nicodemos disse: - *Em verdade, em verdade, te digo que, se um homem não nascer de novo, não pode ver o reino de Deus.*

Nicodemos: - *Como pode um homem nascer, quando está velho? Pode ele entrar de novo no ventre de sua mãe e nascer uma segunda vez?*

E Jesus respondeu: - *Em verdade, em verdade, te digo que, se um homem não nascer da água e do espírito, não pode entrar no reino de Deus. O que é nascido da carne é carne e o que é nascido do espírito é espírito. Não te maravilhes de eu te haver dito, necessário vos é nascer de novo.*

> A reencarnação está hoje provada, através dos casos de lembranças de vidas anteriores em crianças, de pesquisas hipnóticas de regressão da memória, de avisos mediúnicos de renascimento com sinais e condições posteriormente verificados. Embora as ciências oficiais ainda relutem em aceitar essas provas, a ciência espírita as considera válidas e espera pra breve a sua aceitação oficial.

Sociedade Armônica

Capítulo 6 - A vida espírita

1 - Espíritos errantes.

223 - A alma se reencarna imediatamente após a separação do corpo?

- Às vezes, imediatamente, mas, na maioria das vezes, depois de intervalos mais ou menos longos. Nos mundos superiores, a reencarnação é quase sempre imediata. A matéria corpórea sendo menos grosseira, o espírito encarnado goza de quase todas as faculdades do espírito. Seu estado normal é o dos vossos sonâmbulos lúcidos.

224 - O que é a alma, nos intervalos das encarnações?

- Espírito errante, que aspira a um novo destino e o espera.

- Qual poderá ser a duração desses intervalos?

- De algumas horas a alguns milhares de séculos. De resto, não existe, propriamente falando, limite extremo determinado pro estado errante, que pode prolongar-se por muito tempo, mas que nunca é perpétuo. O espírito tem sempre a oportunidade, cedo ou tarde, de recomeçar uma existência que sirva à purificação das anteriores.

- Essa duração está subordinada à vontade do espírito, ou pode lhe ser imposta como expiação?

- É uma consequência do livre-arbítrio. Os espíritos sabem perfeitamente o que fazem, mas pra alguns é também uma punição infligida por Deus. Outros pedem o seu prolongamento pra prosseguir estudos que não podem ser feitos com proveito a não ser no estado de espírito.

225 - A erraticidade é, por si mesma, um sinal de inferioridade entre os espíritos?

- Não, pois há espíritos errantes de todos os graus. A encarnação é um estado transitório, já o dissemos. No seu estado normal, o espírito é livre da matéria.

226 - Pode-se dizer que todos os espíritos não encarnados são errantes?

- Os que devem se reencarnar, sim, mas os espíritos puros, que chegam à perfeição, não são errantes, seu estado é definitivo.

> No tocante à suas qualidades íntimas, os espíritos pertencem a diferentes ordens ou graus, pelos quais passam sucessivamente, à medida que se purificam. No tocante ao estado, podem ser encarnados, que quer dizer ligados a um corpo, errantes, ou desligados do corpo material e esperando uma nova encarnação pra se melhorarem, espíritos puros ou perfeitos e não tendo mais necessidade de encarnação.

227 - De que maneira se instruem os espíritos errantes, pois certamente não o fazem da maneira que nós?

- Estudam o seu passado e procuram o meio de se elevarem. Veem, observam o que se passa nos lugares que percorrem, escutam os discursos dos homens esclarecidos e os conselhos dos espíritos mais elevados que eles, e isso lhes proporciona ideias que não possuíam.

228 - Os espíritos conservam algumas das paixões humanas?

- Os espíritos elevados, ao perderem o seu invólucro, deixam as más paixões e só guardam a do bem, mas os espíritos inferiores às conservam, pois doutra maneira pertenceriam à primeira ordem.

229 - Por que os espíritos, ao deixar a Terra, não abandonam as suas más paixões, desde que veem os seus inconvenientes?

- Tens nesse mundo pessoas que são excessivamente vaidosas. Acreditais que, ao deixa-lo, perderão este defeito? Após a partida da Terra, sobretudo pra aqueles que tiveram paixões bem vivas, resta uma espécie de atmosfera que os envolve guardando todas essas coisas más, pois o espírito não está inteiramente desprendido. É apenas por momentos que ele se entrevê a verdade, como pra mostrar-lhe o bom caminho.

230 - O espírito progride no estado errante?

- Pode melhorar bastante, sempre de acordo com a sua vontade e o seu desejo, mas é na existência corpórea que ele põe em prática as novas ideias adquiridas.

231 - Os espíritos errantes são felizes ou infelizes?

- Mais ou menos, segundo os seus méritos. Sofrem as paixões cujos germes conservaram, ou são felizes, segundo a sua maior ou menor desmaterialização. No estado errante, o espírito entrevê o que lhe falta pra ser feliz. É assim que ele busca os meios de atingi-lo, mas nem sempre lhe é permitido reencarnar à vontade, e isso é uma punição.

232 - No estado errante, os espíritos podem ir a todos os mundos?

- Conforme. Quando o espírito deixou o corpo, ainda não está completamente desligado da matéria e pertence ao mundo em que viveu ou a um mundo do mesmo grau, a menos que, durante sua vida, se tenha elevado. Esse é o objetivo a que deve voltar-se, pois sem isso jamais se aperfeiçoaria. Ele pode, entretanto, ir a alguns mundos superiores, passando por eles como estrangeiro. Nada mais faz do que os entrever, e é isso que lhe dá o desejo de se melhorar pra ser digno da felicidade que neles se desfruta e poder habitá-los.

233 - Os espíritos já purificados vêm aos mundos inferiores?
- Vêm frequentemente, a fim de ajudá-los a progredir. Sem isso, esses mundos estariam entregues a si mesmos, sem guias pra orientá-los.

2 - Mundos transitórios.

234 - Existem, como foi dito, mundos que servem de estações ou de lugares de repouso aos espíritos errantes?
- Sim, há mundos particularmente destinados aos seres errantes, mundos que eles podem habitar temporariamente, espécie de acampamentos, de lugares em que possam repousar de erraticidades muito longas, que são sempre um pouco penosas. São posições intermediárias entre os mundos, graduados de acordo com a natureza dos espíritos que podem atingi-los, e que neles gozam de maior ou menor bem-estar.
- Os espíritos que habitam esses mundos podem deixá-los à vontade?
- Sim, os espíritos que se encontram nesses mundos podem deixá-los, pra seguir o seu destino. Figurai-os como aves de arribação descendo numa ilha, pra recuperarem suas forças e seguirem avante.

235 - Os espíritos progridem durante essas estações nos mundos transitórios?
- Certamente. Os que assim se reúnem têm o fito de se instruírem e poder mais facilmente obter a permissão de ir a lugares melhores até chegar à posição dos eleitos.

236 - Os mundos transitórios são, por sua natureza especial, perpetuamente destinados aos espíritos errantes?
- Não, sua posição é apenas temporária.
- São eles ao mesmo tempo habitados por seres corpóreos?
- Não, sua superfície é estéril. Os que os habitam não precisam de nada.
- Essa esterilidade é permanente e se liga à sua natureza especial?
- Não, são estéreis transitoriamente.
- Esses mundos seriam, então, desprovidos de belezas naturais?
- A natureza se traduz, pelas belezas da imensidade, que não são menos admiráveis do que as que chamais belezas naturais.
- Sendo transitório o estado desses mundos, a Terra terá um dia de estar entre eles?
- Já esteve.
- Em que época?
- Durante a sua formação.

> Nada existe de inútil na natureza, cada coisa tem a sua finalidade, a sua destinação, nada é vazio, tudo é habitado, a vida se expande por toda parte. Assim, durante a longa série de séculos que se escoou antes da aparição do homem sobre a Terra, durante os lentos períodos de transição atestados pelas camadas geológicas, antes mesmo da formação dos primeiros seres orgânicos, sobre essa massa informe, nesse árido caos em que os elementos se confundiam, não havia ausência de vida.

Seres que não tinham as nossas necessidades, nem as nossas sensações físicas, ali encontravam refúgio. Deus quis que, mesmo nesse estado imperfeito, ela servisse pra alguma coisa. Quem, pois, ousaria dizer que, entre os bilhões de mundos que circulam na imensidade, apenas um, e um dos menores, perdido na multidão, teve o privilégio exclusivo de ser povoado? Qual seria a utilidade dos outros?

Deus só os teria feito pra recrear os nossos olhos? Suposição absurda, incompatível com a sabedoria que brilha em todas as suas obras, inadmissíveis quando se pensa em todas as que não podemos perceber. Ninguém poderá negar que há, nesta ideia dos mundos ainda impróprios pra vida material, e, entretanto, povoados de seres apropriados ao seu estado, alguma coisa de grande e sublime, onde talvez se encontre a solução de mais dum problema.

3 - Percepções, sensações e sofrimentos dos espíritos.

237 - A alma, uma vez no mundo dos espíritos, tem ainda as percepções que tinha nesta vida?
- Sim, e outras que não possuía, porque o seu corpo era como um véu que a obscurecia. A inteligência é um atributo do espírito, mas se manifesta mais livremente quando não tem entraves.

238 - As percepções e os conhecimentos dos espíritos são ilimitados? Sabem eles todas as coisas?
- Quanto mais se aproximam da perfeição, mais sabem, se são superiores, sabem muito. Os espíritos inferiores são mais ou menos ignorantes em todos os assuntos.

239 - Os espíritos conhecem o princípio das coisas?
- Conforme a sua elevação e a sua pureza. Os espíritos inferiores não sabem mais do que os homens.

240 - Os espíritos compreendem a duração como nós?
- Não, e isso faz que não nos compreendamos sempre quando se trata de fixar datas ou épocas.

> Os espíritos vivem fora do tempo, tal como o compreendemos, a duração, pra eles, praticamente não existe, e os séculos, tão longos pra nós, são aos seus olhos apenas instantes que desaparecem na eternidade, da mesma maneira que as desigualdades do solo se apagam e desaparecem, pra aquele que se eleva no espaço.

241 - Os espíritos fazem do presente uma ideia mais precisa e mais justa do que nós?
- Mais ou menos como aquele que vê claramente tem uma ideia mais justa das coisas do que o cego. Os espíritos veem o que não vedes, e julgam diferente de vós, mas ainda uma vez, isso depende da sua elevação.

242 - Como têm os espíritos o conhecimento do passado? Esse conhecimento é pra eles ilimitado?
- O passado, quando dele nos ocupamos, é um presente, precisamente como te lembras duma coisa que te impressionou durante o teu exílio. Entretanto, como não temos mais o véu material que obscurece a tua inteligência, lembramo-nos das coisas que desapareceram pra ti, mas nem tudo os espíritos conhecem, a começar pela sua própria criação.

243 - Os espíritos conhecem o futuro?
- Depende, ainda, da sua perfeição. Quase sempre, nada mais fazem do que entrevê-lo, mas nem sempre têm a permissão de revelá-lo. Quando o veem, ele lhes parece presente. O espírito vê o futuro mais claramente à medida que se aproxima de Deus. Depois da morte, a alma vê e abarca de relance as suas migrações passadas, mas não pode ver o que Deus lhe prepara. Pra isso, é necessário que esteja integrada nele, depois de muitas existências.
- Os espíritos chegados à perfeição absoluta têm completo conhecimento do futuro?
- Completo não é o termo, porque Deus é o único e soberano senhor e ninguém o pode igualar.

244 - Os espíritos veem a Deus?
- Somente os espíritos superiores o veem e compreendem, os espíritos inferiores o sentem e adivinham.
- Quando um espírito inferior diz que Deus lhe proíbe ou permite uma coisa, como sabe que a ordem vem de Deus?
- Ele não vê a Deus, mas sente a sua soberania, e quando uma coisa não deve ser feita ou uma palavra não deve ser dita, recebe uma intuição, uma advertência invisível, que o inibe de fazê-lo. Vós mesmos tendes pressentimentos que são pra vós como advertências secretas, pra fazerdes ou não alguma coisa. O mesmo acontece conosco, mas em grau superior, pois compreendes que, sendo mais sutil do que a vossa a essência dos espíritos, eles podem receber mais facilmente as advertências divinas.
- Quando um espírito inferior diz que Deus lhe proíbe ou permite uma coisa, como sabe que a ordem vem de Deus?
- Ele não vê a Deus, mas sente a sua soberania, e quando uma coisa não deve ser feita ou uma palavra não deve ser dita, recebe uma intuição, uma advertência invisível, que o inibe de fazê-lo. Vós mesmos tendes pressentimentos que são pra vós como advertências secretas, pra fazerdes ou não alguma coisa. O mesmo acontece conosco, mas em grau superior, pois compreendes que, sendo mais sutil do que a vossa a essência dos espíritos, eles podem receber mais facilmente as advertências divinas.
- A ordem é transmitida diretamente por Deus ou por intermédio de outros espíritos?
- Não vem diretamente de Deus, pois pra se comunicar com ele é preciso merecê-lo. Deus transmite as suas ordens pelos espíritos que estão mais elevados em perfeição e instrução.

245 - A vista dos espíritos é circunscrita, como nos seres corpóreos?
- Não, é uma faculdade geral.

246 - Os espíritos precisam de luz pra ver?
- Veem pela luz própria, sem necessidade de luz exterior. Pra eles não há trevas, a não ser aquelas em que podem encontrar-se por expiação.

247 - Os espíritos precisam transportar-se, pra ver em dois lugares diferentes? Podem ver ao mesmo tempo num e noutro hemisfério do globo?
- Como o espírito se transporta com a rapidez do pensamento, podemos dizer que vê por toda parte de uma só vez. Seu pensamento pode irradiai dirigir-se pra muitos pontos ao mesmo tempo, mas essa faculdade depende da sua pureza, quanto menos puro ele for, mais limitada é a sua vista, somente os espíritos superiores podem ter visão de conjunto.

> A faculdade de ver dos espíritos, inerente à sua natureza, difunde-se por todo seu ser, como a luz num corpo luminoso. É uma espécie de lucidez universal, que estende a tudo, envolve simultaneamente o espaço, o tempo e as coisas e par, qual não há trevas nem obstáculos materiais. Compreende-se que assim deve, pois no homem a vista funciona através de um órgão que recebe a luz, e sem luz fica na obscuridade. Nos espíritos, a faculdade de ver é um atributo próprio, que independe de qualquer agente exterior. A vista não precisa da luz.

248 - O espírito vê as coisas distintamente como nós?
- Mais distintamente, porque a sua vista penetra o que a vossa não pode penetrar, nada a obscurece.

249 - O espírito percebe os sons?
- Sim, e percebe até mesmo os que os vossos sentidos obtusos não podem perceber.
- A faculdade de ouvir, como a de ver, está em todo o seu ser?
- Todas as percepções são atributos do espírito e fazem parte do seu ser. Quando ele se reveste de corpo material, elas se manifestam pelos meios orgânicos, mas, no estado de liberdade, não estão mais localizadas.

250 - Sendo as percepções atributos do próprio espírito, ele pode deixar de usá-las?
- O espírito só vê e ouve o que ele quiser. Isto duma maneira geral, e, sobretudo pros espíritos elevados. Os imperfeitos ouvem e veem frequentemente, queiram ou não, aquilo que pode ser útil ao seu melhoramento.

251 - Os espíritos são sensíveis à música?
- Trata-se da vossa música? O que é ela perante a música celeste, essa harmonia da qual ninguém na Terra pode ter ideia? Uma é pra outra o que o canto do selvagem é pra suave melodia. Não obstante, os espíritos vulgares podem provar um certo prazer ao ouvir a vossa música, porque não estão ainda capazes de compreender outra mais sublime. A música tem, pros espíritos, encantos infinitos, em razão de suas qualidades sensitivas muito desenvolvidas. Refiro-me à música celeste, que é tudo quanto a imaginar espiritual pode conceber de mais belo e mais suave.

252 - Os espíritos são sensíveis às belezas naturais?
- As belezas naturais dos vários globos são tão diversas que estamos longe de conhecê-las. Sim, são sensíveis a elas segundo as suas aptidões pra apreciá-las e compreender. Pros espíritos elevados, há belezas de conjunto diante das quais se apagam, por assim dizer, as belezas dos detalhes.

253 - Os espíritos experimentam as nossas necessidades e os nossos sofrimentos físicos?
- Eles os conhecem, porque os sofreram, mas não os experimentam como vós, porque são espíritos.

254 - Os espíritos sentem fadiga e necessidade de repouso?
- Não podem sentir a fadiga como a entendeis, e, portanto não necessitam do repouso corporal, pois não possuem órgãos em que as forças tenham de ser restauradas, mas o espírito repousa, no sentido de não permanecer numa atividade constante. Ele não age de maneira material porque a sua ação é toda intelectual e o seu repouso é todo moral. Há momentos em que o seu pensamento diminui de atividade e não se dirige a um objetivo determinado, este é um verdadeiro repouso, mas não se pode compará-lo ao do corpo. A espécie de fadiga que os espíritos podem provar esta na razão da sua inferioridade, pois quanto mais se elevam, de menos repouso necessitam.

255 - Quando um espírito diz que sofre, de que natureza é o seu sofrimento?
- Angústias morais, que o torturam mais dolorosamente que os sofrimentos físicos.

256 - Como alguns espíritos se queixam de frio ou calor?
- Lembrança do que sofreram durante a vida e algumas vezes tão penosa como a própria realidade. Frequentemente, é uma comparação que fazem, pra exprimirem a sua situação. Quando se lembram do corpo, experimentam uma espécie de impressão, como quando se tira uma capa e algum tempo depois ainda se pensa estar com ela.

4 - Ensaio teórico sobre a sensação nos espíritos.
257 - O corpo é o instrumento da dor, se não é a sua causa primeira é pelo menos a imediata. A alma tem a percepção dessa dor, essa percepção e o efeito. A lembrança que dela conserva pode ser muito penosa, mas não pode implicar ação física. Com efeito, o frio e o calor não podem desorganizar os tecidos da alma, a alma não pode regelar-se nem queimar. Não vemos todos os dias, a lembrança ou a preocupação de um mal físico produzir os seus efeitos? E até mesmo ocasionar a morte? Todos sabem que as pessoas que sofreram amputações sentem dor no membro que não mais existe. Seguramente não é esse membro a sede nem o ponto de partida da dor, o cérebro a impressão, eis tudo.
Podemos, portanto, supor que há qualquer semelhante nos sofrimentos dos espíritos depois da morte. Um estudo mais aprofundado do perispírito, que desempenha papel tão importante os fenômenos espíritas, nas aparições vaporosas ou tangíveis, no estado do espírito no momento da morte, na idéia tão frequente de que ainda está vivo na situação

surpreendente dos suicidas, dos supliciados, dos que se absorveram nos prazeres materiais, e tantos outros fatos, veio lançar luz sobre esta questão, dando lugar às explicações de que apresentamos um resumo.

O perispírito é o liame que une o espírito à matéria do corpo, é tomado do meio ambiente, do fluido universal, contém ao mesmo tempo eletricidade, fluido magnético, e até um certo ponto, a própria matéria inerte. Poderíamos dizer que é a quintessência da matéria. É o princípio da vida orgânica, mas não o da vida intelectual, porque esta pertence ao espírito.

É também o agente das sensações externas. No corpo, estas sensações se localizam nos órgãos que lhes servem de canais. Destruído o corpo, as sensações se tornam generalizadas. Eis porque o espírito não diz que sofre mais da cabeça do que dos pés. É necessário, aliás, nos precavermos de confundir as sensações do perispírito independente com as do corpo, não podemos tomar essa última senão como termo de comparação, e não como analogia.

Liberto do corpo, o espírito pode sofrer, mas esse sofrimento não é o mesmo do corpo, não obstante, não é também um sofrimento exclusivamente moral, como o remorso, pois ele se queixa de frio e de calor, mas não sofre mais no inverno do que no verão, vimo-los passar através das chamas sem nada experimentar de penoso, o que mostra que a temperatura não exerce sobre eles nenhuma impressão.

A dor que sentem não é a dor física propriamente dita: é um vago sentimento interior, de que o próprio espírito nem sempre tem perfeita consciência, porque a dor não está localizada e não é produzida por agentes exteriores. É antes uma lembrança, também penosa. Algumas vezes, há mais que uma lembrança como veremos. A experiência nos ensina que, no momento da morte, o perispírito se desprende mais ou menos lentamente do corpo. Nos primeiros instantes, o espírito não compreende a sua situação, não acredita que morreu, sente-se vivo, vê o seu corpo de lado, sabe que é o seu e não entende por que está separado. Esse estado dura o tempo em que existir um liame entre o corpo e o perispírito. Um suicida nos dizia: - *Não, eu não estou morto e, entretanto, sinto os vermes que me roem.*

Ora, seguramente, os vermes não roíam o perispírito e menos ainda o espírito, mas o corpo. Como a separação do corpo e do perispírito não estava completa, havia uma espécie de repercussão moral, que lhe transmitia a sensação do que se passava no corpo. Repercussão não é bem o termo, pois poderia dar ideia de um efeito muito material. Era antes a visão do que se passava no corpo, ao qual o perispírito continuava ligado, que produzia essa ilusão tomada como real. Assim, não se tratava de uma lembrança, pois durante a vida ele fora roído pelos vermes: era uma sensação atual.

Vemos, pois, as deduções que podemos tirar dos fatos quando atentamente observados. Durante a vida, o corpo recebe as impressões e as transmite ao espírito, por intermédio do perispírito, que constitui, provavelmente, o que se costuma chamar de fluido nervoso. O corpo, estando morto, não sente mais nada, porque não possui espírito nem perispírito. O espírito, desligado do corpo, experimenta a sensação, mas como esta não lhe chega por um canal limitado, torna-se geral. Como o perispírito é apenas um agente de transmissão, pois é o espírito que possui a consciência, deduz-se que, se pudesse existir perispírito sem espírito, ele não sentiria mais do que um corpo morto.

Da mesma maneira, se um espírito não tivesse perispírito, seria inacessível a todas as sensações penosas, é o que acontece com os espíritos completamente purificados. Sabemos que, quanto mais o espírito se purifica, mais eterizada se torna a essência do perispírito, de maneira que a influência material diminui à medida que o espírito progride, ou seja, à medida que o perispírito se torna menos grosseiro. Mas, se dirá, as sensações agradáveis são transmitidas ao espírito pelo perispírito, tanto quanto as desagradáveis. Ora, se o espírito puro é inacessível a umas, deve sê-lo igualmente às outras.

Sim, sem dúvida, àquelas que provêm unicamente da influência da matéria que conhecemos, o som dos nossos instrumentos, o perfume das nossas flores não lhe produzem nenhuma impressão, e, não obstante, eles gozam de sensações íntimas, de um encanto indefinível, das quais não podemos fazer a mínima ideia, porque estamos pra elas como os cegos de nascença pra luz. Sabemos que elas existem, mas de que maneira? Aí se detém o nosso conhecimento. Sabemos que o espírito tem percepção, sensação, audição, visão, que essas faculdades são atributos de todo o seu ser, e não apenas de certos órgãos, como nos homens, mas ainda uma vez de que forma?

Isso é o que não sabemos. Os próprios espíritos não podem explicar-nos porque a nossa linguagem não foi feita pra exprimir ideias que não possuímos, assim como, na língua dos selvagens, não há termos pra expressão de nossas artes, nossas ciências e nossas doutrinas filosóficas. Ao dizer que os espíritos são inacessíveis às impressões da nossa matéria, queremos falar dos espíritos mais elevados, cujo envoltório eterizado não encontra termos de comparação na Terra. Não se dá o mesmo com aquele cujo perispírito é mais denso, pois ele percebe os nossos sons e sente os nossos odores, mas não por uma parte determinada do seu organismo, como quando vivo.

Poderíamos dizer que as vibrações moleculares se fazem sentir em todo o seu ser chegando, assim, ao 'sensorium commune', que e o próprio espírito, mas de maneira diversa, produzindo talvez uma impressão diferente que carreta uma modificação na percepção. Eles ouvem o som da voz, e, no entanto nos compreendem sem a necessidade da palavra, pela simples transmissão do pensamento, o que é demonstrado pelo fato de ser essa penetração mais fácil pro espírito desmaterializado. A faculdade de ver é um atributo essencial da alma, pra qual não há obscuridade, e apresenta-se mais ampla e penetrante entre os que estão mais purificados.

A alma ou o espírito tem, portanto, em si mesma a faculdade de todas as percepções. Na vida corpórea, elas são obliteradas pela grosseria dos nossos órgãos na vida extracorpórea libertam-se mais e mais, à medida que se torna menos denso o envoltório semimaterial. Tomado do meio ambiente, esse envoltório varia segundo a natureza dos mundos. Ao passar dum mundo pra outro, os espíritos mudam de envoltório, como mudamos de roupa ao passar do inverno ao verão, ou do polo ao equador.

Os espíritos mais elevados, quando vêm visitar-nos,revestem o perispírito terrestre, e então as suas percepções se assemelham as dos espíritos vulgares, mas todos eles, inferiores ou superiores, não ouvem e não sentem senão o que querem ouvir e sentir. Como não possuem órgãos sensoriais, podem tornar vontade as suas percepções ativas ou nulas, havendo apenas uma coisa que são forçados a ouvir, os conselhos dos bons espíritos. A vista é sempre ativa, mas eles podem tornar-se invisíveis uns pros outros. Conforme a classe a que pertençam, podem ocultar-se dos que lhes são inferiores, mas não dos superiores.

Nos primeiros momentos após a morte, a vista do espírito é sempre turva e confusa, esclarecendo-se na proporção em que ele se liberta e podendo adquirir a mesma clareza que tinha durante a vida, além da possibilidade de penetrar nos corpos opacos. Quanto à sua extensão através do espaço infinito, no passado e no futuro, depende do grau de pureza e elevação do espírito. Toda esta teoria, dir-se-á, não é muito tranquilizadora. Pensávamos que, uma vez desembaraçados do nosso envoltório grosseiro, instrumento de nossas dores, não sofreríamos mais, e nos ensinais que sofreremos ainda, pois podemos ainda sofrer, e muito, durante longo tempo, mas podemos também não sofrer mais, desde o instante em que deixamos esta vida corpórea.

Os sofrimentos deste mundo decorrem, às vezes, de nossa própria vontade. Remontando à origem, veremos que a maioria são consequência de causas que poderíamos ter evitado. Quantos males, quantas enfermidades o homem deve apenas aos seus excessos, à sua ambição, às suas paixões, enfim? O homem que tivesse vivido sempre sobriamente, que não houvesse abusado de nada, que tivesse sido sempre de gostos simples e desejos modestos, se pouparia de muitas tribulações. O mesmo acontece ao espírito, os sofrimentos que ele enfrenta são sempre consequência da maneira por que viveu na terra. Não terá, sem dúvida, a gota e o reumatismo, mas terá outros sofrimentos que não serão menores. Já vimos que esses sofrimentos são o resultado dos laços que ainda existem entre o espírito e a matéria. Que quanto mais ele estiver desligado da influência da matéria, quanto mais desmaterializado, menos sensações penosas ele sofrerá. Depende de ele afastar-se dessa influência, desde esta vida, pois tem o livre-arbítrio e, por conseguinte a faculdade de escolha entre o fazer e o não fazer.

Que dome as suas paixões animais, que não tenha ódio, nem inveja, nem ciúme, nem orgulho, que não se deixe dominar pelo egoísmo, que purifique sua alma, pelos bons sentimentos, que pratique o bem, que não dê às coisas deste mundo senão a importância que elas merecem, e, então, mesmo sob o seu envoltório corpóreo, já se terá purificado, desprendido da matéria, e quando o deixar, não sofrerá mais a sua influência. Os sofrimentos físicos por que tiver passado não lhe deixarão nenhuma lembrança penosa, não lhe restará nenhuma impressão desagradável, porque estas não afetaram o espírito, mas apenas o corpo, sentir-se-á feliz por se ter libertado, e a tranquilidade de sua consciência o afastará de todo sofrimento moral.

Interpelamos sobre o assunto milhares de espíritos, pertencentes a todas as classes sociais, a todas as posições. Estudamo-los em todos os períodos da vida espírita, desde o instante em que deixaram o corpo. Seguimo-los passo a passo na vida de além-túmulo, pra observar as modificações que neles se operavam, nas suas ideias, nas suas sensações, e a esse respeito os homens vulgares não foram os que nos forneceram menos preciosos elementos de estudo. Vimos sempre que os sofrimentos estão em relação com a conduta, da qual sofrem as consequências, e que essa nova existência é uma fonte de felicidade inefável pra aqueles que tomaram o bom caminho. De onde se segue que os que sofrem é porque assim quiseram, e só devem se queixar de si mesmos, tanto no outro mundo quanto neste.

5 - A escolha das provas.

258 - No estado errante, antes de nova existência corpórea, o espírito tem consciência e previsão do que lhe vai acontecer durante a vida?

- Ele mesmo escolhe o gênero de provas que deseja sofrer, nisto consiste o seu livre-arbítrio.

- Não é Deus quem lhe impõe as tribulações da vida, como castigo?

- Nada acontece sem a permissão de Deus, porque foi ele quem estabeleceu todas as leis que regem o Universo. Perguntareis agora por que ele fez tal lei em vez de tal outra. Dando ao espírito a liberdade de escolha, deixa-lhe toda a responsabilidade dos seus atos e das suas consequências, nada lhe estorva o futuro, o caminho do bem está à sua frente, como o do mal. Mas se sucumbir, ainda lhe resta uma consolação, a de que nem tudo se acabou pra ele, pois Deus, na sua bondade, permite-lhe recomeçar o que foi malfeito. É necessário distinguir o que é obra da vontade de Deus e o que é da vontade do homem. Se um perigo vos ameaça, não fostes vós que o criastes, mas Deus, tivestes, porém, a vontade de vos expordes a ele, porque o considerastes um meio de adiantamento e Deus o permitiu.

259 - Se o espírito escolhe o gênero de provas que deve sofrer, todas as tribulações da vida foram previstas e escolhidas por nós?

- Todas, não, pois não se pode dizer que tu escolheste e previu tudo o que vos acontece no mundo, até as menores coisas. Escolhestes o gênero de provas, os detalhes são consequências da posição escolhida, e frequentemente de vossas próprias ações. Se o espírito quis nascer entre malfeitores, por exemplo, ele já sabia a que deslizes se expunha, mas não conhecia cada um dos atos que praticaria, esses atos são produtos de sua vontade ou do seu livre-arbítrio.

O espírito sabe que, escolhendo esse caminho, terá de passar por esse gênero de lutas e sabe de que natureza são as vicissitudes que irá encontrar, mas não sabe quais os acontecimentos que o aguardam. Os detalhes nascem das circunstâncias e da força das coisas. Só os grandes acontecimentos, aqueles que influem no destino, estão previstos. Se tu tomas um caminho cheio de desvios, sabes que deves ter muitas precauções, porque corres o perigo de cair, mas não sabes quando cairás, e pode ser que nem caias, se fores bastante prudente. Se ao passar pela rua, uma telha te cair na cabeça, não penses que estava escrito, como vulgarmente se diz.

260 - Como o espírito pode querer nascer entre gente de má vida?
- E necessário ser enviado ao meio em que possa sofrer a prova pedida. Pois bem, o semelhante atrai o semelhante, e pra lutar contra o instinto do bandido é preciso que ele se encontre entre gente dessa espécie.
- Se não houvesse gente de má vida na Terra, o espírito não poderia encontrar nela o meio necessário a certas provas?
- E deveríamos lamentar isso? É o que acontece nos mundos superiores, onde o mal não tem acesso. É por isso que neles só existem bons espíritos. Fazei que o mesmo aconteça, bem logo, em vossa Terra.

261 - O espírito, nas provas que deve sofrer pra chegar à perfeição, terá de experimentar todos os gêneros de tentações? Deverá passar por todas as circunstâncias que possam provocar-lhe o orgulho, o ciúme, a avareza, a sensualidade, etc.?
- Certamente, não, pois sabeis que há os que tomam desde o princípio um caminho que os afasta de muitas provas, mas aquele que se deixa levar pelo mau caminho, corre todos os perigos do mesmo. Um espírito pode pedir a riqueza e esta lhe será dada, então, segundo o seu caráter, poderá tornar-se avarento ou pródigo, egoísta ou generoso, ou ainda entregar-se a todos os prazeres da sensualidade, mas isso não quer dizer que ele devia passar forçosamente por todas essas tendências.

262 - Como pode o espírito que, em sua origem, é simples, ignorante e sem experiência escolher uma existência com conhecimento de causa e ser responsável pela sua escolha?
- Deus supre a sua inexperiência, traçando-lhe o caminho que deve seguir, como fazes com uma criança desde o berço, mas deixa-lhe pouco a pouco a liberdade de escolher, à medida que o seu livre-arbítrio se desenvolve, e então que ele muitas vezes se extravia, tomando o mau caminho, por não ouvir os conselhos dos bons espíritos. É a isso que podemos chamar a queda do homem.
- Quando o espírito goza do seu livre-arbítrio, a escolha da existência corpórea depende sempre exclusivamente da sua vontade ou essa existência pode lhe ser imposta pela vontade de Deus, como expiação?
- Deus sabe esperar, não precipita a expiação, entretanto, pode impor certa existência a um espírito, quando este, por sua inferioridade ou má vontade, não está apto a compreender o que lhe seria mais proveitoso, e quando vê que essa existência pode servir pra sua purificação, o seu adiantamento e ao mesmo tempo servir-lhe de expiação.

263 - O espírito faz a escolha imediatamente após a morte?
- Não, pois muitos creem na eternidade das penas e, como já vos foi dito, isso é um castigo.

264 - O que orienta o espírito na escolha das provas?
- Ele escolhe as que podem servir de expiação, segundo a natureza de suas faltas, e fazê-lo adiantar mais rapidamente. Uns podem impor-se uma vida de misérias e provações pra tentar suportá-la com coragem outros querem experimentar as tentações da fortuna e do poder, bem mais perigosas pelo abuso e o mau emprego que se lhes pode dar e pelas más paixões que desenvolvem, outros, enfim, querem ser provados nas lutas que terão de sustentar no contato com o vício.

265 - Se alguns dos espíritos escolhem o contato com o vício como prova, há os que o escolhem por simpatia e pelo desejo de viver num meio adequado aos seus gostos, ou pra poderem entregar-se livremente às suas inclinações materiais?
- Há, por certo, mas só entre aqueles cujo senso moral é ainda pouco desenvolvido, a prova decorre disso, e eles a sofrem por tempo mais longo. Cedo ou tarde, eles compreenderão que a satisfação das paixões brutais tem pra eles consequências deploráveis, que terão de sofrer durante um tempo que lhes parecerá eterno. Deus poderá deixá-los nesse estado até que eles tenham compreendido suas faltas, pedindo por si mesmos o meio de resgatá-las em provas proveitosas.

266 - Não parece natural que os espíritos escolham as provas menos penosas?
- Pra vós, sim, pro espírito, não. Quando ele está liberto da matéria, cessa a ilusão e a sua maneira de pensar é diferente.

> O homem, submetido na Terra à influência das ideias carnais, só vê nas suas provas o lado penoso. É por isso que lhe parece natural escolher as que, do seu ponto de vista, podem subsistir com os prazeres materiais, mas na vida espiritual ele compara os prazeres fugitivos e grosseiros com a felicidade inalterável que entrevê, e então, que lhe importam alguns sofrimentos passageiros? O espírito pode escolher a prova mais rude, e em consequência a existência mais penosa, com a esperança de chegar mais depressa a um estado melhor, como o doente escolhe muitas vezes o remédio mais desagradável, pra se curar mais rapidamente.

Aquele que deseja ligar o seu nome à descoberta dum país desconhecido, não escolhe um caminho coberto de flores, pois sabe os perigos que corre, mas sabe também a glória que o espera, se for feliz. A doutrina da liberdade de escolha das nossas existências e das provas que devemos sofrer deixa de parecer extraordinária, quando se considera que os espíritos, libertos da matéria, apreciam as coisas de maneira diferente da nossa. Eles anteveem o fim, e esse fim lhes parece muito mais importante que os prazeres fugidios do mundo.

Depois de cada existência, veem o progresso que fizeram e compreendem quanto ainda lhes falta em pureza, pra atingirem-no. Eis porque se submetem voluntariamente a todas as vicissitudes da vida corpórea, pedindo eles mesmos aquelas que podem fazê-los chegar mais depressa. Não há, pois, motivo ara nos admirarmos de que o espírito não dê preferência à existência mais suave. No seu estado de imperfeição, ele não pode desfrutar a vida sem amarguras, que apenas entrevê, e é pra atingi-la que procura melhorar-se. Não vemos diariamente exemplos de coisas parecidas? O homem que trabalha uma parte de sua vida, sem tréguas nem descanso, a fim de ajuntar o necessário pro seu bem-estar. Não desempenha uma tarefa que se impôs, com vistas a um futuro melhor?

O militar que se oferece pra uma missão perigosa, o viajante que não enfrenta menores perigos, no interesse da Ciência ou de sua própria fortuna, não se submete a provas voluntárias, que devem proporcionar-lhes honra e proveito, se as vencerem? A que o homem não se submete e não se expõe, pelo seu interesse ou pela sua glória? Todos os concursos não são provas voluntárias pra melhorar na carreira escolhida? Não se chega a nenhuma posição social de elevada importância, nas ciências, nas artes, na indústria, sem passar pela série de posições inferiores, que são outras tantas provas.

A vida humana é, assim, o decalque da vida espiritual. Nela encontramos, em menor escala, todas as peripécias daquela. Se na vida terrena escolhemos muitas vezes as provas mais difíceis, com vistas a um fim mais elevado, por que o espírito, que vê mais longe, e pra quem a vida do corpo é apenas um incidente fugaz, não escolherá uma existência penosa e laboriosa, se ela o deve conduzir a uma felicidade eterna? Aqueles que dizem que, se pudessem escolher a sua existência, teriam pedido o de príncipes ou milionários, são como os míopes que não veem o que tocam, ou como as crianças gulosas, que respondem, quando perguntamos que profissão eles preferem, pasteleiros ou confeiteiros.

Da mesma maneira, o viajante, no fundo dum vale nevoento, não vê a extensão nem os pontos extremos da sua rota, mas, chegando ao cume da montanha, seu olhar abrange o caminho percorrido e o que falta percorrer, vê o final de sua viagem, os obstáculos que ainda tem de vencer, e pode então escolher com mais segurança os meios de atingi-lo. O espírito encarnado é como o viajante no fundo do vale, desembaraçado dos liames terrestres, é como o que atingiu o cume. Pro viajante, o fim é o repouso após a fadiga, pro espírito, é a felicidade suprema, como as tribulações e as provas.

Todos os espíritos dizem que, no estado errante, buscam, estudam, observam, pra fazerem suas escolhas. Não temos um exemplo disso na vida corpórea? Não buscamos muitas vezes, através dos anos, a carreira que livremente acabamos por escolher, porque a achamos a mais apropriada aos nossos objetivos? Se nós fracassamos numa, procuramos outra. Cada carreira que abraçamos é uma fase, um período da vida. Não empregamos cada dia em escolher o que faremos no outro? Ora, o que são as diferentes existências corpóreas pro espírito, senão fases, períodos, dias da sua vida espírita que, como sabemos, é a vida normal, não sendo a vida corpórea mais do que transitória, passageira?

267 - O espírito poderia fazer a sua escolha durante a vida corporal?

- Seu desejo pode ter influência. Isso depende da intenção, mas no estado de espírito, frequentemente vê as coisas de maneira diferente. É o espírito quem faz a escolha, mas ainda assim, ele pode fazê-la nesta vida material, porque o espírito tem sempre os momentos em que se liberta da matéria.

- Muitas pessoas desejam grandezas e riquezas, mas não o será, por certo, como expiação nem como prova?

- Sem dúvida, a matéria deseja essa grandeza, pra gozá-la, e o espírito a deseja, pra conhecer-lhe as vicissitudes.

268 - Até que chegue ao estado de perfeita pureza, o espírito tem de passar constantemente por provas?

- Sim, mas elas não são como as entendeis. Chamais provas às tribulações materiais, ora, o espírito, chegando a um certo grau, mesmo sem ser perfeito, não tem mais nada a sofrer, mas tem sempre deveres que o ajudam a se aperfeiçoar, e que não são penosas pra ele, a não ser os de ajudar os outros a se aperfeiçoarem.

269 - O espírito pode enganar-se, quanto à eficácia da prova que escolher?

- Pode escolher uma que esteja acima de suas forças e então sucumbe. Pode também escolher uma que não lhe dê proveito algum, como um gênero de vida ocioso e inútil, mas nesse caso, voltando ao mundo dos espíritos, percebe que nada ganhou e pede pra recuperar o tempo perdido.

270 - Ao que se devem as vocações de certas pessoas e sua vontade de seguir uma carreira em vez de outra?

- Parece-me que podeis responder por vós mesmos a esta questão. Não é a consequência de tudo o que dissemos sobre a escolha das provas sobre o progresso realizado numa existência anterior?

271 - Quando o espírito estuda, na erraticidade, as diversas condições em que poderá progredir, como julga poder fazê-lo, se nascer entre canibais?
- Não são os espíritos já adiantados que nascem entre os canibais, mas os espíritos da mesma natureza dos canibais ou que lhes são inferiores.

> Sabemos que os nossos antropófagos não estão no último grau da escala, e que há mundos onde o embrutecimento e a ferocidade ultrapassam tudo o que existe na Terra. Esses espíritos são, portanto, ainda inferiores aos mais inferiores do nosso mundo, e vir pro meio dos nossos selvagens é pra eles um progresso, como seria um progresso pros nossos antropófagos exercer entre nós uma profissão que não os obrigasse a derramar sangue.
Se eles não visam o mais alto, é porque a sua inferioridade moral não lhes permite compreender um progresso mais completo. O espírito não pode avançar senão gradualmente, não pode transpor dum salto a distância que separa a barbárie da civilização, e está nisso uma necessidade da reencarnação que se mostra verdadeiramente de acordo com a justiça de Deus. Doutra maneira, em que se transformariam esses milhões de seres que morrem diariamente no último estado de degradação, se não tivessem meios de se elevar? Por que Deus os teria deserdado dos favores concedidos aos demais?

272 - Os espíritos procedentes dum mundo inferior a Terra, ou dum povo muito atrasado, como os canibais, poderiam nascer entre os povos civilizados?
- Sim, há os que se extraviam ao quererem subir muito alto, mas ficam deslocados entre vós, porque têm hábitos e instintos que se chocam com os vossos.

> Esses seres nos dão o triste espetáculo da ferocidade em meio da civilização. Retornando pro meio dos canibais, isso não será um retrocesso, pois não farão mais do que retomar o seu lugar e talvez ainda com proveito.

273 - Um homem pertencente a uma raça civilizada poderia, por expiação, reencarnar-se num raça selvagem?
- Sim, mas isso depende do gênero da expiação. Um senhor que tenha sido duro pros seus escravos poderá tornar-se escravo e sofrer os maus tratos que infligiu a outrem. Aquele que mandou numa época, pode, em outra existência, obedecer aos que se curvaram ante a sua vontade. É uma expiação, se ele abusou do poder, e Deus pode determiná-la. Um bom espírito pode, pra fazê-los avançar, escolher uma vida de influência entre esses povos, então se trata de uma missão.

6 - Relações de além-túmulo.
274 - As diferentes ordens de espíritos estabelecem entre elas uma hierarquia de poderes e há entre eles subordinação e autoridade?
- Sim, muito grande. Os espíritos têm, uns sobre os outros, a autoridade relativa à sua superioridade e a exercem por meio de uma ascendência moral irresistível.
- E os espíritos inferiores podem subtrair-se à autoridade dos superiores?
- Eu disse, irresistível.

275 - O poder e a consideração de que um homem goza na Terra dão-lhe alguma supremacia no mundo dos espíritos?
- Não, pois os pequenos serão elevados e os grandes, rebaixados.
- Como devemos entender essa elevação e esse rebaixamento?
- Não sabes que os espíritos são de diferentes ordens, segundo os seus méritos? Pois bem, o maior na Terra pode estar na última classe entre os espíritos, enquanto o seu servidor estará na primeira. Compreendeis isso? Jesus não disse:
- *Quem se humilhar, será exaltado e quem se exaltar será humilhado?*

276 - Aquele que foi grande na Terra e se encontra inferior entre os espíritos sente humilhação?
- Quase sempre muito grande, sobretudo se era orgulhoso e invejoso.

277 - O soldado que, após a batalha, encontra o seu general no mundo dos espíritos, reconhece-o ainda como seu superior?
- O título não é nada, a superioridade real é tudo.

278 - Os espíritos de diferentes ordens estão misturados?
- Sim e não, quer dizer, eles se veem, mas se distinguem uns dos outros. Afastam-se ou se aproximam segundo a semelhança ou divergência de seus sentimentos, como acontece entre vós, e todo um mundo, do qual o vosso é o reflexo

obscuro. Os da mesma ordem se reúnem por uma espécie de afinidade, e formam grupos ou famílias de espíritos unidos pela simpatia e pelos propósitos, os bons, pelo desejo de fazer o bem, os maus, pelo desejo de fazer o mal, pela vergonha de suas faltas e pela necessidade de se encontrarem entre os seres semelhantes a eles.

> Igual a uma grande cidade, onde os homens de todas as classes e de todas as condições se veem e se encontram, sem se confundirem, onde as sociedades se formam pela similitude de gostos, onde o vício e a virtude se acotovelam, sem se falarem.

279 - Todos os espíritos têm acesso, reciprocamente, uns junto aos outros?
- Os bons vão por toda parte e é necessário que assim seja, pra que possam exercer a sua influência sobre os maus. Mas as regiões habitadas pelos bons são interditadas aos imperfeitos, afim de que não levem a elas o distúrbio das más paixões.

280 - Qual é a natureza das relações entre os bons e os maus espíritos?
- Os bons procuram combater as más tendências dos outros, a fim de ajudá-los a subir, é uma missão.

281 - Por que os espíritos inferiores se comprazem em nos levar ao mal?
- Pelo despeito de não terem merecido estar entre os bons. Seu desejo é o de impedir, tanto quanto puderem, que os espíritos ainda inexperientes atinjam o bem supremo. Querem fazer os outros provarem aquilo que eles provam. Não vedes o mesmo entre vós?

282 - Como os espíritos se comunicam entre si?
- Eles se veem e se compreendem, a palavra é material, é o reflexo da faculdade espiritual. O fluido universal estabelece entre eles uma comunicação constante, é o veículo da transmissão do pensamento, como o ar é pra vós o veículo do som, uma espécie de telégrafo universal que liga todos os mundos, permitindo aos espíritos corresponderem-se dum mundo a outro.

283 - Os espíritos podem dissimular reciprocamente os seus pensamentos, podem esconder-se uns dos outros?
- Não, pra eles tudo permanece a descoberto, principalmente quando eles são perfeitos. Podem distanciar-se uns dos outros, mas sempre se veem. Esta não é uma regra absoluta porque certos espíritos podem muito bem tornarem-se invisíveis pra outros, se julgam útil fazê-lo.

284 - Como podem os espíritos, que não têm mais corpo, constatar a própria individualidade e distinguir-se dos outros que os rodeiam?
- Constatam a sua individualidade pelo perispírito, que os torna seres distintos uns pros outros, como os corpos entre os homens.

285 - Os espíritos se reconhecem por terem convivido na Terra? O filho reconhece o pai, o amigo, o seu amigo?
- Sim, e assim de geração a geração.
- Como se reconhecem no mundo dos espíritos os homens que se conheceram na Terra?
- Vemos a nossa vida passada e a lemos como num livro. Vendo o passado de nossos amigos e de nossos inimigos, vemos a sua passagem da vida pra morte.

286 - A alma, ao deixar os despojos mortais, vê imediatamente os parentes e amigos que a precederam no mundo dos espíritos?
- Nem sempre, pois, como já dissemos, é necessário algum tempo pra ele reconhecer o seu estado e sacudir o véu material.

287 - Como a alma é recebida na sua volta ao mundo dos espíritos?
- A do justo, como um irmão bem-amado e longamente esperado, a do mau, como um ser que se despega.

288 - Que sentimento os espíritos impuros experimentam a vista de outro mau espírito que chega?
- Os maus ficam satisfeitos de verem os seres à sua imagem e como eles privados da felicidade infinita, como acontece, na Terra, a um ladrão entre seus iguais.

289 - Nossos parentes e nossos amigos vêm, às vezes, ao nosso encontro, quando deixamos a Terra?
- Sim, vêm ao encontro da alma que estimam, felicitam-na como no regresso duma viagem, se ela escapou aos perigos do caminho, e a ajudam a se desprender dos liames corporais. E um favor concedido aos bons espíritos, quando os que os amam vêm ao seu encontro, enquanto os que estão manchados ficam no isolamento ou cercados somente de espíritos semelhantes a eles, é uma punição.

290 - Os parentes e os amigos se reúnem sempre após a morte?
- Isso depende de sua elevação e do caminho que seguem pro seu adiantamento. Se um deles está mais adiantado e marcha mais rápido que o outro, não poderão ficar juntos, poderão ver-se algumas vezes, mas não estarão sempre reunidos, a não ser quando possam marchar ombro a ombro, ou quando tiverem atingido a igualdade na perfeição, além disso, a privação de ver os parentes e amigos é às vezes uma punição.

7 - Relações simpáticas e antipáticas dos espíritos - Metades eternas.
291 - Além da simpatia geral, determinada pelas semelhanças, há afeições particulares entre os espíritos?
- Sim, como entre os homens, mas o liame que une os espíritos é mais forte na ausência do corpo, porque não está mais exposto às vicissitudes das paixões.

292 - Há aversões entre os espíritos?
- Não há aversões senão entre os espíritos impuros e são estes que excitam entre vós as inimizades e as dissensões.

293 - Dois seres que foram inimigos na Terra conservarão os seus ressentimentos no mundo dos espíritos?
- Não. Eles compreenderão que sua dissensão era estúpida e o motivo, pueril. Apenas os espíritos imperfeitos conservam uma espécie de animosidade, até que se purifiquem. Se não foi senão um interesse material o que os separou, não pensarão mais nele por pouco desmaterializados que estejam. Se não houver antipatia entre eles, o motivo da dissensão não mais existindo, podem rever-se com prazer.

> Da mesma maneira que dois escolares, chegando à idade da razão, reconhecem a puerilidade de suas brigas infantis e deixam de se malquerer.

294 - A lembrança das más ações que dois homens cometeram, um contra o outro, é obstáculo à sua simpatia?
- Sim, ela os leva a se distanciarem.

295 - Que sentimento experimentam, após a morte, aqueles a quem nós fizemos mal neste mundo?
- Se eles são bons, eles perdoam, de acordo com o vosso arrependimento. Se eles são maus, eles podem conservar o ressentimento, e por vezes vos perseguir até numa outra existência. Deus pode permiti-lo, como um castigo.

296 - As afeições dos espíritos são suscetíveis de alteração?
- Não, porque eles não podem se enganar, não usam mais a máscara sob a qual se ocultam os hipócritas e é por isso que as suas afeições são inalteráveis, quando eles são puros. O amor que os une é pra eles fonte duma suprema felicidade.

297 - A afeição que dois seres mantiveram na Terra prossegue sempre no mundo dos espíritos?
- Sim, sem dúvida, se ela se baseia numa verdadeira simpatia, se as se causas de ordem física tiverem maior influência que a simpatia, ela cessa com as causas. As afeições, entre os espíritos, são mais sólidas e mais duráveis que na Terra, porque não estão subordinadas ao capricho dos interesses materiais e do amor próprio.

298 - As almas que se devem unir estão predestinadas a essa união desde a sua origem, e cada um de nós tem, em alguma parte do Universo, a sua metade, à qual algum dia se unirá fatalmente?
- Não, não existe união particular e fatal entre duas almas. A união existe entre os espíritos, mas em graus diferentes, segundo a ordem que ocupam, ou seja, de acordo com a perfeição que adquiriram, quanto mais perfeitos, tanto mais unidos. Da discórdia nascem todos os males humanos, da concórdia resulta felicidade completa.

299 - Em que sentido se deve entender a palavra metade, de que certos espíritos se servem pra designar os espíritos simpáticos?
- A expressão é inexata, se um espírito fosse a metade de outro, quando separado, ele estaria incompleto.

300 - Dois espíritos perfeitamente simpáticos quando reunidos ficarão assim pela eternidade ou podem separar-se e unir-se a outros espíritos?
- Todos os espíritos são unidos entre si. Falo dos que já atingiram a perfeição. Nas esferas inferiores, quando um espírito se eleva, já não tem a mesma simpatia pelos que deixou.

301 - Dois espíritos simpáticos são o complemento um do outro, ou essa simpatia é o resultado duma afinidade perfeita?
- A simpatia que atrai um espírito pra outro é o resultado da perfeita concordância de suas tendências, de seus instintos, se um devesse completar o outro, perderia a sua individualidade.

302 - A afinidade necessária pra simpatia perfeita consiste apenas na semelhança dos pensamentos e sentimentos, ou também na uniformidade dos conhecimentos adquiridos?
- Na igualdade dos graus de elevação.

303 - Os espíritos que hoje não são simpáticos podem sê-lo mais tarde?
- Sim, todos serão. Assim o espírito que está numa determinada esfera inferior, quando se aperfeiçoar, chegará à esfera em que se encontra o outro. Seu encontro se realizará mais prontamente se o espírito mais elevado, suportando mal as provas a que se submetera, tiver permanecido no mesmo estado.
- E dois espíritos simpáticos podem deixar de sê-lo?
- Certamente, se um deles é preguiçoso.

> A teoria das metades eternas é uma imagem que representa a união de dois espíritos simpáticos, é uma expressão usada até mesmo na linguagem vulgar e que não deve ser tomada ao pé da letra. Os espíritos que dela se servem não pertencem à ordem mais elevada. A esfera de suas ideias é necessariamente limitada, e exprimiram o seu pensamento pelos termos de que se teriam servido na vida corpórea. É necessário rejeitar esta ideia de que dois espíritos, criados um pro outro devem um dia fatalmente se reunir na eternidade, após terem permanecido separados durante um lapso de tempo mais ou menos longo.

8 - Lembranças da existência corpórea.
304 - O espírito se lembra da sua existência corpórea?
- Sim, tendo vivido muitas vezes como homem, ele se recorda do que foi e te asseguro que, por vezes, ri-se de piedade de si mesmo.

> Como o homem que, atingindo a idade da razão, ri das suas loucuras da juventude ou das puerilidades da sua infância.

305 - A lembrança da existência corpórea se apresenta ao espírito de maneira completa e inopinada após a morte?
- Não, mas pouco a pouco, como alguma coisa que sai do nevoeiro, e à medida que nela vai fixando a sua atenção.

306 - O espírito se lembra detalhadamente de todos os acontecimentos de sua vida, abrangendo o conjunto num golpe de vista retrospectivo?
- Lembra-se das coisas na razão das consequências que acarretam pra sua situação de espírito, mas compreende que há circunstâncias às quais ele não atribui nenhuma importância e que nem mesmo procura recordar.
- E ele poderia se lembrar delas se quisesse?
- Pode lembrar-se dos detalhes e dos incidentes mais minuciosos, sejam de acontecimentos, sejam mesmo de seus pensamentos, mas quando isso não tem utilidade, ele não o faz.
- Entrevê a finalidade da vida terrestre com relação à vida futura?
- Seguramente que a vê e compreende muito melhor do que quando vivia no corpo. Compreende a necessidade de purificação pra chegar ao infinito e sabe que a cada existência se livra de algumas impurezas.

307 - De que maneira a vida passada se desenrola na memória do espírito? Por um esforço da sua imaginação ou como um quadro que ele tenha ante os olhos?
- De uma e outra forma. Todos os atos que tenham interesse pra sua lembrança são pra ele como se estivessem presentes, os outros ficam mais ou menos no fundo da memória ou completamente esquecidos. Quanto mais desmaterializado estiver, menos importância atribui às coisas materiais. Fazes muitas vezes a evocação dum espírito errante, que acabou de deixar a Terra e não se lembra dos nomes das pessoas que amava nem dos detalhes que pra ti parecem importantes, é que pouco lhe interessam e caem no esquecimento. Aquilo de que ele se lembra muito bem são os fatos principais, que o ajudam a se melhorar.

308 - O espírito se lembra de todas as existências que precederam a que acabou de deixar?
- Todo o seu passado se desenrola diante dele, como as etapas dum caminho que o viajante percorreu, mas, como já dissemos, ele não se lembra duma maneira absoluta de todos os atos, recordando-os apenas na razão da influência que tenham sobre o seu estado presente. Quanto às primeiras existências, as que se podem considerar como a infância do espírito, perdem-se no vago e desaparecem na noite do esquecimento.

309 - Como o espírito considera o corpo que acabou de deixar?
- Como uma veste imprópria, que o incomodava e da qual se sente feliz por se ter desembaraçado.
- Que sentimento experimenta a vista do seu corpo em decomposição?
- Quase sempre o de indiferença, como por uma coisa a que não dá mais importância.

310 - Ao fim dum certo lapso de tempo, o espírito reconhece os ossos ou outras coisas que lhe tenham pertencido?
- Algumas vezes. Isso depende da maneira mais ou menos elevada pela qual considere as coisas terrestres.

311 - O respeito que se tem pelas coisas materiais que os espíritos deixaram atrai a sua atenção pra esses objetos e eles consideram esse respeito com prazer?
- O espírito se sente sempre feliz de ser lembrado. As coisas que dele conservamos avivam em nós a sua lembrança, mas é o pensamento o que o atrai pra vós e não os objetos.

312 - Os espíritos conservam a lembrança dos sofrimentos que suportaram durante sua última existência corpórea?
- Frequentemente a conservam, e essa lembrança os faz melhor avaliar a felicidade que podem desfrutar como espíritos.

313 - O homem que foi feliz neste mundo lastima os gozos que perdeu ao deixar a Terra?
- Somente os espíritos inferiores podem lastimar os gozos que correspondem à impureza de sua natureza e que eles expiam pelo sofrimento. Pros espíritos elevados, a felicidade eterna é mil vezes preferível aos prazeres efêmeros da Terra.

314 - Aquele que iniciou grandes trabalhos com uma finalidade útil e que os vê interrompidos pela morte, ele lamenta tê-los deixado por acabar?
- Não, porque vê que os outros estão destinados a concluí-los. Ao contrário, trata de influenciar outros espíritos humanos a continuá-los. Seu objetivo, na Terra, era o bem da Humanidade, esse objetivo é o mesmo no mundo dos espíritos.

315 - Aquele que deixou trabalhos de arte ou de literatura, ele conserva pelas suas obras o amor que tinha durante a vida?
- Segundo a sua elevação, ele julga-as doutra maneira e frequentemente reprova o que mais admirava.

316 - O espírito se interessa ainda pelos trabalhos que se fazem na Terra, pelo progresso das artes e das ciências?
- Isso depende de sua elevação ou da missão que possa ter a cumprir. Aquilo que vos parece magnífico é frequentemente bem pouca coisa pra certos espíritos, que o admiram como o sábio admira a obra dum escolar. Eles examinam o que pode provar a elevação dos espíritos encarnados e seus progressos.

317 - Os espíritos conservam, depois da morte, o amor da pátria?
- É sempre o mesmo princípio, pros espíritos elevados, a pátria é o Universo, na Terra, é aquela em que possuem maior número de pessoas simpáticas.

> A situação dos espíritos e sua maneira de ver as coisas variam ao infinito, na razão do grau de seu desenvolvimento moral e intelectual. Os espíritos duma ordem elevada geralmente fazem, na Terra, estações de curta duração. Tudo quanto aqui se faz é assaz mesquinho em comparação com as grandezas do infinito, as coisas a que os homens atribuem a maior importância são tão pueris aos seus olhos, que eles encontram poucos atrativos neste mundo, a menos que tenham sido chamados a fim de concorrer pro progresso da Humanidade.
Os espíritos duma ordem intermédia passam mais frequentemente por aqui, embora considerem as coisas de maneira mais elevada do que durante a encarnação. Os espíritos vulgares são de alguma forma os que aqui permanecem, constituindo a massa da população ambiente do mundo invisível. Conservam, com pouca diferença, as mesmas ideias, os mesmos gostos e as mesmas tendências que tinham no seu envoltório corporal. Intrometem-se nas nossas reuniões, nos nossos negócios, nas nossas diversões, tomando parte mais ou menos ativa, segundo o seu caráter. Não podendo satisfazer as suas paixões, gozam com os que a elas se entregam, e as excitam nessas pessoas. Encontramos entre eles alguns mais sérios, que veem e observam, pra se instruir e aperfeiçoar.

318 - As ideias dos espíritos se modificam na vida de espírito?
- Muito, sofrem modificações muito grandes, à medida que o espírito se desmaterializa. Ele pode, às vezes, permanecer muito tempo com as mesmas ideias, mas pouco a pouco a influência da matéria diminui e ele vê as coisas mais claramente, é então que ele procura os meios de se melhorar.

319 - Desde que o espírito já viveu a vida espírita antes da sua encarnação, de onde vem o seu espanto, ao reentrar no mundo dos espíritos?
- Esse é apenas o efeito do primeiro momento e da perturbação que se segue ao despertar. Mais tarde ele reconhece perfeitamente o seu estado, à medida que lhe volta à lembrança do passado e que se desfaz a impressão da vida terrestre.

9 - Comemorações dos mortos - Funerais.

320 - Os espíritos são sensíveis à saudade dos que os amavam na Terra?
- Muito mais do que podeis julgar. Essa lembrança aumenta-lhes a felicidade, se são felizes, e se são infelizes, serve-lhes de alívio.

321 - O dia de comemoração dos mortos tem alguma coisa de mais solene pros espíritos? Preparam-se eles pra visitar os que vão orar sobre os túmulos?
- Os espíritos atendem ao chamado do pensamento, nesse dia como nos outros.
- E esse é pra eles um dia de reunião junto às sepulturas?
- Reúnem-se em maior número nesse dia, porque maior é o número de pessoas que os chamam, mas cada um só comparece em atenção aos seus amigos, e não pela multidão dos indiferentes.
- Sob que forma eles comparecem e como seriam vistos, se pudessem tornar-se visíveis?
- Aquela pela qual eram conhecidos em vida.

322 - Os espíritos esquecidos, cujas tumbas não são visitadas por ninguém, comparecem apesar disso e sentem algum desgosto por não verem nenhum amigo lembrar-se deles?
- Que lhes importa a Terra? Somente pelo coração se prendem a ela. Se não mais o amam, nada mais há que faça o espírito voltará Terra ele tem todo o Universo pela frente.

323 - A visita ao túmulo proporciona mais satisfação ao espírito do que uma prece feita em sua intenção?
- A visita ao túmulo é uma maneira de se manifestar que se pensa no espírito ausente, é a exteriorização desse fato. Eu já vos disse que é a prece que santifica o ato de lembrar, pouco importa o lugar, se a lembrança é ditada pelo coração.

324 - Os espíritos das pessoas homenageadas com estátuas ou monumentos assistem às inaugurações e as veem com prazer?
- Muitos as assistem, quando podem, mas são menos sensíveis às honras que lhes tributam do que às lembranças.

325 - De onde pode vir, pra certas pessoas, o desejo de serem enterradas antes num lugar do que noutro? Voltam a ele com mais satisfação, após a morte? E essa importância dada a uma coisa material é sinal de inferioridade do espírito?
- Afeição do espírito por certos lugares: inferioridade moral O que representa um pedaço de terra mais do que outro, pro espírito elevado? Não sabe ele que a sua alma se reunirá aos que ama, mesmo que os seus ossos estejam separados?
- E reunião dos despojos mortais de todos os membros duma família deve ser considerada como futilidade?
- Não. É um costume piedoso e um testemunho de simpatia pelos entes amados. Se essa reunião pouco representa pros espíritos é útil pros homens, as suas recordações se concentram melhor.

326 - A alma que volta à vida espiritual é sensível às honras que tributam aos seus despojos mortais?
- Quando o espírito já chegou a um certo grau de perfeição, não tem mais vaidade terrestre e compreende a futilidade de todas as coisas. Sabei, porém, que frequentemente há espíritos que, no primeiro momento da morte gozam de grande satisfação com as honras que lhes tributam, ou se desgostam com o abandono a que lançam o seu envoltório, pois conservam ainda alguns preconceitos deste mundo.

327 - O espírito assiste ao seu enterro?
- Muito frequentemente o assiste, mas algumas vezes ele não percebe o que se passa, se ainda estiver perturbado.
- E ele fica lisonjeado com a concorrência ao seu enterro?
- Mais ou menos, segundo o sentimento que provoca essa concorrência.

328 - O espírito daquele que acaba de morrer assiste às reuniões de seus herdeiros?
- Quase sempre. Deus o quer, pra sua própria instrução e pra castigo dos culpados. É nessa ocasião que vê quanto valiam os protestos que lhe faziam. Todos os sentimentos se tornam patentes, e a decepção que experimenta, vendo a rapacidade dos que dividem o seu espólio, o esclarece quanto aos seus propósitos, mas a vez deles também chegará.

329 - O respeito instintivo do homem pelos mortos, em todos os tempos e entre todos os povos, é um efeito da intuição da existência futura?
- É a sua consequência natural, sem ela esse respeito não teria sentido.

Sociedade Armônica

Capítulo 7 - O retorno à vida corporal

1 - O prelúdio do retorno.
330 - Os espíritos conhecem a época em que terão de se reencarnar?
- Eles a pressentem, como o cego sente o fogo de que se aproxima. Sabem que devem retomar um corpo, como sabeis que deveis morrer um dia, mas ignoram quando isso acontecerá.
- A reencarnação é, portanto, uma necessidade da vida espírita, como a morte é uma necessidade da vida corpórea?
- Seguramente, assim é.

331 - Todos os espíritos se preocupam com a sua reencarnação?
- Há os que absolutamente não pensam nela, que nem mesmo a compreendem, isso depende de sua natureza mais ou menos avançada. Pra alguns, a incerteza quanto ao futuro é uma punição.

332 - O espírito pode abreviar ou retardar o momento da reencarnação?
- Pode abreviá-la, solicitando-a por suas preces, e pode também retardá-la, se recuar ante a prova, porque entre os espíritos há também indiferentes e poltrões, mas não o faz impunemente, pois sofre com isso, como aquele que recusa o remédio que o pode curar.

333 - Se um espírito se sentisse bastante feliz numa condição mediana entre os espíritos errantes e ele não tivesse a ambição de se elevar, ele poderia prolongar indefinidamente esse estado?
- Não indefinidamente, cedo ou tarde, o espírito sente a necessidade de avançar, todos devem se elevar, pois esse é o destino de todos.

334 - A união da alma com este ou aquele corpo está predestinada, ou no último momento é que se faz a escolha?
- O espírito é sempre designado com antecedência. Escolhendo a prova que deseja sofrer, o espírito pede pra se encarnar, ora, Deus, que tudo sabe e tudo vê, sabe e vê com antecedência que tal alma se unirá a tal corpo.

335 - O espírito tem o direito de escolher o corpo ou somente o gênero de vida que lhe deve servir de prova?
- Ele pode escolher também o corpo, porque as imperfeições do corpo são provas que o ajudam no seu adiantamento, se ele vencer os obstáculos encontrados, mas a escolha nem sempre depende dele, que pode pedi-la.
- Pode o espírito, no último momento, recusar o corpo escolhido?
- Se ele o recusasse, ele sofreria muito mais do que aquele que não tivesse tentado nenhuma prova.

336 - Poderia acontecer que um corpo que deve nascer não encontrasse espírito pra se encarnar nele?
- Deus proveria a isso. A criança, quando deve nascer pra viver, tem sempre uma alma predestinada, nada é criado sem um desígnio.

337 - A união do espírito com determinado corpo pode ser imposta por Deus?
- Pode, da mesma maneira que as diferentes provas, sobretudo quando o espírito ainda não está apto a fazer uma escolha com conhecimento de causa. Como expiação, o espírito pode ser constrangido a se unir ao corpo de uma criança que, por seu nascimento e pela posição que terá no mundo, poderá se tornar pra ele um meio de castigo.

338 - Se acontecesse que muitos espíritos se apresentassem pra ocupar um mesmo corpo que vai nascer, o que decidiria entre eles?
- Muitos podem pedi-lo, mas é Deus quem julga, em casos assim, qual é o mais capaz, de preencher a missão a que a criança se destina, mas, como já disse, o espírito é designado antes do instante em que deve unir-se ao corpo.

339 - O momento da encarnação é seguido de perturbação semelhante ao que se verifica na desencarnação?
- Muito maior e, sobretudo mais longa. Na morte, o espírito sai da escravidão, no nascimento, ele entra nela.

340 - O instante em que o espírito deve encarnar-se é pra ele um instante solene? Cumpre ele esse ato como coisa grave e importante?
- É como um viajante que embarca pra uma travessia perigosa, ele não sabe se vai encontrar a morte nas vagas que afronta.

> O viajante que embarca sabe a que perigos se expõe, mas não sabe se naufragará, assim se dá com o espírito. Ele conhece o gênero de provas a que se submete, mas não sabe se sucumbirá. Da mesma maneira que a morte do corpo é um renascimento pro espírito, a reencarnação é pra ele uma espécie de morte, ou antes, de exílio e de clausura. Ele deixa o mundo dos espíritos pelo mundo corpóreo, como o homem deixa o mundo corpóreo pelo mundo dos espíritos.

O espírito sabe que se reencarnará, como o homem sabe que morre, mas como este não tem consciência do fato senão no último momento, quando chega o tempo desejado, então nesse momento supremo, a perturbação o envolve, como no homem em agonia, e essa perturbação persiste até que a nova existência esteja nitidamente firmada. O início da reencarnação é uma espécie de agonia pro espírito.

341 - A incerteza do espírito quanto à eventualidade do sucesso das provas que ele vai sofrer na vida é pra ele uma causa de aflição, antes da encarnação?
- Uma grande aflição, pois as provas da sua existência o retardarão ou farão avançar, segundo as tiver bem ou mal suportado.

342 - No momento de sua reencarnação, o espírito é acompanhado por outros espíritos, seus amigos, que assistem à sua partida do mundo espiritual, como eles vão recebê-lo na sua volta?
- Isso depende da esfera que o espírito habita. Se ele está nas esferas em que reina a afeição, os espíritos que o amam o acompanham até o derradeiro momento, o encorajam e frequentemente, mesmo, o seguem durante a vida.

343 - Os espíritos amigos que nos seguem durante a vida são, por vezes, os que vemos em sonho, que nos testemunham a sua afeição e que se nos apresentam com feições desconhecidas?
- Muito frequentemente o são, eles vêm nos visitar, como ides ver um prisioneiro sob chaves.

2 - A união da alma com o corpo.
344 - Em que momento a alma se une ao corpo?
- A união começa na concepção, mas não se completa senão no momento do nascimento. Desde o momento da concepção, o espírito designado pra tomar determinado corpo a ele se liga por um laço fluídico, que se vai encurtando cada vez mais, até o instante em que a criança vem à luz, o grito que então se escapa de seus lábios anuncia que a criança entrou pro número dos vivos e dos servos de Deus.

345 - A união entre o espírito e o corpo é definitiva desde o momento da concepção? Durante esse primeiro período, o espírito poderia renunciar a tomar o corpo que lhe foi designado?
- A união é definitiva no sentido de que outro espírito não poderia substituir o que foi designado pro corpo, mas como os laços que o prendem são muito frágeis, fáceis de romper, podem ser rompidos pela vontade do espírito que recua ante a prova escolhida. Nesse caso, a criança não vinga.

346 - Que acontece ao espírito, se o corpo que ele escolheu morrer antes de nascer?
- Escolhe outro.
- Qual pode ser a utilidade dessas mortes prematuras?
- As imperfeições da matéria, na maioria das vezes, são a causa dessas mortes.

347 - Que utilidade pode ter pra um espírito a sua encarnação num corpo que morre poucos dias depois de nascer?
- O ser ainda não tem consciência bastante desenvolvida da sua existência, a importância da morte é quase nula, frequentemente, como já dissemos, trata-se duma prova pros pais.

348 - O espírito sabe, com antecedência, que o corpo por ele escolhido não tem possibilidade de viver?
- Sabe, algumas vezes, mas, se o escolheu por esse motivo, é que recua ante a prova.

349 - Quando falha uma encarnação pro espírito, por uma causa qualquer, é ela suprida imediatamente por outra existência?
- Nem sempre imediatamente, o espírito necessita de tempo pra escolher de novo, a menos que a reencarnação instantânea decorra de uma determinação anterior.

350 - O espírito, uma vez unido ao corpo da criança, e não podendo mais retroceder, lamenta algumas vezes a escolha feita?
- Tu queres perguntar se, como homem, ele se queixa da vida que tem? Se ele desejaria outra? Sim. Se ele lamenta a escolha feita? Não, porque ele não sabe que a escolheu. O espírito, uma vez encarnado, não pode lamentar uma escolha de que não tem consciência, mas pode achar muito pesada a carga e se ele a considera acima de suas forças, ele é então que recorre ao suicídio.

351 - No intervalo da concepção ao nascimento, o espírito goza de todas as suas faculdades?
- Mais ou menos, segundo a fase, porque não está ainda encarnado, mas ligado ao corpo. Desde o instante da concepção, a perturbação começa a envolver o espírito, advertido, assim, de que chegou o momento de tomar uma nova existência, essa perturbação vai crescendo até o nascimento. Nesse intervalo, seu estado é mais ou menos o de um

espírito encarnado, durante o sono do corpo. À medida que o momento do nascimento se aproxima, as suas ideias se apagam, assim como a lembrança do passado se apaga desde que entrou na vida, mas essa lembrança lhe volta pouco a pouco à memória, no seu estado de espírito.

352 - No momento do nascimento, o espírito recobra imediatamente a plenitude de suas faculdades?
- Não, elas se desenvolvem gradualmente com os órgãos. Ele se encontra numa nova existência, é preciso que aprenda a se servir dos seus instrumentos, as ideias lhe voltam pouco a pouco, como a um homem que acorda e se encontra numa posição diferente da que ocupava antes de dormir.

353 - A união do espírito com o corpo não estando completa e definidamente consumada, senão depois do nascimento, pode considerar-se o feto como tendo uma alma?
- O espírito que deve animar existe, de qualquer maneira, fora dele. Propriamente falando, ele não tem uma alma, pois a encarnação está apenas em vias de se realizar, mas está ligado à alma que deve possuir.

354 - Como se explica a vida intrauterina?
- E a da planta que vegeta. A criança vive a vida animal. O homem possui em si a vida animal e a vida vegetal, que completa, ao nascer, com a vida espiritual.

355 - Há, como o indica a Ciência, crianças que desde o ventre da mãe não têm possibilidades de viver? E com que fim acontece isso?
- Isso acontece frequentemente e Deus o permite como prova, seja pros pais, seja pro espírito destinado a encarnar.

356 - Há crianças natimortas que não foram destinadas à encarnação dum espírito?
- Sim, há as que jamais tiveram um espírito destinado aos seus corpos, nada devia se cumprir nela. É somente pelos pais que essa criança nasce.
- Um ser dessa natureza pode chegar ao tempo normal, de nascimento?
- Sim, algumas vezes, mas então não vive.
- Toda criança que sobrevive tem, portanto, necessariamente, um espírito encarnado em si?
- Que seria ela, sem o espírito? Não seria um ser humano.

357 - Quais são, pro espírito, as consequências do aborto?
- Uma existência nula e a recomeçar.

358 - O aborto provocado é um crime, qualquer que seja a época da concepção?
- Há sempre crime quando se transgride a lei de Deus. A mãe ou qualquer pessoa cometerá sempre um crime ao tirar a vida à criança antes do seu nascimento, porque isso é impedir a alma de passar pelas provas de que o corpo devia ser o instrumento.

359 - No caso em que a vida da mãe estaria em perigo pelo nascimento da criança, há crime em sacrificar a criança pra salvar a mãe?
- É preferível sacrificar o ser que não existe a sacrificar o que existe.

360 - É racional ter pelos fetos o mesmo respeito que se tem pelo corpo de uma criança que tivesse vivido?
- Em tudo isto vede a vontade de Deus e a sua obra e não trateis levianamente as coisas que deveis respeitar. Por que não respeitar as obras da criação, que, às vezes, são incompletas pela vontade do Criador? Isso pertence aos seus desígnios, que ninguém é chamado a julgar.

3 - Faculdades morais e intelectuais.
361 - De onde vêm pro homem as suas qualidades morais, boas ou más?
- São as do espírito que está nele encarnado, quanto mais puro é esse espírito, mais o homem é propenso ao bem.
- Parece resultar daí que o homem de bem é a encarnação dum bom espírito e o homem vicioso, a de um mau espírito?
- Sim, mas dize antes que é um espírito imperfeito, pois doutra forma se poderia crer nos espíritos sempre maus, a que chamais demônios.

362 - Qual o caráter dos indivíduos em que se encarnam os espíritos brejeiros e levianos?
- São estouvados, espertos e, algumas vezes, seres malfazejos.

363 - Os espíritos têm paixões estranhas à Humanidade?
- Não, se assim fosse, vós também as teríeis.

364 - É o mesmo espírito que dá ao homem as qualidades morais e as da inteligência?
- Seguramente que é o mesmo e na razão do grau a que tenha chegado. O homem não tem em si dois espíritos.

365 - Por que os homens mais inteligentes, que revelam um espírito superior neles encarnados, são, às vezes, ao mesmo tempo, profundamente viciosos?
- É que espírito encarnado não é bastante puro e o homem cede à influência de outros espíritos ainda piores. O espírito progride numa marcha ascendente insensível, mas o progresso não se realiza simultaneamente em todos os sentidos, num período ele pode avançar em ciência, noutro em moralidade.

366 - O que pensar da opinião segundo a qual as diferentes faculdades intelectuais e morais do homem seriam o produto de outros tantos espíritos diversos, nele encarnados, tendo cada qual uma aptidão especial?
- Refletindo-se a respeito, reconhece-se que é absurda. O espírito deve ter todas as aptidões. Pra poder progredir, necessita duma vontade única. Se o homem fosse um amálgama de espíritos, essa vontade não existiria e ele não teria individualidade, pois, na sua morte, todos esses espíritos seriam como um bando de pássaros livres da gaiola. O homem se queixa muitas vezes de não compreender algumas coisas, mas é curioso ver-se como ele multiplica as dificuldades, quando tem em mãos uma explicação muito simples e natural. Isso é ainda tomar o efeito pela causa, fazer com o homem o que os pagãos faziam com Deus. Eles criam em tantos deuses quantos os fenômenos do universo, mas mesmo entre eles, as pessoas sensatas não viam nesses fenômenos mais do que efeitos, tendo por causa um Deus único.

> O mundo físico e o mundo moral nos oferecem, a respeito, numerosos pontos de comparação. Acreditou-se na multiplicidade da matéria, enquanto o exame se detinha na aparência dos fenômenos, hoje, compreende-se que esses fenômenos tão variados podem não ser mais do que modificações duma matéria elementar única.
As diversas faculdades são manifestações duma mesma causa que é a alma, ou do espírito encarnado, e não de muitas almas, como os diferentes sons do órgão são produtos duma mesma espécie de ar, e não de tantas espécies de ar quantos forem os sons. Desse sistema resultaria que, quando um homem perde ou adquire certas aptidões, certas tendências, isso significa que outros tantos espíritos o possuíram ou deixaram, o que o tornaria um ser múltiplo, sem individualidade e, consequentemente, sem responsabilidade. Isto, além do mais, é contraditado pelos tão numerosos exemplos de manifestações em que os espíritos provam sua personalidade e sua identidade.

4 - Influência do organismo.
367 - O espírito, ao se unir ao corpo, identifica-se com a matéria?
- A matéria não é mais que o envoltório do espírito, como a roupa é o envoltório do corpo. O espírito, ao se unir ao corpo, conserva os atributos da natureza espiritual.

368 - As faculdades do espírito se exercem com toda a liberdade, após a sua união com o corpo?
- O exercício das faculdades depende dos órgãos que lhe servem de instrumento, elas são enfraquecidas pela grosseria da matéria.
- De acordo com isso, o envoltório material seria um obstáculo livre manifestação das faculdades do espírito, como um vidro opaco se opõe à livre emissão da luz?
- Sim, é bastante opaco.

> Pode-se ainda comparar a ação da matéria grosseira do corpo sobre o espírito à da água lodosa que tira a liberdade de movimentos do corpo nela mergulhado.

369 - O livre exercício das faculdades da alma está subordinado ao desenvolvimento dos órgãos?
- Os órgãos são os instrumentos da manifestação das faculdades da alma. Essa manifestação está subordinada ao desenvolvimento e ao grau de perfeição dos respectivos órgãos, como a excelência dum trabalho à excelência da ferramenta.

370 - Pode-se induzir, da influência dos órgãos uma relação entre o desenvolvimento dos órgãos cerebrais e o das faculdades morais e intelectuais?
- Não confundais o efeito com a causa. O espírito tem sempre as faculdades que lhe são próprias. Assim, não são os órgãos que lhe dão as faculdades, mas as faculdades que impulsionam o desenvolvimento dos órgãos.
- De acordo com isso, a diversidade das aptidões entre os homens decorre unicamente do estado do espírito?
- Unicamente não é o termo exato. As qualidades do espírito, que pode ser mais ou menos adiantado, constituem o princípio, mas é necessário ter em conta a influência da matéria, que entrava mais ou menos o exercício dessas faculdades.

> O espírito, ao se encarnar, traz certas predisposições, e se admitirmos pra cada uma delas um órgão correspondente no cérebro, o desenvolvimento desses órgãos será um efeito e não uma causa. Se as faculdades tivessem os seus princípios nos órgãos, o homem seria uma máquina, sem livre-arbítrio e sem a responsabilidade dos seus atos. Teríamos de admitir que os maiores gênios, sábios, poetas, artistas não são gênios senão porque o acaso lhes deu órgãos especiais. De onde se segue que, sem esses órgãos, eles não seriam gênios, e que o último dos imbecis poderia ter sido um Newton, um Virgílio ou um Rafael, se houvesse sido provido de certos órgãos.

Suposição que se torna ainda mais absurda, quando aplicada às qualidades morais. Assim, segundo esse sistema, São Vicente de Paulo, dotado pela natureza de tal órgão, poderia ter sido um celerado, e não faltaria ao maior celerado mais do que um órgão pra ser um São Vicente de Paulo. Admiti, ao contrário, que os órgãos especiais, se é que existem, são consequentes e se desenvolvem pelo exercício das faculdades, como os músculos pelo movimento, e nada tereis de irracional. Tomemos uma comparação trivial por bem se aplicar ao caso. Através de certos sinais fisionômicos reconhecereis o homem dado à bebida, são esses sinais que o fazem bêbado ou é o vicio da embriaguez que produz os sinais? Pode-se dizer que os órgãos recebem a marca das faculdades.

5 - Idiotismo e loucura.

371 - A opinião de que os cretinos e os idiotas teriam uma alma de natureza inferior tem fundamento?
- Não. Eles têm uma alma humana frequentemente mais inteligente do que pensais e que sofre com a insuficiência dos meios de que dispõe pra se comunicar, como o mudo sofre por não poder falar.

372 - Qual é o objetivo da Providência ao criar seres desgraçados como os cretinos e os idiotas?
- São os espíritos em punição que vivem em corpos de idiotas. Esses espíritos sofrem com o constrangimento a que estão sujeitos e pela impossibilidade de se manifestar através de órgãos não desenvolvidos ou defeituosos.
- Então não é exato dizer que os órgãos não exercem influência sobre as faculdades?
- Jamais dissemos que os órgãos não exercem influência, eles a exercem, e muito grande, sobre a manifestação das faculdades, mas não produzem as faculdades. Esta a diferença. Um bom músico, com um mau instrumento, não fará boa música, o que não o impede de ser um bom músico.

> É necessário distinguir o estado normal do estado patológico. No estado normal, o moral supera o obstáculo material, mas há casos em que a matéria oferece uma tal resistência que as manifestações são entravadas ou desnaturadas, como na idiotia e na loucura. Esses são casos patológicos e em tal estado a alma não goza de toda a sua liberdade. A própria lei humana a isenta da responsabilidade dos seus atos.

373 - Qual o mérito da existência pra seres que, como os idiotas e os cretinos, não podendo fazer o bem nem o mal, não podem progredir?
- É uma expiação imposta ao abuso que tenham feito de. Certas faculdades, é um tempo de suspensão.
- Um corpo de idiota pode então encerrar um espírito que tivesse um homem de gênio, numa existência precedente?
- Sim, o gênio torna-se às vezes uma desgraça, quando dele se abusa.

> A superioridade moral não está sempre na razão da superioridade intelectual, e os maiores gênios podem ter muito a expiar, daí resulta frequentemente pra eles uma existência inferior às que já tenham vivido, e uma causa de sofrimentos. Os entraves que o espírito prova em suas manifestações são pra ele como as cadeias que constrangem os movimentos de um homem vigoroso. Pode-se dizer que os cretinos e os idiotas são estropiados do cérebro, como o coxo o é das pernas e o cego dos olhos.

374 - O idiota, no estado de espírito, tem consciência de seu estado mental?
- Sim, muito frequentemente. Compreende que as cadeias que entravam seu desenvolvimento são uma prova e uma expiação.

375 - Qual é a situação do espírito na loucura?
- O espírito, quando em liberdade, recebe diretamente suas impressões e exerce diretamente a sua ação sobre a matéria, mas, encarnado, encontra-se em condições totalmente diferentes e na contingência de não afazer senão com a ajuda de órgãos especiais. Que uma parte ou conjunto desses órgãos sejam alterados e a sua ação ou suas impressões, no que respeita a esses órgãos, ficam interrompidos.
Se ele perde os olhos, ele fica cego, sem os ouvidos, ele fica surdo, etc. Imagina agora se o órgão que preside aos efeitos da inteligência e da vontade for parcial ou inteiramente atacado ou modificado, e fácil te será compreender que o espírito, só tendo então a seu serviço órgãos incompletos ou alterados, deve entrar numa perturbação de que, por si mesmo e no seu foro íntimo, tem perfeita consciência, mas cujo curso já não pode deter.
- É então sempre o corpo e não o espírito o desorganizado?
- Sim, mas é necessário não perder de vista que, da mesma maneira que o espírito age sobre a matéria, esta reage sobre ele numa certa medida, e o espírito pode encontrar-se momentaneamente impressionado pela alteração dos

órgãos através dos quais se manifesta e recebe as suas impressões. Pode acontecer que, com o tempo, quando a loucura durou bastante, a repetição dos mesmos atos acabe por exercer sobre o espírito uma influencia da qual ele não se livrará senão depois da sua completa separação de toda impressão material.

376 - Qual a razão por que a loucura leva algumas vezes ao suicídio?
- O espírito sofre pelo constrangimento a que está submetido e pela impotência pra se manifestar livremente, por isso busca se libertar por intermédio da morte.

377 - Após a morte, o espírito se ressente da perturbação de suas faculdades?
- Ele pode ressentir-se durante algum tempo, até que esteja completamente desligado da matéria, como o homem que, ao acordar, se ressente por algum tempo da perturbação em que o sono o mergulhara.

378 - Como a alteração do cérebro pode reagir sobre o espírito após a morte?
- É uma lembrança. Um peso oprime o espírito e como ele não teve consciência de tudo o que se passou durante a sua loucura, é necessário um certo tempo pra que se ponha ao corrente. É por isso que, quanto mais tenha durado a loucura, durante a vida, mais longamente durará a tortura, o constrangimento, após a morte. O espírito desligado do corpo se ressente por algum tempo da impressão dos seus ligamentos.

6 - A infância.
379 - O espírito que anima o corpo duma criança é tão desenvolvido quanto o dum adulto?
- Pode ser mais, se ele progrediu mais, pois são apenas os órgãos imperfeitos que o impedem de se manifestar. Ele age de acordo com o instrumento de que se serve.

380 - Numa criança de tenra idade, o espírito, fora do obstáculo que a imperfeição dos órgãos opõe à sua livre manifestação, pensa como uma criança ou como um adulto?
- Enquanto criança, é natural que os órfãos da inteligência, não estando desenvolvidos, não possam dar-lhe toda a intuição de um adulto, sua inteligência, com efeito, é bastante limitada, até que a idade lhe amadureça a razão. A perturbação que acompanha a encarnação não cessa de súbito com o nascimento e só se dissipa com o desenvolvimento dos órgãos.

> Uma observação vem ao apoio desta resposta, é que os sonhos de uma criança não têm o caráter dos sonhos de um adulto, seu objeto é quase sempre pueril, o que é um indício da natureza das preocupações do espírito.

381 - Com a morte da criança, o espírito retoma imediatamente o seu vigor primitivo?
- Assim deve ser, pois que está desembaraçado do seu envoltório carnal, entretanto, ele não retoma a sua lucidez, primitiva enquanto a separação não estiver completa, ou seja, enquanto não desaparecer toda ligação entre o espírito e o corpo.

382 - O espírito encarnado sofre, durante a infância, com o constrangimento imposto pela imperfeição dos seus órgãos?
- Não, esse estado é uma necessidade, é natural e corresponde aos desígnios da Providência. É um tempo de repouso pro espírito.

383 - Qual é, pro espírito, a utilidade de passar pela infância?
- Encarnando-se com o fim de se aperfeiçoar, o espírito é mais acessível durante esse tempo às impressões que recebe e que podem ajudar o seu adiantamento, pra o qual devem contribuir os que estão encarregados da sua educação.

384 - Por que os primeiros gritos da criança são de choro?
- Pra excitar o interesse da mãe e provocar os cuidados necessários. Não compreendes que, se ela só tivesse gritos de alegria, quando ainda não sabe falar, pouco se inquietariam com as suas necessidades? Admirai, pois, em tudo, a sabedoria da Providência.

385 - Qual o motivo da mudança que se opera no seu caráter a uma certa idade e particularmente ao sair da adolescência? É o espírito que se modifica?
- É o espírito que retoma a sua natureza e se mostra tal qual era. Não conheceis o mistério que as crianças ocultam em sua inocência, não sabeis o que elas são, nem o que foram, nem o que serão, e, no entanto as amais e acariciais como se fossem uma parte de vós mesmos, de tal maneira que o amor duma mãe por seus filhos é reputado como o maior amor que um ser possa ter por outros seres. De onde vem essa doce afeição, essa terna complacência que até mesmo os estranhos experimentam por uma criança? Vós sabeis? Não é isso que eu vou explicar. As crianças são os seres que

Deus envia a novas existências e, pra que não possam acusá-lo de demasiada severidade, dá-lhes todas as aparências de inocência. Mesmo numa criança de natureza má, suas faltas são cobertas pela não consciência dos atos.

Esta inocência não é uma superioridade real, em relação ao que elas eram antes, não, é apenas a imagem do que elas deveriam ser, e se não o são, é sobre elas somente que recai a culpa, mas não é somente por ela que Deus lhe dá esse aspecto, é também e, sobretudo por seus pais, cujo amor é necessário à fragilidade infantil. E esse amor seria extraordinariamente enfraquecido pela presença de um caráter impertinente e acerbo, enquanto, supondo os filhos bons e ternos, dão-lhes toda a afeição e os envolvem nos mais delicados cuidados, mas quando as crianças não mais necessitam dessa proteção, dessa assistência que lhes foi dispensada durante quinze a vinte anos, seu caráter real e individual reaparece em toda a sua nudez, permanecem boas, se eram fundamentalmente boas, mas se irisam sempre de matizes que estavam na primeira infância.

Vedes que os caminhos de Deus são sempre os melhores, e que, quando se tem o coração puro, é fácil conceber-se a explicação a respeito. Com efeito, ponderai que o espírito da criança que nasce entre vós pode vir dum mundo em que tenha adquirido hábitos inteiramente diferentes, como quereríeis que permanecesse no vosso meio esse novo ser, que traz paixões tão diversas das que possuís, inclinações e gostos inteiramente opostos aos vossos, como quereríeis que se incorporasse no vosso ambiente, senão como Deus quis, ou seja, depois de haver passado pela preparação da infância?

Nesta vêm confundir-se todos os pensamentos, todos os caracteres, todas as variedades de seres engendrados por essa multidão de mundos em que se desenvolvem as criaturas, e vós mesmos, ao morrer, estareis numa espécie de infância, no meio de novos irmãos, e na vossa nova existência não terrena ignorareis os hábitos, os costumes, as formas de relação desse mundo, novo pra vós, manejareis com dificuldade uma língua que não estais habituados a falar, língua mais vivaz do que o é atualmente o vosso pensamento.

A infância tem ainda outra utilidade, os espíritos não ingressam na vida corpórea senão pra se aperfeiçoarem, pra se melhorarem, a debilidade dos primeiros anos os torna flexíveis, acessíveis aos conselhos da experiência e daqueles que devem fazê-los progredir. É então que se pode reformar o seu caráter e reprimir as suas más tendências. Esse é o dever que Deus confiou aos pais, missão sagrada pela qual terão de responder. É assim que a infância é não somente útil, necessária, indispensável, mas ainda a consequência natural das leis Deus estabeleceu e que regem o Universo.

Os pais e os professores espíritas devem ponderar sobre este item e os que se lhe seguem. O Espiritismo vem abrir um novo capítulo da psicologia infantil e da pedagogia, mostrando a importância da educação da criança não apenas pra esta vida, mas pra sua própria evolução espiritual.

7 - Simpatias e antipatias terrenas.

386 - Dois seres que se conheceram e se amaram podem se encontrar noutra existência corpórea e se reconhecerem?

- Reconhecerem-se, não, mas serem atraídos um pelo outro, sim, e frequentemente as ligações íntimas, fundadas numa afeição sincera, não provem de outra causa. Dois seres se aproximam um do outro por circunstâncias aparentemente fortuitas, mas que são o resultado da atração de dois espíritos que se buscam através da multidão.

- Não seria agradável pra eles se reconhecerem?
- Nem sempre. A recordação das existências passadas teria inconvenientes maiores do que acreditais. Após a morte eles se reconhecerão e saberão em que tempo estiveram juntos.

387 - A simpatia tem sempre por motivo um conhecimento anterior?

- Não. Dois espíritos que tenham afinidades se procuram naturalmente sem que se hajam conhecido como encarnados.

388 - Os encontros que se dão algumas vezes entre certas pessoas, e que se atribuem ao acaso, não seriam o efeito duma espécie de relações simpáticas?

- Há, entre os seres pensantes, ligações que ainda não conheceis O magnetismo é a bússola desta ciência, que mais tarde compreendereis melhor.

389 - De onde vem a repulsa instintiva que se experimenta por certas pessoas, a primeira vista?

- Espíritos antipáticos que se percebem e se reconhecem, sem se falarem.

390 - A antipatia instintiva é sempre um sinal de natureza má?

- Dois espíritos não são necessariamente maus pelo fato de não serem simpáticos. A antipatia pode originar-se de uma falta de similitude do modo de pensar, mas à medida que eles se elevam, os matizes se apagam e a antipatia desaparece.

391 - A antipatia entre duas pessoas nasce em primeiro lugar naquele cujo espírito é pior, ou melhor?

- Numa e noutra, mas as causas e os efeitos são diferentes. Um espírito mau sente antipatia por quem quer que o possa julgar e desmascarar, vendo uma pessoa pela primeira vez, percebe que ela vai desaprová-lo, seu afastamento se transforma então em ódio, inveja e lhe inspira o desejo de fazer o mal. O bom espírito sente repulsa pelo mau porque sabe que não será compreendido por ele e que ambos não participam dos mesmos sentimentos, mas seguro de sua superioridade, não sente contra o outro nem ódio nem inveja, contenta-se em evitá-lo e lastimá-lo.

8 - O esquecimento do passado.
392 - Por que o espírito encarnado perde a lembrança do seu passado?
- O homem nem pode nem deve saber tudo, Deus assim o quer na sua sabedoria. Sem o véu que lhe encobre certas coisas, o homem ficaria ofuscado como aquele que passa sem transição da obscuridade pra luz. Pelo esquecimento do passado, ele é mais ele mesmo.

393 - Como pode o homem ser responsável por atos e resgatar faltas dos quais não se recorda? Como pode se aproveitar da experiência adquiria em existências que caíram no esquecimento? Seria concebível que as tribulações da vida fossem pra ele uma lição, se pudesse se lembrar-se daquilo que as atraiu, mas desde que não se recorda, cada existência é pra ele como se fosse a primeira, e é assim que ele está sempre a recomeçar. Como conciliar isto com a justiça de Deus?
- A cada nova existência o homem tem mais inteligência e pode melhor distinguir o bem e o mal. Onde estaria o seu mérito se ele se recordasse de todo o passado? Quando o espírito entra na sua vida de origem, toda a sua vida passada se desenrola diante dele, ele vê as faltas cometidas e que são causa do seu sofrimento, bem como aquilo que poderia tê-lo impedido de cometê-las, compreende a justiça da posição que lhe é dada e procura então a existência necessária a reparara que acaba de escoar-se.

Procura provas semelhantes àquelas por que passou, ou as lutas que acredita apropriada ao seu adiantamento e pede a espíritos que lhe são superiores pra ajudarem-no na nova tarefa a empreender, porque sabe que o espírito que lhe será dado por guia nessa nova existência procurará fazê-lo reparar suas faltas, dando-lhe uma espécie de intuição das que ele cometeu. Essa mesma intuição é o pensamento, o desejo criminoso que frequentemente vos assalta e ao qual resistis instintivamente, atribuindo a vossa resistência, na maioria das vezes, aos princípios que recebestes de vossos pais, enquanto é a voz da consciência que vos fala e essa voz e a recordação do passado, voz que vos adverte pra não cairdes nas faltas anteriormente cometidas.

Nessa nova existência, se o espírito sofrer as suas provas com coragem e souber resistir, ele se eleva a si próprio e ascenderá na hierarquia dos espíritos, quando voltar pro meio deles. Se nós não temos, durante a vida corpórea, uma lembrança precisa daquilo que fomos e do que fizemos de bem ou de mal em nossas existências anteriores, temos, entretanto, a sua intuição, e as nossas tendências instintivas são uma reminiscência do nosso passado, as quais a nossa consciência, que representa o desejo por nós concebido de não mais cometer as mesmas faltas adverte que devemos resistir.

394 - Nos mundos mais adiantados que o nosso, onde não existem todas as nossas necessidades físicas e as nossas enfermidades, os homens compreendem que são mais felizes do que nós? A felicidade, em geral, é relativa, sentimo-la por comparação com um estado menos feliz.

Como, em suma, alguns desses mundos, embora melhores que o nosso, não chegaram ao estado de perfeição, os homens que os habitam devem ter motivos de aborrecimento a seu modo. Entre nós, o rico, ainda que não sofra a angústia das necessidades materiais, como o pobre, não está menos sujeito a tribulações que lhe amarguram a vida. Ora, pergunto se, na sua posição, os habitantes desses mundos não se sentem tão infelizes quanto nós e não lastimam a própria sorte, já que não têm a lembrança duma existência inferior pra comparação?
- A isto e preciso dar duas respostas diferentes. Há mundos, entre aqueles de que falas, em que os habitantes, situados, como dizes, em melhores condições que vós, nem por isso estão menos sujeitos a grandes desgostos, e mesmo a infelicidades. Estes não apreciam a sua felicidade pelo fato mesmo de não se lembrarem dum estado ainda mais infeliz. Se, entretanto não a apreciam como homens, o fazem como espíritos.

> Não há, no esquecimento dessas existências passadas, sobretudo quando elas foram penosas, alguma coisa de providenciai, onde se revela a sabedoria divina? È nos mundos superiores, quando a lembrança das existências infelizes não passa dum sonho mau que elas se apresentam à memória. Nos mundos inferiores as infelicidades presentes não seriam agravadas pela recordação de tudo aquilo que tivesse suportado? Concluamos, portanto, que tudo quanto Deus fez é bem feito e que não nos cabe criticar as suas obras e dizer como ele deveria ter regulado o Universo.

A lembrança de nossas individualidades anteriores teria gravíssimos inconvenientes. Poderia em certos casos, humilhar-nos extraordinariamente, noutros, exaltar o nosso orgulho e por isso mesmo entravar o nosso livre-arbítrio Deus, nos deu pra nos melhorarmos, justamente o que nos é necessário e suficiente, a voz da consciência e nossas tendências instintivas, tirando-nos aquilo que poderia prejudicar-nos.

Acrescentemos ainda que, se tivéssemos a lembrança de nossos atos pessoais anteriores, teríamos a dos atos alheios, e esse conhecimento poderia ter os mais desagradáveis efeitos sobre as relações sociais. Não havendo sempre motivo pra nos orgulharmos do nosso passado, é quase sempre uma felicidade que um véu seja lançado sobre ele. Isso concorda perfeitamente com a doutrina dos espíritos sobre os mundos superiores aos nossos. Nesses mundos, onde não reina senão o bem, a lembrança do passado nada tem de penosa, é por isso que neles se recorda com frequência a existência precedente como nos lembramos do que fizemos na véspera. Quanto á passagem que se possa ter tido por mundos inferiores, a sua lembrança nada mais é, como dissemos, que um sonho mau.

395 - Podemos ter algumas revelações sobre as nossas existências anteriores?
- Nem sempre. Muitos sabem, entretanto, o que foram e o que fizeram, se lhes fosse permitido dizê-lo abertamente, eles fariam singulares revelações sobre o passado.

396 - Algumas pessoas creem ter a vaga lembrança dum passado desconhecido, vislumbrado como imagem fugitiva dum sonho, que em vão se procura deter. Essa ideia não seria uma ilusão?
- Algumas vezes é real, mas quase sempre é também uma ilusão, contra a qual se deve precaver, pois pode ser o efeito duma imaginação superexcitada.

397 - Nas existências corpóreas de natureza mais elevada que a nossa, a lembrança das existências anteriores é mais precisa?
- Sim, à medida que o corpo é menos material, recorda-se melhor. A lembrança do passado é mais clara pra aqueles que habitam os mundos duma ordem superior.

398 - Às tendências instintivas do homem, sendo uma reminiscência do seu passado, pelo estudo dessas tendências, ele poderá conhecer as faltas que cometeu?
- Sem dúvida, até certo ponto, mas é necessário ter em conta a melhora que se possa ter operado no espírito e as resoluções que ele tomou no seu estado errante. A existência atual pode ser muito melhor que a precedente.
- Pode ela ser pior? Por outras palavras, pode o homem cometer numa existência faltas não cometidas na precedente?
- Isso depende do seu adiantamento. Se ele não souber resistir às provas, pode ser arrastado a novas faltas, que serão a consequência da posição por ele mesmo escolhida, mas em geral, essas faltas denunciam antes um estado estacionário do que retrógrado, porque o espírito pode avançar ou se deter, mas não recuar.

399 - Sendo as vicissitudes da vida corpórea ao mesmo tempo uma expiação das faltas passadas e provas pro futuro, segue-se que, da natureza dessas vicissitudes, possa induzir-se o gênero da existência anterior?
- Muito frequentemente, pois cada um é punido naquilo em que pecou. Entretanto, não se deve tirar daí uma regra absoluta, as tendências instintivas são um índice mais seguro, porque as provas que um espírito sofre, tanto se referem ao futuro quanto ao passado.

> Chegado ao termo que a Providência marcou pra sua vida errante, o espírito escolhe por ele mesmo as provas às quais deseja submeter-se, pra apressar o seu adiantamento, ou seja, o gênero de existência que acredita mais apropriado a lhe fornecer os meios, e essas provas estão sempre em relação com as faltas que deve expiar. Se nelas triunfa, ele se eleva, se sucumbe, tem de recomeçar. O espírito goza sempre do seu livre-arbítrio. É em virtude dessa liberdade que, no estado de espírito, escolhe as provas da vida corpórea e, no estado de encarnado, delibera o que fará ou não fará, escolhendo entre o bem e o mal. Negar ao homem o livre-arbítrio seria reduzi-lo à condição de máquina.
Integrado na vida corpórea, o espírito perde momentaneamente a lembrança de suas existências anteriores, como se um véu as ocultasse. Não obstante, tem, às vezes, uma vaga consciência, e elas podem mesmo lhe ser reveladas em certas circunstâncias, mas isto não acontece senão pela vontade dos espíritos superiores, que o fazem espontaneamente, com um fim útil e jamais pra satisfazer uma curiosidade vã. As existências futuras não podem ser reveladas em caso algum, por dependerem da maneira por que se cumpre a existência presente e da escolha ulterior do espírito.
O esquecimento das faltas cometidas não é obstáculo à melhoria do espírito porque, se ele não tem uma lembrança precisa, o conhecimento que delas teve no estado errante e o desejo que concebeu de repará-las guiam-no pela intuição e lhe dão o pensamento de resistir ao mal. Este pensamento é a voz da consciência, secundada pelos espíritos que o assistem, se ele atende às boas inspirações que estes lhe sugerem. Se o homem não conhece os próprios atos que cometeu em suas existências anteriores, pode sempre saber qual o gênero de faltas de que se tornou culpado e qual era o seu caráter dominante. Basta que se estude a si mesmo e poderá julgar o que foi, não pelo que é, mas pelas suas tendências.
As vicissitudes da vida corpórea são, ao mesmo tempo, uma expiação das faltas passadas e provas pro futuro. Elas nos depuram e nos elevam, se as sofremos com resignação e sem reclamações. A natureza das vicissitudes e das provas que sofremos pode também esclarecer-nos sobre o que fomos e o que fizemos, como neste mundo julgamos os atos dum criminoso pelo castigo que a lei lhe inflige. Assim, este será castigado no seu orgulho pela humilhação duma existência subalterna, o mau rico e avarento, pela miséria, aquele que foi duro pros outros, pelos tratamentos duros que sofrerá, o tirano, pela escravidão, o mau filho, pela ingratidão dos seus filhos, o preguiçoso, por um trabalho forçado, etc.

Sociedade Armônica

Capítulo 8 - A emancipação da alma

1 - O sono e os sonhos.

400 - O espírito encarnado permanece voluntariamente no envoltório corporal?

- É como perguntar se o prisioneiro está satisfeito sob as chaves. O espírito encarnado aspira incessantemente à libertação e quanto mais grosseiro é o envoltório, mais deseja ver-se desembaraçado.

401 - Durante o sono, a alma repousa como o corpo?

- Não, o espírito jamais fica inativo. Durante o sono, os liames que o unem ao corpo se afrouxam e o corpo não necessita do espírito, então ele percorre o espaço e entra em relação mais direta com os outros espíritos.

402 - Como podemos julgar da liberdade do espírito durante o sono?

- Pelos sonhos. Sabei que, quando o corpo repousa, o espírito dispõe de mais faculdades que no estado de vigília. Tem a lembrança do passado e, às vezes, a previsão do futuro, adquire mais poder e pode entrar em comunicação com os outros espíritos, seja deste mundo, seja de outro. Frequentemente dizes: "Tive um sonho bizarro, um sonho horrível, mas que não tem nenhuma verossimilhança". Enganas-te. E quase sempre uma lembrança de lugares e de coisas que viste ou que verás numa outra existência ou em outra ocasião. O corpo estando adormecido, o espírito trata de quebrar as suas cadeias pra investigar no passado ou no futuro.

Pobres homens, que conheceis tão pouco dos mais ordinários fenômenos da vida! Acreditais ser muito sábios, e as coisas mais vulgares vos embaraçam. A esta pergunta de todas as crianças, que é que fazemos quando dormimos, o que são os sonhos? Ficais sem resposta. O sono liberta parcialmente a alma do corpo. Quando o homem dorme, momentaneamente se encontra no estado em que estará de maneira permanente após a morte. Os espíritos que logo se desprendem da matéria, ao morrerem, tiveram sonhos inteligentes. Esses espíritos, quando dormem, procuram a sociedade dos que lhes são superiores, viajam, conversam e se instruem com eles, trabalham mesmo em obras que encontram concluídas, ao morrer.

Destes fatos deveis aprender, uma vez mais, a não ter medo da morte, pois morreis todos os dias, segundo a expressão dum santo. Isto pros espíritos elevados, pois a massa dos homens que, com a morte, devem permanecer longas horas nessa perturbação, nessa incerteza de que vos têm falado, vão a mundos inferiores a Terra, onde antigas afeições os chamam, seja à procura de prazeres talvez ainda mais baixos do que possuíam aqui, vão beber doutrinas ainda mais vis, mais ignóbeis, mais nocivas do que as que professavam entre vós, e o que engendra a simpatia na Terra não é outra coisa senão o fato de nos sentirmos, ao acordar, ligados pelo coração aqueles com quem acabamos de passar oito ou nove horas de felicidade ou de prazer.

O que explica também as antipatias invencíveis é que sentimos, no fundo do coração, que essas pessoas têm uma consciência diversa da nossa, porque as conhecemos sem jamais as ter visto, e ainda o que explica a indiferença, pois não procuramos fazer novos amigos, quando sabemos ter os que nos amam e nos querem. Numa palavra, o sono influi mais do que pensais, sobre a nossa vida. Por efeito do sono, os espíritos encarnados estão sempre em relação com o mundo dos espíritos, e é isso o que faz que os espíritos superiores consintam, sem muita repulsa, em encarnar-se entre vós. Deus quis que durante o seu contato com o vício pudessem eles retemperar-se na fonte do bem, pra não falirem, eles que vinham instruir os outros.

O sono é a porta que Deus lhes abriu pro contato com os seus amigos do Céu, é o recreio após o trabalho, enquanto esperam o grande livramento, a libertação final que deve restituí-los ao seu verdadeiro meio. O sonho é a lembrança do que o vosso espírito viu durante o sono, mas observai que nem sempre sonhais, porque nem sempre vos lembrais daquilo que vistes ou de tudo o que vistes. Isso porque não tendes a vossa alma em todo o seu desenvolvimento, frequentemente não vos resta mais do que a lembrança da perturbação que acompanha a vossa partida e a vossa volta, a que se junta à lembrança do que fizeste ou do que vos preocupa no estado de vigília.

Sem isto, como explicaríeis esses sonhos absurdos, a que estão sujeitos tanto os mais sábios quanto os mais simples? Os maus espíritos também se servem dos sonhos, pra atormentar as almas fracas e pusilânimes. De resto vereis dentro em pouco desenvolver-se outra espécie de sonhos, uma espécie tão antiga como a que conheceis, mas que ignorais. O sonho de Joana, o sonho de Jacó, o sonho dos profetas judeus e de alguns indivíduos indianos: esse sonho é a lembrança da alma inteiramente liberta do corpo, a recordação dessa segunda vida de que há pouco eu vos falava. Procurai distinguir bem essas duas espécies de sonhos, entre aqueles de que vos lembrardes, sem isso, cairíeis em contradições e em erros que seriam funestos pra vossa fé.

> Os sonhos são o produto da emancipação da alma, que se torna mais independente pela suspensão da vida ativa e de relação, daí uma espécie de clarividência indefinida, que se estende aos lugares os mais distantes ou que jamais se viu, e algumas vezes mesmo a outros mundos. Daí, também a lembrança que retraça na memória os acontecimentos verificados na existência presente ou nas existências anteriores. A extravagância das imagens referentes ao que se passa ou se passou em mundos desconhecidos entremeadas de coisas do mundo atual formam esses conjuntos bizarros e confusos que parecem não ter senso nem nexo. A incoerência dos sonhos ainda se explica pelas lacunas decorrentes da

lembrança incompleta do que nos apareceu no sonho. Tal como um relato ao qual se tivessem truncado frases ou partes de frases ao acaso, os fragmentos restantes sendo reunidos, perderiam toda significação racional.

403 - Por que nós não nos recordamos sempre dos sonhos?
- Nisso que chamais sono só tens o repouso do corpo, porque o espírito esta em movimento. No sono, ele recobra um pouco de sua liberdade e se comunica com os que lhe são caros, seja neste ou noutros mundos, mas como o corpo é de matéria pesada e grosseira, dificilmente conserva as impressões recebidas pelo espírito, mesmo porque o espírito não as percebeu pelos órgãos do corpo.

404 - O que pensar da significação atribuída aos sonhos?
- Os sonhos não são verdadeiros, como entendem os ledores da sorte, pelo que é absurdo admitir que sonhar com uma coisa anuncia outra. Eles são verdadeiros no sentido de apresentarem imagens reais pro espírito, mas que, frequentemente, não têm relação com o que se passa na vida corpórea.
Muitas vezes, ainda, como já dissemos, são uma recordação. Podem ser, enfim, algumas vezes, um pressentimento do futuro, se Deus o permite, ou a visão do que se passa no momento noutro lugar a que a alma se transporta. Não tendes numerosos exemplos de pessoas que aparecem em sonhos pra advertir parentes e amigos do que lhes está acontecendo? O que são essas aparições senão a alma ou o espírito dessas pessoas que se comunicam com a vossa? Quando adquiris a certeza de que aquilo que vistes realmente aconteceu, não é isso uma prova de que a imaginação nada tem com o fato, sobretudo se o ocorrido absolutamente não estava no vosso pensamento durante a vigília?

405 - Frequentemente se veem em sonhos coisas que parecem pressentimentos e que não se cumprem, de onde vêm elas?
- Podem se cumprir pro espírito, se não se cumprem pro corpo. Quer dizer que o espírito vê aquilo que deseja, porque vai procurá-lo. Não se deve esquecer que, durante o sono, a alma está sempre mais ou menos sob a influência da matéria e, por conseguinte não se afasta jamais completamente das ideias terrenas. Disso resulta que as preocupações da vigília podem dar, aquilo que se vê, a aparência do que se deseja ou do que se teme. A isso é que realmente se pode chamar um efeito da imaginação. Quando se está fortemente preocupado com uma ideia, liga-se a ela tudo o que se vê.

406 - Quando vemos em sonho pessoas vivas, que conhecemos perfeitamente, praticarem atos em que absolutamente não pensam, não é isso um efeito de pura imaginação?
- Em que absolutamente não pensam? Como o sabes? Seus espíritos podem vir visitar o teu, como o teu pode visitar os deles, e nem sempre sabes o que pensam, além disso, frequentemente aplicais, a pessoas que conheceis, e segundo os vossos desejos, aquilo que se passou ou se passa em outras existências.

407 - É necessário o sono completo pra emancipação do espírito?
- Não. O espírito recobra a sua liberdade quando os sentidos se entorpecem, ele aproveita pra se emancipar, todos os instantes de descanso que o corpo lhe oferece. Desde que haja prostração das forças vitais, o espírito se desprende e quanto mais fraco estiver o corpo, mais o espírito estará livre.

> É assim que o cochilar, ou um simples entorpecimento dos sentidos, apresenta muitas vezes as mesmas imagens do sonho.

408 - Parece-nos, às vezes, ouvir com nosso íntimo palavras pronunciadas distintamente e que não têm nenhuma relação com o que nos preocupa, de onde vêm elas?
- Sim, e até mesmo frases inteiras, sobretudo quando os sentidos começam a se entorpecer, é, às vezes, o fraco eco dum espírito que deseja se comunicar contigo.

409 - Muitas vezes, num estado que ainda não é o cochilo, quando temos os olhos fechados, vemos imagens distintas, figuras das quais apanhamos os pormenores mais minuciosos, isso é um efeito de visão ou de imaginação?
- Entorpecido o corpo, o espírito trata de quebrar a sua cadeia, ele se transporta e vê, e se o sono fosse completo, isso seria um sonho.

410 - Têm-se às vezes, durante o sono ou o cochilo, ideias que parecem muito boas e que, apesar dos esforços que se fazem pra recordá-las, se apagam da memória. De onde vêm essas ideias?
- São o resultado da liberdade do espírito, que se emancipa e goza, nesse momento, de mais amplas faculdades. Frequentemente, também, são conselhos dados por outros espíritos.
- De que servem essas ideias ou esses conselhos, se a sua recordação se perde e não se pode aproveitá-los?
- Essas ideias pertencem, algumas vezes, mais ao mundo dos espíritos que, ao mundo corpóreo, mas o mais frequente é que, se o corpo as esquece, o espírito as lembra, e a ideia volta no momento necessário, como uma inspiração do momento.

411 - O espírito encarnado, nos momentos em que se desprende da matéria e age como espírito, conhece a época de sua morte?
- Muitas vezes a pressente, e às vezes tem dela uma consciência bastante clara, o que lhe dá, no estado de vigília, a sua intuição. É por isso que algumas pessoas preveem, às vezes, a própria morte com grande exatidão.

412 - A atividade do espírito, durante o repouso ou o sono do corpo, pode fatigar a este?
- Sim, porque o espírito está ligado ao corpo, como o balão cativo ao poste. Ora, da mesma maneira que as sacudidas do balão abalam o poste, a atividade do espírito reage sobre o corpo, e pode produzir-lhe fadiga.

2 - Visitas espíritas entre vivos.

413 - Do princípio de emancipação da alma durante o sono parece resultar que temos, simultaneamente, duas existências, a do corpo, que nos dá a vida de relação exterior, e a da alma, que nos dá a vida de relação oculta. Isso é exato?
- No estado de emancipação, a vida do corpo cede lugar à da alma, mas não existem, propriamente falando, duas existências, são antes duas fases da mesma existência, porque o homem não vive de maneira dupla.

414 - Duas pessoas que se conhecem podem se visitar durante o sono?
- Sim, e muitas outras que pensam que não se conhecerem se encontram e conversam. Podes ter, sem que o suspeites, amigos noutro país. O fato de visitardes, durante o sono, amigo, parentes, conhecidos, pessoas que vos podem ser úteis, é tão frequente que o realizais quase todas as noites.

415 - Qual pode ser a utilidade dessas visitas noturnas, se não as recordamos?
- Ordinariamente, ao despertar, resta uma intuição que é quase sempre a origem de certas ideias que surgem espontaneamente, sem que se possa explicá-las, e não são mais que as ideias hauridas naqueles colóquios.

416 - O homem pode provocar voluntariamente as visitas espíritas? Pode, por exemplo, dizer ao adormecer, esta noite eu quero me encontrar em espírito com tal pessoa, falar-lhe e dizer-lhe tal coisa?
- Eis o que se passa, o homem dorme, seu espírito desperta, e o que o homem havia resolvido o espírito está, muitas vezes, bem longe de segui-lo, porque a vida do homem interessa pouco ao espírito, quando ele se liberta da matéria. Isto pros homens já bastante elevados, pois os outros passam de maneira inteiramente diversa a sua existência espiritual, entregam-se às paixões ou permanecem em inatividade. Pode acontecer, portanto, que, segundo o motivo que se propôs, o espírito vá visitar as pessoas que deseja, mas o fato de o haver desejado quando em vigília não é razão pra que o faça.

417 - Certo número de espíritos encarnados pode então se reunir e formar uma assembleia?
- Sem nenhuma dúvida. Os laços de amizade, antigos ou novos, reúnem assim, frequentemente, diversos espíritos que se sentem felizes de se encontrar.

> Pela palavra "antigos" é necessário entender os laços de amizade contraídos em existências anteriores. Trazemos ao acordar uma intuição das ideias que haurimos nesses colóquios ocultos, mas ignoramos a fonte.

418 - Uma pessoa que julgasse morto um de seus amigos, que na realidade não o estivesse, poderia encontrar-se com ele em espírito e saber, assim, que continuava vivo? Poderia, nesse caso, ter uma intuição ao acordar?
- Como espírito pode certamente vê-lo e saber como está. Se não lhe foi imposto como prova acreditar na morte do amigo, terá um pressentimento de que ele vive, como poderá ter o de sua morte.

3 - Transmissão oculta do pensamento.

419 - Qual é a razão por que a mesma ideia, a duma descoberta, por exemplo, surge ao mesmo tempo em muitos pontos?
- Já dissemos que durante o sono os espíritos se comunicam entre si. Pois bem, quando o corpo desperta, o espírito se recorda do que aprendeu e o homem julga ter inventado. Assim, muitos podem encontrar a mesma coisa ao mesmo tempo. Quando dizeis que uma ideia está no ar, fazeis uma figura mais exala do que pensais, cada um contribui, sem o suspeitar, pra propagá-la.

> Nosso espírito revela assim, muitas vezes, a outros espíritos e à nossa revelia aquilo que constitui o objeto das nossas preocupações de vigília.

420 - Os espíritos podem se comunicar se o corpo estiver completamente acordado?
- O espírito não está encerrado no corpo como numa caixa, ele irradia em todo o seu redor, eis porque pode se comunicar com outros espíritos mesmo no estado de vigília, embora o faça mais dificilmente.

421 - Por que duas pessoas, perfeitamente despertas, têm, muitas vezes, instantaneamente, o mesmo pensamento?
- São dois espíritos simpáticos que se comunicam e veem reciprocamente os seus pensamentos, mesmo quando não dormem.

> Há entre os espíritos que se afinam uma comunicação de pensamentos que faz que duas pessoas se vejam e se compreendam sem a necessidade dos signos exteriores da linguagem. Poderia dizer-se que elas falam a linguagem dos espíritos.

4 - Letargia, catalepsia, morte aparente.
422 - Os letárgicos e os catalépticos veem e ouvem geralmente o que se passa em torno deles, mas não podem manifestá-lo, é pelos olhos e os ouvidos do corpo que o fazem?
- Não, é pelo espírito, o espírito está consciente, mas não pode comunicar-se.
- E por que não pode se comunicar?
- O estado do corpo se opõe a isso. Esse estado particular dos órgãos vos dá a prova de que existe no homem alguma coisa além do corpo, pois o corpo não está funcionando e o espírito continua a agir.

423 - Na letargia, o espírito pode separar-se inteiramente do corpo de maneira a dar a este todas as aparências da morte, e voltar a ele em seguida?
- Na letargia, o corpo não está morto, pois há funções que continuam a realizar-se, a vitalidade se encontra em estado latente, como na crisálida, mas não se extingue. Ora, o espírito está ligado ao corpo, enquanto ele vive, uma vez rompidos os laços pela morte real e pela desagregação dos órgãos a separação é completa e o espírito não volta mais. Quando um homem aparentemente morto volta à vida, é que a morte não estava consumada.

424 - Pode-se, através de cuidados dispensados a tempo, renovar os laços a se romperem e devolver à vida um ser que, sem esses recursos morreria realmente?
- Sim, sem dúvida, e disso tendes prova todos os dias. O magnetismo é nesses casos, muitas vezes, um meio poderoso, porque dá ao corpo o fluido vital que lhe falta e que era insuficiente pra entreter o funcionamento dos órgãos.

> A letargia e a catalepsia têm o mesmo princípio, que é a perda momentânea da sensibilidade e do movimento, por uma causa fisiológica ainda inexplicada. Elas diferem entre si em que, na letargia, a suspensão das forcas vitais é geral dando ao corpo todas as aparências da morte, na catalepsia, é localizada e pode afetar uma parte mais ou menos extensa do corpo, de maneira a deixar a inteligência livre pra se manifestar, o que não permite confundi-la com a morte. A letargia é sempre natural, a catalepsia é às vezes espontânea, mas pode ser provocada e desfeita artificialmente pela ação magnética.

5 - O sonambulismo.
425 - O sonambulismo natural tem relação com os sonhos? Como se pode explicá-lo?
- É um estado de independência da alma, mais completo que no sonho e então as faculdades adquirem maior desenvolvimento A alma tem percepções que não atinge no sonho, que é um estado de sonambulismo imperfeito. No sonambulismo, o espírito está na posse total de si mesmo, os órfãos materiais, estando de qualquer forma em catalepsia, não recebem mais as impressões exteriores. Esse estado se manifesta, sobretudo durante o sono, é o momento em que o espírito pode deixar provisoriamente o corpo, que se acha entregue ao repouso indispensável à matéria.
Quando se produzem os fatos do sonambulismo, é que o espírito, preocupado com uma coisa ou outra, se entrega a alguma ação que exige o uso do seu corpo, do qual se serve como se empregasse uma mesa ou qualquer outro objeto material nos fenômenos de manifestação física, ou mesmo da vossa mão, nas comunicações escritas. Nos sonhos de que se tem consciência, os órgãos, inclusive os da memória, começam a despertar e receitem imperfeitamente as impressões produzidas pelos objetos ou as causas exteriores, e as comunicam ao espírito que, também se encontrando em repouso, só percebe sensações confusas e frequentemente fragmentárias, sem nenhuma razão de ser aparente misturada que estão de vagas recordações, seja desta existência seja de existências anteriores.
É, portanto, fácil compreender por que os sonâmbulos não se lembram de nada e por que os sonhos de que conservam a lembrança na maioria das vezes, não têm sentido. Digo na maioria das vezes, porque acontece também serem eles a consequência duma recordação precisa de acontecimentos duma vida anterior e, algumas vezes, até uma espécie de intuição do futuro.

426 - O chamado sonambulismo magnético tem relações com o sonambulismo natural?
- É a mesma coisa, com a diferença de ser provocado.

427 - Qual é a natureza do agente chamado fluido magnético?
- Fluido vital, eletricidade animalizada, que são modificações do fluido universal.

428 - Qual é a causa da clarividência sonambúlica?
- Já o dissemos, é a alma que vê.

429 - Como o sonâmbulo pode ver através dos corpos opacos?
- Não há corpos opacos, senão pros vossos órgãos grosseiros. Já dissemos que, pro espírito, a matéria não oferece obstáculos, pois ele a atravessa livremente. Com frequência, ele vos diz que vê pela testa, pelo joelho etc., porque vós, inteiramente imersos na matéria, não compreendeis que ele possa ver sem o auxílio dos órgãos, e ele mesmo, pela vossa insistência, julga necessitar desses órfãos, mas se o deixásseis livre, compreenderia que vê por todas as partes do corpo ou, pra melhor dizer, e fora do corpo que ele vê.

430 - Pois que a clarividência do sonâmbulo e a da sua alma ou do seu espírito, por que ele não vê tudo e por que se engana tantas vezes?
- Primeiro, não é dado aos espíritos imperfeitos tudo ver e tudo conhecer, sabes muito bem que eles ainda participam dos vossos erros e dos vossos prejuízos, e depois, quando estão ligados a matéria, não gozam de todas as suas faculdades de espíritos. Deus deu ao homem esta faculdade com um fim útil e sério, e não pra que ele aprenda o que não deve saber, eis porque os sonâmbulos não podem dizer tudo.

431 - Qual é a fonte das ideias inatas do sonâmbulo, e como pode ele falar com exatidão de coisas que ignora no estado de vigília, e que estão mesmo acima de sua capacidade intelectual?
- Acontece que o sonâmbulo possui mais conhecimentos do que lhe reconheceis, somente que eles estão adormecidos, porque o seu invólucro é bastante imperfeito pra que ele possa recordá-los, mas em última análise, o que é ele? Como nós, um espírito, que está encarnado pra cumprir a sua missão, e o estado em que ele entra e o desperta dessa letargia. Nós já te dissemos repetidamente que revivemos muitas vezes, e essa mudança é que lhe faz perder materialmente o que conseguiu aprender na existência precedente. Entrando no estado a que chamas crise, ele se lembra, mas sempre de maneira incompleta, ele sabe, mas não poderia dizer de onde lhe vem o conhecimento, nem como o possui. Passada a crise, toda a lembrança se apaga e ele volta à obscuridade.

> A experiência mostra que os sonâmbulos recebem também comunicações de outros espíritos, que lhes transmitem o que eles devem dizer e suprem a sua insuficiência. Isto se vê, sobretudo, nas prescrições médicas: o espírito do sonâmbulo vê o mal, o outro lhe indica o remédio. Esta dupla ação é algumas vezes patente e se revela outras vezes pelas suas expressões bastante frequentes, dizem-me que diga, ou proíbem-me dizer tal coisa. Neste último caso, é sempre perigoso insistir em obter a revelação recusada, porque então se dá lugar aos espíritos levianos que falam de tudo sem escrúpulos e sem se interessarem pela verdade.

432 - Como explicar a visão à distância em alguns sonâmbulos?
- A alma não se transporta durante o sono? O mesmo se verifica no sonambulismo.

433 - O desenvolvimento maior ou menor da clarividência sonambúlica depende da organização física ou da natureza do espírito encarnado?
- Duma e doutra, há disposições físicas que permitem ao espírito libertar-se mais ou menos facilmente da matéria.

434 - As faculdades de que o sonâmbulo desfruta são as mesmas do espírito após a morte?
- Até certo ponto, pois é necessário terem conta a influência da matéria, a que ele ainda se encontra ligado.

435 - O sonâmbulo pode ver os outros espíritos?
- A maioria os vê muito bem, isso depende do grau e da natureza da lucidez de cada um, mas, às vezes, ele não compreende, de início, e os toma por seres corporais. Isso acontece, sobretudo, com os que não têm nenhum conhecimento do Espiritismo, eles ainda não compreendem a natureza dos espíritos, o fato os espanta e é por isso que julgam estar vendo pessoas vivas.

> O mesmo efeito se produz no momento da morte, entre os que ainda se julgam vivos. Nada ao seu redor lhes parece modificado, os espíritos lhes aparecem como tendo corpos semelhantes aos nossos, e eles tomam a aparência de seus próprios corpos como corpos reais.

436 - O sonâmbulo que vê a distância, vê do lugar em que está o seu corpo ou daquele em que está a sua alma?
- Por que esta pergunta, pois se é a alma que vê e não o corpo?

437 - Sendo a alma que se transporta, como pode o sonâmbulo experimentar no corpo as sensações de calor ou de frio do lugar em que se encontra a sua alma, às vezes bem longe do corpo?

- A alma não deixou inteiramente o corpo, permanece sempre ligada a ele pelo laço que os une, e é esse laço o condutor das sensações. Quando duas pessoas se correspondem entre uma cidade e outra por meio da eletricidade, é este o laço entre os seus pensamentos, é graças a isso que elas se comunicam, como se estivessem uma ao lado da outra.

438 - O uso que um sonâmbulo faz da sua faculdade influi no estado do seu espírito após a morte?
- Muito, como o uso bom ou mau de todas as faculdades que Deus concedeu ao homem.

6 - O êxtase.
439 - Qual a diferença entre o êxtase e o sonambulismo?
- O êxtase é um sonambulismo mais apurado, a alma do extático é mais independente.

440 - O espírito do extático penetra realmente nos mundos superiores?
- Sim, ele os vê e compreende a felicidade dos que os habitam, é por isso que desejaria permanecer neles, mas há mundos inacessíveis aos espíritos que não estão bastante depurados.

441 - Quando o extático exprime o desejo de deixar a Terra, fala sinceramente e não o retém o instinto de conservação?
- Isso depende do grau de depuração do espírito, se ele vê a sua posição futura melhor que a vida presente, faz esforços pra romper os laços que o prendem a Terra.

442 - Se abandonarmos o extático a si mesmo, sua alma poderá abandonar definitivamente o corpo?
- Sim, ele pode morrer e por isso é necessário chamá-lo, por meio de tudo o que pode prendê-lo a este mundo e, sobretudo fazendo-lhe entrever que, se quebrasse a cadeia que o retém aqui, seria esse o verdadeiro meio de não ficar lá, onde vê que seria feliz.

443 - Há coisas que o extático pretende ver e que não é evidentemente o produto duma imaginação excitada pelas crenças e preconceitos terrenos. Tudo o que ele vê é então real?
- O que ele vê é real pra ele, mas como o seu espírito está sempre sob a influência das ideias terrenas, ele pode ver à sua maneira ou, melhor dito, exprimir numa linguagem de acordo com os seus preconceitos e com as ideias em que foi criado ou com as vossas, afim de melhor se fazer compreender, e, sobretudo nesse sentido que ele pode errar.

444 - Qual o grau de confiança que se pode depositar nas revelações dos extáticos?
- O extático pode enganar-se muito frequentemente, sobretudo quando ele quer penetrar aquilo que deve permanecer um mistério pro homem porque então se abandona às suas próprias ideias ou se torna joguete de espíritos enganadores que se aproveitam do seu entusiasmo pra fasciná-lo.

445 - Que consequências se podem tirar dos fenômenos do sonambulismo e do êxtase? Não seriam uma espécie de iniciação à vida futura?
- Ou, melhor dito, é a vida passada e a vida futura que o homem entrevê. Que ele estude esses fenômenos e neles encontrará a solução de mais dum mistério que a sua razão procura inutilmente penetrar.

446 - Os fenômenos do sonambulismo e do êxtase poderiam acomodar-se ao materialismo?
- Aquele que os estuda de boa-fé e sem prevenções não pode ser materialista nem ateu.

7 - Dupla vista.
447 - fenômeno designado pelo nome de dupla vista tem relação com o sonho e o sonambulismo?
- Tudo isso não é mais do que uma mesma coisa. Isso a que chamas dupla vista é ainda o espírito em maior liberdade, embora o corpo não esteja adormecido. A dupla vista é a vista da alma.

448 - A dupla vista é permanente?
- A faculdade, sim, o seu exercício, não. Nos mundos menos materiais que o vosso, os espíritos se desprendem mais facilmente e se põem em comunicação apenas pelo pensamento, sem excluir, entretanto, a linguagem articulada, também a dupla vista é pra maioria uma faculdade permanente, seu estado normal pode ser comparado ao dos vossos sonâmbulos lúcidos, e essa é também a razão por que eles se manifestam a vós mais facilmente do que os encarnados de corpos mais grosseiros.

449 - A dupla vista se desenvolve espontaneamente ou pela vontade de quem a possui?
- Na maioria das vezes, ela é espontânea, mas a vontade também, muitas vezes, desempenha um grande papel. Assim, podes tomar, por exemplo, certas pessoas chamadas leitoras da sorte, algumas das quais possuem esta faculdade de dupla vista e nisso a que chamas visão.

450 - A dupla vista é suscetível de se desenvolver pelo exercício?

- Sim, o trabalho sempre conduz ao progresso e o véu que encobre as coisas se torna transparente.

- Esta faculdade se liga à organização física?

- Por certo, a organização desempenha o seu papel, há organizações que se mostram refratárias.

451 - De onde vem que a dupla vista pareça hereditária em cenas famílias?

- Similitude de organizações que se transmite como as outras qualidades físicas e depois desenvolvimento da faculdade por uma espécie de educação,que também se transmite dum pra outro.

452 - É verdade que certas circunstâncias desenvolvem a dupla vista?

- A doença, a proximidade dum perigo, uma grande comoção podem desenvolvê-la, o corpo se encontra às vezes num estado particular que permite ao espírito ver o que não podeis ver com os olhos do corpo.

> Os tempos de crise e de calamidades, as grandes emoções todas as causas enfim, de superexcitação moral provocam, às vezes, o desenvolvimento da dupla vista. Parece que a Providência nos dá, em presença do perigo, o meio de conjugar. Todas as seitas e todos os partidos perseguidos oferecem numerosos exemplos a respeito.

453 - As pessoas dotadas de dupla vista sempre têm consciência disso?

- Nem sempre, pra elas é coisa inteiramente natural, e muitas dessas pessoas acreditam que se todos se observassem nesse sentido, perceberiam ser como elas.

454 - Poder-se-ia atribuir a uma espécie de dupla vista a perspicácia de certas pessoas que, sem nada terem de extraordinário, julgam as coisas com mais precisão do que as outras?

- É sempre a alma que irradia mais livremente e julga melhor do que sob o véu da matéria.

- Esta faculdade pode, em certos casos, dar a presciência das coisas?

- Sim, ela dá também os pressentimentos, porque há muitos graus desta faculdade e o mesmo indivíduo pode ter todos os graus ou não ter mais do que alguns.

8 - Resumo teórico do sonambulismo, do êxtase e da dupla vista.

455 - Os fenômenos do sonambulismo natural se produzem espontaneamente e independem de qualquer causa exterior conhecida, mas entre algumas pessoas dotadas de organização especial podem ser provocados artificialmente, pela ação do agente magnético. O estado designado pelo nome de sonambulismo magnético não difere do sonambulismo natural, senão pelo fato de ser provocado, enquanto o outro é espontâneo.

O sonambulismo natural é um fato notório, que ninguém pensa pôr em dúvida, apesar do aspecto maravilhoso dos seus fenômenos, que haveria, pois, de mais extraordinário ou de mais irracional no sonambulismo magnético, por ser ele produzido artificialmente, como tantas outras coisas? Dizem que os charlatães o têm explorado, mais uma razão pra que não seja deixado em suas mãos.

Quando a Ciência se tiver apropriado dele, o charlatanismo terá muito menos crédito entre as massas, mas enquanto se espera, como o sonambulismo natural ou artificial, são um fato, e contra fatos não há argumentos, ele se firma apesar da má vontade de alguns, e isso no próprio seio da Ciência, onde penetra por uma infinidade de portas laterais, em vez de passar pela central, e quando lá estiver plenamente firmado, será necessário lhe conceder o direito de cidadania.

Pro Espiritismo, o sonambulismo é mais do que um fenômeno fisiológico, é uma luz projetada sobre a Psicologia. É nele que se pode estudar a alma, porque é nele que ela se mostra a descoberto. Ora, um dos fenômenos pelos quais ela se caracteriza é o da clarividência, independente dos órgãos comuns da visão. Os que contestam o fato se fundam em que o sonâmbulo não vê sempre e à vontade dos experimentadores, como através dos olhos. Seria de admirar que, os meios sendo diferentes, os efeitos não sejam os mesmos? Seria racional buscar efeitos semelhantes, quando não existe o instrumento? A alma tem as suas propriedades, como os olhos têm as deles, é preciso julgá-los em si mesmos, e não por analogia.

A causa da clarividência, do sonambulismo magnético e do sonambulismo natural é a mesma: um atributo da alma, uma faculdade inerente a todas as partes do ser incorpóreo que existe em nós, e que não tem limites além dos que são assinalados à própria alma. O sonâmbulo vê em toda parte a que sua alma possa transportar-se qualquer que seja a distância. No caso da visão à distância, o sonâmbulo não vê as coisas do lugar em que se encontra o seu corpo, à semelhança dum efeito telescópico. Ele as vê presentes, como se estivesse no lugar em que elas existem, porque a sua alma lá se encontra realmente, eis porque o seu corpo fica como aniquilado e privado de sensações, até o momento em que a alma se reapossar dele.

Essa separação parcial da alma e do corpo é um estado anormal, que pode ter uma duração mais ou menos longa, mas não indefinida, essa a causa da fadiga que o corpo experimenta, após um certo tempo, sobretudo quando a alma se entrega a um trabalho ativo. A vista da alma ou do espírito não sendo circunscrita e não tendo sede determinada, isso explica por que os sonâmbulos não podem assinalar pra ela um órgão especial, eles veem porque veem, sem saber por que nem como, pois a vista não tem, pra eles, como espírito, lugar próprio.

Se eles se reportam ao corpo, esse lugar parece estar nos centros em que a atividade vital é maior, principalmente no cérebro ou na região epigástrica, ou no órgão que, pra eles, é o ponto de ligação mais intenso entre o espírito e o corpo. O poder de lucidez sonambúlica não é indefinido. O espírito, mesmo quando completamente livre, é limitado em suas faculdades e em seus conhecimentos, segundo o grau de perfeição que tenha atingido, e é mais ainda quando ligado à matéria, da qual sofre a influência.

Essa a causa por que a clarividência sonambúlica não é universal nem infalível, e tanto menos se pode contar com a sua infalibilidade, quanto mais a desviem do fim proposto pela natureza e a transformem em objeto de curiosidade e de experimentação. No estado de desprendimento, em que se encontra o espírito do sonâmbulo, entra ele em comunicação mais fácil com os outros espíritos encarnados ou não. Essa comunicação se estabelece pelo contato dos fluidos que compõem os perispíritos e servem de transmissão ao pensamento, como o fio à eletricidade.

O sonâmbulo não tem, pois, necessidade de que o pensamento seja articulado através da palavra: ele o sente e adivinha, é isso que o torna eminentemente impressionável e acessível às influências da atmosfera moral em que se encontra. É também por isso que uma afluência numerosa de espectadores, e, sobretudo de curiosos mais ou menos malévolos, prejudica essencialmente o desenvolvimento de suas faculdades, que, por assim dizer, se fecham sobre si mesmas e não se desdobram com toda a liberdade, como na intimidade e num meio simpático. A presença de pessoas malévolas ou antipáticas produz sobre ele o efeito do contato da mão sobre a sensitiva.

O sonâmbulo vê, ao mesmo tempo, o seu próprio espírito e o seu corpo, eles são, por assim dizer, dois seres que lhe representam a dupla existência espiritual e corporal, confundidos, entretanto, pelos laços que os unem. Nem sempre o sonâmbulo se dá conta dessa situação, e essa dualidade faz que frequentemente ele fale de si mesmo como se falasse duma pessoa estranha. É que num momento o ser corporal fala ao espiritual, e noutro é o ser espiritual que fala ao ser corporal.

O espírito adquire um acréscimo de conhecimentos e de experiências em cada uma de suas existências corpóreas. Esquece-os, em parte, durante a sua encarnação numa matéria demasiado grosseira, mas recorda-os como espírito. É assim que certos sonâmbulos revelam conhecimentos superiores ao seu grau de instrução, e mesmo à sua capacidade intelectual aparente.

A inferioridade intelectual e científica do sonâmbulo, em seu estado de vigília, não permite, portanto, prejulgar-se nada sobre os conhecimentos que ele pode revelar no estado lúcido. Segundo as circunstâncias e o objetivo que se tenha em vista, ele pode hauri-los na sua própria experiência, na clarividência das coisas presentes, ou nos conselhos que recebe de outros espíritos, mas, como o seu próprio espírito pode ser mais ou menos adiantado, ele pode dizer coisas mais ou menos justas. Pelos fenômenos do sonambulismo, seja natural, seja magnético, a Providência nos dá a prova irrecusável da existência e da independência da alma e nos faz assistir ao espetáculo sublime da sua emancipação, por esses fenômenos, ela nos abre o livro do nosso destino.

Quando o sonâmbulo descreve o que se passa à distância, é evidente que ele o vê, mas não pelos olhos do corpo: vê-se a si mesmo no local, e pra lá se sente transportado, lá existe, portanto, qualquer coisa dele, e essa qualquer coisa, não sendo o seu corpo, só pode ser a alma ou o seu espírito, enquanto o homem se extravia nas sutilezas duma metafísica abstraía e ininteligível, na busca das causas de nossa existência moral. Deus põe diariamente sob os seus olhos e sob as suas mãos os meios mais simples e mais patentes pro estudo da Psicologia experimental. O êxtase é o estado pelo qual a independência entre a alma e o corpo se manifesta da maneira mais sensível, e se torna, de certa forma, palpável.

No sonho e no sonambulismo, a alma erra pelos mundos terrestres, no êxtase, ela penetra num mundo desconhecido, o dos espíritos etéreos com os quais entra em comunicação, sem, entretanto, poder ultrapassar certos limites, que ela não poderia transpor sem romper inteiramente os laços que a ligam ao corpo. Um fulgor resplandecente e inteiramente novo a envolve, harmonias desconhecidas na Terra a empolgam, um bem-estar indefinível a penetra: ela goza, por antecipação, da beatitude celeste, e pode-se dizer que pousa um pé no limiar da eternidade.

No estado de êxtase, o aniquilamento do corpo é quase completo, ele só conserva, por assim dizer, a vida orgânica. Sente-se que a alma não se liga a ele mais que por um fio, que um esforço a mais poderia romper sem remédio. Nesse estado, todos os pensamentos terrenos desaparecem diante daquele sentimento puro que é a própria essência do nosso ser imaterial. Todo entregue a essa contemplação sublime, o extático encara a vida como uma parada momentânea, pra ele, o bem e o mal, as alegrias grosseiras e as misérias deste mundo não são mais que fúteis incidentes duma viagem da qual se sente feliz ao ver o termo.

Acontece com os extáticos o mesmo que com os sonâmbulos: sua lucidez pode ser mais ou menos perfeita, e seu próprio espírito, conforme for mais ou menos elevado, é também mais ou menos apto a conhecer e a compreender as coisas. Verifica-se neles, às vezes, mais exaltação do que verdadeira lucidez ou, melhor dito, sua exaltação prejudica a lucidez, é por isso que suas revelações são frequentemente uma mistura de verdades e erros, de coisas sublimes e de coisas absurdas, ou mesmo ridículas.

Espíritos inferiores aproveitam-se muitas vezes dessa exaltação, que é sempre uma causa de fraqueza, quando não se sabe vencê-la, pra dominar o extático, e pra tanto se revestem aos seus olhos de aparências que o mantêm nas suas ideias e preconceitos do estado de vigília. Este e um escolho, mas nem todos são assim, cabe a nós julgarmos friamente e pesar as suas revelações na balança da razão.

A emancipação da alma se manifesta, às vezes, no estado de vigília e produz o fenômeno designado pelo nome de dupla vista, que dá aos que o possuem a faculdade de ver, ouvir e sentir a dos limites dos nossos sentidos. Eles percebem as coisas ausentes, por toda parte, até onde a alma possa estender a sua ação, veem, por assim dizer, através da vista ordinária, como por uma espécie de miragem.

No momento em que se produz o fenômeno da dupla vista, o estado físico e sensivelmente modificado: os olhos têm qualquer coisa de vago olhando sem ver, e toda a fisionomia reflete uma espécie de exaltação. Constata-se que os órgãos da visão são alheios ao fenômeno, ao verificar-se que a visão persiste, mesmo com os olhos fechados. Esta faculdade se afigura aos que a possuem, tão natural como a de ver consideram-na um atributo normal, que não lhes parece constituir exceção, o esquecimento se segue, em geral, a essa lucidez passageira, cuja lembrança se torna cada vez mais vaga, e acaba por desaparecer, como a dum sonho.

O poder da dupla vista vai desde a sensação confusa até a percepção clara e nítida das coisas presentes ou ausentes. No estado rudimentar ela dá a algumas pessoas o tato, a perspicácia, uma espécie de segurança nos seus atos a que se pode chamar a justeza do golpe de vista moral. Mais desenvolvida, desperta os pressentimentos, e ainda mais desenvolvida mostra acontecimentos já realizados ou em vias de realização.

O sonambulismo natural e artificial, o êxtase e a dupla vista não são mais do que variedades ou modificações de uma mesma causa. Esses fenômenos, da mesma maneira que os sonhos pertencem à ordem natural. Eis porque existiram desde todos os tempos: a História nos mostra que eles foram conhecidos, e até mesmo explorados, desde a mais alta Antiguidade, e neles se encontra a explicação duma infinidade de fatos que os preconceitos fizeram passar como sobrenaturais.

Sociedade Armônica

Capítulo 9 - A intervenção dos espíritos no mundo corpóreo

1 - Penetração no nosso pensamento pelos espíritos.

456 - Os espíritos veem tudo o que fazemos?

- Podem vê-lo, pois estais incessantemente rodeados por eles, mas cada um só vê aquelas coisas a que dirige a sua atenção, porque eles não se ocupam das que não lhes interessam.

457 - Os espíritos podem conhecer os nossos pensamentos mais secretos?

- Conhecem, muitas vezes, aquilo que desejaríeis ocultar a vós mesmos, nem atos, nem pensamentos podem ser dissimulados pra eles.

- Assim sendo, pareceria mais fácil ocultar-se uma coisa a uma pessoa viva, pois não o podemos fazer a essa mesma pessoa depois de morta?

- Certamente, pois quando vos julgais bem escondidos, tendes muitas vezes ao vosso lado uma multidão de espíritos que vos veem.

458 - Que pensam de nós os espíritos que estão ao nosso redor e nos observam?

- Isso depende. Os espíritos levianos riem das pequenas traquinices que vos fazem e zombam das vossas impaciências. Os espíritos sérios lamentam as vossas trapalhadas e tratam de vos ajudar.

2 - Influência oculta dos espíritos sobre os nossos pensamentos e as nossas ações.

459 - Os espíritos influem sobre os nossos pensamentos e as nossas ações?

- Nesse sentido a sua influência é maior do que supondes porque muito frequentemente são eles que vos dirigem.

460 - Temos pensamentos próprios e outros que nos são sugeridos?

- Vossa alma é um espírito que pensa, não ignorais que muitos pensamentos vos ocorrem, a um só tempo sobre o mesmo assunto e frequentemente bastante contraditórios, pois bem, nesse conjunto há sempre os vossos e os nossos, e é isso o que vos deixa na incerteza, porque tendes em vós duas ideias que se combatem.

461 - Como distinguir os nossos próprios pensamentos dos que nos são sugeridos?

- Quando um pensamento vos é sugerido, é como uma voz que vos fala. Os pensamentos próprios são, em geral, os que vos ocorrem no primeiro impulso. De resto, não há grande interesse pra vós nessa distinção e é frequentemente útil não o saberdes: o homem age mais livremente, se decidir pelo bem, o fará de mais boa vontade, se tomar o mau caminho, sua responsabilidade será maior.

462 - Os homens de inteligência e de gênio tiram sempre suas ideias de si mesmos?

- Algumas vezes as ideias surgem de seu próprio espírito, mas frequentemente lhes são sugeridas por outros espíritos, que os julgam capazes de compreendê-las e dignos de transmiti-las. Quando eles não as encontram em si mesmos, apelam pra inspiração, é uma evocação que fazem, sem o suspeitar.

> Se fosse útil que pudéssemos distinguir os nossos próprios pensamentos daqueles que nos são sugeridos, Deus nos teria dado o meio de fazê-lo, como nos deu o de distinguir o dia e a noite. Quando uma coisa permanece vaga, é assim que deve ser pro nosso bem.

463 - Diz-se algumas vezes que o primeiro impulso é sempre bom, isto é exato?

- Pode ser bom ou mau, segundo a natureza do espírito encarnado, é sempre bom pra aquele que ouve as boas inspirações.

464 - Como distinguir se um pensamento sugerido vem dum bom ou dum mau espírito?

- Estudai a coisa, os bons espíritos não aconselham senão o bem, cabe a vós distinguir.

465 - Com que fim os espíritos imperfeitos nos induzem ao mal?

- Pra vos fazer sofrer com eles.

- Isso lhes diminui o sofrimento?

- Não, mas eles o fazem por inveja dos seres mais felizes.

- Que espécie de sofrimentos eles querem nos fazer provar?

- Os que decorrem de pertencer a uma ordem inferior e estar distante de Deus.

466 - Por que permite Deus que os espíritos nos incitem ao mal?

- Os espíritos imperfeitos são os instrumentos destinados a experimentar a fé e a constância dos homens no bem. Tu, sendo espírito, deves progredir na ciência do infinito e é por isso que passas pelas provas do mal pra chegar ao bem.

Nossa missão é a de te colocar no bom caminho e quando más influências agem sobre ti, és tu que as chamas, pelo desejo do mal, porque os espíritos inferiores vêm em teu auxílio no mal, quando tens a vontade de cometê-lo, eles não podem ajudar-te no mal, senão quando tu desejas o mal. Se és inclinado ao assassínio, pois bem, terás uma nuvem de espíritos que entreterão esse pensamento em ti, mas também terás outros que tratarão de influenciar-te pro bem, o que faz que se reequilibre a balança e te deixe senhor de ti.

467 - Pode o homem se afastar da influência dos espíritos que o incitam ao mal?
- Sim, porque eles só se ligam aos que os solicitam por seus desejos ou os atraem por seus pensamentos.

468 - Os espíritos cuja influência é repelida pela vontade do homem renunciam às suas tentativas?
- Que queres que eles façam? Quando nada têm afazer, abandonam o campo. Não obstante, espreitam o momento favorável, como o gato espreita o rato.

469 - Por que meio se pode neutralizar a influência dos maus espíritos?
- Fazendo o bem e colocando toda a vossa confiança em Deus, repelis a influência dos espíritos inferiores e destruís o império que desejam ter sobre vós. Guardai-vos de escutar as sugestões dos espíritos que suscitem em vós os maus pensamentos, que insuflam a discórdia e excitam em vós todas as más paixões. Desconfiai, sobretudo dos que exaltam o vosso orgulho, porque eles vos atacam na vossa fraqueza. Eis porque Jesus vos faz dizer na oração dominical: - *Senhor, não nos deixeis cair em tentação, mas livrai-nos do mal.*

470 - Os espíritos que procuram induzir-nos ao mal, e que, assim, põem à prova a nossa firmeza no bem, receberam a missão de fazê-lo, e, se é uma missão que eles cumprem, terão responsabilidade nisso?
- Nenhum espírito recebe a missão de fazer o mal, quando ele o faz, é pela sua própria vontade, e consequentemente terá de sofrer as consequências. Deus pode deixá-lo fazer pra vos provar, mas jamais o ordena e cabe a vós repeli-lo.

471 - Quando experimentamos um sentimento de angústia, de ansiedade indefinível ou de satisfação interior sem causa conhecida, isso decorre duma disposição física?
- E quase sempre um efeito das comunicações que, sem o saber, tivestes com os espíritos, ou das relações que tivestes com eles durante o sono.

472 - Os espíritos que desejam incitar-nos ao mal se limitam a aproveitar as circunstâncias em que nos encontramos ou podem criar essas circunstâncias?
- Eles aproveitam a circunstância, mas frequentemente a provocam, empurrando-vos sem o perceberdes pro objeto da vossa ambição. Assim, por exemplo, um homem encontra no seu caminho uma certa quantia, não acrediteis que foram os espíritos que puseram o dinheiro ali, mas eles podem dar ao homem o pensamento de se dirigir naquela direção, e então lhe sugerem apoderar-se dele, enquanto outros lhes sugerem devolver o dinheiro ao dono. Acontece o mesmo em todas as outras tentações.

3 - Possessos.
473 - Pode um espírito, momentaneamente, revestir-se do invólucro duma pessoa viva, quer dizer, introduzir-se num corpo animado e agir em substituição ao espírito que nele se encontra encarnado?
- Um espírito não entra num corpo como entra numa cãs, ele se assimila a um espírito encarnado que tem os seus mesmos defeitos e as suas mesmas qualidades, pra agir conjuntamente, mas é sempre o espírito encarnado que age como quer sobre a matéria de que está revestido. Um espírito não pode substituir-se ao que se acha encarnado, porque o espírito e o corpo estão ligados até o tempo marcado pro termo da existência material.

474 - Se não há possessão propriamente dita, quer dizer, coabitação de dois espíritos no mesmo corpo, a alma pode encontrar-se na dependência dum outro espírito, de maneira a se ver por ele subjugada ou obsedada a ponto de ser sua vontade, de alguma forma, paralisada?
- Sim, e são esses os verdadeiros possessos, mas ficai sabendo que essa denominação não se efetua jamais sem a participação daquele que sofre, seja por sua fraqueza, seja pelo seu desejo. Frequentemente se têm tomado por criaturas possessos epiléticas ou loucas, que mais necessitam de médico do que de exorcismo.

> A palavra 'possesso', na sua acepção vulgar, supõe a existência de demônios, ou seja, duma categoria de seres de natureza má, e a coabitação dum desses seres com a alma, no corpo dum indivíduo. Mas, como não há demônios nesse sentido, e como dois espíritos não podem habitar simultaneamente o mesmo corpo, também não há possessos, segundo a ideia ligada a essa palavra. Pela expressão 'possesso' não se deve entender senão a dependência absoluta da alma em relação a espíritos imperfeitos que a subjuguem.

475 - Pode uma pessoa por si mesma afastar os maus espíritos e se libertar do seu domínio?
- Sempre se pode sacudir um jugo quando se tem uma vontade firme.

476 - Não pode acontecer que a fascinação exercida por um mau espírito seja tal que a pessoa subjugada não a perceba? Então, uma terceira pessoa pode fazer cessar a sujeição e, nesse caso, que condição deve ela preencher?
- Se for um homem de bem, sua vontade pode ajudar, apelando pro concurso dos bons espíritos, porque, quanto mais se é um homem de bem, mais poder se tem sobre os espíritos imperfeitos, pra afastá-los, e sobre os bons, pra atraí-los. Não obstante, essa 3ª pessoa seria importante se aquele que está subjugado não se prestasse a isso, pois há pessoas que se comprazem numa dependência que satisfaz, os seus gostos e os seus desejos. Em todos os casos, aquele que não tem o coração puro não pode ter nenhuma influência, os bons espíritos o desprezam e os maus não o temem.

477 - As fórmulas de exorcismo têm qualquer eficácia contra os maus espíritos?
- Não, quando esses espíritos veem alguém toma-las a sério, riem e se obstinam.

478 - Há pessoas animadas de boas intenções e nem por isso menos obsedadas, qual o melhor meio de se livrarem dos espíritos obsessores?
- Cansar-lhes a paciência, não dar nenhuma atenção às suas sugestões, e mostrar-lhes que perdem tempo, então, quando eles veem que nada têm a fazer, se retiram.

479 - A prece é um meio eficaz pra curar a obsessão?
- A prece é um poderoso socorro pra todos os casos, mas sabei que não é suficiente murmurar algumas palavras pra obter o que se deseja. Deus assiste aos que agem e não aos que se limitam a pedir. Cumpre, portanto, que o obsedado faça, de seu lado, o que for necessário pra destruir em si mesmo a causa que atrai os maus espíritos.

480 - Que se deve pensar da expulsão dos demônios, de que se fala no Evangelho?
- Isso depende de interpretação. Se chamais demônio a um mau espírito que subjuga um indivíduo, quando a sua influência for destruída, ele será verdadeiramente expulso. Se atribuís uma doença ao demônio, quando a tiverdes curado, direis também que expulsastes o demônio. Uma coisa pode ser verdadeira ou falsa, segundo o sentido que se der às palavras. As maiores verdades podem parecer absurdas, quando não se olha senão pra forma e quando se toma a alegoria pela realidade. Compreendei bem isto e procurai retê-lo, que é de aplicação geral.

4 - Convulsionários.
481 - Os espíritos desempenham algum papel nos fenômenos que se produzem entre os indivíduos chamados convulsionários?
- Sim, e muito grande, como também o magnetismo, que é a sua primeira fonte, mas o charlatanismo tem frequentemente explorado e exagerado os seus efeitos, o que o pôs em ridículo.
- De que natureza são, em geral, os espíritos que concorrem a essas espécies de fenômeno?
- Pouco elevados, acreditais que espíritos superiores perdessem tempo com tais coisas?

482 - Como o estado anormal dos convulsionários e dos nervosos pode estender-se subitamente a toda uma população?
- Efeito simpático. As disposições morais se comunicam mais facilmente em certos casos, não sois tão alheios aos efeitos magnéticos pra não compreender esse fato e a parte que alguns espíritos devem nele tomar, por simpatia pelos que os provocam.

> Entre as faculdades estranhas que se notam nos convulsionários reconhecemos facilmente algumas de que o sonambulismo e o magnetismo oferecem numerosos exemplos, tais são, entre outras, a insensibilidade física, a leitura do pensamento a transmissão simpática de dores, etc. Não se pode duvidar que esses indivíduos em crise estejam numa espécie de estado sonambúlico desperto, provocado pela influência que exercem uns sobre os outros. Eles são, ao mesmo tempo, magnetizadores e magnetizados, sem o saber.

483 - Qual a causa da insensibilidade física que se verifica, seja entre certos convulsionários, seja entre outros indivíduos submetidos às torturas mais atrozes?
- Entre alguns, é um efeito exclusivamente magnético, que age sobre sistema nervoso da mesma maneira que certas substâncias. Entre outros a exaltação do pensamento embota a sensibilidade, pelo que a vida parece haver-se retirado do corpo e se transportado ao espírito. Não sabeis que quando o espírito está fortemente preocupado com uma coisa, o corpo não sente, não ouve e não vê?

> A exaltação fanática e o entusiasmo oferecem muitas vezes, nos casos de suplício o exemplo duma calma e dum sangue frio que não poderiam triunfar duma dor aguda, se não se admitisse que a sensibilidade foi neutralizada por uma espécie de efeito anestésico. Sabe-se que, no calor do combate, frequentemente não se percebe um ferimento grave, enquanto nas circunstâncias ordinárias uma arranhadura provoca tremores. Desde que esses fenômenos dependem de uma causa física e da ação de certos espíritos, podemos perguntar como, em alguns casos, a autoridade os pode fazer cessar. A razão é simples, a ação dos espíritos é secundária, eles nada mais fazem do que aproveitar uma disposição natural. A autoridade não pode suprimir essa disposição, mas a causa que a entretinha e exaltava, de ativa, ela o torna latente e com razão pra agir assim, porque o fato resultava em abuso e escândalo. Sabe-se, aliás, que essa intervenção é impotente, quando a ação dos espíritos é direta e espontânea.

5 - Afeição dos espíritos por certas pessoas.
484 - Os espíritos se afeiçoam de preferência a certas pessoas?
- Os bons espíritos simpatizam com os homens de bem, ou suscetíveis de se melhorar, os espíritos inferiores, com os homens viciosos ou que podem se viciar, daí o seu apego, resultante da semelhança de sensações.

485 - A afeição dos espíritos por certas pessoas é exclusivamente moral?
- A afeição verdadeira nada tem de carnal, mas quando um espírito se apega a uma pessoa, nem sempre o f az por afeição, podendo existir no caso uma lembrança de paixões humanas.

486 - Os espíritos se interessam pelos nossos infortúnios e pela nossa prosperidade? Os que nos querem bem se afligem pelos males que experimentamos na vida?
- Os bons espíritos fazem todo o bem que podem e se sentem felizes com as vossas alegrias. Eles se afligem com os vossos males, quando não os suportais com resignação, porque então esses males não vos dão resultados, pois procedeis como o doente que rejeita o remédio amargo destinado a curá-lo.

487 - Qual a espécie de mal que mais faz os espíritos se afligirem por nós, o mal físico ou o mal moral?
- Vosso egoísmo e vossa dureza de coração, é disso que tudo deriva. Eles riem de todos esses males imaginários que nascem do orgulho e da ambição e se rejubilam com os que têm por fim abreviar o vosso tempo de prova.

> Os espíritos, sabendo que a vida corporal é apenas transitória e que as tribulações que a acompanham são meios de conduzir a um estado melhor, se afligem mais pelas causas morais que podem distanciar-nos desse estado do que pelos males físicos. Os espíritos pouco se importam com os infortúnios que só afetam as nossas ideias mundanas, como fazemos com as aflições pueris da infância. O espírito que vê nas aflições da vida um meio de adiantamento pra nós considera-as como a crise momentânea que deve salvar o doente. Compadece-se dos nossos sofrimentos como nos compadecemos dos sofrimentos dum amigo, mas vendo as coisas dum ponto de vista mais justo, aprecia-os de maneira diversa, e enquanto os bons reerguem a nossa coragem, no interesse do nosso futuro os outros, tentando comprometer-nos, nos incitam ao desespero.

488 - Nossos parentes e nossos amigos, que nos precederam na outra vida, tem mais simpatia por nós do que os espíritos que nos são estranhos?
- Sem dúvida, e frequentemente vos protegem como espíritos de acordo com o seu poder.
- São eles sensíveis à afeição que lhes conservamos?
- Muito sensíveis, mas eles esquecem aqueles que os esquecem.

6 - Anjos da Guarda, espíritos protetores, familiares ou simpáticos.
489 - Há espíritos que se ligam a um indivíduo em particular pra protegê-lo?
- Sim, o irmão espiritual, é o que chamais o bom espírito ou o bom gênio.

490 - Que se deve entender por anjo da guarda?
- O espírito protetor duma ordem elevada.

491 - Qual a missão do espírito protetor?
- A dum pai com os filhos, conduzir o seu protegido pelo bom caminho, ajudá-lo com os seus conselhos, consolá-lo nas suas aflições sustentar sua coragem nas provas da vida.

492 - O espírito protetor é ligado ao indivíduo desde o seu nascimento?
- Desde o nascimento até a morte e frequentemente o segue depois da morte, na vida espírita, e mesmo através de numerosas experiências corpóreas porque essas existências não são mais do que fases bem curtas da vida do espírito.

493 - A missão do espírito protetor é voluntária ou obrigatória?

- O espírito é obrigado a velar por vós porque aceitou essa tarefa, mas pode escolher os seres que lhe são simpáticos. Pra uns, isso é um prazer, pra outros, uma missão ou um dever.

- Ligando-se a uma pessoa o espírito renuncia a proteger outros indivíduos?

- Não, mas o faz de maneira mais geral.

494 - O espírito protetor está fatalmente ligado ao ser que foi confiado à sua guarda?

- Acontece frequentemente que certos espíritos deixam sua posição pura cumprir diversas missões, mas nesse caso são substituídos.

495 - O espírito protetor abandona, às vezes, o protegido, quando este se mostra rebelde às suas advertências?

- Afasta-se quando vê que os seus conselhos são inúteis e que é mais forte a vontade do protegido em se submeter à influência dos espíritos inferiores, mas não o abandona completamente e sempre se faz ouvir. É o homem quem lhe fecha os ouvidos, ele volta, logo que chamado. Há uma doutrina que deveria converter os mais incrédulos, por seu encanto e por sua doçura, a dos anjos da guarda. Pensar que tendes sempre ao vosso lado seres que vos são superiores, que estão sempre ali pra vos aconselhar, vos sustentar, vos ajudar a escalar a montanha escarpada do bem, que são amigos mais firmes e mais devotados que as mais íntimas ligações que se possam contrair na Terra, não é essa uma ideia bastante consoladora?

Esses seres ali estão por ordem de seu Deus, que os colocou ao vosso lado, ali estão por seu amor, e cumprem junto a vós todos uma bela, mas penosa missão. Sim, onde quer que estiverdes, vosso anjo estará convosco, nos cárceres, nos hospitais, nos antros do vício, na solidão, nada vos separa desse amigo que não podeis ver, mas do qual vossa alma recebe os mais doces impulsos e ouve os mais sábios conselhos. Ah! Por que não conheceis melhor esta verdade? Quantas vezes ela vos ajudaria nos momentos de crise, quantas vezes ela vos salvaria dos maus espíritos, mas no dia decisivo este anjo de bondade terá muitas vezes de vos dizer: - *Não te avisei disso?*

E não afizeste! Não te mostrei o abismo? E nele te precipitaste! Não fiz soar na tua consciência a voz da verdade, e não seguiste os conselhos da mentira? Ah! Interpelai vossos anjos da guarda, estabelecei entre vós e eles essa terna intimidade que reina entre os melhores amigos. Não penseis em lhes ocultar nada, pois eles são os olhos de Deus e não os podeis enganar. Considerai o futuro, procurai avançar nesta vida e vossas provas serão mais curtas, vossas existências mais felizes. Vamos, homens, coragem. Afastai pra longe de vós, duma vez por todas, preconceitos e segundas intenções. Entrai na nova via que se abre diante de vós, marchai,marchai. Tendes guias, segui-os, a meta não vos pode faltar porque essa meta é o próprio Deus.

Aos que pensassem que é impossível a espíritos verdadeiramente elevados se restringirem a uma tarefa tão laboriosa e de todos os instantes, diremos que influenciamos as vossas almas, embora estando a milhões de léguas de distância, pra nós o espaço não existe, e mesmo vivendo em outro mundo os nossos espíritos, conservam sua ligação convosco. Gozamos de faculdades que não podeis compreender, mas estais certos de que Deus não vos impôs uma tarefa acima de vossas forças, nem vos abandonou sozinhos sobre a Terra, sem amigos e sem amparo. Cada anjo da guarda tem o seu protegido e vela por ele como um pai vela pelo filho. Sente-se feliz quando o vê no bom caminho, chora quando os seus conselhos são desprezados.

Não temais fatigar-nos com as vossas perguntas, permanecei, pelo contrário, sempre em contato conosco, sereis então mais forte e mais felizes. São essas comunicações de cada homem com seu espírito familiar que fazem médiuns a todos os homens, médiuns hoje ignorados, mas que mais tarde se manifestarão, derramando-se como um oceano sem bordas pra fazer refluir a incredulidade e a ignorância. Homens instruídos, instruí, homens de talento, educai vossos irmãos. Não sabeis que a obra assim realizais, é a do Cristo, a que Deus vos impõe. Por que Deus vos concedeu a inteligência e a ciência, senão pras repartirdes com vossos irmãos, pra adiantá-los na senda da ventura e da eterna bem aventurança? São Luís, Santo Agostinho.

> A doutrina dos anjos da guarda, velando pelos protegidos apesar da distância que separa os mundos, nada tem que deva surpreender, pelo contrário, é grande e sublime. Não vemos sobre a Terra um pai velar pelo filho, ainda que esteja distante, e ajudá-lo com seus conselhos através da correspondência? Que haveria de admirar em que os espíritos possam guiar, dum mundo ao outro, os que tomaram sob sua proteção, pois se, pra eles, a distância que separa os mundos é menor que a que divide os continentes da Terra? Não dispõem eles do fluido universal que liga a todos os mundos e os torna solidários, veículo imenso da transmissão do pensamento, como o ar é pra nós o veículo da transmissão do som?

496 - O espírito que abandona o seu protegido, não mais lhe fazendo o bem, pode fazer-lhe mal?

- Os bons espíritos jamais fazem o mal, deixam que o façam os que lhes tomam o lugar e então acusais a sorte pelas desgraças que vos oprimem, enquanto a falta é vossa.

497 - O espírito protetor pode deixar o seu protegido à mercê dum espírito que o quisesse mal?

- Existe a união dos maus espíritos pra neutralizar a ação dos bons, mas, se o protegido quiser, dará toda força ao seu bom espírito. Esse talvez encontre, em algum lugar, uma boa vontade a ser ajudada, e a aproveita, esperando o momento de voltar junto ao seu protegido.

498 - Quando o espírito protetor deixa o seu protegido se extraviar na vida, é por impotência pra enfrentar os espíritos maléficos?

- Não é por impotência, mas porque ele não o quer, seu protegido sai das provas mais perfeito e instruído, e ele o assiste com os seus conselhos, pelos bons pensamentos que lhe sugere, mas que infelizmente nem sempre são ouvidos. Não é senão a fraqueza, o desleixo ou o orgulho do homem que dão força aos maus espíritos. Seu poder sobre vós só provém do fato de não lhes opordes resistência.

499 - O espírito está constantemente com o protegido? Não existe alguma circunstância em que, sem o abandonar, o perca de vista?

- Há circunstâncias em que a presença do espírito protelar não é necessária, junto ao protegido.

500 - Chega um momento em que o espírito não tem mais necessidade do anjo da guarda?

- Sim, quando se torna capaz de guiar-se por si mesmo, como chega um momento em que o estudante não mais precisa de mestre, mas isso não acontece na Terra.

501 - Por que a ação dos espíritos em nossa vida é oculta, e por que, quando eles nos protegem, não o fazem de maneira ostensiva?

- Se contásseis com o seu apoio, não agiríeis por vós mesmos e o vosso espírito não progrediria. Pra que ele possa adiantar-se, necessita de experiência e em geral é preciso que adquira à sua custa, é necessário que exercite as suas forças, sem o que seria como uma criança a quem não deixam andar sozinha. A ação dos espíritos que vos querem bem é sempre de maneira a vos deixar o livre-arbítrio, porque se não tivésseis responsabilidade não vos adiantaríeis na senda que vos deve conduzir a Deus. Não vendo quem o ampara, o homem se entrega às suas próprias forças, não obstante, o seu guia vela por ele e de quando em quando o adverte do perigo.

502 - O espírito protetor que consegue conduzir o seu protegido pelo bom caminho experimenta com isso algum bem pra si mesmo?

- É um mérito que lhe será levado em conta, seja pro seu próprio adiantamento, seja pra sua felicidade. Ele se sente feliz quando vê os seus cuidados coroados de sucesso, é pra ele um triunfo, como um preceptor triunfa com os sucessos do seu discípulo.

- É ele responsável, quando não o consegue?

- Não, pois fez o que dele dependia.

503 - O espírito protetor que vê o seu protegido seguir um mau caminho, apesar dos seus avisos, não sofre com isso e não vê, assim, perturbada a sua felicidade?

- Sofre com os seus erros e os lamenta, mas essa aflição nada tem das angústias da paternidade terrena, porque ele sabe que há remédio pro mal, e que o que hoje não se fez, amanhã se fará.

504 - Podemos sempre saber o nome do nosso espírito protetor ou anjo da guarda?

- Como quereis saber nomes que não existem pra vós? Acreditais, então, que só existem os espíritos que conheceis?

- Como então o invocar, se não o conhecemos?

- Dai-lhe o nome que quiserdes, o dum espírito superior pelo qual tendes simpatia e veneração, vosso protetor atenderá a esse apelo porque todos os bons espíritos são irmãos e se assistem mutuamente.

505 - Os espíritos protetores que tomam nomes comuns são sempre os de pessoas que tiveram esses nomes?

- Não, mas espíritos que lhes são simpáticos e que, muitas vezes, vêm por sua ordem. Necessitais dum nome, então, eles tomam um que vos inspire confiança. Quando não podeis cumprir pessoalmente uma missão, enviais alguém de vossa confiança que age em vosso nome.

506 - Quando estivermos na vida espírita reconheceremos nosso espírito protetor?

- Sim, pois frequentemente o conhecestes antes da vossa encarnação.

507 - Os espíritos protetores pertencem todos à classe dos espíritos superiores? Podem ser encontrados entre os da classe média? Um pai, por exemplo, pode tornar-se espírito protetor de seu filho?

- Pode, mas a proteção supõe um certo grau de elevação, e um poder e uma virtude a mais, concedidos por Deus. O pai que protege o filho pode ser assistido por um espírito mais elevado.

508 - Os espíritos que deixaram a Terra em boas condições podem sempre proteger os que os amaram e lhes sobreviveram?

- Seu poder é mais ou menos restrito, a posição em que se encontram não lhes permite inteira liberdade de ação.

509 - Os homens no estado selvagem ou de inferioridade moral têm igualmente seus espíritos protetores, e nesse caso esses espíritos são duma ordem tão elevada como os dos homens adiantados?

- Cada homem tem um espírito que vela por ele, mas as missões são relativas ao seu objeto. Não dareis a uma criança que aprende a ler um professor de filosofia. O progresso do espírito familiar segue o do espírito protegido. Tendo um espírito superior que vela por vós, podeis também vos tornardes o protetor dum espírito que vos seja inferior, e o progresso que o ajudardes afazer contribuirá pro vosso adiantamento. Deus não pede ao espírito mais do que aquilo que a sua natureza e o grau a que tenha atingido possam comportar.

510 - Quando o pai que vela pelo filho se reencarna, continua ainda a velar por ele?

- Isso é mais difícil, mas ele pede, num momento de desprendimento, que um espírito simpático o assista nessa missão. Aliás, os espíritos não aceitam senão as missões que podem cumprir até o fim. O espírito encarnado, sobretudo nos mundos onde a existência é material, é demasiado sujeito ao corpo pra poder devotar-se inteiramente a outro, ou seja, assisti-lo pessoalmente. Eis porque os não suficientemente elevados estão sob a assistência de espíritos que lhes são superiores, de tal maneira que, se um faltar, por um motivo qualquer, será substituído por outro.

511 - Além do espírito protetor, um mau espírito é ligado a cada indivíduo com o fim de impulsioná-lo ao mal e de lhe propiciar uma ocasião de lutar entre o bem e o mal?

- Ligação não é bem o termo. É bem verdade que os maus espíritos procuram desviar o homem do bom caminho quando encontra ocasião, mas quando um deles se liga a um indivíduo o faz por si mesmo, porque espera ser escutado, então haverá luta entre o bom e o mau e vencerá aquele a cujo domínio o homem se entregar.

512 - Podemos ter muitos espíritos protetores?

- Cada homem tem sempre espíritos simpáticos, mais ou menos elevados, que lhe dedicam afeição e se interessam por ele, como há, também, os que o assistem no mal.

513 - Agem os espíritos simpáticos em virtude duma missão?

- Às vezes, eles podem ter uma missão temporária, mas em geral são apenas solicitados pela similitude de pensamentos e de sentimentos, no bem como no mal.

- Parece resultar daí que os espíritos simpáticos podem ser bons ou maus?

- Sim, o homem encontra sempre espíritos que simpatizam com ele qualquer que seja o seu caráter.

514 - Os espíritos familiares são a mesma coisa que os espíritos simpáticos ou os espíritos protetores?

- Há muitas gradações na proteção e na simpatia, dai-lhes os nomes que quiserdes. O espírito familiar é antes de tudo o amigo da casa.

> Das explicações acima e das observações feitas sobre a natureza dos espíritos que se ligam ao homem podemos deduzir o seguinte, o espírito protetor, anjo da guarda ou bom gênio, é aquele que tem por missão seguir o homem na vida e o ajudar a progredir, é sempre duma natureza superior à do protegido. Os espíritos familiares se ligam a certas pessoas por meio de laços mais ou menos duráveis, com o fim de ajudá-las na medida de seu poder, frequentemente bastante limitado. São bons, mas às vezes pouco adiantados e mesmo levianos, ocupam-se voluntariamente de pormenores da vida íntima e só agem por ordem ou com permissão dos espíritos protetores.

Os espíritos simpáticos são os que atraímos a nós por afeições particulares e uma certa semelhança de gostos e de sentimentos, tanto no bem como no mal. A duração de suas relações é quase sempre subordinada às circunstâncias. O mau gênio é um espírito imperfeito ou perverso que se liga ao homem com o fim de desviá-lo do bem, mas age pelo seu próprio impulso e não em virtude duma missão. Sua tenacidade está na razão do acesso mais fácil ou mais difícil que encontre. O homem é sempre livre de ouvir a sua voz ou de repeli-la.

515 - Que se deve pensar dessas pessoas que parecem se ligar a certos indivíduos pra levá-los fatalmente à perdição ou pra guiá-los no bom caminho?

- Algumas pessoas exercem um efeito sobre outras, uma espécie de fascinação que parece irresistível. Quando isso acontece pro mal são maus espíritos, de que se servem outros maus espíritos, pra melhor subjugarem as suas vítimas. Deus pode permiti-lo pra vos experimentar.

516 - Nosso bom e nosso mau gênio poderiam encarnar-se pra nos acompanharem na vida de maneira mais direta?

- Isso acontece algumas vezes, mas frequentemente, também, eles encarregam dessa missão outros espíritos encarnados que lhes são simpáticos.

517 - Há espíritos que se ligam a toda uma família pra protegê-la?

- Alguns espíritos se ligam aos membros duma mesma família, que vivem juntos e são unidos por afeição, mas não acrediteis em espíritos protetores do orgulho das raças.

518 - Sendo os espíritos atraídos aos indivíduos por simpatia, serão igualmente a reuniões de indivíduos, por motivos particulares?
- Os espíritos vão de preferência onde estão os seus semelhantes, pois nesses lugares podem estar à vontade e mais seguros de ser ouvidos. O homem atrai os espíritos em razão de suas tendências, quer esteja só ou constitua um todo coletivo, como uma sociedade, uma cidade ou um povo. Há, pois, sociedades, cidades e povos que são assistidos por espíritos mais ou menos elevados, segundo o seu caráter e as paixões que os dominam. Os espíritos imperfeitos se afastam dos que os repelem e disso resulta que o aperfeiçoamento moral dum todo coletivo, como o dos indivíduos, tende a afastar os maus espíritos e a atrair os bons, que despertam e mantêm o sentimento do bem nas massas, da mesma maneira por que outros podem insuflar-lhes as más paixões.

519 - As aglomerações de indivíduos, como as sociedades, as cidades, as nações têm o seus espíritos protetores especiais?
- Sim, porque essas reuniões são de individualidades coletivas que marcham pra um objetivo comum e têm necessidade duma direção superior.

520 - Os espíritos protetores das massas são de natureza mais elevada que a dos que se ligam aos indivíduos?
- Tudo é relativo ao grau de adiantamento das massas como dos indivíduos.

521 - Alguns espíritos podem ajudar o progresso das artes, protegendo os que delas se ocupam?
- Há espíritos especiais e que assistem aos que os invocam, quando os julgam dignos, mas que quereis que eles façam com os que creem ser o que não são? Eles não podem fazer ver os cegos nem ouvir os surdos.

> Os antigos haviam feito desses espíritos divindades especiais. As Musas eram a personificação alegórica dos espíritos protetores das ciências e das artes, como designavam pelos nomes de Lares e Penates os espíritos protetores da família. Entre os modernos, as artes, as diferentes indústrias, as cidades, os países têm também seus patronos ou protetores, que são os espíritos superiores, mas sob outros nomes. Cada homem tendo os seus espíritos simpáticos, disso resulta que em todas as coletividades a generalidade dos espíritos simpáticos está em relação com a generalidade dos indivíduos, que os espíritos estranhos são pra elas atraídos pela identidade de gostos e de pensamentos, numa palavra, que essas aglomerações, tão bem como os indivíduos, são mais ou menos bem envolvidas, assistidas e influenciadas segundo a natureza dos pensamentos da multidão.
Entre os povos, as causas de atração dos espíritos são os costumes, os hábitos, o caráter dominante, as leis, sobretudo, porque o caráter da nação se reflete nas suas leis. Os homens que fazem reinar a justiça entre eles combatem a influência dos maus espíritos. Por toda parte onde a lei consagra as coisas injustas, contrárias à Humanidade, os bons espíritos estão em minoria e a massa dos maus, que pra ali afluem, entretém a nação nas suas ideias e paralisam as boas influências parciais, que ficam perdidas na multidão, como espigas isoladas em meio de espinheiros. Estudando-se os costumes dos povos, ou de qualquer reunião de homens, é fácil, portanto, fazer ideia da população oculta que se imiscui nos seus pensamentos e nas suas ações.

7 - Pressentimentos.
522 - O pressentimento é sempre uma advertência do espírito protetor?
- O pressentimento é o conselho íntimo e oculto dum espírito que vos deseja o bem, e também a intuição da escolha anterior, é a voz do instinto. O espírito, antes de se encarnar, tem conhecimento das fases principais da sua existência, ou seja, do gênero de provas a que irá ligar-se. Quando estas têm um caráter marcante, ele conserva uma espécie de impressão em seu foro íntimo, e essa impressão, que é a voz do instinto, desperta quando chega o momento, tornando-se pressentimento.

523 - Os pressentimentos e a voz do instinto têm sempre qualquer coisa de vago, na incerteza, o que devemos fazer?
- Quando estás em duvida, invoca o teu bom espírito, ou ora a Deus, nosso soberano Senhor, pra que te envie um de seus mensageiros, um de nós.

524 - As advertências de nossos espíritos protetores têm por único objetivo a conduta moral ou também a conduta que devemos ter em relação às coisas da vida privada?
- Tudo, eles procuram fazer-vos viver da melhor maneira possível, mas frequentemente fechais os ouvidos às boas advertências e vos tornais infelizes por vossa culpa.

> Os espíritos protetores nos ajudam com os seus conselhos através da voz da consciência que fazem falar em nosso intimo, mas como nem sempre lhes damos a necessária importância oferecem-nos outros mais diretos, servindo-se das

pessoas que nos cercam. Que cada um examine as diversas circunstâncias, felizes ou infelizes, de sua vida, e verá que em muitas ocasiões recebeu conselhos que nem sempre aproveitou e que lhe teriam poupado muitos dissabores, se os houvesse escutado.

8 - Influência dos espíritos sobre os acontecimentos da vida.

525 - Os espíritos exercem influência sobre os acontecimentos da vida?
- Seguramente, pois que te aconselham.
- Eles exercem essa influência doutra maneira além dos pensamentos que sugerem, ou seja, têm uma ação direta sobre a realização das coisas?
- Sim, mas não agem nunca fora das leis naturais.

> Pensamos erradamente que a ação dos espíritos só deve se manifestar por fenômenos extraordinários, desejaríamos que viessem em nosso auxílio através de milagres e sempre os representamos armados duma varinha mágica, mas assim não é e eis porque a sua intervenção nos parece oculta e o que se faz pelo seu concurso nos parece inteiramente natural. Assim, por exemplo, eles provocarão o encontro de duas pessoas, o que parece se dar por acaso, inspirarão a alguém o pensamento de passar por tal lugar, chamarão sua atenção pra determinado ponto, se isso pode conduzir ao resultado que desejam, de tal maneira que o homem, não julgando seguir senão os seus próprios impulsos, conserva sempre o seu livre-arbítrio.

526 - Tendo os espíritos ação sobre a matéria, podem provocar certos efeitos com o fim de produzir um acontecimento? Por exemplo, um homem deve perecer, sobe então a uma escada, esta se quebra e ele morre. Foram os espíritos que fizeram quebrar a escada pra que se cumpra o destino desse homem?
- E bem verdade que os espíritos têm influência sobre a matéria, mas pro cumprimento das leis da natureza e não pra derrogá-las, fazendo surgir em determinado ponto um acontecimento inesperado e contrário a essas leis. No exemplo que citas, a escada se quebra porque está carunchada ou não era bastante forte pra suportar o peso dele, se estivesse no destino desse homem morrer dessa maneira, eles lhe inspirariam o pensamento de subir na escada que deveria quebrar-se com o seu peso e sua morte se daria por um motivo natural, sem necessidade dum milagre pra isso.

527 - Tomemos outro exemplo, no qual não intervenha o estado natural da matéria. Um homem deve morrer de raio, ele se esconde embaixo duma arvore o raio estala e ele morre. Os espíritos poderiam ter provocado o raio dirigindo-o sobre ele?
- E ainda a mesma coisa. O raio explodiu sobre aquela árvore e naquele momento porque o fato estava nas leis da natureza. Não foi dirigido pra árvore porque o homem se encontrava lá, mas ao homem foi dada a inspiração de se refugiar numa árvore, sobre a qual ele deveria explodir. A árvore não seria menos atingida se o homem estivesse ou não sob ela.

528 - Um homem mal intencionado dispara um tiro contra outro, mas o projétil passa apenas de raspão, sem o atingir. Um espírito benfazejo pode ter desviado o tiro?
- Se o indivíduo não deve ser atingido, o espírito benfazejo lhe inspira o pensamento de se desviar, ou ainda poderá ofuscar o seu inimigo de maneira a lhe perturbar a pontaria, porque o projétil, uma vez lançado, segue a linha da sua trajetória.

529 - Que se deve pensar das balas encantadas, a que se referem algumas lendas e que atingem fatalmente o alvo?
- Pura imaginação, o homem gosta do maravilhoso e não se contenta com as maravilhas da natureza.
- Os espíritos que dirigem os acontecimentos da vida podem ser contrariados por espíritos que tenham desejos em contrário?
- O que Deus quer, deve acontecer, se há retardamento ou empeicilho e por sua vontade.

530 - Os espíritos levianos e brincalhões não podem provocar esses pequenos embaraços que se antepõem aos nossos projetos e transtornam as nossas previsões, numa palavra, são eles os autores do que vulgarmente chamamos as pequenas misérias da vida?
- Eles se comprazem nessas traquinices que são provas pra vós destinadas a exercitar a vossa paciência, mas se cansam quando veem que nada conseguem, entretanto não seria justo nem exato responsabiliza-los por todas as vossas frustrações das quais vos sois os principais autores, pelo vosso estouvamento. Convence-te, pois, de que, se a tua baixela se quebra é antes em virtude do teu descuido do que por culpa dos espíritos.
- Os espíritos que provocam discórdias agem em consequência de animosidades pessoais ou atacam ao primeiro que encontram, sem motivo determinado, por simples malícia?
- Por uma e outra coisa, às vezes, trata-se de inimigos que fizestes nesta vida ou em existência anterior e que vos perseguem, doutras vezes, não há nenhum motivo.

531 - O rancor dos seres que nos fizeram mal na Terra extingue-se com a sua vida corpórea?

- Muitas vezes reconhecem sua injustiça e o mal que fizeram, mas muitas vezes também vos perseguem com o seu ódio, se Deus o permite, pra continuar a vos experimentar.

- Pode-se pôr termo a isso, e por que meio?

- Sim, pode-se orar por eles e ao se lhes retribuir o mal com o bem acabarão por compreender os seus erros. De resto, se souberdes colocar-vos acima de suas maquinações, cessarão de fazê-las ao verem que nada lucram.

> A experiência prova que certos espíritos prosseguem na sua vingança duma existência a outra, e que assim, expiaremos, cedo ou tarde, os males que pudermos ter acarretado a alguém.

532 - Os espíritos têm o poder de desviar os males de certas pessoas, atraindo pra elas a prosperidade?

- Não o podem fazer inteiramente porque há males que pertencem aos desígnios da Providência, mas minoram as vossas dores, dando-vos paciência e resignação. Sabei, também, que depende frequentemente de vós desviar esses males ou pelo menos atenuá-los. Deus vos deu a inteligência pra a usardes, e é, sobretudo por meio dela que os espíritos vos socorrem, sugerindo-vos pensamentos favoráveis, mas eles não assistem senão aos que sabem assistir-se a si mesmos. É esse o significado das palavras: "Busque e acharás, bate e se abrirá pra ti". Sabei ainda que aquilo que vos parece um mal nem sempre o é. Frequentemente um bem deve resultar dele, que será maior que o mal, e é isso o que não compreendeis porque não pensais senão no momento presente ou na vossa pessoa.

533 - Podem os espíritos fazer que se obtenham os dons da fortuna, desde que solicitados nesse sentido?

- Às vezes, como prova, mas frequentemente os recusam como se recusa a uma criança um pedido inconsiderado.

- São os bons ou os maus espíritos que concedem esses favores?

- Uns e outros. Isso depende da intenção, mas em geral são os espíritos que querem arrastar-vos ao mal e que encontram um meio fácil de afazer nos prazeres que a fortuna proporciona.

534 - Quando os obstáculos parecem vir fatalmente contra aos nossos projetos, seria isso por influência de algum espírito?

- Algumas vezes, são os espíritos, outras vezes, e o mais frequentemente, é que vos colocastes mal. A posição e o caráter influem muito. Se vos obstinais numa senda que não é a vossa, os espíritos nada têm com isso, sois vos mesmos que vos tornais o vosso mau gênio.

535 - Quando nos acontece alguma coisa feliz, é ao nosso espírito protetor que devemos agradecer?

- Agradecei, sobretudo a Deus, sem cuja permissão nada se faz e depois aos bons espíritos que foram os seus agentes.

- Que aconteceria se esquecêssemos de agradecer?

- O que acontece aos ingratos.

- Há, entretanto, muita gente que não ora nem agradece e pra quem sai tudo bem?

- Sim, mas é necessário ver o fim, pagarão bem caro essa felicidade passageira que não merecem, porque, quanto mais tenham recebido, mais terão de restituir.

9 - Ação dos espíritos sobre os fenômenos da natureza.

536 - Os grandes fenômenos da natureza, esses que se consideram como perturbações dos elementos, são devidos às causas fortuitas ou têm pelo contrário, um fim providencial?

- Tudo tem uma razão de ser e nada acontece sem a permissão de Deus.

- Esses fenômenos sempre objetivam o homem?

- Algumas vezes têm uma razão de ser diretamente relacionado ao homem, mas frequentemente não tem outro objetivo que o restabelecimento do equilíbrio e da harmonia das forças físicas da natureza.

- Concebemos perfeitamente que a vontade de Deus seja a causa primária, nisso como em todas as coisas, mas como sabemos que os espíritos podem agir sobre a matéria e que eles são os agentes da vontade de Deus perguntamos se alguns dentre eles não exerceriam uma influência sobre os elementos pra agitá-los, acalmar ou dirigir?

- Mas é evidente, isso não pode ser de outra maneira. Deus não se entrega a uma ação direta sobre a natureza, mas tem os seus agentes dedicados, em todos os graus da escala dos mundos.

537 - A mitologia dos antigos é inteiramente fundada sobre as ideias espíritas, com a diferença de que consideravam os espíritos como divindades. Ora, eles nos representavam esses deuses ou esses espíritos com atribuições especiais. Assim, uns eram encarregados dos ventos, outros do raio, outros de presidir à vegetação, etc. Essa crença é destituída de fundamento?

- Tão pouco destituída de fundamento que está ainda muito aquém da verdade.

- Pela mesma razão poderia haver espíritos habitando o interior da Terra e presidindo aos fenômenos geológicos?

- Esses espíritos não habitam precisamente a Terra, mas presidem e dirigem os fenômenos segundo as suas atribuições. Um dia tereis a explicação de todos esses fenômenos e os compreendereis melhor.

538 - Os espíritos que presidem aos fenômenos da natureza formam uma categoria especial no mundo espírita, são seres à parte ou espíritos que foram encarnados, como nós?
- Que o serão, ou que o foram.
- Esses espíritos pertencem às ordens superiores ou inferiores da hierarquia espírita?
- Segundo o seu papel for mais ou menos material ou inteligente, uns mandam, outros executam, os que executam as coisas materiais são sempre duma ordem inferior, entre os espíritos como entre os homens.

539 - Na produção de certos fenômenos, das tempestades, por exemplo, é somente um espírito que age ou se reúnem em massa?
- Em massas inumeráveis.

540 - Os espíritos que agem sobre os fenômenos da natureza agem com conhecimento de causa em virtude de seu livre-arbítrio, ou por um impulso instintivo e irrefletido?
- Uns, sim, outros, não. Faço uma comparação, figurai essas miríades de animais que pouco a pouco fazem surgir do mar as ilhas e os arquipélagos, acreditais que não há nisso um objetivo providencial e que essa transformação da face do globo não seja necessária pra harmonia geral? São, entretanto, animais do último grau os que realizam essas coisas, enquanto vão provendo às necessidades e sem perceberem que são instrumentos de Deus. Pois bem, da mesma maneira os espíritos mais atrasados são úteis ao conjunto, enquanto eles ensaiam pra vida, e antes de terem plena consciência de seus atos e de seu livre-arbítrio, eles agem sobre certos fenômenos de que são agentes sem o saberem.
Primeiro, executam, mais tarde, quando sua inteligência estiver desenvolvida, comandarão e dirigirão as coisas do mundo material, mais tarde ainda, poderão dirigir as coisas do mundo moral. É assim que tudo serve, tudo se encadeia na natureza, desde o átomo primitivo até o arcanjo, pois ele mesmo começou pelo átomo. Admirável lei de harmonia, de que o vosso espírito limitado ainda não pode abranger o conjunto.

10 - Os espíritos durante os combates.
541. Numa batalha, há espíritos que a assistem e que amparam cada uma das forças em luta?
- Sim, e que estimulam a sua coragem.

> Assim os antigos nos representavam os deuses tomando partido por este ou aquele povo. Esses deuses nada mais eram do que os espíritos representados por figuras alegóricas.

542 - Numa guerra, a justiça está sempre dum lado, como os espíritos tomam partido a favor do errado?
- Sabeis perfeitamente que há espíritos que só buscam a discórdia e a destruição. Pra eles, a guerra é a guerra, a justiça da causa pouco lhes importa.

543 - Certos espíritos podem influenciar o general na concepção dos seus planos de campanha?
- Sem nenhuma dúvida. Os espíritos podem influenciá-lo nesse sentido, como em todas as concepções.

544 - Os maus espíritos poderiam suscitar-lhe planos errados, com vistas à derrota?
- Sim, mas não tem ele o seu livre-arbítrio? Se o seu raciocínio não lhe permite distinguir uma ideia certa duma falsa, terá de sofrer as consequências e faria melhor em obedecer do que em comandar.

545 - O general pode, algumas vezes, ser guiado por uma espécie de dupla vista, uma visão intuitiva que lhe mostre por antecipação o resultado dos seus planos?
- E frequentemente o que acontece com o homem de gênio. É o que ele chama inspiração e lhe permite agir com uma espécie de certeza. Essa inspiração lhe vem dos espíritos que o dirigem e se servem das faculdades de que ele é dotado.

546 - No tumulto do combate, o que acontece aos espíritos dos que sucumbem? Ainda se interessam pela luta, após a morte?
- Alguns continuam a se interessar, outros se afastam.

> Nos combates, acontece o mesmo que se verifica em todos os casos de morte violenta, no primeiro momento, o espírito fica surpreso e como aturdido, não acreditando que está morto, parece-lhe ainda tomar parte na ação. Não é senão pouco a pouco que a realidade se lhe impõe.

547 - Os espíritos que se combatiam quando vivos, uma vez mortos, eles se reconhecem como inimigos e continuam ainda excitados uns contra os outros?

- Nesses momentos, o espírito jamais se mostra calmo. No primeiro instante, ele ainda pode odiarão seu inimigo e mesmo o perseguir, mas quando as ideias se lhe acalmarem, verá que a sua animosidade não tem mais ramo de ser. Não obstante, poderá ainda conservar resquícios maiores ou menores, de acordo com o seu caráter.

- Ouve ainda o fragor da batalha?
- Sim, perfeitamente.

548 - O espírito que assiste friamente a um combate, como espectador, testemunha a separação entre a alma e o corpo? E como esse fenômeno se apresenta a ele?

- Há poucas mortes realmente instantâneas. Na maioria das vezes, o espírito cujo corpo foi mortalmente ferido não tem consciência disso no mesmo instante. Quando começa a retomar consciência é que se pode distinguir o espírito a mover-se ao lado do cadáver. Isso parece tão natural que a vista do corpo morto não produz nenhum efeito desagradável. Toda a vida tendo sido transportada pro espírito, somente ele chama a atenção e é com ele que o espectador conversa ou a quem dá ordens.

11 - Dos pactos.

549 - Há alguma coisa de verdadeiro nos pactos com os maus espíritos?

- Não, não há pactos, mas uma natureza má simpatiza com espíritos maus. Por exemplo, queres atormentar o teu vizinho e não sabes como fazê-lo? Chamas então os espíritos inferiores que, como tu, só querem o mal, e pura te ajudar querem que também os sirvas nos seus maus desígnios, mas disto não se segue que o teu vizinho não possa se livrar deles por uma conjuração contrária ou pela sua própria vontade.

Aquele que deseja cometer uma ação má, pelo simples fato de o querer chama em seu auxílio os maus espíritos, ficando obrigado a servi-los como eles o auxiliam, pois eles também necessitam dele pro mal que desejam fazer. É somente nisso que consiste o pacto. A dependência em que o homem se encontra, algumas vezes, dos espíritos inferiores, provém da sua entrega aos maus pensamentos que eles lhe sugerem e não de qualquer espécie de estipulações feitas entre eles. O pacto, no sentido comum atribuído a essa palavra, é uma alegoria que figura uma natureza má simpatizando com espíritos malfazejos.

550 - Qual o sentido das lendas fantásticas segundo as quais certos indivíduos teriam vendido sua alma a Satanás em troca de favores?

- Todas as fábulas encerram um ensinamento e um sentido moral e o vosso erro é torná-los ao pé da letra. Essa é uma alegoria que se pode explicar assim, aquele que chama em seu auxílio os espíritos pra deles obteres dons da fortuna ou qualquer outro favor se rebela contra a Providência, renuncia à missão que recebeu e às provas que deve sofrer neste mundo e sofrerá as consequências disso na vida futura.

Isso não quer dizer que sua alma esteja pra sempre condenada ao sofrimento, mas porque em vez de se desligar da matéria, ele se afunda cada vez mais, o gozo que preferiu na Terra não o terá no mundo dos espíritos, até que resgate a sua falta através de novas provas, talvez maiores e mais penosas. Por seu amor aos gozos materiais coloca-se na dependência dos espíritos impuros, estabelece-se entre eles um pacto tácito, que o conduz à perdição, mas que sempre, lhe será fácil romper com a assistência dos bons espíritos, desde que o queira com firmeza.

12 - Poder oculto, talismãs, feiticeiros.

551 - Um homem mau, com o auxílio dum mau espírito que lhe for devotado, pode fazer o mal ao seu próximo?

- Não, Deus não o permitiria.

552 - Que pensar da crença no poder de enfeitiçar que certas pessoas teriam?

- Algumas pessoas têm um poder magnético muito grande, do qual podem fazer mau uso se o seu próprio espírito for mau. Nesse caso, poderão ser secundadas por maus espíritos, mas não acrediteis nesse pretenso poder mágico que só existe na imaginação das pessoas supersticiosas, ignorantes das verdadeiras leis da natureza. Os fatos que citam são fatos naturais mal observados e, sobretudo mal compreendidos.

553 - Qual pode ser o efeito de fórmulas e práticas com as quais certas pessoas pretendem dispor da vontade dos espíritos?

- O de torná-las ridículas, se são de boa-fé, no caso contrário, são tratantes que merecem castigo. Todas as fórmulas são charlatanices, não há nenhuma palavra sacramental, nenhum signo cabalístico, nenhum talismã que tenha qualquer ação sobre os espíritos, porque eles só são atraídos pelo pensamento e não pelas coisas materiais.

- Certos espíritos não ditaram, algumas vezes, fórmulas cabalísticas?
- Sim, tendes espíritos que vos indicam signos, palavras bizarras, ou que vos prescrevem certos atos, com a ajuda dos quais fazeis aquilo que chamais conjuração, mas ficai bem seguros de que são espíritos que zombam de vós e abusam de vossa credulidade.

554 - Aquele que, com ou sem razão, confia naquilo a que chama virtude dum talismã, não pode, por essa mesma confiança, atrair um espírito? Por que então é o pensamento que age, o talismã não é um signo que ajuda a dirigir o pensamento?

- Isso é verdade, mas a natureza do espírito atraído depende da natureza da intenção e da elevação dos sentimentos. Ora, é difícil que aquele que é tão simplório pra crer na virtude dum talismã não tenha um objetivo mais material do que moral. Qualquer que seja o caso, isso indica estreiteza e fraqueza de ideias, que dão azo aos espíritos imperfeitos e zombadores.

555 - Que sentido se deve dar ao qualificativo de feiticeiro?

- Esses a que chamais feiticeiros são pessoas, quando de boa-fé, que possuem certas faculdades como o poder magnético ou a dupla vista. Como fazem coisas que não compreendeis, as julgais dotadas de poder sobrenatural. Vossos sábios não passaram muitas vezes por feiticeiros aos olhos dos ignorantes?

> O Espiritismo e o magnetismo nos dão a chave duma infinidade de fenômenos sobre os quais a ignorância teceu muitas fábulas, em que os fatos são exagerados pela imaginação. O conhecimento esclarecido dessas duas ciências, que se resumem numa só, mostrando a realidade das coisas e sua verdadeira causa, é o melhor preservativo contra as ideias supersticiosas, porque revela o que é impossível, o que está nas leis da natureza e o que não passa de crença ridícula.

556 - Certas pessoas têm realmente o dom de curar por simples contato?

- O poder magnético pode chegar até isso, quando é secundado pela pureza de sentimentos e um ardente desejo de fazer o bem, porque então os bons espíritos auxiliam, mas é necessário desconfiar da maneira por que as coisas são contadas por pessoas muito crédulas ou muito entusiastas, sempre dispostas a ver o maravilhoso nas coisas mais simples e mais naturais. É necessário também desconfiar dos relatos interesseiros por parte de pessoas que exploram a credulidade em proveito próprio.

13 - Benção e maldição.
557 - A bênção e a maldição podem atrair o bem e o mal pra aqueles a quem são lançadas?

- Deus não escuta uma maldição injusta e aquele que a pronuncia é culpável aos seus olhos. Como temos as tendências opostas do bem e do mal, pode nesses casos haver uma influência momentânea, mesmo sobre a matéria, mas essa influência nunca se verifica sem a permissão de Deus e como acréscimo de prova pra aquele que a sofre. De resto, o mais frequentemente se maldizem os maus e bendizem os bons. A bênção e a maldição não podem jamais desviar a Providência da senda da justiça, esta não fere o amaldiçoado se ele não for mau e sua proteção não cobre aquele que não a mereça.

Sociedade Armônica

Capítulo 10 - Ocupações e missões do espírito

1 - Ocupações e missões dos espíritos.

558 - Os espíritos cuidam doutra coisa além do seu melhoramento pessoal?
- Concorrem pra harmonia do Universo, executando a vontade de Deus, do qual são os ministros. A vida espírita é uma ocupação contínua, mas nada tem de penosa como a da Terra, pois não está sujeita à fadiga corpórea nem às angústias da necessidade.

559 - Os espíritos inferiores e imperfeitos desempenham também um papel útil no Universo?
- Todos têm deveres a cumprir. O último dos pedreiros não concorre também pra construção do edifício como o arquiteto?

560 - Os espíritos têm, cada um, atributos especiais?
- Vale dizer que nós todos temos de habitar em toda parte e adquirir o conhecimento de todas as coisas, presidindo sucessivamente às funções concernentes a todos os planos do Universo, mas como se diz no Eclesiastes, há um tempo pra cada coisa. Assim, este cumpre hoje o seu destino neste mundo, aquele o cumprirá ou já cumpriu em outro tempo, sobre a Terra, na água, no ar, etc.

561 - As funções que os espíritos desempenham na ordem das coisas são permanentes pra cada um e pertencem às atribuições de certas classes?
- Todos devem percorrer os diferentes graus da escala, pra se aperfeiçoarem. Deus, que é justo, não poderia ter dado a uns a ciência sem trabalho, enquanto outros só a adquirem de maneira penosa.

> Da mesma maneira, entre os homens, ninguém chega ao supremo grau de habilidade numa arte qualquer sem ter adquirido os conhecimentos necessários na prática das funções mais ínfimas dessa arte.

562 - Os espíritos da ordem mais elevada, nada mais tendo a adquirir, entregam-se a um repouso absoluto ou têm ainda ocupações?
- Que querias que eles fizessem por toda a eternidade? A eterna ociosidade seria um suplício eterno.
- Qual é a natureza de suas ocupações?
- Receber diretamente as ordens de Deus, transmiti-las por todo o Universo e velar pela sua execução.

563 - As ocupações dos espíritos são incessantes?
- Incessantes, sim, se entendermos que o seu pensamento está sempre em atividade, pois eles vivem pelo pensamento, mas é necessário não equiparar as ocupações dos espíritos com as ocupações materiais dos homens. Sua própria atividade é um gozo, pela consciência que eles têm de ser úteis.
- Concebe-se isso pros bons espíritos, mas acontece o mesmo com os espíritos inferiores?
- Os espíritos inferiores têm ocupações apropriadas à sua natureza. Confiais ao trabalhador braçal e ao ignorante os trabalhos do homem culto?

564 - Entre os espíritos há os que são ociosos ou que não se ocupem de alguma coisa útil?
- Sim, mas esse estado é temporário e subordinado ao desenvolvimento de sua inteligência. Certamente que os há, como entre os homens, vivendo apenas pra si mesmos, mas essa ociosidade lhes pesa e, cedo ou tarde, o desejo de progredir lhes faz sentir a necessidade de atividade, e são então felizes de poderem tornar-se úteis. Falamos de espíritos que atingiram o ponto necessário pra terem consciência de si mesmo e de seu livre-arbítrio. Porque, em sua origem, eles são como crianças recém-nascidas que agem mais por instinto do que por uma vontade determinada.

565 - Os espíritos examinam os nossos trabalhos de arte e se interessam por eles?
- Examinam o que pode provara elevação dos espíritos e seu progresso.

566 - Um espírito que teve uma especialidade na Terra, um pintor, um arquiteto, por exemplo, se interessa de preferência pelos trabalhos que constituíram o objeto de sua predileção durante a vida?
- Tudo se confunde num objetivo geral. Se for bom, se interessará por eles na proporção que lhe permitam ajudar a elevação das almas a Deus. Esqueceis, aliás, que um espírito que praticou uma arte na existência em que o conhecestes, pode ter praticado outra em outra existência, porque é necessário que tudo saiba pra tornar-se perfeito. Assim, segundo o seu grau de adiantamento, pode ser que nenhuma delas constitua uma especialidade pra ele. E isso o que eu entendo quando digo que tudo se confunde num objetivo geral. Notai ainda isto, o que é sublime pra vós, no vosso mundo atrasado, não passa de infantilidade, comparado com o que há nos mundos mais avançados. Como quereis que os

espíritos que habitam esses mundos, onde existem artes desconhecidas pra vós, admirem o que, pra eles, não é mais que um trabalho escolar? Já o disse, eles examinam aquilo que pode provar o progresso.

- Concebemos que assim deve ser pros espíritos bastante adiantados, mas falamos dos espíritos mais vulgares, que não se elevaram ainda acima das ideias terrenas.

- Pra esses é diferente, seu ponto de vista é mais limitado e podem admirar aquilo mesmo que admirais.

567 - Os espíritos se imiscuem algumas vezes em nossas ocupações e em nossos prazeres?

- Os espíritos vulgares, como tu disseste, sim, eles estão incessantemente ao vosso redor e tomam parte, às vezes, bastante ativa, naquilo que tu faz, segundo a sua natureza, e é bom que o façam, pra impulsionar os homens nos diferentes caminhos da vida, excitar ou moderar as suas paixões.

> Os espíritos se ocupam das coisas deste mundo na razão da sua elevação ou da sua inferioridade. Os espíritos superiores têm, sem dúvida, a faculdade de considerá-las nos seus mínimos aspectos, mas não o fazem senão na medida em que isso seja útil ao progresso. Os espíritos inferiores somente ligam a essas coisas uma importância relativa ás lembranças que ainda estão presentes em sua memória, e as ideias materiais que ainda não foram extintas.

568 - Os espíritos que têm missões a cumprir cumprem-nas em estado errante ou encarnado?

- Podem fazê-lo num e noutro estado, pra certos espíritos errantes, essa é uma grande ocupação.

569 - Em que consistem as missões de que podem ser encarregados os espíritos errantes?

- São tão variadas que seria impossível descrevê-las, existem, aliás, as que não poderíeis compreender. Os espertos executam a vontade de Deus e não podeis penetrar todos os seus desígnios.

> As missões dos espíritos têm sempre o bem por objeto. Seja como espírito, seja como homens, são encarregados de ajudar o progresso da humanidade, dos povos, ou dos indivíduos num circulo de ideias mais ou menos largo, mais ou menos especial, de preparar as vias pra certos acontecimentos, de velar pela realização de certas coisas. Alguns têm missões mais restritas e de certa maneira pessoais ou inteiramente locais, como de assistir aos doentes, os agonizantes, os aflitos, de velar pelos que estão sob a sua proteção de guias, de dirigi-los pelos seus conselhos ou pelos bons pensamentos que lhes surgem. Pode se dizer que há tantos gêneros de missões quantas as espécies de interesses a resguardar, seja no mundo físico ou no mundo moral. O espírito se adianta segundo a maneira por que desempenha a sua tarefa.

570 - Os espíritos sempre compreendem os desígnios que estão encarregados de executar?

- Não. Há os que são instrumentos cegos, mas outros sabem muito bem com que objetivo agir.

571 - Só há espíritos elevados no cumprimento de missões?

- A importância das missões está em relação com a capacidade e a oração do espírito. O estafeta que leva um despacho cumpre também uma missão, que não é a do general.

572 - A missão dum espírito lhe é imposta ou depende de sua vontade?

- Ele a pede e alegra-se de obtê-la.
- A mesma missão pode ser pedida por muitos espíritos?
- Sim, há sempre muitos candidatos, mas nem todos são aceitos.

573 - Em que consiste a missão dos espíritos encarnados?

- Instruir os homens, ajudá-los a avançar, melhorar as suas instituições por meios diretos e materiais, mas as missões são mais ou menos gerais e importantes. Aquele que cultiva a terra cumpre uma missão, como aquele que governa ou aquele que instrui. Tudo se encadeia na natureza, ao mesmo tempo em que o espírito se depura pela encarnação, também concorre por essa forma pro cumprimento dos desígnios da Providencia. Cada um tem a sua missão neste mundo, porque cada um pode ser útil em algum sentido.

574 - Qual pode ser a missão de pessoas voluntariamente inúteis na Terra?

- Há efetivamente pessoas que só vivem pra si mesmas e não sabem tomasse úteis pra nada. São pobres seres que devemos lamentar, porque expiarão cruelmente sua inutilidade voluntária. Seu castigo começa frequentemente desde este mundo, pelo tédio e o desgosto da vida.
- Pois se tinham o direito de escolha, por que preferiram uma vida que em nada lhes poderia aproveitar?
- Entre os espíritos há também os preguiçosos que recuam diante de má vida de trabalho. Deus os deixa fazer, compreenderão mais tarde e à sua própria custa os inconvenientes de sua inutilidade e serão os primeiros a pedir pra reparar o tempo perdido. Talvez, também, tenham escolhido uma vida mais útil, mas uma vez em ação a recusaram, deixando-se arrastar pelas sugestões dos espíritos que os incitavam à ociosidade.

575 - As ocupações comuns nos parecem antes deveres que missões propriamente ditas. A missão, segundo a ideia ligada a essa palavra, tem um sentido de importância menos exclusivo e, sobretudo menos pessoal. Desse ponto de vista, como se pode reconhecer que um homem tem uma missão real na Terra?

- Pelas grandes coisas que ele realiza, pelo progresso que faz os seus semelhantes realizarem.

576 - Os homens que têm uma missão importante são predestinados a ela antes do nascimento e eles têm conhecimento disso?

- Às vezes, sim, mas, na maioria das vezes, eles o ignoram. Só têm um vago objetivo ao virem pra Terra, sua missão se desenha após o nascimento e segundo as circunstâncias. Deus os impulsiona pela via em que devem cumprir os seus desígnios.

577 - Quando um homem faz uma coisa útil, é sempre em virtude duma missão anterior e predestinada ou ele pode receber uma missão não prevista?

- Tudo o que um homem faz não é consequência duma missão predestinada, ele é frequentemente o instrumento de que um espírito se serve pra fazer executar alguma coisa que considera útil. Por exemplo, um espírito julga que seria bom escrever um livro que ele escreveria se estivesse encarnado, procura o escritor mais apto a compreender o seu pensamento e a executá-lo, dá-lhe então a ideia e o dirige na execução. Assim, este homem não veio a Terra com a missão de fazer a obra. Acontece o mesmo com alguns trabalhos de arte e com as descobertas, deve-se dizer ainda que durante o sono do corpo o espírito encarnado se comunica diretamente com o espírito errante, e que se entendem sobre a execução.

578 - O espírito pode falir na sua missão, por sua culpa?
- Sim, se não for um espírito superior.
- E quais são as consequências pra ele?
- Ele terá de reiniciar a tarefa, está nisso a punição. Depois ele sofrerá as consequências do mal que tenha causado.

579 - Pois que o espírito recebe a sua missão de Deus, como Deus pode confiar uma missão importante e de interesse geral a um espírito que poderia falir?
- Deus não sabe se o seu general será vitorioso ou vencido? Ele o sabe, estais certo, e seus planos, quando importantes, não dependem desses que devem abandonar a obra em meio do trabalho. Toda a questão está, pra vós, no conhecimento do futuro, que Deus possui, mas que não vos é dado.

580 - O espírito que se encarna pra cumprir uma missão tem as mesmas apreensões daquele que o faz como prova?
- Não, ele tem experiência.

581 - Os homens que são os faróis do gênero humano, que o esclarecem pelo seu gênio, tem certamente uma missão, mas no seu número há os que se enganam e que, ao lado de grandes verdades, difundem grandes erros. Como devemos considerar a sua missão?
- Como falseada por eles, estão abaixo da tarefa que empreenderam. É necessário, entretanto, tomar em conta as circunstâncias, os homens de gênio devem falar segundo o tempo, e um ensino que parece errôneo ou pueril pra uma época avançada poderia ser suficiente pro seu século.

582 - Pode-se considerar a paternidade como uma missão?
- É, sem contradita, uma missão, e ao mesmo tempo um dever muito grande, que implica, mais do que o homem pensa, sua responsabilidade pro futuro. Deus põe a criança sob a tutela dos pais pra que estes a dirijam no caminho do bem e lhes facilitou a tarefa dando à criança uma organização débil e delicada, que a torna acessível a todas as impressões. Mas há os que mais se ocupam de endireitar as árvores do pomar e de fazê-las carregar de bons frutos do que endireitar o caráter do filho. Se este sucumbir por sua culpa, terão de sofre a pena, e os sofrimentos da criança na vida futura recairão sobre eles, porque não fizeram o que lhes competia pro seu adiantamento nas vias do bem.

583 - Se uma criança se transviar, apesar dos cuidados dos pais, estes são responsáveis?
- Não, mas quanto mais a s disposições da criança são más, mais a tarefa é pesada e maior será o mérito se conseguirem desviá-la do mau caminho.
- Se uma criança se torna um bom adulto, apesar da negligência ou dos maus exemplos dos pais, estes se beneficiam com isso?
- Deus é justo.

584 - Qual pode ser a natureza da missão do conquistador, que só tem em vista satisfazer a sua ambição e pra atingir o alvo não recua diante de nenhuma calamidade?

- Ele não é, na maioria das vezes, mais do que um instrumento de que Deus se serve pro cumprimento de seus desígnios. Essas calamidades são, muitas vezes, o meio de fazer avançar mais rapidamente um povo.

- Aquele que é instrumento dessas calamidades passageiras é alheio ao bem que delas pode resultar, pois só se propõe um alvo pessoal, não obstante, aproveitará desse bem?

- Cada um é recompensado segundo as suas obras, o bem que desejou fazer e a orientação de suas intuições.

> Os espíritos encarnados têm ocupações inerentes à sua existência corporal. No estado errante ou de desmaterialização de suas ocupações, eles são proporcionais ao seu grau de adiantamento. Uns percorrem os mundos, instruindo-se e preparando-se pra uma nova encarnação. Outros, mais avançados, ocupam-se do progresso dirigindo os acontecimentos e sugerindo pensamentos favoráveis, assistem aos homens de gênio que concorrem pro adiantamento da Humanidade.

Outros se encarnam com uma missão de progresso. Outros tomam à sua tutela indivíduos, famílias, aglomerações humanas, cidades e povos dos quais se tornam anjos da guarda, gênios protetores e espíritos familiares. Outros, enfim, presidem aos fenômenos da natureza, dos quais são os agentes diretos. Os espíritos comuns se imiscuem nas ocupações e divertimentos dos homens. Os espíritos impuros ou imperfeitos esperam, em sofrimentos e angústias, o momento em que praza a Deus conceder-lhes os meios de se adiantarem. Se eles fazem o mal é pelo despeito de ainda não poderem gozar do bem.

Sociedade Armônica

Capítulo 11 - Os três reinos

1 - Os minerais e as plantas.

585 - Que pensais da divisão da natureza em três reinos, ou ainda em duas classes, os seres orgânicos e os seres inorgânicos? Alguns fazem da espécie humana um quarto reino. Qual dessas divisões é a preferível?

- Todas são boas, isso depende do ponto de vista. Encarados sob o aspecto material, não há senão seres orgânicos e inorgânicos, do ponto de vista moral, há, evidentemente, quatro graus.

> Esses quatro graus têm, com efeito, caracteres bem definidos, embora pareçam confundir-se os seus limites. A matéria inerte, que constitui o reino mineral, não possui mais do que uma força mecânica, as plantas, compostas de matéria inerte, são dotadas de vitalidade, os animais, compostos de matéria inerte e dotados de vitalidade, têm também uma espécie de inteligência instintiva, limitada, com a consciência de sua existência e de sua individualidade, o homem, tendo tudo o que existe nas plantas e nos animais, domina todas as outras classes por uma inteligência especial ilimitada que lhe dá a consciência do seu futuro, a percepção das coisas extramateriais e o conhecimento de Deus.

586 - As plantas têm consciência de sua existência?
- Não. Elas não pensam, elas não têm mais do que a vida orgânica.

587 - As plantas têm sensações, elas sofrem quando mutiladas?
- As plantas recebem as impressões físicas da ação sobre a matéria, mas não têm percepções, por conseguinte, elas não têm a sensação de dor.

588 - A força que atrai as plantas, umas pras outras, é independente da sua vontade?
- Sim, pois elas não pensam. É uma força mecânica da matéria que age na matéria, elas não poderiam se opor.

589 - Certas plantas, como a sensitiva e a dionéia, por exemplo, têm movimentos que acusam uma grande sensibilidade e em alguns casos uma espécie de vontade, como a última, cujos lóbulos apanham a mosca que vem pousar sobre ela pra sugar-lhe o suco, e à qual ela parece haver preparado uma armadilha pra matar. Essas plantas são dotadas da faculdade de pensar? Têm uma vontade e formam uma classe intermediária entre a natureza vegetal e a animal? Constituem uma transição duma pra outra?
- Tudo é transição na natureza, pelo fato mesmo de que nada é semelhante, e, no entanto tudo se liga. As plantas não pensam e, por conseguinte não têm vontade. A ostra que se abre e todos os zoófitos não têm pensamento, nada mais possuem que um instinto natural e cego.

> O organismo humano nos fornece exemplos de movimentos analógicos, sem a participação da vontade, como as funções digestivas e circulatórias. O piloro se fecha ao contato de certos corpos pra negar-lhes passagem. O mesmo deve acontecer com a sensitiva, no qual os movimentos não implicam absolutamente a necessidade duma percepção, e menos ainda duma vontade.

590 - Não há nas plantas, como nos animais, um instinto de conservação que o leva a procurar aquilo que lhes pode ser útil e a fugir ao que lhes pode prejudicar?
- Há, se o quiserdes, uma espécie de instinto, isso depende da extensão que se atribua a essa palavra, mas é puramente mecânico. Quando, nas reações químicas, vedes dois corpos se unirem, é que eles se afinam, quer dizer que há afinidades entre eles, mas não chamais a isso de instinto.

591 - Nos mundos superiores as plantas são, com os outros seres, de natureza mais perfeita?
- Tudo é mais perfeito, mas as plantas são sempre plantas, como os animais são sempre animais e os homens sempre homens.

> A inteligência do homem é ilimitada em face da inteligência limitada do animal. O texto francês diz "indefinie", geralmente traduzido por indefinida, embora a palavra 'indefinido' tenha, também em português, o sentido de sem limites, parece-nos que a tradução mais clara é a que fizemos.

2 - Os animais e o homem.

592 - Se comparamos o homem e os animais em relação à inteligência, parece difícil estabelecer a linha de demarcação, porque certos animais têm, nesse terreno, notória superioridade sobre certos homens. Essa linha de demarcação pode ser estabelecida de maneira precisa.
- Sobre esses assuntos os vossos filósofos não estão muito de acordo. Uns querem que o homem seja um animal, e outros que o animal seja um homem. Estão todos errados. O homem é um ser à parte, que desce, às vezes, muito baixo

ou que pode elevar-se muito alto. No físico, o homem é como os animais e menos bem provido que muitos dentre eles, a natureza lhes deu tudo aquilo que o homem é obrigado a inventar com a sua inteligência pra prover às suas necessidades e à sua conservação. Seu corpo se destrói como o dos animais, isto é certo, mas o seu espírito tem um destino que só ele pode compreender, porque só ele é completamente livre. Pobres homens, que vos rebaixais mais do que os brutos! Não sabeis distinguir-vos deles? Reconhecei o homem pelo pensamento de Deus.

593 - Podemos dizer que os animais só agem por instinto?
- Ainda nisso há um sistema. É bem verdade que o instinto domina na maioria dos animais, mas não vês que há os que agem por uma vontade determinada? E que têm inteligência, mas ela é limitada.

> Além do instinto, não se poderia negar a certos animais a prática de atos combinados que denotam a vontade de agir num sentido determinado e de acordo com as circunstâncias. Há neles, portanto, uma espécie de inteligência, mas cujo exercício é mais precisamente concentrado sobre os meios de satisfazer às suas necessidades físicas e proverá sua conservação. Não há entre eles nenhuma criação nenhum melhoramento, qualquer que seja a arte que admiramos em seus trabalhos, aquilo que faziam antigamente é o mesmo que fazem hoje, nem melhor nem pior segundo formas e proposições constantes e invariáveis. Os filhotes separados de sua espécie não deixam de construir o seu ninho de acordo com o mesmo modelo sem terem sido ensinados. Se alguns são suscetíveis duma certa educação, esse desenvolvimento intelectual, sempre fechado em estreitos limites, é devido à ação do homem sobre uma natureza flexível, pois não fazem nenhum progresso por si mesmos, e esse progresso é efêmero, puramente individual, porque o animal, abandonado a si próprio, não tarda a voltar aos limites traçados pela natureza.

594 - Os animais têm linguagem?
- Se pensais numa linguagem formada de palavras e de sílabas, não, mas num meio de se comunicarem entre si, então, sim. Eles se dizem muito mais coisas do que supondes, mas a sua linguagem é limitada, como as próprias ideias, às suas necessidades.
- Há animais que não possuem voz, esses não parecem destituídos de linguagem?
- Compreendem-se por outros meios. Vós, homens, não tendes mais do que a palavra pra vos comunicardes? E dos mudos, que dizeis? Os animais, sendo dotados da vida de relação, têm meios de se prevenir e de exprimir as sensações que experimentam. Tu pensas que os peixes não se entendem? O homem não tem o privilégio da linguagem, mas a dos animais é instintiva e limitada pelo círculo exclusivo das suas necessidades e das suas ideias, enquanto a do homem é perfectível e se presta a todas as concepções da sua inteligência.

> Realmente, os peixes que emigram em massa, bem como as andorinhas, que obedecem ao guia, devem ter meios de se advertir de se entender e de se combinar. Talvez o façam entre si, ou talvez a água seja um veículo que lhes transmita certas vibrações. Seja o que for, é incontestável que eles dispõem de meios pra se entenderem, da mesma maneira que todos os animais privados de voz e que realizam trabalhos em comum. Deve-se admirar, diante disso, que os espíritos possam se comunicar entre eles sem o recurso da palavra articulada?

595 - Os animais têm livre-arbítrio?
- Eles não são simples máquinas, como supondes, mas sua liberdade de ação é limitada pelas suas necessidades e não pode ser comparada a do homem. Sendo muito inferiores a este, eles não têm os mesmos deveres. Sua liberdade é restrita aos atos da vida material.

596 - De onde vem a aptidão de certos animais pra imitar a linguagem do homem, e por que essa aptidão se encontra mais entre as aves do que entre os símios, por exemplo, cuja conformação tem mais analogia com a humana?
- Conformação particular dos órgãos vocais, secundada pelo instinto da imitação. O símio imita os gestos, certos pássaros imitam a voz.

597 - Pois se os animais têm uma inteligência que lhes dá uma certa liberdade de ação, há neles um princípio independente da matéria?
- Sim, e que sobrevive ao corpo.
- E esse princípio é uma alma semelhante a alma do homem?
- É também uma alma, se o quiserdes, isso depende do sentido em que se tome a palavra, mas é inferior a do homem. Há, entre a alma dos animais e a do homem, tanta distância quanto entre a alma do homem e Deus.

598 - A alma dos animais conserva após a morte sua individualidade e a consciência de si mesma?
- Sua individualidade, sim, mas não a consciência de si mesma. A vida inteligente permanece em estado latente.

599 - A alma dos animais pode escolher a espécie em que prefira encarnar-se?
- Não, ela não tem o livre-arbítrio.

600 - A alma do animal, sobrevivendo ao corpo, fica num estado errante como a do homem após a morte?
- Fica numa espécie de erraticidade, pois não está unida a um corpo, mas não é um espírito errante. O espírito errante é um ser que pensa e age por sua livre vontade, o dos animais não tem a mesma faculdade. É a consciência de si mesmo que constitui o atributo principal do espírito. O espírito do animal é classificado, após a morte, pelos espíritos incumbidos disso e utilizado quase imediatamente, não dispõe de tempo pra se por em relação com outras criaturas.

601 - Os animais seguem uma lei progressiva como os homens?
- Sim, e é por isso que nos mundos superiores onde os homens são mais adiantados, os animais também o são, dispondo de meios de comunicação mais desenvolvidos. São, porém, sempre inferiores e submetidos aos homens, sendo, pra estes, servidores inteligentes.

> Nada há nisso de extraordinário. Suponhamos os nossos animais de maior inteligência, como o cão, o elefante, o cavalo, dotados duma conformação apropriada aos trabalhos manuais. O que não poderiam fazer sob a direção do homem?

602 - Os animais progridem, como o homem, por sua própria vontade, ou pela força das coisas?
- Pela força das coisas e é por isso que, pra eles, não existe expiação.

603 - Nos mundos superiores, os animais conhecem a Deus?
- Não. O homem é um deus pra eles, como antigamente os espíritos foram deuses pros homens.

604 - Os animais, mesmo aperfeiçoados nos mundos superiores, sendo sempre interiores aos homens, disso resultaria que Deus tivesse criado seres intelectuais perpetuamente votados à inferioridade, o que parece em desacordo com a unidade de vistas e de progresso que se assinalam em todas as suas obras?
- Tudo se encadeia na natureza por liames que não podeis ainda perceber e as coisas aparentemente mais disparatadas têm pontos de contato que o homem jamais chegará a compreender no seu estado atual. Pode entrevê-los por um esforço de sua inteligência, mas somente quando essa inteligência tiver atingido todo o seu desenvolvimento e se libertado dos prejuízos do orgulho e da ignorância poderá ver claramente na obra de Deus. Até lá suas ideias limitadas lhe farão ver as coisas dum ponto de vista mesquinho. Sabei que Deus não pode contradizer-se e que tudo, na natureza, se harmoniza através de leis gerais que jamais se afastam da sublime sabedoria do Criador.
- A inteligência é, assim, uma propriedade comum, um ponto de encontro entre a alma dos animais e a do homem?
- Sim, mas os animais não têm senão a inteligência da vida material, nos homens, a inteligência produz a vida moral.

605 - Considerando-se todos os pontos de contacto que existem entre o homem e os animais, não seria lícito pensar que o homem possui duas almas, a alma animal e a alma espírita e que, se esta última não existisse, só como o bruto poderia ele viver? Por outra, que o animal é um ser semelhante ao homem, tendo de menos a alma espírita? Dessa maneira de ver resultaria serem os bons e os maus instintos do homem efeito da predominância de uma ou outra dessas almas?
- Não, o homem não tem duas almas, mas o corpo tem os seus instintos que resultam da sensação dos órgãos. Não há no homem senão uma dupla natureza, a animal e a espiritual. Pelo seu corpo, ele participa da natureza dos animais e dos seus instintos, pela sua alma, ele participa da natureza dos espíritos.
- Assim, alem das suas próprias imperfeições, de que o espírito deve despojar-se, deve ele lutar contra a influência da matéria?
- Sim, quanto mais inferior é ele, mais apertados são os laços entre o espírito e a matéria. Não o vedes? Não, o homem não tem duas almas, a alma é sempre única, um ser único. A alma do animal e a do homem são distintas entre si, de tal maneira que a dum não pode animar o corpo criado pro outro, mas se o homem não possui uma alma animal, que por suas paixões o coloque no nível dos animais, tem o seu corpo que o rebaixa frequentemente a esse nível, porque o seu corpo é um ser dotado de vitalidade, que tem instintos, mas sem inteligência e limitados ao interesse de sua conservação.

> O espírito, encarnando-se no corpo do homem, transmite-lhe o principio intelectual e moral que o torna superior aos animais. As duas naturezas existentes no homem oferecem ás suas paixões duas fontes diversas, umas provêm dos instintos da natureza, outras das impurezas do espírito encarnado, que simpatiza em maior ou menor proporção com a grosseria dos apetites animais. O espírito, ao se purificar, liberta-se pouco a pouco da influência da matéria. Sob essa influência, ele se aproxima dos brutos, liberto dessa influência eleva-se ao seu verdadeiro destino.

606 - De onde tiram os animais o princípio inteligente que constitui a espécie particular de alma de que são dotados?
- Do elemento inteligente universal.
- A inteligência do homem e a dos animais emanam, portanto dum princípio único?

- Sem nenhuma dúvida, mas no homem ela passou por uma elaboração que a eleva sobre a dos brutos.

607 - Ficou dito que a alma do homem, em sua origem, se assemelha ao estado de infância da vida corpórea, que a sua inteligência apenas desponta e que ela ensaia pra vida. Onde cumpre o espírito essa primeira fase?

- Numa série de existências que precedem o período que chamais de Humanidade.
- Parece, assim, que a alma teria sido o princípio inteligente dos seres inferiores da criação?
- Não dissemos que tudo se encadeia na natureza e tende à unidade?

É nesses seres, que estais longe de conhecer inteiramente, que o princípio inteligente se elabora, se individualiza pouco a pouco e ensaia pra vida, como dissemos. É, de certa maneira, um trabalho preparatório, como o de germinação, em seguida ao qual o princípio inteligente sofre uma transformação e se torna espírito. É então que começa pra ele o período de humanidade, e com este a consciência do seu futuro, a distinção do berne do mal e a responsabilidade dos seus atos. Corno depois do período da infância vem o da adolescência, depois a juventude, e por fim a idade madura. Nada há de resto, nessa origem, que deva humilhar o homem.

Os grandes gênios sentem-se humilhados por terem sido fetos informes no ventre materno? Se alguma coisa deve humilhá-los é a sua inferioridade perante Deus e sua impotência pra sondar a profundeza de seus desígnios e a sabedoria das leis que regulam a harmonia do Universo. Reconhecei a grandeza de Deus nessa admirável harmonia que faz a solidariedade de todas as coisas na natureza. Crer que Deus pudesse ter feito qualquer coisa sem objetivo e criar seres inteligentes sem futuro seria blasfemar contra a sua bondade, que se estende sobre todas as suas criaturas.

- Esse período de humanidade começa sobre a nossa Terra?
- A Terra não é o ponto de partida da primeira encarnação humana. O período de humanidade começa, em geral, nos mundos ainda mais inferiores. Essa, entretanto, não é uma regra absoluta e poderia acontecer que um espírito, desde o seu início humano, esteja apto a viver na Terra. Esse caso não é frequente e seria antes uma exceção.

608 - O espírito do homem, após a morte, tem consciência das existências que precederam, pra ele, o período de humanidade?

- Não, porque não é senão desse período que começa pra ele a vida de espírito, e é mesmo difícil que se lembre de suas primeiras existências como homem, exatamente como o homem não se lembra de mais dos primeiros tempos de sua infância, e ainda menos do tempo que passou no ventre materno. Eis porque os espíritos vos dizem que não sabem como começaram.

609 - O espírito, tendo entrado no período da humanidade, conserva os traços do que havia sido precedentemente, ou seja, do estado em que se encontrava no período que se poderia chamar anti-humano?

- Isso depende da distância que separa os dois períodos e do progresso realizado. Durante algumas gerações, ele pode conservar um reflexo mais ou menos pronunciado do estado primitivo, porque nada na natureza se faz por transição brusca, há sempre anéis que ligam as extremidades da cadeia dos seres e dos acontecimentos, mas esses traços desaparecem com o desenvolvimento do livre-arbítrio. Os primeiros progressos se realçam lentamente, porque não são ainda secundados pela vontade, mas seguem uma progressão mais rápida à medida que o espírito adquire consciência mais perfeita de si mesmo.

610 - Os espíritos que disseram que o homem é um ser à parte na ordem da criação se enganaram então?

- Não, mas a questão não havia sido desenvolvida e há coisas que não podem vir senão há seu tempo. O homem é, de fato, um ser à parte porque tem faculdades que o distinguem de todos os outros e tem outro destino à espécie humana é a que Deus escolheu pra encarnação dos seres que o podem conhecer.

> Descartes ensinava que os animais são máquinas, agindo segundo as leis naturais, por não terem espírito. Essa concepção, que no tempo de Kardec era ainda bastante difundida, prevalece até hoje entre a maioria dos homens. Os espíritos a contestam, como se vê, e a sua opinião é referenciada pelas ciências.

3 - Metempsicose.

611 - A comunhão de origem dos seres vivos no princípio inteligente não e a consagração da doutrina da metempsicose?

- Duas coisas podem ter a mesma origem e não se assemelharem em nada mais tarde. Quem reconheceria a árvore, suas folhas, suas flores e seus frutos no germe informe que se contém na semente de onde saíram? No momento em que o princípio inteligente atinge o grau necessário pra ser espírito e entrar no período de humanidade, não tem mais relação com o seu estado primitivo e não é mais na alma dos animais, como a árvore não é a semente. No homem, somente existe do animal o corpo, as paixões que nascem da influência do corpo e os instintos de conservação inerente à matéria, não se pode dizer, portanto, que tal homem é a encarnação do espírito de tal animal, e, por conseguinte a metempsicose, tal como a entendam, não é exata.

612 - O espírito que animou o corpo dum homem poderia se encarnar num animal?

- Isso seria retrogradar e o espírito não retrograda. O rio não remonta à nascente.

613 - Por mais errônea que seja a ideia ligada à metempsicose, não seria ela o resultado do sentimento intuitivo das diferentes existências do homem?

- Reconhecemos esse sentimento intuitivo nessa crença como em muitas outras, mas como a maior parte dessas ideias intuitivas, o homem a desnaturou.

> A metempsicose seria verdadeira se por ela se entendesse a progressão da alma dum estado inferior pra um superior, realizando os desenvolvimentos que transformariam a sua natureza, mas é falsa, no sentido de transmigração direta do animal pro homem e vice-versa, o que implicaria a ideia duma retrogradação ou de fusão. Ora, não podendo realizar-se essa fusão entre seres corporais de duas espécies temos nisso um indicio de que se encontram em graus não assimiláveis e que o mesmo deve acontecer com os espíritos que os animam. Se o mesmo espírito pudesse animá-los alternativamente, disso resultaria uma identidade de natureza que se traduziria na possibilidade de reprodução material.

A reencarnação ensinada pelos espíritos se funda, pelo contrário, sobre a marcha ascendente da natureza e sobre a progressão do homem na sua própria espécie, o que não diminui em nada a sua dignidade O que o rebaixa é o mau uso que faz das faculdades que Deus lhe deu pro seu adiantamento. Como quer que seja a antiguidade e a universalidade da doutrina da metempsicose e o número de homens eminentes que a professaram provai que o principio da reencarnação tem suas raízes na própria natureza, esses são, portanto argumentos a seu favor do que contrários.

O ponto de partida do espírito é uma dessas questões que se ligam ao princípio das coisas e estão nos segredos de Deus. Não é dado ao homem conhecê-los de maneira absoluta e ele só pode fazer, a seu respeito, meras suposições, construir sistemas mais ou menos prováveis. Os próprios espíritos estão longe de tudo conhecer e sobre o que não conhecem podem ter também opiniões pessoais mais ou menos sensatas. É assim que nem todos pensam da mesma maneira a respeito das relações existentes entre o homem e os animais. Segundo alguns, o espírito não chega ao período humano senão depois de ter sido elaborado e individualizado nos diferentes graus dos seres inferiores da criação.

Segundo outros, o espírito do homem teria sempre pertencido à raça humana, sem passar pela fieira animal. O primeiro desses sistemas tem a vantagem de dar uma finalidade ao futuro dos animais que constituiriam assim, os primeiros anéis da cadeia dos seres pensantes, o segundo é mais conforme á dignidade do homem e pode resumir-se da maneira que segue. As diferentes espécies de animais não procedem intelectualmente umas das outras, por via de progressão, assim, o espírito da ostra não se torna sucessivamente do peixe, da ave, do quadrúpede e do quadrúmano, cada espécie é um tipo absoluto, física e moralmente, e cada um dos seus indivíduos tira da fonte universal a quantidade de princípio inteligente que lhe é necessária, segundo a perfeição dos seus órgãos e a tarefa que deve desempenhar nos fenômenos da natureza, devolvendo-a a massa após a morte.

Aqueles dos mundos mais adiantados que o nosso são igualmente constituídos de raças distintas, apropriadas ás necessidades desses mundos e ao grau de adiantamento dos homens de que são auxiliares, mas não procedem absolutamente dos terrestres, espiritualmente falando. Com o homem já não se dá o mesmo. Do ponto de vista físico, o homem constitui evidentemente um anel da cadeia dos seres vivos, mas do ponto de vista moral há solução de continuidade entre o homem e o animal. O homem possui, como sua particularidade, a alma ou espírito, centelha divina que lhe dá o senso moral e um alcance intelectual que os animais não possuem, é o seu ser principal, preexistente e sobrevivente ao corpo, conservando a sua individualidade.

Qual é a origem do espírito? Onde está o seu ponto de partida? Forma-se ele do principio inteligente individualizado? Isso é um mistério que seria inútil procurar e penetrar e sobre o qual, como dissemos, nós só podemos construir sistemas. O que é constante e ressalta ao mesmo tempo do raciocínio e da experiência é a sobrevivência do espírito, a conservação de sua individualidade após a morte, sua faculdade de progredir, seu estado feliz ou infeliz, proporcional ao seu adiantamento na senda do bem, e todas as verdades morais que são a consequência desse princípio.

Quanto às relações misteriosas existentes entre o homem e os animais, isso, repetimos, está nos segredos de Deus, como muitas outras coisas cujo conhecimento atual nada importa pro nosso adiantamento e sobre as quais seria inútil nos determos.

Sociedade Armônica

3ª parte - Das leis morais.
Capítulo 1 - A lei divina ou natural.

1 - Caracteres da lei natural.
614 - O que se deve entender por lei natural?
- A lei natural é a lei de Deus, é a única necessária à felicidade do homem. Ela lhe indica o que ele deve fazer ou não fazer e ele só se torna infeliz porque se afasta dela.

615 - A lei de Deus é eterna?
- É eterna e imutável, como o próprio Deus.

616 - Deus teria prescrito aos homens, numa época, aquilo que lhes proibiria em outra?
- Deus não se engana, os homens é que são obrigados a modificar as suas leis que são imperfeitas, mas as leis de Deus são perfeitas. A harmonia que regula o universo material e o universo moral se funda nas leis que ele estabeleceu por toda a eternidade.

617 - O que as leis divinas abrangem? Elas se referem a algo mais do que a conduta moral?
- Todas as leis da natureza são leis divinas, pois Deus é o autor de todas as coisas. O sábio estuda as leis da matéria, o homem de bem, as da alma e as segue.
- É dado ao homem aprofundar umas e outras?
- Sim, mas uma só existência não lhe é suficiente pra isso.

> Que são de fato, alguns anos pra se adquirir tudo o que constitui o ser perfeito embora não consideremos mais do que a distância que separa o selvagem do homem civilizado? A mais longa existência possível e insuficiente e com mais forte razão quando ela é abreviada, como acontece com um grande numero. Entre as leis divinas, umas regulam o movimento e as relações da matéria bruta: são as leis físicas, seu estudo pertence ao domínio da Ciência. As outras concernem especialmente ao homem e às suas relações com Deus e com os seus semelhantes. Compreendem as regras da vida do corpo e as da vida da alma, são as leis morais.

618 - As leis divinas são as mesmas pra todos os mundos?
- A razão nos diz que elas devem ser apropriadas à natureza de cada mundo e proporcionais ao grau de adiantamento dos seres que os habitam.

2 - Conhecimento da lei natural.
619 - Deus proporcionou a todos os homens os meios de conhecerem a sua lei?
- Todos podem conhecê-la, mas nem todos a compreendem, os que melhor a compreendem são os homens de bem e os que desejam pesquisá-la. Não obstante, todos um dia a compreenderão, porque é necessário que o progresso se realize.

> A justiça da multiplicidade de encarnações do homem decorre deste princípio, pois a cada nova existência sua inteligência se torna mais desenvolvida e ele compreende melhor o que é o bem e o que é o mal. Se tudo tivesse de se realizar numa só existência, qual seria a sorte de tantos milhões de seres que morrem diariamente no embrutecimento da selvageria ou nas trevas da ignorância, sem que deles dependa o próprio esclarecimento?

620 - A alma, antes de sua união com o corpo, compreende melhor a lei de Deus do que após a encarnação?
- Ela a compreende segundo o grau de perfeição a que tenha chegado e conserva a sua lembrança intuitiva após a união com o corpo, mas os maus instintos do homem frequentemente fazem que ele a esqueça.

621 - Onde está escrita a lei de Deus?
- Na consciência.
- Desde que o homem traz na consciência a lei de Deus, que necessidade tem de que lha revelem?
- Ele a tinha esquecido e desprezado, Deus quis que ela lhe fosse lembrada.

622 - Deus outorgou a alguns homens a missão de revelar a sua lei?
- Sim, certamente, em todos os tempos houve homens que receberam essa missão. São espíritos superiores, encarnados com o fim de fazer progredir a Humanidade.

623 - Esses que pretenderam instruir os homens na lei de Deus não se enganaram algumas vezes e não os fizeram transviar-se muitas vezes através de falsos princípios?

- Os que não eram inspirados por Deus e que se atribuíram a si mesmos, por ambição, uma missão que não tinham certamente os fizeram extraviar, não obstante, como eram homens de gênio, em meio aos próprios erros ensinaram frequentemente grandes verdades.

624 - Qual é o caráter do verdadeiro profeta?
- O verdadeiro profeta é um homem de bem, inspirado por Deus. Podemos reconhecê-lo por suas palavras e suas ações. Deus não se serve da boca do mentiroso pra ensinar a verdade.

625 - Qual o tipo mais perfeito que Deus ofereceu ao homem pra lhe servir de guia e de modelo?
- Vede Jesus.

> Jesus, é pro homem, o tipo de perfeição moral a que pode aspirar a Humanidade na Terra. Deus no-lo oferece como o mais perfeito modelo e a doutrina que ele ensinou é a mais pura expressão de sua lei, porque ele estava animado do espírito divino e foi o ser mais puro que já apareceu na Terra. Se alguns dos que pretenderam instruir os homens na lei de Deus algumas vezes s desviaram pra falsos princípios, foi por se deixarem dominar por sentimentos demasiado terrenos e por terem confundido as leis que regem as condições da vida da alma com as que regem a vida do corpo. Muitos deles apresentaram como leis divinas o que era apenas leis humanas, instruídas pra servir às paixões e dominar os homens.

626 - As leis divinas e naturais só foram reveladas aos homens por Jesus e antes dele só foram conhecidas por intuição?
- Não dissemos que elas estão escritas por toda a parte? Todos os homens que meditaram sobre a sabedoria puderam compreendê-las e ensiná-las desde os séculos mais distantes. Por seus ensinamentos, mesmo incompletos, eles prepararam o terreno pra receber a semente. Estando as leis divinas escritas no livro da natureza, o homem pôde conhecê-las sempre que desejou procurá-las. Eis porque os seus princípios foram proclamados em todos os tempos pelos homens de bem e também porque encontramos os seus elementos na doutrina moral de todos os povos saídos da barbárie, mas incompletos ou alterados pela ignorância e a superstição.

627 - Desde que Jesus ensinou as verdadeiras leis de Deus, qual é a utilidade do ensinamento dado pelos espíritos? Têm eles mais alguma coisa pra nos ensinar?
- O ensino de Jesus era frequentemente alegórico e em forma de parábolas porque ele falava de acordo com a época e os lugares, hoje se faz necessário que a verdade seja inteligível pra todos. É preciso, pois, explicar e desenvolver essas leis, tão poucos são os que as compreendem e ainda menos os que as praticam. Nossa missão é a de espertar os olhos e os ouvidos pra confundir os orgulhosos e desmascarar os hipócritas, os que afetam exteriormente a virtude e a religião pra ocultar as suas torpezas. O ensinamento dos espíritos deve ser claro e sem equívocos, afim de que ninguém possa pretextar ignorância e cada um possa julgá-lo e apreciá-lo com sua própria razão. Estamos encarregados de preparar o Reino de Deus anunciado por Jesus e por isso é necessário que ninguém possa interpretar a lei de Deus ao sabor de suas paixões, nem falsear o sentido duma lei que é todo amor e caridade.

628 - Por que a verdade não esteve sempre ao alcance de todos?
- É necessário que cada coisa venha ao seu tempo. A verdade é como a luz, é preciso que nos habituemos a ela pouco a pouco, pois de outra maneira nos ofuscaria.

> Jamais houve um tempo em que Deus permitisse ao homem receber comunicações tão completas e tão instrutivas como as que hoje lhe são dadas. Havia na Antiguidade, como sabeis, alguns indivíduos que estavam de posse daquilo que consideravam uma ciência sagrada e da qual faziam mistério pros que consideravam profanos. Deveis compreender, com o que conheceis das leis que regem esses fenômenos, que eles recebiam apenas verdades esparsas no meio dum conjunto equívoco e na maioria das vezes alegórico.

Não há, entretanto, pro homem de estudo, nenhum antigo sistema filosófico, nenhuma tradição, nenhuma religião a negligenciar, porque todos encerram os germes de grandes verdades, que, embora pareçam contraditórias entre si, espalhadas que se acham entre acessórios sem fundamento, são hoje muito fáceis de coordenar, graças à chave que vos dá o Espiritismo de uma infinidade de coisas que até aqui vos pareciam sem razão, e cuja realidade vos é agora demonstrada de maneira irrecusável. Não deixeis de tirar temas de estudo desses materiais. São eles muito ricos e podem contribuir poderosamente pra vossa instrução.

3 - Descartes, na terceira de suas *Meditações Metafísicas*, declarou que a ideia de Deus está impressa no homem como a marca impressa na sua obra. Essa ideia de Deus é inata no homem e o impele à perfeição. Embora as escolas modernas de Psicologia neguem a existência de ideias inatas, o Espiritismo sustenta essa existência, através do princípio da reencarnação. Por outro lado, as ideias de Deus, da sobrevivência, do bem e do mal existem e existiram sempre entre todos os povos. A lei de Deus está escrita na consciência do homem como a assinatura do artista na sua obra.

4 - Os textos sagrados das grandes religiões, como a *Bíblia* e os *Vedas*, os sistemas de antigos filósofos, as doutrinas de velhas ordens ocultas ou esotéricas, todos encerram grandes verdades nas suas contradições aparentes. Os Espíritas não devem recuar diante desses sistemas ou ver-lhes apenas as contradições, quando possuem a chave do Espiritismo, com a qual estão aptos a decifrar-lhes os enigmas, descobrindo seus poderosos motivos de esclarecimento. Também nos sistemas modernos de filosofia ou de ciência, por mais contrários que pareçam aos espíritas, uma análise verdadeiramente espírita poderá revelar a existência de grandes verdades.

3 - O bem e o mal.

629 - Que definição se pode dar a moral?

- A moral e a regra da boa conduta e, portanto da distinção entre o bem e o mal. Ela se funda na observação da lei de Deus. O homem se conduz bem quando faz tudo tendo em vista o bem e pro bem de todos, porque então observa a lei de Deus.

630 - Como se pode distinguir o bem do mal?

- O bem é tudo o que está de acordo com a lei de Deus e o mal é tudo o que dela se afasta. Assim, fazer o bem é se conformar à lei de Deus, fazer o mal é infringir essa lei.

631 - O homem tem meios pra distinguir por si mesmo o bem e o mal?

- Sim, quando ele crê em Deus e quando ele quer saber. Deus lhe deu a inteligência pra discernir um e outro.

632 - O homem, que é sujeito a errar, não pode enganar-se na apreciação do bem e do mal e crer que faz o bem quando em realidade está fazendo o mal?

- Jesus vos disse, "vede o que quereríeis que vos fizessem ou não", tudo se resume nisso. Assim não vos encanareis.

633 - A regra do bem e do mal, que se poderia chamar de reciprocidade ou de solidariedade, não pode ser aplicada à conduta pessoal do homem pra ele mesmo. Ele encontra, na lei natural, a regra desta conduta e um guia seguro?

- Quando comeis demais, isso vos faz mal. Pois bem, é Deus que vos dá a medida do que vos falta. Quando a ultrapassais, sois punidos, o mesmo se dá com tudo o mais. A lei natural traça pro homem o limite das suas necessidades, quando ele o ultrapassa, é punido pelo sofrimento. Se o homem escutasse em todas as coisas, essa voz que diz: Chega! Isso evitaria a maior parte dos males de que acusa a natureza.

634 - Por que o mal se encontra na natureza das coisas? Falo do mal moral. Deus não poderia criar a Humanidade em melhores condições?

- Já te dissemos, os espíritos foram criados simples e ignorantes. Deus deixa ao homem a escolha do caminho: tanto pior pra ele se seguir o mal, sua peregrinação será mais longa. Se não existissem montanhas, não poderia o homem compreender que se pode subir e descer, e se não existissem rochas, não compreenderia que há corpos duros. É necessário que o espírito adquira a experiência e pra isto é necessário que ele conheça o bem e o mal, eis porque existe a união do espírito e do corpo.

635 - As diferentes condições sociais criam necessidades novas que não são as mesmas pra todos os homens. A lei natural pareceria, assim, não ser uma regra uniforme?

- Essas diferentes condições existem na natureza e estão de acordo com a lei do progresso. Isso não impede u unidade da lei natural, que se aplica a tudo.

> As condições de existência do homem mudam segundo as épocas e os lugares, e disso resultam pra ele necessidades diferentes e condições sociais correspondentes a essas necessidades. Desde que essa diversidade está na ordem das coisas é conforme a lei de Deus, e essa lei, por isso, não é menos una em seu princípio. Cabe à razão distinguir as necessidades reais das necessidades fictícias ou convencionais.

636 - O bem e o mal são absolutos pra todos os homens?

- A lei de Deus é a mesma pra todos, mas o mal depende, sobretudo, da vontade que se tenha de fazê-lo. O bem é sempre bem e o mal sempre mal, qualquer que seja a posição do homem, a diferença está no grau de responsabilidade.

637 - O selvagem que cede ao seu instinto, comendo carne humana, é culpado?

- Eu disse que o mal depende da vontade, pois bem, o homem é tanto mais culpado quanto melhor sabe o que faz.

> As circunstâncias dão ao bem e ao mal uma gravidade relativa. O homem comete, frequentemente, faltas que, sendo embora decorrentes da posição em que a sociedade o colocou, não são menos repreensíveis, mas a responsabilidade está na razão dos meios que ele tiver pra compreender o bem e o mal. É assim que o homem

esclarecido que comete uma simples injustiça é mais culpável aos olhos de Deus que o selvagem que se entrega aos instintos.

638 - O mal parece, algumas vezes, ser consequente da força das circunstâncias. Tal é, por exemplo, em certos casos, a necessidade de destruição, até mesmo do nosso semelhante. Pode-se dizer, então, que há infração à lei de Deus?
- O mal não é menos mal por ser necessário, mas essa necessidade desaparece à medida que a alma se depura passando duma pra outra existência, então se torna mais culpável quando o comete, porque melhor o compreende.

639 - O mal que se comete não resulta frequentemente da posição em que os outros nos colocaram, e nesse caso quais são os mais culpáveis?
- O mal recai sobre aquele que o causou. Assim, o homem que é levado ao mal pela posição em que os outros o colocaram é menos culpável que aqueles que o causaram, pois cada um sofrerá a pena não somente do mal que tenha feito, mas também do que houver provocado.

640 - Aquele que não faz o mal, mas aproveita o mal praticado por outro, é culpável no mesmo grau?
- É como se o cometesse, ao aproveitá-lo, torna-se participante dele. Talvez tivesse recuado diante da ação, mas, se ao encontrá-la realizada, dela se serve, é porque a aprova e a teria praticado se pudesse ou se tivesse ousado.

641 - O desejo do mal é tão repreensível quanto o mal?
- Conforme, há virtude em resistir voluntariamente ao mal que se sente desejo de praticar, sobretudo quando se tem a possibilidade de satisfazer esse desejo, mas se o que faltou foi apenas a ocasião, o homem é culpável.

642 - Será suficiente não se fazer o mal pra ser agradável a Deus e assegurar uma situação futura?
- Não, é preciso fazer o bem no limite das próprias forças, pois cada um responderá por todo o mal que tiver ocorrido por causa do bem que deixou de fazer.

643 - Há pessoas que, por sua posição, não tenham possibilidade de fazer o bem?
- Não há ninguém que não possa fazer o bem, somente o egoísta não encontra jamais a ocasião de praticá-lo. É suficiente estar em relação com outros homens pra se fazer o bem e cada dia da vida oferece essa possibilidade a quem não estiver cego pelo egoísmo, porque fazer o bem não é apenas ser caridoso, mas ser útil na medida do possível, sempre que o auxílio se faça necessário.

644 - O meio em que certos homens vivem não é pra eles o motivo principal de muitos vícios e crimes?
- Sim, mas ainda nisso há uma prova escolhida pelo espírito no estado de liberdade, ele quis se expor à tentação pra ter o mérito da resistência.

645 - Quando o homem está mergulhado na atmosfera do vício, o mal não se torna pra ele um arrastamento quase irresistível?
- Arrastamento, sim, irresistível, não, porque, no meio dessa atmosfera de vícios, podes encontrar grandes virtudes. São espíritos que tiveram a força de resistir e que tiveram, ao mesmo tempo, a missão de exercer uma boa influência sobre os seus semelhantes.

646 - O mérito do bem que se faz está subordinado a certas condições, ou seja, há diferentes graus no mérito do bem?
- O mérito do bem está na dificuldade, não há nenhum em fazê-lo sem penas e quando nada custa. Deus leva mais em conta o pobre que reparte o seu único pedaço de pão que o rico que só dá do seu supérfluo. Jesus já o disse, a propósito do óbolo da viúva.

> As pesquisas sociológicas deram motivo a uma reavaliação, em nosso tempo, do conceito tradicional de moral. Entendeu-se que a moral é variável, porque o bem de um povo pode ser mal pra outro e vice-versa.

4 - Divisão da lei natural.
647 - Toda a lei de Deus está encerrada na máxima do amor ao próximo ensinada por Jesus?
- Certamente essa máxima encerra todos os deveres dos homens entre si, mas é necessário mostrar-lhes a aplicação, pois do contrário podem negligenciá-la, como já afazem hoje. Aliás, a lei natural compreende todas as circunstâncias da vida e essa máxima se refere a apenas um dos seus aspectos. Os homens necessitam de regras precisas. Os preceitos gerais e muito vagos deixam muitas portas abertas à interpretação.

648 - Que pensais da divisão da lei natural em dez partes, compreendendo as leis sobre a adoração, o trabalho, a reprodução, a conservação, a destruição, a sociedade, o progresso, a igualdade, a liberdade e, por fim, a da justiça, amor e caridade?

- Essa divisão da lei de Deus em 10 partes é a de Moisés e pode abranger todas as circunstâncias da vida, o que é essencial. Podes segui-la, sem que ela tenha, entretanto, nada de absoluto, como não o têm os demais sistemas de classificação, que sempre dependem do ponto de vista sob o qual se considera um assunto. A última lei é a mais importante, é por ela que o homem pode avançar mais na vida espiritual, porque ela resume todas as outras.

Capítulo 2 - A lei de adoração

1 - O objetivo da adoração.
649 - Em que consiste a adoração?
- É a elevação do pensamento a Deus, pela adoração o homem aproxima de Deus a sua alma.

650 - A adoração é o resultado dum sentimento inato ou produto de um ensinamento?
- Sentimento inato, como o da Divindade. A consciência de sua fraqueza leva o homem a se curvar diante daquele que o pode proteger.

651 - Houve povos desprovidos de todo sentimento de adoração?
- Não, porque jamais houve povos ateus. Todos compreendem que há, acima deles, um ser supremo.

652 - Pode-se considerar a adoração como tendo sua fonte na lei natural?
- Ela faz parte da lei natural, porque é o resultado dum sentimento inato no homem por isso a encontramos entre todos os povos, embora sob formas diferentes.

2 - A adoração exterior.
653 - A adoração necessita de manifestações exteriores?
- A verdadeira adoração é a do coração. Em todas as vossas ações, pensai sempre que um senhor vos observa.
- A adoração exterior é útil?
- Sim, se não for um vão simulacro. É sempre útil dar um bom exemplo: mas os que afazem só por afetação e amor próprio e cuja conduta desmente a sua aparente piedade dão um exemplo antes mau do que bom e fazem mais mal do que supõem.

654 - Deus tem preferência pelos que o adoram desta ou daquela maneira?
- Deus prefere os que o adoram do fundo do coração, com sinceridade, fazendo o bem e evitando o mal, aos que pensam honrá-lo através de cerimônias que não os tornam melhores pros seus semelhantes. Todos os homens são irmãos e filhos do mesmo Deus, que chama pra ele todos os que seguem as suas leis, qualquer que seja a forma pela qual se exprimam. Aquele que só tem a aparência da piedade é um hipócrita, aquele pra quem a adoração é apenas um fingimento e está em contradição com apropria conduta dá um mau exemplo.
Aquele que se vangloria de adorara Cristo, mas que é orgulhoso, invejoso e ciumento, que é duro e implacável com os outros ou ambicioso dos bens mundanos, eu vos declaro que só tem a religião nos lábios e não no coração. Deus, que tudo vê, dirá, aquele que conhece a verdade é cem vezes mais culpável do mal que faz do que o selvagem ignorante e será tratado de maneira consequente, no dia do juízo. Se um cego vos derruba ao passar, vós o desculpais, mas se é um homem que enxerga bem, vós o censurais e com razão. Não pergunteis, pois, se há uma forma de adoração mais conveniente, porque isso seria perguntar se é mais agradável a Deus ser adorado numa língua do que em outra. Digo-vos ainda uma vez, os cânticos não chegam a ele senão pela porta do coração.

655 - E reprovável praticar uma religião na qual não se acredita de coração, quando se faz isso por respeito humano e pra não escandalizar os que pensam de outra maneira?
- A intenção, nisso como em tantas outras coisas, é a regra. Aquele que não tem em vista senão respeitar as crenças alheias não faz mal, faz melhor do que aquele que as ridicularizasse, porque esse faltaria com a caridade, mas quem as praticar por interesse ou por ambição é desprezível aos olhos de Deus e dos homens. Deus não pode agradar-se daquele que só demonstra humildade perante ele pra provocar a aprovação dos homens.

656 - A adoração em comum é preferível à adoração individual?
- Os homens reunidos por uma comunhão de pensamentos e sentimentos tem mais força pra atrair os bons espíritos. Acontece o mesmo quando se reúnem pra adorar a Deus, mas não penseis, por isso que a adoração em particular seja menos boa, pois cada um pode adorar a Deus pensando nele.

3 - Vida contemplativa.
657 - Os homens que se entregam à vida contemplativa, não fazendo nenhum mal e só pensando em Deus, têm algum mérito aos seus olhos?
- Não, pois se não fazem o mal também não fazem o bem e são inúteis. Aliás, não fazer o bem já é um mal. Deus quer que se pense nele, mas não que se pense apenas nele, pois deu ao homem deveres a serem cumpridos na Terra. Aquele que se consome na meditação e na contemplação nada faz de meritório aos olhos de Deus, porque sua vida é toda pessoal e inútil pra Humanidade. Deus lhe pedirá contas do bem que não tenha feito.

4 - Da prece.

658 - A prece é agradável a Deus?

- A prece é sempre agradável a Deus quando ditada pelo coração, porque a intenção é tudo pra ele. A prece do coração é preferível à que podes ler, por mais bela que seja, se a leres mais com os lábios do que com o pensamento. A prece é agradável a Deus quando é proferida com fé, com fervor e sinceridade. Não creias, pois, que Deus seja tocado pelo homem vão, orgulhoso e egoísta, a menos que a sua prece represente um ato de sincero arrependimento e de verdadeira humildade.

659 - Qual o caráter geral da prece?

- A prece é um ato de adoração. Fazer preces a Deus é pensar nele, aproximar-se dele, pôr-se em comunicação com ele. Pela prece nós podemos fazer três coisas, louvar, pedir e agradecer.

660 - A prece torna o homem melhor?

- Sim, porque aquele que faz preces com fervor e confiança se torna mais forte contra as tentações do mal, e Deus lhe envia bons espíritos pra assisti-lo. É um socorro jamais recusado, quando o pedimos com sinceridade.

- Como se explica que certas pessoas que oram muito sejam, apesar disso, de muito mau caráter, ciumentas, invejosas, implicantes, faltas de benevolência e de indulgência, que sejam até mesmo viciosas?

- O essencial não é orar muito, mas orar bem. Essas pessoas julgam que todo o mérito está na extensão da prece e fecham os olhos pros seus próprios defeitos. A prece é pra elas uma ocupação, um emprego do tempo, mas não um estudo de si mesmas. Não é o remédio que é ineficaz, neste caso, mas a maneira de aplicá-lo.

661 - Pode-se pedir eficazmente a Deus o perdão das faltas?

- Deus sabe discernir o bem e o mal, a prece não oculta às faltas. Aquele que pede a Deus o perdão de suas faltas não o obtém se não mudar de conduta. As boas ações são a melhor prece, porque os atos valem mais do que as palavras.

662 - Nós podemos orar utilmente pelos outros?

- O espírito daquele que ora está agindo pela vontade de fazer o bem. Pela prece atrai a ele os bons espíritos que se associam ao bem que deseja fazer.

> Possuímos em nós mesmos, pelo pensamento e a vontade, um poder de ação que se estende muito além dos limites de nossa esfera corpórea. A prece por outros é um ato dessa vontade. Se for ardente e sincera, pode chamar os bons espíritos em auxílio daquele por quem pedimos, a fim de lhe sugerirem bons pensamentos e lhe darem a força necessária pro corpo e a alma, mas ainda nesse caso a prece do coração é tudo e a dos lábios não é nada.

663 - As preces que fazemos por nós mesmos podem modificar a natureza das nossas provas e desviar-lhes o curso?

- Vossas provas estão nas mãos de Deus e lia as que devem ser suportadas até o fim, mas Deus leva sempre em conta a resignação. A prece atrai a vós os bons espíritos que vos dão a força de suportá-las com coragem, então elas vos parecem menos duras.

Já o dissemos, a prece nunca é inútil, quando bem feita, porque dá força, o que já é um grande resultado. Ajuda-te a ti mesmo e o Céu te ajudará, tu sabes disso. Aliás, Deus não pode mudar a ordem da natureza ao sabor de cada um, porque aquilo que é um grande mal do vosso ponto de vista mesquinho, pra vossa vida efêmera, muitas vezes é um grande bem na ordem geral do Universo, além disso, de quantos males o homem é o próprio autor por sua imprevidência ou por suas faltas. Ele é punido no que pecou.

Não obstante, os vossos justos pedidos são em geral mais escutados do que julgais. Pensais que Deus não vos ouviu porque não fez um milagre em vosso favor, quando, entretanto, vos assiste por meios tão naturais que vos parecem o efeito do acaso ou da força das circunstâncias. Frequentemente, ou o mais frequentemente, ele vos suscita o pensamento necessário pra sairdes por vós mesmos do embaraço.

664 - É útil orar pelos mortos e pelos espíritos sofredores, e nesse caso como pode as nossas preces lhes proporcionar consolo e abreviar os sofrimentos? Têm elas o poder de fazer dobrar-se a justiça de Deus?

- A prece não pode ter o efeito de mudar os desígnios de Deus, mas a alma pela qual se ora experimenta alívio, porque é um testemunho de interesse que se lhe dá e porque o infeliz, v sempre consolado, quando encontra almas caridosas que compartilham as suas dores. Doutro lado, pela prece, provoca-se o arrependimento, desperta-se o desejo de fazer o necessário pra se tornar feliz. É nesse sentido que se pode abreviar a sua pena, se do seu lado ele contribui com a sua boa vontade. Esse desejo de melhora, excitado pela prece, atrai pro espírito sofredor os espíritos melhores que vêm esclarecê-lo, consolá-lo e dar-lhe esperanças. Jesus orava pelas ovelhas transviadas, com isso, vos mostrava que sereis culpados se nada fizerdes pelos que mais necessitam.

665 - Que pensar da opinião que rejeita a prece pelos mortos, por não estar prescrita nos Evangelhos?

- O Cristo disse aos homens: - *Amai-vos uns aos outros.*

Essa recomendação implica a de empregar todos os meios possíveis de testemunhar afeição aos outros, sem entrar, por isso mesmo, em nenhum detalhe sobre a maneira de atingir o objetivo. Se é verdade que nada pode desviar o Criador de aplicar a justiça, inerente a ele mesmo, a todas as ações do espírito, não é menos verdade que a prece que lhe dirigis, em favor daquele que vos inspira afeição, é pra este um testemunho de recordação que não pode deixar de contribuir pra aliviar os seus sofrimentos e o consolar.

Desde que ele revele o mais leve arrependimento, e somente então, será socorrido, mas isso não o deixará jamais esquecer que uma alma simpática se ocupou dele e lhe dará a doce crença de que a sua intercessão lhe foi útil. Disso resulta necessariamente, de sua parte, um sentimento de afeição por aquele que lhe deu essa prova de interesse e de piedade. Por conseguinte, o amor recomendado aos homens pelo Cristo não fez mais do que aumentar entre eles, e ambos obedeceram à lei de amor e de união de todos os seres, lei divina que deve conduzirá unidade, objetivo e fim do espírito.

666 - Nós podemos orar aos espíritos?

- Podemos orar aos bons espíritos como sendo os mensageiros de Deus e os executores de seus desígnios, mas o seu poder está na razão da sua superioridade e decorre sempre do Senhor de todas as coisas, sem cuja permissão nada se faz, e is porque as preces que lhes dirigimos só são eficazes se forem agradáveis a Deus.

> Espinosa dizia que "Deus age segundo unicamente as leis de sua natureza, sem ser constrangido por ninguém", e afirmava a impossibilidade do milagre, por ser uma violação das leis de Deus. Também no tocante aos males individuais, alegava que eles não existiam na ordem geral do Universo.

5 - O politeísmo.
667 - Por que o Politeísmo é uma das crenças mais antigas e mais espalhadas, se é falso?

- A ideia dum Deus único só podia aparecer como resultado do desenvolvimento mental do homem. Incapaz, na sua ignorância, de conceber um ser imaterial, sem forma determinada, agindo sobre a matéria, ele lhe havia dado os atributos da natureza corpórea, ou seja, uma forma e uma figura, e desde então tudo o que lhe parecia ultrapassar as proporções da inteligência comum tornava-se pra ele uma divindade. Tudo quanto não compreendia devia ser obra de um poder sobrenatural, e disso a acreditar em tantas potências distintas quantos os efeitos pudesse ver não ia mais do que um passo, mas em todos os tempos houve homens esclarecidos que compreenderam a impossibilidade dessa multidão de poderes pra governar o mundo sem uma direção superior e se elevaram ao pensamento dum Deus único.

668 - Os fenômenos espíritas sendo produzidos desde todos os tempos e conhecidos desde as primeiras eras do mundo, não podem ter contribuído pra crença da pluralidade dos deuses?

- Sem dúvida, porque pros homens, que chamavam deus a tudo o que era sobre-humano, os espíritos pareciam deuses. E também por isso quando um homem se distinguia entre os demais pelas suas ações, pelo seu gênio ou por um poder oculto que o vulgo não podia compreender, faziam dele um deus e lhe rendiam culto após a morte.

> A palavra 'deus' tinha entre os antigos uma acepção muito extensa, não era, como em nossos dias, uma designação do Senhor da natureza, mas uma qualificação genérica de todos os seres não pertencentes às condições humanas. Ora, tendo as manifestações espíritas lhes revelado a existência de seres incorpóreos que agem como forças da natureza, eles os chamaram deuses, como nós os chamamos espíritos. Uma simples questão de palavras. Com a diferença de que, em sua ignorância entretida deliberadamente pelos que tinham interesse em mantê-la, elevaram templos e altares lucrativos a esses seres, enquanto pra nós eles não passam de criaturas nossas semelhantes mais ou menos perfeitas, despojadas de seu envoltório terreno.

Se estudarmos com atenção os diversos atributos das divindades pagas, reconheceremos sem dificuldade todos os que caracterizam os nossos espíritos, em todos os graus da escala espírita, seu estado físico nos mundos superiores, todas as propriedades do perispírito e o papel que exercem no tocante às coisas terrenas.

O Cristianismo vindo aclarar o mundo com a sua luz divina, não podia destruir uma coisa que está na própria natureza, mas fez que a adoração se voltasse pra aquele a que realmente pertence. Quanto aos espíritos, sua lembrança se perpetuou sob diversos nomes segundo os povos, e suas manifestações, que jamais cessaram, foram diversamente interpretadas e frequentemente exploradas sob o domínio do mistério. Enquanto a religião as considerava como fenômenos miraculosos, os incrédulos as tomaram por charlatanice. Hoje, graças a estudos mais sérios, feitos à plena luz o Espiritismo, liberto das ideias supersticiosas que o obscureceram através dos séculos, nos revela um dos maiores e mais sublimes princípios da natureza.

6 - Os sacrifícios.
669 - A prática dos sacrifícios humanos remonta a mais alta Antiguidade, como foi o homem levado a crer que semelhantes coisas pudessem agradar a Deus?

- Primeiro, porque ele não compreendia Deus como sendo a fonte da bondade. Entre os povos primitivos, a matéria sobrepõe-se ao espírito, eles se entregam aos instintos animais e por isso são geralmente cruéis, pois o senso moral ainda não se encontra desenvolvido. Depois, os homens primitivos deviam crer naturalmente que uma criatura animada teria muito mais valor aos olhos de Deus que um corpo material.

Foi isso que os levou a imolar primeiramente animais e mais tarde criaturas humanas, pois, segundo sua falsa crença, pensavam que o valor do sacrifício estava em relação com a importância da vítima. Na vida material, como geralmente a levais, se ofereceis um presente a alguém, escolheis sempre o dum valor tanto maior, quanto mais amizade e consideração quereis testemunhar à pessoa. O mesmo deviam fazer os homens ignorantes, com relação a Deus.

- Assim, os sacrifícios de animais teriam precedido os humanos?
- Não há duvida quanto a isso.
- Segundo essa explicação, os sacrifícios humanos não se originaram dum sentimento de crueldade?
- Não, mas duma falsa concepção do que seria agradável a Deus. Vede Abraão. Com o tempo, os homens passaram a cometer abusos, imolando os inimigos, até mesmo os inimigos pessoais. De resto, Deus jamais exigiu sacrifícios, nem de animais, nem de homens. Ele não pode ser honrado com a destruição inútil de sua própria criatura.

670 - Poderiam os sacrifícios humanos, realizados com intenções piedosas, ter algumas vezes agradado a Deus?
- Não, jamais, mas Deus julga a intenção. Os homens, sendo ignorantes, podiam crer que faziam um ato louvável ao imolar um de seus semelhantes. Nesse caso, Deus atentaria pro pensamento e não pro fato. Os homens, ao se melhorarem, deviam reconhecer o erro e reprovar esses sacrifícios, que não mais seriam admissíveis pra espíritos esclarecidos, eu digo esclarecidos porque os espíritos estavam então envolvidos pelo véu material, mas pelo livre-arbítrio poderiam ter uma percepção de sua origem e sua finalidade. Muitos já compreendiam por intuição o mal que faziam, e só o praticavam pra satisfazer suas paixões.

671 - Que devemos pensar das chamadas guerras santas? O sentimento que leva os povos fanáticos a exterminar o mais possível os que não partilham de suas crenças, com o fim de agradar a Deus, não teria a mesma origem dos que antigamente provocavam os sacrifícios humanos?
- Esses povos são impulsionados pelos maus espíritos. Fazendo a guerra aos seus semelhantes, vão contra Deus, que manda o homem amar o próximo como a si mesmo. Todas as religiões, ou antes, todos os povos adoram um mesmo Deus, quer sob este ou aquele nome. Como promover uma guerra de exterminação, porque a religião dum outro é diferente ou não atingiu ainda o progresso religioso dos povos esclarecidos?

Os povos são escusáveis por não crerem na palavra daquele que estava animado pelo espírito de Deus e fora enviado por ele, sobretudo quando não o viram e não testemunharam os seus atos, e como quereis que eles creiam nessa palavra de paz quando os procurais de espada em punho? Eles devem esclarecer-se e devemos procurar fazê-los conhecer a sua doutrina pela persuasão e a doçura, e não pela força e o sangue. A maioria de vocês não acredita nas nossas comunicações com certos mortais, por que quereis então que os estranhos acreditem nas vossas palavras, quando os vossos atos desmentem a doutrina que pregais?

672 - A oferenda dos frutos da terra teria mais mérito aos olhos de Deus que o sacrifício dos animais?
- Já vos respondi ao dizer que Deus julgaria a intenção e que o fato em si teria pouca importância pra ele. Seria evidentemente mais agradável a Deus a oferenda de frutos da terra que a de sangue das vítimas. Como vos dissemos e repetimos sempre, a prece dita do fundo do coração é 100 vezes mais agradável a Deus que todas as oferendas que lhe pudésseis fazer. Repito que a intenção é tudo e o fato, nada.

673 - Não haveria um meio de tornar essas oferendas mais agradáveis a Deus, consagrando-as ao amparo dos que não têm sequer o necessário? E, nesse caso, o sacrifício dos animais, realizado com uma finalidade útil, não seria mais meritório que o sacrifício abusivo que não servia pra nada ou não aproveitava senão aos de que nada precisavam? Não haveria algo de realmente piedoso em se consagrar aos pobres as primícias dos bens da terra que Deus nos concede?
- Deus abençoa sempre os que praticam o bem, amparar os pobres e os aflitos é o melhor meio de homenageá-lo. Já vos disse, por isso mesmo, que Deus desaprova as cerimônias que fazeis pras vossas preces, pois há muito dinheiro que poderia ser empregado mais utilmente. O homem que se prende à exterioridade e não ao coração é um espírito de vista estreita, julgai que Deus deve importar-se mais com a forma do que o fundo.

Sociedade Armônica

Capítulo 3 - A lei do trabalho

1 - A necessidade do trabalho.

674 - A necessidade do trabalho é uma lei da natureza?
- O trabalho é uma lei da natureza e por isso mesmo é uma necessidade. A civilização obriga o homem a trabalhar mais porque aumenta as suas necessidades e os seus prazeres.

675 - Só devemos entender por trabalho as ocupações materiais?
- Não, o espírito também trabalha, como o corpo. Toda ocupação útil é trabalho.

676 - Por que o trabalho é imposto ao homem?
- É uma consequência da sua natureza corpórea. É uma expiação e ao mesmo tempo um meio de aperfeiçoar a sua inteligência. Sem o trabalho o homem permaneceria na infância intelectual, eis porque ele deve a sua alimentação, a sua segurança e o seu bem-estar ao seu trabalho e à sua atividade. Ao que é de físico franzino, Deus concebeu a inteligência pra compensá-lo, mas há sempre trabalho.

677 - Por que a natureza provê, por si mesma, a todas as necessidades dos animais?
- Tudo trabalha na natureza. Os animais trabalham, como tu, mas o seu trabalho, como a sua inteligência, é limitado aos cuidados da conservação. Eis porque, entre eles, o trabalho não conduz ao progresso, enquanto entre os homens tem um duplo objetivo: a conservação do corpo e o desenvolvimento do pensamento, que é também uma necessidade e que o eleva acima de si mesmo. Quando digo que o trabalho dos animais é limitado aos cuidados de sua conservação, refiro-me ao fim a que eles se propõem, trabalhando, mas, enquanto, sem o saberem, eles se entregam inteiramente a prover as suas necessidades materiais, são os agentes que colaboram nos desígnios do Criador. Seu trabalho não concorre menos pro objetivo final da natureza, embora, muitas vezes, não possais ver o seu resultado imediato.

678 - Nos mundos mais aperfeiçoados, o homem é submetido à mesma necessidade de trabalho?
- A natureza do trabalho é relativa à natureza das necessidades, quanto menos necessidades materiais, menos material é o trabalho, mas não julgueis, por isso que o homem permanece inativo e inútil, a ociosidade seria um suplício em vez de ser um benefício.

679 - O homem que possui bens suficientes pra assegurar sua subsistência está liberto da lei do trabalho?
- Do trabalho material, talvez, mas não da obrigação de se tornar útil na proporção de seus meios, de aperfeiçoar a sua inteligência ou a dos outros, o que é também um trabalho. Se o homem a quem Deus concedeu bens suficientes pra assegurar sua subsistência não está obrigado a comer o pão com o suor da fronte, a obrigação de ser útil a seus semelhantes é tanto maior pra ele, quanto a parte que lhe coube por adiantamento lhe der maior lazer pra fazer o bem.

680 - Não há homens que estão impossibilitados de trabalhar, seja no que for, e cuja existência é inútil?
- Deus é justo e só condena aquele cuja existência for voluntariamente inútil, porque esse vive na dependência do trabalho alheio. Ele quer que cada um se torne útil na proporção de suas faculdades.

681 - A lei da natureza impõe aos filhos a obrigação de trabalhar pros pais?
- Certamente, como os pais devem trabalhar pros filhos. Eis porque Deus fez do amor filial e do amor paterno um sentimento natural, afim de que, por essa afeição recíproca, os membros duma mesma família sejam levados a se auxiliarem mutuamente. É o que, com muita frequência, não se reconhece em vossa atual sociedade.

2 - Limite do trabalho - Repouso.

682 - Sendo o repouso uma necessidade após o trabalho, não é uma lei da natureza?
- Sem dúvida o repouso serve pra reparar as forças do corpo e também necessário pra deixar um pouco mais de liberdade à inteligência, que deve elevar-se acima da matéria.

683 - Qual é o limite do trabalho?
- O limite das forças, não obstante, Deus dá liberdade ao homem.

684 - Que pensar dos que abusam da autoridade pra impor aos seus inferiores um excesso de trabalho?
- É uma das piores ações. Todo homem que tem o poder de dirigir é responsável pelo excesso de trabalho que impõe aos seus inferiores, porque transgride a lei de Deus.

685 - O homem tem direito ao repouso na sua velhice?
- Sim, pois não está obrigado a nada, senão na proporção de suas forças.

- Mas o que fará o velho que precisa trabalhar pra viver e não pode?

- O forte deve trabalhar pro fraco, na falta da família, a sociedade deve ampará-lo, é a lei da caridade.

> Não basta dizer ao homem que ele deve trabalhar, é necessário também que o que vive do seu trabalho encontre ocupação, e isso nem sempre acontece. Quando a falta de trabalho se generaliza, toma as proporções dum flagelo, como a escassez. A ciência econômica procura o remédio no equilíbrio entre a produção e o consumo, mas esse equilíbrio, supondo-se que seja possível, sofrerá sempre intermitências e durante essas fases o trabalhador tem necessidade de viver. Há um elemento que não se ponderou bastante, e sem o qual a ciência econômica não passa de teoria, a educação.

Não a educação intelectual, mas a moral, e nem ainda a educação moral pelos livros, mas a que consiste na arte de formar caracteres, aquela que cria os hábitos, porque educação é conjunto de hábitos adquiridos. Quando se pensa na massa de indivíduos diariamente lançados na corrente da população, sem princípios, sem freios, entregues aos próprios instintos, deve-se admirar das consequências desastrosas desse fato? Quando essa arte for conhecida, compreendida e praticada, o homem seguirá no mundo os hábitos de ordem e previdência pra si mesmo e pros seus, de respeito pelo que é respeitável, hábitos que lhe permitirão atravessar de maneira menos penosa os maus dias inevitáveis. A desordem e a imprevidência são duas chagas que somente uma educação bem compreendida pode curar. Nisso está o ponto de partida, o elemento real do bem- estar, a garantia da segurança de todos.

Sociedade Armônica

Capítulo 4 - A lei de reprodução

1 - A população do globo.
686 - A reprodução dos seres vivos é uma lei natural?
- Isso é evidente, sem a reprodução o mundo corpóreo pereceria.

687 - Se a população seguir sempre a progressão constante que vemos, chegará um momento em que ela se tornará excessiva na Terra?
- Não. Deus a isso provê, mantendo sempre o equilíbrio. Ele nada faz de inútil. O homem, que só vê um ângulo do quadro da natureza, não pode julgar da harmonia do conjunto.

> A população do mundo continua em intenso crescimento, mas os jogos de equilíbrio da própria natureza são visíveis pros observadores do movimento demográfico, por outro lado, na proporção em que cresce a população, a Ciência e a Técnica aumentam as possibilidades de produção e de aproveitamento de regiões inabitadas. As apreensões e o pessimismo de Malthus e seus discípulos dão bem um exemplo do que seja ver apenas um ângulo do quadro da natureza.

2 - Sucessão e aperfeiçoamento das raças.
688 - Há neste momento raças humanas que diminuem evidentemente, chegará um momento em que terão desaparecido da Terra?
- Isso é verdade, mas é que outras lhes tomaram o lugar, como outras tomarão o vosso, um dia.

689 - Os homens de hoje são uma nova criação ou os descendentes aperfeiçoados dos seres primitivos?
- São os mesmos espíritos que voltaram pra se aperfeiçoarem em novos corpos, mas que ainda estão longe da perfeição. Assim, a raça humana atual que, por seu crescimento, tende a invadir toda a Terra e substituir as raças que se extinguem, terá também o seu período de decrescimento e extinção. Outras raças mais perfeitas a substituirão, descendendo da raça atual, como os homens civilizados de hoje descendem dos seres brutos e selvagens dos tempos primitivos.

690 - Do ponto de vista puramente físico, os corpos da raça atual são uma criação especial ou procedem dos corpos primitivos, por via de reprodução?
- A origem das raças se perde na noite dos tempos, mas como todos pertencem à grande família humana, qualquer que seja o tronco primitivo de cada uma, puderam se mesclar e produzir novos tipos.

691 - Qual é, do ponto de vista físico, o caráter distintivo e dominante das raças primitivas?
- Desenvolvimento da força bruta, em detrimento da intelectual. Atualmente dá-se o contrário, o homem faz mais pela inteligência do que pela força física, e, no entanto faz cem vezes mais, porque colocou a seu serviço as forças da natureza, o que não fazem os animais.

692 - O aperfeiçoamento das raças animais e vegetais pela Ciência é contrário à lei natural? Seria mais conforme a essa lei deixar as coisas seguirem o seu curso normal?
- Tudo se deve fazer pra chegar à perfeição. O próprio homem é um instrumento de que Deus se serve pra atingir os seus fins. Sendo a perfeição o alvo pra que tende a natureza, favorecer a sua conquista é corresponder àqueles fins.
- Mas o homem é geralmente movido, nos seus esforços pro melhoramento das raças, apenas por interesse pessoal, que não tem outro objetivo senão o aumento de seu bem-estar, isso não diminui o seu mérito?
- Que importa que o seu mérito seja nulo, contanto que se faça o progresso? Compete a ele tornar meritório o seu trabalho, através da intenção, ademais, por meio desse trabalho ele exercita e desenvolve sua inteligência e é sob esse aspecto que tira maior proveito.

3 - Os obstáculos à reprodução.
693 - As leis e os costumes humanos que objetivam ou têm por efeito criar obstáculos à reprodução são contrários à lei natural?
- Tudo o que entrava a marcha da natureza é contrário à lei geral.
- Não obstante, há espécies de seres vivos, animais e plantas, cuja reprodução indefinida seria prejudicial às outras espécies e das quais, em breve, o próprio homem seria vitima. Seria repreensível deter essa reprodução?
- Deus deu ao homem, sobre todos os seres vivos, um poder que ele deve usar pro bem, mas não abusar. Ele pode regular a reprodução segundo as necessidades, mas não deve entravá-la sem necessidade. A ação inteligente do homem é um contrapeso posto por Deus entre as forças da natureza pra restabelecer-lhes o equilíbrio, e isso também o distingue dos animais, pois ele o faz com conhecimento de causa. Os animais concorrem, por sua vez, pra esse equilíbrio, pois o

instinto de conservação que lhes foi dado faz que, ao proverem à própria conservação, detenham o desenvolvimento excessivo e talvez perigoso das espécies animais e vegetais de que se nutrem.

694 - Que pensar dos usos que têm por fim deter a reprodução, com vistas à satisfação da sensualidade?
- Isso prova a predominância do corpo sobre a alma e o quanto o homem está imerso na matéria.

4 - Casamento e celibato.
695 - O casamento, ou seja, a união permanente de dois seres é contrária à lei da natureza?
- É um progresso na marcha da Humanidade.

696 - Qual seria o efeito da abolição do casamento sobre a sociedade humana?
- O retorno à vida dos animais.

> A união livre e fortuita dos sexos pertence ao estado de natureza. O casamento é um dos primeiros atos de progresso nas sociedades humanas, porque estabelece a solidariedade fraterna e se encontra entre todos os povos, embora nas mais diversas condições. A abolição do casamento seria, portanto, o retorno à infância da Humanidade e colocaria o homem abaixo mesmo de alguns animais que lhe dão o exemplo das uniões constantes.

697 - A indissolubilidade absoluta do casamento pertence à lei natural ou apenas à lei humana?
- E uma lei humana muito contrária à lei natural, mas os homens podem modificar as suas leis, somente as naturais são imutáveis.

698 - O celibato voluntário é um estado de perfeição, meritório aos olhos de Deus?
- Não, e os que vivem assim, por egoísmo, desagradam a Deus e enganam a todos.

699 - O celibato não é um sacrifício pra algumas pessoas que desejam devotar-se mais inteiramente ao serviço da Humanidade?
- Isso é bem diferente. Eu disse, por egoísmo. Todo sacrifício pessoal é meritório, quando feito pro bem, quanto maior o sacrifício, maior o mérito.

> Deus não se contradiz nem considera mau o que ele mesmo fez. Não pode, pois, ver um mérito na violação de sua lei, mas se o celibato, por si mesmo, não é um estado meritório, já não se dá o mesmo quando constitui, pela renúncia às alegrias da vida familiar, um sacrifício realizado a favor da Humanidade. Todo sacrifício pessoal visando ao bem e sem segunda intenção egoísta eleva o homem acima da sua condição material.

5 - Poligamia.
700 - A igualdade numérica aproximada entre os sexos é um indício da proporção em que eles se devem unir?
- Sim, pois tudo tem um fim na natureza.

701 - Qual das duas, a poligamia ou a monogamia, é mais conforme a lei natural?
- A poligamia é uma lei humana, cuja abolição marca um progresso social. O casamento, segundo as vistas de Deus, deve fundar-se na afeição dos seres que se unem. Na poligamia não há verdadeira afeição, não há mais do que sensualidade.

> Se a poligamia estivesse de acordo com a lei natural devia ser universal, o que, entretanto, seria materialmente impossível em virtude da igualdade numérica dos sexos, ela deve ser considerada como um uso ou uma legislação particular apropriada a certos costumes e que o aperfeiçoamento social fará desaparecer pouco a pouco.

Sociedade Armônica

Capítulo 5 - A lei da conservação

1 - Instinto de conservação.
702 - O instinto de conservação é uma lei da natureza?

- Sem dúvida. Todos os seres vivos o possuem, qualquer que seja o seu grau de inteligência, nuns é puramente mecânico e noutros é racional.

703 - Com que fim Deus concedeu a todos os seres vivos o instinto de conservação?

- Porque todos devem colaborar nos desígnios da Providência, foi por isso que Deus lhes deu a necessidade de viver. Depois, a vida é necessária ao aperfeiçoamento dos seres, eles o sentem instintivamente, sem disso se aperceberem.

2 - Meios de conservação.
704 - Deus, dando ao homem a necessidade de viver, sempre lhe forneceu os meios pra isso?

- Sim, e se ele não os encontra é por falta de compreensão. Deus não podia dar ao homem a necessidade de viver sem lhe dar também os meios, é por isso que faz a Terra produzir de maneira a fornecer o necessário a todos os seus habitantes, pois só o necessário é útil, o supérfluo jamais o é.

705 - Por que a terra nem sempre produz bastante pra fornecer o necessário ao homem?

- E que o homem a negligencia, o ingrato, e, no entanto ela é uma excelente mãe. Frequentemente ele ainda acusa a natureza pelas consequências da sua imperícia ou da sua imprevidência. A terra produziria sempre o necessário, se o homem soubesse contentar-se. Se ela não supre a todas as necessidades é porque o homem emprega no supérfluo o que se destina ao necessário. Vede o árabe no deserto como encontra sempre do que viver, porque não cria necessidades fictícias, mas quando metade dos produtos é desperdiçada na satisfação de fantasias, deve o homem se admirar de nada encontrar no dia seguinte e tem razão de se lastimar por se achar desprevenido quando chega o tempo de escassez? Na verdade, eu vos digo que não é a natureza a imprevidente, é o homem que não sabe regular-se.

706 - Como bens da Terra nós devemos entender apenas os produtos do solo?

- O solo é a fonte primeira de que decorrem todos os outros recursos, porque esses recursos, em última instância, são apenas uma transformação dos produtos do solo, é por isso que devemos entender pelos bens da Terra tudo quanto o homem pode gozar nesse mundo.

707 - Os meios de subsistência faltam frequentemente a certos indivíduos, mesmo em meio da abundância que os cerca, a que se deve ligar esse fato?

- Ao egoísmo dos homens que nem sempre fazem o que devem, em seguida, e o mais frequentemente, a eles mesmos. Buscai e achareis, estas palavras não querem dizer que seja suficiente olhar pra Terra a fim de encontrar o que se deseja, mas que é necessário procurar com ardor e perseverança, e não com displicência, sem se deixar desanimar pelos obstáculos que muito frequentemente não passam de meios de pôr à prova a vossa constância, a vossa paciência e a vossa firmeza.

Se a civilização multiplica as necessidades, também multiplica as fontes de trabalho e os meios de vida, mas é preciso convir que nesse sentido ainda muito lhe resta a fazer. Quando ela tiver realizado a sua obra, ninguém poderá dizer que lhe falte o necessário, a menos que o falte por sua própria culpa. O mal, pra muitos, é viverem uma vida que não é a que a natureza lhes traçou, é então que lhes falta a inteligência pra vencerem. Há pra todos um lugar ao Sol, mas com a condição de cada qual tomar o seu e não o dos outros. A natureza não poderia ser responsável pelos vícios da organização social e pelas consequências da ambição e do amor-próprio.

Seria preciso ser cego, entretanto, pra não se reconhecer o progresso que nesse sentido têm realizado os povos mais adiantados. Graças aos louváveis esforços que a Filantropia e a Ciência, reunidas, não cessam de fazer pra melhoria da condição material dos homens, e malgrado o crescimento incessante das populações, a insuficiência da produção é atenuada, pelo menos em grande parte, e os anos mais calamitosos nada têm de comparável aos de há bem pouco tempo.

A higiene pública, esse elemento tão essencial da energia e da saúde, desconhecido por nossos pais, é objeto duma solicitude esclarecida, o infortúnio e o sofrimento encontram lugares de refúgio, por toda parte a Ciência é posta em ação, contribuindo pro acréscimo do bem-estar. Pode-se dizer que atingimos a perfeição? Oh! Certamente que não, mas o que já se fez dá-nos a medida do que pode ser feito, com perseverança, se o homem for bastante sensato pra procurar a sua felicidade nas coisas positivas e sérias e não nas utopias que o fazem recuar em vez de avançar.

708 - Não há situações em que os meios de subsistência não dependem absolutamente da vontade do homem e a privação do necessário, até o mais imperioso, é uma consequência das circunstâncias?

- E uma prova frequentemente cruel que o homem deve sofrer e à qual subia que seria exposto, seu mérito está na submissão à vontade de Deus, se a sua inteligência não lhe fornecer algum meio de sair da dificuldade. Se a morte deve atingi-lo, ele deverá submeter-se sem lamentar, pensando que a hora da verdadeira liberdade chegou e que o desespero do momento final pode fazê-lo perder o fruto de sua resignação.

709 - Aqueles que em situações críticas se viram obrigados a sacrificar os semelhantes pra matar a fome, cometeram com isso um crime? Se houve crime, é ele atenuado pela necessidade de viver que o instinto de conservação lhes dá?
- Já respondi, ao dizer que há mais mérito em sofrer todas as provas da vida com abnegação e coragem. Há homicídio e crime de lesa-natureza, que devem ser duplamente punidos.

710 - Nos mundos onde a organização é mais apurada, os seres vivos têm necessidade de alimentação?
- Sim, mas os seus alimentos estão em relação com a sua natureza. Esses alimentos não seriam tão substanciais pros vossos estômagos grosseiros, da mesma maneira, eles não poderiam digerir os vossos.

3 - O gozo dos bens da Terra.
711 - O uso dos bens da Terra é um direito de todos os homens?
- Esse direito é a consequência da necessidade de viver. Deus não pode impor um dever sem conceder os meios de ser cumprido

712 - Com que fim Deus fez atrativos os gozos dos bens materiais?
- Pra instigar o homem ao cumprimento da sua missão e também pra prová-lo na tentação.
- Qual o objetivo dessa tentação?
- Desenvolver a razão que deve preservá-lo dos excessos.

> Se o homem não fosse instigado ao uso dos bens da Terra senão em vista de sua utilidade, sua indiferença poderia ter comprometido a harmonia do Universo. Deus lhe dá o atrativo do prazer que o solicita a realização dos desígnios da Providência, mas por meio desse mesmo atrativo, Deus quis prova-lo também pela tentação, que o arrasta ao abuso, do qual a sua razão deve livrá-lo.

713 - Os gozos têm limites traçados pela natureza?
- Sim, pra vos mostrar o termo do necessário, mas pelos vossos excessos chegais até o aborrecimento e com isso vos punis a vós mesmos.

714 - Que pensar do homem que procura nos excessos de toda espécie um refinamento dos seus gozos?
- Pobre criatura que devemos lastimar e não invejar, porque está bem próxima da morte.
- É da morte física ou da morte moral que ele se aproxima?
- Duma e doutra.

> O homem que procura, nos excessos de toda espécie um refinamento dos gozos coloca-se abaixo dos animais, porque estes sabem limitar-se à satisfação de suas necessidades. Ele abdica da razão que Deus lhe deu pra guia e quanto maiores forem os seus excessos, maior é o império que concedeu a sua natureza animal sobre a espiritual. As doenças, a decadência, a própria morte, que são a consequência do abuso, são também a punição da transgressão da lei de Deus.

4 - Necessário e supérfluo.
715 - Como pode o homem conhecer o limite do necessário?
- O sensato o conhece por intuição e muitos o conhecem à custa de suas próprias experiências.

716 - A natureza não traçou o limite do necessário em nossa própria organização?
- Sim, mas o homem é insaciável. A natureza traçou limites de suas necessidades na sua organização, mas os vícios alteraram a sua constituição e criaram pra ele necessidades artificiais.

717 - Que pensar dos que açambarcam os bens da Terra pra se proporcionarem o supérfluo, em prejuízo dos que não têm sequer o necessário?
- Desconhecem a lei de Deus e terão de responder pelas privações que ocasionarem.

> O limite entre o necessário e o supérfluo nada tem de absoluto. A civilização criou necessidades que não existem no estado de selvageria, e os espíritos que ditaram esses preceitos não querem que o homem civilizado viva como selvagem. Tudo é relativo e cabe à razão colocar cada coisa em seu lugar. A civilização desenvolve o senso moral e ao mesmo tempo o sentimento de caridade que leva os homens a se apoiarem mutuamente. Os que vivem à custa das

privações alheias exploram os benefícios da civilização em proveito próprio, não têm de civilizados mais do que o verniz, como há pessoas que não possuem da religião mais do que a aparência.

5 - Privações voluntárias, mortificações.
718 - A lei de conservação nos obriga a prover as necessidades do corpo?
- Sim, pois sem a energia e a saúde o trabalho é impossível.

719 - O homem é censurável por procurar o bem-estar?
- O bem-estar é um desejo natural. Deus só proíbe o abuso, por ser contrário à conservação, e não considera um crime a procura do bem-estar, se este não for conquistado a expensas de alguém e se não enfraquecer as vossas forças morais nem as vossas forças físicas.

720 - As privações voluntárias, com vistas a uma expiação igualmente voluntária, têm algum mérito aos olhos de Deus?
- Fazei o bem aos outros e tereis maior mérito.
- Há privações voluntárias que sejam meritórias?
- Sim, a privação dos prazeres inúteis, porque liberta o homem da matéria e eleva sua alma. O meritório é resistir à tentação que vos convida aos excessos e ao gozo das coisas inúteis, é retirar do necessário pra dar aos que o não tem. Se a privação nada mais for que um fingimento, será apenas uma irrisão.

721 - A vida de mortificações no ascetismo tem sido praticada desde toda a Antiguidade e nos diferentes povos, é ela meritória sob algum ponto de vista?
- Perguntai a quem ela aproveita e tereis a resposta. Se não serve senão ao que a pratica e o impede de fazer o bem, é egoísta, qualquer que seja o pretexto sob o qual se disfarce. Submeter-se a privações no trabalho pelos outros é a verdadeira mortificação, de acordo com a caridade cristã.

722 - A abstenção de certos alimentos, prescrita entre diversos povos, funda-se na razão?
- Tudo aquilo de que o homem se possa alimentar, sem prejuízo pra sua saúde, é permitido, mas os legisladores puderam interditar alguns alimentos com uma finalidade útil, e, pra dar maior crédito às suas leis, apresentaram-nas como provindas de Deus.

723 - A alimentação animal, pro homem, é contrária à lei natural?
- Na vossa constituição física, a carne nutre a carne, pois do contrário o homem perece. A lei de conservação impõe ao homem o dever de conservar as suas energias e a sua saúde pra poder cumprir a lei do trabalho. Ele deve alimentar-se, portanto, segundo o exige a sua organização.

724 - A abstenção de alimentos animais ou outros, como expiação, é meritória?
- Sim, se o homem se priva em favor dos outros, pois Deus não pode ver mortificação quando não há privação séria e útil. Eis porque dizemos que os que só se privam em aparência são hipócritas.

725 - O que pensar das mutilações praticadas no corpo do homem ou dos animais?
- A que vem semelhante pergunta? Perguntai sempre se uma coisa é útil. O que é inútil não pode ser agradável a Deus e o que é prejudicial lhe é sempre desagradável. Porque, ficai sabendo, Deus só é sensível aos sentimentos que elevam a alma pra ele, e são praticando as suas leis, em vez de violá-las, que podereis sacudir o jugo de vossa matéria terrena.

726 - Se os sofrimentos deste mundo nos elevam, conforme os suportamos, poderemos elevar-nos pelos que criarmos voluntariamente?
- Os únicos sofrimentos que elevam são os naturais, porque vêm de Deus. Os sofrimentos voluntários não servem pra nada, quando nada valem pro bem de outros. Crês que os que abreviam a vida através de rigores sobre-humanos, como o fazem os bonzos, os faquires e alguns fanáticos de tantas seitas, avançam na sua senda? Por que não trabalham, antes em favor dos seus semelhantes? Que vistam o indigente, consolem o que chora trabalhem pelo que está enfermo, sofram privações pro alívio dos infelizes e então sua vida será útil e agradável a Deus. Quando, nos sofrimentos voluntários a que se sujeita, o homem não tem em vista senão a si mesmo trata-se de egoísmo, quando alguém sofre pelos outros, pratica a caridade, são esses os preceitos do Cristo.

727 - Se não devemos criar pra nós sofrimentos voluntários que não são de nenhuma utilidade pros outros, devemos, no entanto, preservar-nos dos que prevemos ou dos que nos ameaçam?

- O instinto de conservação foi dado a todos os seres contra os perigos e os sofrimentos. Fustigai o vosso espírito e não o vosso corpo, mortificai vosso orgulho, sufocai o vosso egoísmo que se assemelha a uma serpente a vos devorar o coração e fareis mais pelo vosso adiantamento do que por meio de rigores que não mais pertencem a este século.

Sociedade Armônica

Capítulo 6 - Da lei de destruição

1 - Destruição necessária e destruição abusiva.

728 - A destruição é uma lei da natureza?

- É necessário que tudo se destrua pra renascer e se regenerar porque isso a que chamais destruição não é mais que transformação, cujo objetivo é a renovação e o melhoramento dos seres vivos.

- O instinto de destruição teria sido dado aos seres vivos com fins providenciais?

- As criaturas de Deus são os instrumentos de que ele se serve pra atingir os seus fins. Pra se nutrirem, os seres vivos se destroem entre si e isso com o duplo objetivo de manter o equilíbrio da reprodução, que poderia tornar-se excessiva, e de utilizar os restos do invólucro exterior, mas é apenas o invólucro que é destruído e esse não é mais que acessório, não a parte essencial do ser pensante, pois este é o princípio inteligente indestrutível que se elabora através das diferentes metamorfoses por que passa.

729 - Se a destruição é necessária pra regeneração dos seres, por que a natureza os cerca de meios de preservação e conservação?

- Pra evitar a destruição antes do tempo necessário. Toda destruição antecipada entrava o desenvolvimento do princípio inteligente, foi por isso que Deus deu a cada ser a necessidade de viver e de se reproduzir.

730 - Desde que a morte deve conduzir-nos a uma vida melhor, e que nos livra dos males deste mundo, sendo mais de se desejar do que de se temer, por que o homem tem por ela um horror instintivo que a torna motivo de apreensão?

- Já o dissemos, o homem deve procurar prolongar a sua vida pra cumprir a sua tarefa, foi por isso que Deus lhe deu o instinto de conservação e esse instinto o sustenta nas suas provas, sem isso, muito frequentemente ele se entregaria ao desânimo. A voz secreta que o faz repelir a morte lhe diz que ainda pode fazer alguma coisa pelo seu adiantamento. Quando um perigo o ameaça, ela o adverte de que deve aproveitar o tempo que Deus lhe concede, mas o ingrato rende geralmente graças à sua estrela, em lugar do Criador.

731 - Por que, ao lado dos meios de conservação, a natureza colocou ao mesmo tempo os agentes destruidores?

- O remédio ao lado do mal, já o dissemos, pra manter o equilíbrio e servir de contrapeso.

732 - A necessidade de destruição é a mesma em todos os mundos?

- É proporcional ao estado mais ou menos material dos mundos e desaparece num estado físico e moral mais apurado. Nos mundos mais avançados que o vosso, as condições de existência são muito diferentes.

733 - A necessidade de destruição existirá sempre entre os homens na Terra?

- A necessidade de destruição diminui entre os homens à medida que o espírito supera a matéria, é por isso que ao horror da destruição vedes seguir-se o desenvolvimento intelectual e moral.

734 - No seu estado atual, o homem tem direito ilimitado de destruição sobre os animais?

- Esse direito é regulado pela necessidade de prover à sua alimentação e à sua segurança, o abuso jamais foi um direito.

735 - Que pensar da destruição que ultrapassa os limites das necessidades e da segurança, da caça, por exemplo, quando não tem por objetivo senão o prazer de destruir, sem utilidade?

- Predominância da bestialidade sobre a natureza espiritual. Toda destruição que ultrapassa os limites da necessidade é uma violação da lei de Deus. Os animais não destroem mais do que necessitam, mas o homem, que tem o livre-arbítrio, destrói sem necessidade. Ele prestará contas do abuso da liberdade que lhe foi concedida, pois nesses casos ele cede aos maus instintos.

736 - Os povos que levam ao excesso o escrúpulo no tocante à destruição dos animais têm mérito especial?

- É um excesso, num sentimento que em si mesmo é louvável, mas que se torna abusivo e cujo mérito acaba neutralizado por abusos de toda espécie. Eles têm mais temor supersticioso do que verdadeira bondade.

2 - Flagelos destruidores.

737 - Com que fim Deus castiga a Humanidade com flagelos destruidores?

- Pra fazê-la avançar mais depressa. Não dissemos que a destruição é necessária pra regeneração moral dos espíritos, que adquirem em cada nova existência um novo grau de perfeição? É necessário ver o fim pra apreciaras resultados. Só julgais essas coisas do vosso ponto de vista pessoal, e as chamais de flagelos por causa dos prejuízos que vos causam, mas esses transtornos são frequentemente necessários pra fazer com que as coisas cheguem mais prontamente a uma ordem melhor, realizando-se em alguns anos o que necessitaria de muitos séculos.

738 - Deus não poderia empregar, pra melhorar a Humanidade, outros meios que não os flagelos destruidores?
- Sim, e diariamente os emprega, pois deu a cada um os meios de progredir pelo conhecimento do bem e do mal. E o homem que não os aproveita, então, é necessário castigá-lo em seu orgulho e fazê-lo sentir a própria fraqueza.
- Nesses flagelos, porém, o homem de bem sucumbe como os perversos, isso é justo?
- Durante a vida, o homem relaciona tudo a seu corpo, mas, após a morte, pensa de outra maneira. Como já dissemos, a vida do corpo é um quase nada, um século de vosso mundo é um relâmpago na Eternidade. Os sofrimentos que duram alguns dos vossos meses ou dias, nada são. Apenas um ensinamento que vos servirá no futuro. Os espíritos que preexistem e sobrevivem a tudo, eis o mundo real. São eles os filhos de Deus e o objeto de sua solicitude. Os corpos não são mais que disfarces sob os quais aparecem no mundo. Nas grandes calamidades que dizimam os homens, eles são como um exército que, durante a guerra, vê os seus uniformes estragados, rotos ou perdidos. O general tem mais cuidado com os soldados do que com as vestes.
- Mas as vítimas desses flagelos, apesar disso, não são vítimas?
- Se considerássemos a vida no que ela é e quanto ela é insignificante em relação ao infinito, menos importância lhe daríamos. Essas vítimas terão noutra existência uma larga compensação pros seus sofrimentos, se souberem suportá-los sem lamentar.

> Quer a morte se verifique por um flagelo ou por uma causa ordinária, não se pode escapar a ela quando soa a hora da partida: a única diferença é que no primeiro caso parte um grande número ao mesmo tempo. Se pudéssemos elevar-nos pelo pensamento de maneira a abranger toda a Humanidade numa visão única, esses flagelos tão terríveis não nos pareceriam mais do que tempestades passageiras no destino do mundo.

739 - Esses flagelos destruidores têm utilidade do ponto de vista físico, malgrado os males que ocasionam?
- Sim, eles modificam algumas vezes o estado duma região, mas o bem que deles resulta só é geralmente sentido pelas gerações futuras.

740 - Os flagelos não seriam igualmente provas morais pro homem, pondo-o às voltas com necessidades mais duras?
- Os flagelos são provas que proporcionam ao homem a ocasião de exercitar a inteligência, de mostrar a sua paciência e a sua resignação ante a vontade de Deus, ao mesmo tempo em que lhe permitem desenvolver os sentimentos de abnegação, de desinteresse próprio e de amor ao próximo, se ele não for dominado pelo egoísmo.

741 - E dado ao homem conjurar os flagelos que o afligem?
- Sim, em parte, mas não como geralmente se pensa. Muitos flagelos são as consequências de sua própria imprevidência. Á medida que ele adquire conhecimentos e experiências, pode conjurá-los, quer dizer, preveni-los, se souber pesquisar-lhes as causas, mas entre os males que afligem a Humanidade, há os que são de natureza geral e pertencem aos desígnios da Providência. Desses, cada indivíduo recebe, em menor ou maior proporção, a parte que lhe cabe, não lhe sendo possível opor nada mais que a resignação à vontade de Deus. Mas ainda esses males são geralmente agravados pela indolência do homem.

> Entre os flagelos destruidores, naturais e independentes do homem, devem ser colocados em primeira linha a peste, a fome, as inundações, as intempéries fatais à produção da Terra, mas o homem não achou na Ciência, nos trabalhos de arte, no aperfeiçoamento da agricultura, nos afolhamentos e nas irrigações, no estudo das condições higiênicas, os meios de neutralizar ou pelo menos de atenuar tantos desastres? Algumas regiões antigamente devastadas por terríveis flagelos não estão hoje resguardadas? Que não fará o homem, portanto, pelo seu bem-estar material, quando souber aproveitar todos os recursos da sua inteligência e quando, ao cuidado da sua preservação pessoal, souber aliar o sentimento duma verdadeira caridade pra com os semelhantes?

3 - As guerras.
742 - Qual a causa que leva o homem à guerra?
- Predominância da natureza animal sobre a espiritual e a satisfação das paixões. No estado de barbárie, os povos só conhecem o direito do mais forte, e é por isso que a guerra, pra eles, é um estado normal. À medida que o homem progride, ela se torna menos frequente, porque ele evita as suas causas e, quando ela se faz necessária, ele sabe adicionar-lhe humanidade.

743 - A guerra desaparecerá um dia da face da Terra?
- Sim, quando os homens compreenderem a justiça e praticarem a lei de Deus, então todos os povos serão irmãos.

744 - Qual o objetivo da Providência ao tornar a guerra necessária?
- A liberdade e o progresso.

- Se a guerra deve ter como efeito conduzir à liberdade, como se explica que ela tenha geralmente por fim e por resultado a escravização?
- Escravização momentânea pra sovar os povos, a fim de fazê-los andar mais depressa.

745 - Que pensar daquele que suscita a guerra em seu proveito?
- Esse é o verdadeiro culpado e necessitará de muitas existências pra expiar todos os assassínios de que foi causa, porque responderá por cada homem cuja morte tenha causado pra satisfazer a sua ambição.

4 - O assassínio.
746 - O assassínio é um crime aos olhos de Deus?
- Sim, um grande crime, pois aquele que tira a vida dum semelhante interrompe uma vida de expiação ou de missão e nisso está o mal.

747. Há sempre no assassínio o mesmo grau de culpabilidade?
- Já o dissemos, Deus é justo e julga mais a intenção do que o fato.

748 - Deus escusa o assassínio em caso de legítima defesa?
- Só a necessidade o pode acusar, mas se pudermos preservar a nossa vida sem atentar contra a do agressor, é o que devemos fazer.

749 - O homem é culpável pelos assassínios que comete na guerra?
- Não, quando é constrangido pela força, mas é responsável pelas crueldades que comete. Assim, também o seu sentimento de humanidade será levado em conta.

750 - Qual é o mais culpável aos olhos de Deus, o parricídio ou o infanticídio?
- Um e outro o são igualmente, porque todo o crime é crime.

751 - Por que entre certos povos, já adiantados do ponto de vista intelectual, o infanticídio é um costume e consagrado pela legislação?
- O desenvolvimento intelectual não acarreta a necessidade do bem, o espírito de inteligência superior pode ser mau, é aquele que muito viveu sem se melhorar, ele o sabe.

5 - A crueldade.
752 - Podemos ligar o sentimento de crueldade ao instinto de destruição?
- É o próprio instinto de destruição no que ele tem de pior, porque, se a destruição é às vezes necessária, a crueldade jamais o é. Ela é sempre a consequência duma natureza má.

753 - Por que motivo a crueldade é o caráter dominante dos povos primitivos?
- Entre os povos primitivos, como os chamas, a matéria sobrepuja o espírito. Eles se entregam aos instintos animais e como não têm outras necessidades além das corpóreas cuidam apenas da sua conservação pessoal. É isso que geralmente os torna cruéis. Além disso, os povos de desenvolvimento imperfeito estão sob o domínio de espíritos igualmente imperfeitos que lhes são simpáticos, até que povos mais adiantados venham destruir ou arrefecer essa influência.

754 - A crueldade não decorre da falta de senso moral?
- Dize que o senso moral não está desenvolvido, mas não que está ausente, porque ele existe, em princípio, em todos os homens, é esse senso moral que os transforma mais tarde em seres bons e humanos. Ele existe no selvagem como o princípio do aroma no botão duma flor que ainda não se abriu.

> Todas as faculdades existem no homem em estado rudimentar ou latente e se desenvolvem segundo as circunstâncias mais ou menos favoráveis. O desenvolvimento excessivo de umas impede ou neutraliza o de outras. A superexcitação dos instintos materiais asfixia, por assim dizer, o senso moral, como o desenvolvimento deste arrefece pouco a pouco as faculdades puramente animais.

755 - Como se explica que nas civilizações mais adiantadas existam criaturas às vezes tão cruéis como os selvagens?
- Da mesma maneira que numa árvore carregada de bons frutos existem as têmporas. Elas são, se quiseres, selvagens que só têm da civilização a aparência, lobos extraviados em meio de cordeiros. Os espíritos duma ordem inferior, muito atrasados, podem encarnar-se entre homens adiantados com a esperança de também se adiantarem, mas se a prova for muito pesada, a natureza primitiva reage.

756 - A sociedade dos homens de bem será um dia expurgada dos malfeitores?
- A Humanidade progride. Esses homens dominados pelo instinto do mal, que se encontram deslocados entre os homens de bem, desaparecerão pouco a pouco como o mau grão é separado do bom quando joeirado Mas renascerão em outro invólucro, então, com a experiência, eles compreenderão melhor o berne o mal. Tens um exemplo nas plantas e nos animais que o homem aprendeu como aperfeiçoar, desenvolvendo-lhes qualidades novas. Pois bem, é só depois de muitas gerações que o aperfeiçoamento se torna completo. Essa e a imagem das diversas existências do homem.

6 - Duelo.
757 - O duelo pode ser considerado como um caso de legítima defesa?
- Não, é um assassínio e um costume absurdo, digno dos bárbaros. Numa civilização mais avançada e mais moral, o homem compreenderá que o duelo é tão ridículo quanto os combates de antigamente encarados como o juízo de Deus.

758 - O duelo pode ser considerado como um assassínio por parte daquele que, conhecendo sua própria fraqueza, está quase certo de sucumbir?
- É um suicídio.
- E quando as probabilidades são iguais, é um assassínio ou um suicídio?
- E um e outro.

> Em todos os casos, mesmo naqueles em que as possibilidades são iguais, o duelista é culpável porque atenta friamente e com propósito deliberado contra a vida de seu semelhante, em segundo lugar, porque expõe a sua própria vida inutilmente e sem proveito pra ninguém.

759 - Qual o valor do que se chama o ponto de honra em matéria de duelo?
- O do orgulho e da vaidade, duas chagas da Humanidade.
- Mas não há casos em que a honra está verdadeiramente empenhada e a recusa seria uma covardia?
- Isso depende dos costumes e dos usos. Cada país e cada século têm a respeito uma maneira diferente de ver. Quando os homens forem melhores e moralmente mais adiantados, compreenderão que o verdadeiro ponto de honra está acima das paixões terrenas e que não é matando ou se fazendo matar que se repara uma falta.

> Há mais grandeza e verdadeira honra em se reconhecer culpado, quando se erra, ou em perdoar, quando se tem razão, e em todos os casos, em não se dar importância aos insultos que não podem atingir-nos.

7 - Pena de morte.
760 - A pena de morte desaparecerá um dia da legislação humana?
- A pena de morte desaparecerá incontestavelmente e sua supressão assinalará um progresso da Humanidade. Quando os homens forem mais esclarecidos, a pena de morte será completamente abolida da Terra. Os homens não terão mais necessidade de ser julgados pelos homens. Falo duma época que ainda está muito longe de vós.

> O progresso social ainda deixa muito a desejar, mas seríamos injustos pra com a sociedade moderna se não víssemos um progresso nas restrições impostas á pena de morte entre os povos mais adiantados, e à natureza dos crimes aos quais se limita a sua aplicação. Se compararmos as garantias de que ajusta se esforça pra cercar hoje o acusado, a humanidade com que o trata, mesmo quando reconhecidamente culpado, com o que se praticava em tempos que não vão muito longe, não poderemos deixar de reconhecer a via progressiva pela qual a Humanidade avança.

761 - A lei de conservação dá ao homem o direito de preservar a sua própria vida, ele não aplica esse direito quando elimina da sociedade um membro perigoso?
- Há outros meios de se preservar do perigo, sem matar. É necessário, aliás, abrir e não fechar ao criminoso a porta do arrependimento.

762 - Se a pena de morte pode ser banida das sociedades civilizadas, não foi uma necessidade em tempos menos adiantados?
- Necessidade não é o termo. O homem sempre julga uma coisa necessária quando não encontra nada melhor, mas à medida que se esclarece, ele vai compreendendo melhor o que é justo ou injusto e repudia os excessos cometidos nos tempos de ignorância, em nome da justiça.

763 - A restrição dos casos em que se aplica a pena de morte é um índice do progresso da civilização?
- Podes duvidar disso? Não se revolta o teu espírito lendo os relatos dos morticínios humanos que antigamente se faziam em nome da justiça e frequentemente em honra à divindade, das torturas a que se submetia o condenado e mesmo o acusado, pra lhe arrancar, a peso do sofrimento, a confissão dum crime que ele muitas vezes não havia cometido? Pois bem, se tivesses vivido naqueles tempos, acharias tudo natural, e talvez, como juiz, tivesses feito outro

tanto. É assim que o que parece justo numa época parece bárbaro em outra. Somente as leis divinas são eternas. As leis humanas modificam-se com o progresso, e se modificarão ainda, até que sejam colocadas em harmonia com as leis divinas.

764 - Jesus disse: "Quem matar pela espada perecerá pela espada". Essas palavras não representam a consagração da pena de talião? E a morte imposta ao assassino não é a aplicação dessa pena?

- Tomai tento! Estais equivocados quanto a estas palavras, como sobre muitas outras. A pena de talião é a justiça de Deus, é ele quem a aplica. Todos vós sofreis a cada instante essa pena, porque sois punidos naquilo em pecais, nesta vida ou numa outra. Aquele que fez sofrer o seu semelhante estará numa situação em que sofrerá o mesmo. E este o sentido das palavras de Jesus. Pois não vos disse também: "Perdoai aos vossos inimigos"? E não vos ensinou a pedir a Deus que perdoe as vossas ofensas da maneira que perdoastes, ou seja, na mesma proporção em que houverdes perdoado? Compreendei bem isso.

765 - O que pensar da pena de morte imposta em nome de Deus?

- Isso equivale a tomar o lugar de Deus na prática da justiça. Os que agem assim revelam quanto estão longe de compreender a Deus e quanto têm ainda a expiar. É um crime aplicar a pena de morte em nome de Deus e os que a fazem são responsáveis por esses assassinatos.

> Definição perfeita da concepção espírita da moral. Os princípios verdadeiros de moral são de natureza eterna e os costumes dos povos se modificam através da evolução, em direção daqueles princípios. A Sociologia materialista, tratando apenas dos costumes, criou o falso conceito da relatividade da moral, já em declínio, entrando, no pensamento moderno. O homem intui cada vez de maneira mais clara as leis divinas da moral, na proporção em que progride. Os seus costumes se depuram e a sua moral se harmoniza com essas leis superiores.

Sociedade Armônica

Capítulo 7 - A lei da sociedade

1 - A necessidade da vida social.
766 - A vida social é natural?
- Certamente. Deus fez o homem pra viver em sociedade. Deus não deu inutilmente ao homem a palavra e todas as outras faculdades necessárias à vida de relação.

767 - O isolamento absoluto é contrário à lei natural?
- Sim, pois os homens buscam a sociedade por instinto e eles devem todos concorrer pro progresso, ajudando-se mutuamente.

768 - O homem, ao buscar a sociedade, obedece apenas a um sentimento pessoal ou há também nesse sentimento uma finalidade providencial, de ordem geral?
- O homem deve progredir, mas sozinho não o pode fazer não possui todas as faculdades, precisa do contato dos outros homens. No isolamento ele se embrutece e se estiola.

> Nenhum homem dispõe de faculdades completas e é pela união social que eles se completam uns aos outros, pra assegurarem o seu próprio bem-estar e progredirem. Eis porque, tendo necessidade uns dos outros, são feitos pra viver em sociedade e não isolados.

2 - Vida de isolamento - Voto de silêncio.
769 - Concebe-se que, como princípio geral, a vida social esteja nas leis da natureza, mas como todos os gostos são também naturais, por que o do isolamento absoluto seria condenável se o homem encontra nele satisfação?
- Satisfação egoísta. Há também homens que encontram satisfação na embriaguez, tu aprovas isso? Deus não pode considerar agradável uma vida em que o homem se condena a não ser útil a ninguém.

770 - E que pensar dos homens que vivem em reclusão absoluta pra fugirem ao contato pernicioso do mundo?
- Duplo egoísmo.
- Mas se esse retraimento tem por fim uma expiação, com a imposição de penosa renúncia, não é meritório?
- Fazer maior bem do que o mal que se tenha feito, essa é a melhor expiação. Com esse retraimento, evitando o mal o homem cai em outro, pois esquece a lei de amor e caridade.

771 - Que pensar dos que fogem do mundo pra se devotarem ao amparo dos infelizes?
- Esses se elevam aos e rebaixarem. Têm o duplo mérito de se colocarem acima dos prazeres materiais e de fazerem o bem pelo cumprimento da lei do trabalho.
- E os que procuram no retiro a tranquilidade necessária a certos trabalhos?
- Esse não é o retiro absoluto do egoísta, eles não se isolam da sociedade, pois trabalham pra ela.

772 - Que pensar do voto de silêncio prescrito por algumas seitas desde a mais alta Antiguidade?
- Perguntai antes se a palavra é natural e por que Deus a deu. Deus condena abuso e não o uso das faculdades por ele concedidas. Não obstante, o silêncio é útil porque no silêncio te recolhes, teu espírito se torna mais livre e pode então entrar em comunicação conosco, mas o voto de silêncio é uma tolice. Sem dúvida, os que consideram essas privações voluntárias como atos de virtude tem boa intenção, mas se enganam por não compreenderem suficientemente as verdadeiras leis de Deus.

> O voto de silêncio absoluto, da mesma maneira que o voto de isolamento, priva o homem das relações sociais que lhe podem fornecer as ocasiões de fazer o bem e de cumprir a lei do progresso.

3 - Laços de família.
773 - Por que, entre os animais, pais e filhos deixam de se reconhecer, quando os últimos não precisam mais de cuidados?
- Os animais vivem a vida material e não a moral. A ternura da mãe pelos filhos tem por princípio o instinto de conservação aplicado aos seres que dão à luz. Quando esses seres podem cuidar de si mesmos, sua tarefa está cumprida e a natureza nada mais lhe exige, é por isso que ela os abandona pra se ocupar de outros que chegam.

774 - Há pessoas que deduzem, do abandono das crias pelos animais, que os laços de família entre os homens não são mais que o resultado de costumes sociais e não uma lei natural. Que devemos pensar disso?
- O homem tem outro destino que não o dos animais, por que, pois, querer sempre identificá-los? Pra ele, há outra coisa além das necessidades físicas, há a necessidade do progresso. Os liames sociais são necessários ao progresso e os

laços de família resumem os liames sociais, eis porque eles constituem uma lei natural. Deus quis que os homens, assim, aprendessem a amar-se como irmãos.

775 - Qual seria pra sociedade o resultado do relaxamento dos laços de família?
- Uma recrudescência do egoísmo.

Capítulo 8 - A lei do progresso

1 - Estado da natureza.

776 - O estado natural e a lei natural são a mesma coisa?

- Não, o estado natural é o estado primitivo. A civilização é incompatível com o estado natural, enquanto a lei natural contribui pro progresso da Humanidade.

> O estado natural é a infância da Humanidade e o ponto de partida do seu desenvolvimento intelectual e moral. O homem, sendo perfectível e trazendo em si o germe de seu melhoramento, não foi destinado a viver perpetuamente na infância. O estado natural é transitório e o homem o deixa pelo progresso e a civilização. A lei natural, pelo contrário, rege toda a condição humana e o homem se melhora na medida em que melhor compreende e melhor pratica essa lei.

777 - No estado natural, tendo menos necessidade, o homem não sofre todas as atribulações que cria pra si mesmo num estado mais adiantado. Que pensar da opinião dos que considerem esse estado como o da mais perfeita felicidade terrena?

- Que queres? É a felicidade do bruto. Há pessoas que não compreendem a outra. É ser feliz a maneira dos animais. As crianças também são mais felizes que os adultos.

778 - O homem pode retrogradar pro estado natural?

- Não, o homem deve progredir sem cessar e não pode voltar ao estado de infância. Se ele progride, é que Deus assim o quer, pensar que ele pode retrogradar pra sua condição primitiva seria negar a lei do progresso.

2 - Marcha do progresso.

779 - O homem tira de si mesmo a energia progressiva ou o progresso não é mais do que o resultado dum ensinamento?

- O homem se desenvolve por si mesmo, naturalmente, mas nem todos progridem ao mesmo tempo e da mesma maneira, é então que os mais adiantados ajudam os outros a progredir, pelo contato social.

780 - O progresso moral segue sempre o progresso intelectual?

- É a sua consequência, mas não o segue sempre imediatamente.

- Como o progresso intelectual pode conduzir ao progresso moral?

- Dando a compreensão do bem e do mal, pois então o homem pode escolher. O desenvolvimento do livre-arbítrio segue-se ao desenvolvimento da inteligência e aumenta a responsabilidade do homem pelos seus atos.

- Como se explica, então, que os povos mais esclarecidos sejam frequentemente os mais pervertidos?

- O progresso completo é o alvo a atingir, mas os povos, como os indivíduos, não chegam a ele senão passo a passo. Até que tenham desenvolvido o senso moral, eles podem servir-se da inteligência pra fazer o mal. A moral e a inteligência são duas forças que não se equilibram senão com o tempo.

781 - É permitido ao homem deter a marcha do progresso?

- Não, mas pode entravá-la algumas vezes.

> Sendo o progresso uma condição da natureza humana, ninguém tem o poder de se opor a ele. É uma força viva que as más leis podem retardar, mas não asfixiar. Quando essas leis se tornam de todo incompatíveis com o progresso, ele as derruba, com todos os que as querem manter, e assim será até que o homem harmonize as suas leis coma justiça divina, que deseja o bem pra todos, e não as leis feitas pro forte em prejuízo do fraco.

782 - Não há homens que entravam o progresso de boa fé, acreditando favorecê-lo, porque o veem segundo o seu ponto de vista, e frequentemente onde ele não existe?

- Pequena pedra posta sob a roda dum grande carro sem impedi-lo de avançar.

783 - O aperfeiçoamento da Humanidade segue sempre uma marcha progressiva e lenta?

- Há o progresso regular e lento que resulta da força das coisas, mas quando um povo não avança bastante rápido, Deus lhe provoca, de tempos em tempos, um abalo físico ou moral que o transforma.

784 - A perversidade do homem é bastante intensa, e não aprece que ele está recuando, em lugar de avançar, pelo menos do ponto de vista moral?

- Enganas-te. Observa bem o conjunto e verás que ele avança, pois vai compreendendo melhor o que é o mal, e dia a dia corrige os seus abusos. É preciso que haja excesso do mal pra lhe fazer compreender as necessidades do bem e das reformas.

> O homem não pode permanecer perpetuamente na ignorância, porque deve chegar ao fim determinado pela Providência, ele se esclarece pela própria força das circunstâncias. As revoluções morais, como as revoluções sociais, se infiltram pouco a pouco nas ideias, germinam ao longo dos séculos e depois explodem subitamente, fazendo ruir o edifício carcomido do passado, que não se encontra mais de acordo com as necessidades novas e as novas aspirações. O homem geralmente não percebe, nessas comoções, mais do que a desordem e a confusão momentâneas, que o atingem nos seus interesses materiais, mas aquele que eleva o seu pensamento acima dos interesses pessoais admira os desígnios da Providência que do mal fazem surgir o bem. São a tempestade e o furacão que saneiam a atmosfera, depois de a haverem revolvido.

785 - Qual é o maior obstáculo ao progresso?
- O orgulho e o egoísmo. Quero referir-me ao progresso moral, porque o intelectual avança sempre. Este aprece, aliás, à primeira vista, duplicar a intensidade daqueles vícios desenvolvendo a ambição e o amor das riquezas, que por sua vez incitam o homem às pesquisas que lhe esclarecem o espírito. É assim que tudo se relaciona no mundo moral como no físico e que do próprio mal pode sair o bem, mas esse estado de coisas durará apenas algum tempo, modificar-se-á à medida que o homem compreender melhor que, além do gozo dos bens terrenos, existe uma felicidade infinitamente maior e infinitamente mais durável.

> Há duas espécies de progresso, que uma a outra se prestam mútuo apoio, mas que, no entanto, não marcham lado a lado, o progresso intelectual e o moral. Entre os povos civilizados, o primeiro tem recebido, no correr deste século, todos os incentivos, por isso mesmo atingiu um grau a que ainda não chegara antes da época atual.
Muito falta pra que o segundo se ache no mesmo nível, entretanto, comparando-se os costumes sociais de hoje com os de alguns séculos atrás, só um cego negaria o progresso realizado. Ora, sendo assim, por que haveria essa marcha ascendente de parar, com relação, de preferência, ao moral, do que com relação ao intelectual? Por que será impossível que entre o século XIX e o XXIV haja, a esse respeito, tanta diferença quanta entre o século XIV e o XIX? Duvidar fora pretender que a Humanidade está no apogeu da perfeição, o que seria absurdo, ou que ela não é perfectível moralmente, o que a experiência desmente.

3 - Povos degenerados.
786 - A História nos mostra uma multidão de povos que, após terem sido convulsionados, recaíram na barbárie. Onde está nesse caso o progresso?
- Quando a tua casa ameaça cair, tu a derrubas pra reconstruir de maneira mais sólida e mais cômoda, mas, até que ela esteja reconstruída, haverá desarranjos e confusões na tua moradia. Compreende isto também, és pobre e moras num casebre, mas ficas rico e o deixas pra morar num palácio. Depois dum pobre Diabo, como o eras, vem tomar o teu lugar no casebre e se sente muito contente, pois antes não possuía um abrigo. Pois bem, compreende então que os espíritos encarnados neste povo degenerado não são mais os que o constituíram nos tempos de sues esplendor. Aqueles, logo que se tornaram mais adiantados, mudaram-se pra habitações mais perfeitas e progrediram, enquanto outros, menos avançados, tomaram seu lugar, que por sua vez também deixarão.

787 - Não há raças rebeldes ao progresso por sua própria natureza?
- Sim, mas dia a dia elas se aniquilam corporalmente.
- E qual será o destino futuro das almas que animam essas raças?
- Elas chegarão à perfeição, como todas as outras, passando por várias experiências. Deus não deserda ninguém.
- Então, os homens mais civilizados podem ter sido selvagens e antropófagos?
- Tu mesmo o foste, mais duma vez, antes de seres o que és.

788 - Os povos são individualidades coletivas que passam pela infância, a idade madura e a decrepitude, como os indivíduos. Essa verdade constatada pela História não nos permite supor que os povos mais adiantados deste século terão o seu declínio e o seu fim, como os da Antiguidade?
- Os povos que só vivem materialmente, cuja grandeza se firma na força e na extensão territorial, crescem e morrem porque a força dum povo se esgota como a dum homem, aqueles cujas leis egoístas atentam contra o progresso das luzes e da caridade morrem porque a luz aniquila as trevas e a caridade mata o egoísmo, mas há pros povos, como pros indivíduos, a vida da alma, e aqueles cujas leis se harmonizam com as leis eternas do Criador viverão e serão o farol dos outros povos.

789 - O progresso reunirá um dia todos os povos da Terra numa só nação?
- Não numa só nação, o que é impossível, pois da diversidade dos climas nascem costumes e necessidades diferentes, que constituem as nacionalidades. Assim, serão sempre necessárias leis apropriadas a esses costumes e a essas necessidades, mas a caridade não conhece latitudes e não faz distinção dos homens pela cor. Quando a lei de Deus

constituir por toda parte a base da lei humana, os povos praticarão a caridade dum pro outro, como os indivíduos de homem pra homem, vivendo felizes e em paz, porque ninguém tentará fazer o mal ao vizinho ou viver à suas expensas.

> A Humanidade progride através dos indivíduos que se melhoram pouco a pouco e se esclarecem, quando estes se tornam numerosos, tomam a dianteira e arrastam os outros. De tempos em tempos, surgem os homens de gênio que lhes dão um impulso, e, depois, homens investidos de autoridades, instrumentos de Deus, que em alguns anos a fazem avançar de muitos séculos. O progresso dos povos faz ainda ressaltar a justiça da reencarnação. Os homens de bem fazem louváveis esforços pra ajudar uma nação a avançar moral e intelectualmente, a nação transformada será mais feliz neste mundo e no outro, compreende-se, mas durante a sua marcha lenta através dos séculos, milhares de indivíduos morrem diariamente, e qual seria a sorte de todos esses que sucumbem durante o trajeto?

Sua inferioridade relativa os priva da felicidade reservada aos que chegam por último? Ou também a sua felicidade é relativa? A justiça divina não poderia consagrar semelhante injustiça. Pela pluralidade das existências, o direito à felicidade é sempre o mesmo pra todos, porque ninguém é deserdado pelo progresso. Os que viveram no tempo de barbárie, podendo voltar no tempo da civilização, no mesmo povo ou em outro, é claro que todos se beneficiam da marcha ascendente. Mas o sistema da unidade da existência apresenta neste caso outra dificuldade. Com esse sistema, a alma é criada no momento do nascimento, de maneira que um homem é mais adiantado que o outro porque Deus criou pra ele uma alma mais adiantada. Por que esse favor? Que mérito tem ele, que não viveu mais do que o outro, menos, muitas vezes, pra ser dotado duma alma superior?

Mas essa não é a principal dificuldade. Uma nação passa, em mil anos, da barbárie à civilização. Se os homens vivessem mil anos, poderia conceber-se que, nesse intervalo, tivessem tempo de progredir, mas diariamente morrem criaturas em todas as idades, renovando-se sem cessar, de maneira que dia a dia as vemos aparecerem e desaparecerem.

No fim dum milênio, não há mais traços dos antigos habitantes, a nação de bárbara que era tornou-se civilizada, mas quem foi que progrediu? Os indivíduos outrora bárbaros? Esses já estão mortos há muito tempo. Os que chegaram por último? Mas se sua alma foi criada no momento do nascimento, essas almas não existiriam no tempo da barbárie e é necessário admitir, então, que os esforços desenvolvidos pra civilizar um povo têm o poder, não de melhorar as almas imperfeitas, as de fazer Deus criar outras mais perfeitas. Comparemos esta teoria do progresso com a que nos foi dada pelos espíritos. As almas vindas no tempo da civilização tiveram a sua infância, como todas as outras, mas já viveram e chagam adiantadas em consequência dum progresso anterior, elas vêm atraídas por um meio que lhes é simpático e que está em relação com o seu estado atual.

Dessa maneira, os cuidados dispensados à civilização dum povo ou não têm por efeito determinar a criação futura de almas mais perfeitas, mas atrair aquelas que já progrediram, seja as que já viveram nesse mesmo povo em tempos de barbárie, seja as que procedem de outra parte. Aí, temos, ainda, a chave do progresso de toda a Humanidade. Quando todos os povos estiverem no mesmo nível quanto ao sentimento do bem, a Terra só abrigará bons espíritos, que viverão em união fraterna. Os maus, tendo sido repelidos e deslocados, irão procurar nos mundos inferiores o meio que lhes convém, até que se tornem dignos de voltar ao nosso meio transformado.

A teoria vulgar tem ainda esta consequência: os trabalhos de melhoramento social só aproveitam às gerações presentes e futuras, seu resultado é nulo pra gerações passadas, que cometeram o erro de chegar muito cedo e só avançaram na medida de suas forças, sob a carga de seus atos de barbárie. Segundo a doutrina dos espíritos, os progressos ulteriores aproveitam igualmente a essas gerações, que revivem nas condições melhores e podem aperfeiçoar-se no meio da civilização.

4 - Civilização.
790 - A civilização é um progresso, ou, segundo alguns filósofos, uma decadência da Humanidade?
- Progresso incompleto, pois o homem não passa subitamente da infância à maturidade.
- É razoável condenar-se a civilização?
- Condenai antes os que abusam dela e não a obra de Deus.

791 - A civilização se depurará um dia, fazendo desaparecer os males que tenha produzido?
- Sim, quando a moral estiver tão desenvolvida quanto à inteligência. O fruto não pode vir antes da flor.

792 - Por que a civilização não realiza imediatamente todo o bem que ela poderia produzir?
- Porque os homens ainda não se encontram em condições, nem dispostos a obter este bem.
- Não seria ainda porque, criando necessidades novas, excita novas paixões?
- Sim, e porque todas as faculdades do espírito não progridem ao mesmo tempo, é necessário tempo pra tudo. Não podeis esperar frutos perfeitos duma civilização incompleta.

793 - Por que sinais se pode reconhecer uma civilização completa?
- Vós a reconhecereis pelo desenvolvimento moral. Acreditais estar muito adiantados por terdes feito grandes descobertas e invenções maravilhosas, porque estais mais bem instalados e melhor vestidos que os vossos selvagens,

mas só tereis verdadeiramente o direito de vos dizer civilizados quando houverdes banido de vossa sociedade os vícios que a desonram e quando passardes a viver como irmãos, praticando a caridade cristã.

Até esse momento, não sereis mais do que povos esclarecidos, só tendo percorrido a primeira fase da civilização.

> A civilização tem os seus graus, como todas as coisas.

Uma civilização incompleta é um estado de transição que engendra males especiais, desconhecidos no estado primitivo, mas nem por isso deixa de constituir um progresso natural, necessário, que leva consigo mesmo o remédio pra aqueles males. À medida que a civilização se aperfeiçoa, vai fazendo cessar alguns dos males que engendrou, e esses males desaparecerão com o progresso moral.

De dois povos que tenham chegado ao ápice da escala social, só poderá dizer-se o mais civilizado, na verdadeira acepção do termo, aquele em que se encontre menos egoísmo, cupidez e orgulho, em que os costumes sejam mais intelectuais e morais do que materiais, em que a inteligência possa desenvolver-se com mais liberdade, em que exista mais bondade, boa-fé, benevolência e generosidade recíprocas, em que os preconceitos de casta e de nascimento sejam menos enraizados, porque esses prejuízos são incompatíveis com o verdadeiro amor do próximo, em que as leis não consagrem nenhum privilégio e sejam as mesmas pro último como pro primeiro, em que a justiça se exerça com o mínimo de parcialidade em que o fraco sempre encontre apoio contra o forte, em que a vida do homem suas crenças e suas opiniões sejam mais bem respeitadas, em que haja menos desgraçados, e por fim, em que todos os homens de boa vontade estejam sempre seguros de não lhes faltar o necessário.

5 - Progresso da legislação humana.

794 - A sociedade poderia ser regida somente pelas leis naturais sem o recurso das leis humanas?

- Poderia, se os homens as compreendessem bem e quisessem praticá-las, então elas seriam suficientes, mas a sociedade tem as suas exigências e ela precisa de leis particulares.

795 - Qual a causa da instabilidade das leis humanas?

- Nos tempos de barbárie, são os mais fortes quedem as leis e as fazem em seu favor. Há necessidade de modifica-las à medida que os homens vão melhor compreendendo a justiça. As leis humanas são mais estáveis à medida que se aproximam da verdadeira justiça, quer dizer, à medida que são feitas pra todos e se identificam com a lei natural.

> A civilização criou novas necessidades pro homem e essas necessidades são relativas à posição social de cada um. Foi necessário regular os direitos e os deveres dessas posições através de leis humanas, mas sob a influência das suas paixões, o homem criou, muitas vezes, direitos e deveres imaginários, condenados pela lei natural e que os povos apagam dos seus códigos à proporção que progridem. A lei natural é imutável e sempre a mesma pra todos, a lei humana é variável e progressiva, somente ela pode consagrar, na infância da Humanidade, o direito do mais forte.

796 - A severidade das leis penais não é uma necessidade no estado atual da sociedade?

- Uma sociedade depravada tem certamente necessidade de leis mais severas, infelizmente essas leis se destinam antes a punir o mal praticado do que a cortar a raiz do mal. Somente a educação pode reformar os homens, que, assim, não terão mais necessidade de leis tão rigorosas.

797 - Como o homem poderia ser levado a reformar as suas leis?

- Isso acontecerá naturalmente, pela força das circunstâncias e pela influência das pessoas de bem que o condoem na senda do progresso. Há muitas que já foram reformadas e muitas outras ainda o serão. Espera!

6 - Influência do Espiritismo no progresso.

798 - O Espiritismo se tornará uma crença comum ou será apenas de algumas pessoas?

- Certamente, ele se tornará uma crença comum e marcara uma nova era na História da Humanidade, porque pertence à natureza e chegou o tempo em que deve tomar lugar entre os conhecimentos humanos. Haverá, entretanto grandes lutas a sustentar, mais contra os interesses do que contra a convicção porque não se pode dissimular que há pessoas interessadas em combatê-lo, umas por amor próprio e outras por motivos puramente materiais, mas os seus contraditares, ficando cada vez mais isolados, serão afinal forçados a pensar como todos os outros, sob pena de se tornarem ridículos.

> As ideias só se transformam com o tempo e não subitamente, elas se enfraquecem de geração em geração e acabam por desaparecer com os que as professavam e que são substituídos por outros indivíduos imbuídos de novos princípios, como se verifica com as ideias políticas. Vede o paganismo, não há ninguém, certamente que professe hoje as ideias religiosas daquele tempo, não obstante, muitos séculos depois do advento do Cristianismo, ainda haviam deixado traços que somente a completa renovação das raças pôde apagar. O mesmo acontecerá com o Espiritismo, ele faz muito progresso, mas haverá ainda, durante duas ou três gerações, um fenômeno de incredulidade que só o tempo fará desaparecer. Contudo, sua marcha será mais rápida que a do Cristianismo porque é o próprio Cristianismo que lhe abre as vias sobre as quais ele se desenvolvera. O Cristianismo tinha que destruir, o Espiritismo só tem que construir.

799 - De que maneira o Espiritismo pode contribuir pro progresso?

- Destruindo o Materialismo, que é uma das chagas da sociedade, ele faz os homens compreenderem onde está o seu verdadeiro interesse. A vida futura não estando mais velada pela dúvida, o homem compreenderá melhor que pode assegurar o seu futuro através do presente, destruindo os preconceitos de seita, de casta e de cor, ele ensina aos homens a grande solidariedade que os deve unir como irmãos.

800 - Não é de temer que o Espiritismo não consiga vencer a indiferença dos homens e o seu apego às coisas materiais?

- Seria conhecer bem pouco os homens, pensar que uma causa qualquer pudesse transformá-los como por encanto. As ideias se modificam pouco a pouco, com os indivíduos, e são necessárias gerações pra que se apaguem completamente os traços dos velhos hábitos. A transformação, portanto, não pode operar-se a não ser com o tempo, gradualmente, pouco a pouco. Em cada geração uma parte do véu se dissipa. O Espiritismo vem rasgá-lo duma vez, mas mesmo que só tivesse o efeito de corrigir um homem dum só dos seus defeitos, isso seria um passo que ele afaria dar e por isso um grande bem, porque esse primeiro passo lhe tornaria os outros mais fáceis.

801 - Por que os espíritos não ensinaram desde todos os tempos o que ensinam hoje?

- Não ensinais às crianças o que ensinais aos adultos e não dais ao recém-nascido um alimento que ele não possa digerir. Cada coisa tem o seu tempo. Eles ensinaram muitas coisas que os homens não compreenderam ou desfiguraram, mas que atualmente podem compreender. Pelo seu ensinamento, mesmo incompleto, prepararam o terreno pra receber a semente que vai agora frutificar.

802 - Desde que o Espiritismo deve marcar um progresso da Humanidade, por que os espíritos não apressam esse progresso através de manifestações tão gerais e patentes que pudessem levar a convicção aos mais incrédulos?

- Desejaríeis milagres, mas Deus os semeia a mancheias nos vossos passos e tendes ainda homens que os negam. O Cristo, ele próprio, convenceu os seus contemporâneos com os prodígios que realizou? Não vedes ainda hoje os homens negarem os fatos mais patentes que se passam aos seus olhos? Não tendes os que não acreditariam, mesmo quando vissem? Não, não é por meio de prodígios que Deus conduzirá os homens. Na sua bondade, ele quer deixar-lhes o mérito de se convencerem através da razão.

Sociedade Armônica

Capítulo 9 - Da igualdade

1 - Igualdade natural.

803 - Todos os homens são iguais perante Deus?

- Sim, todos tendem pro mesmo fim e Deus fez as suas leis pra todos. Dizeis frequentemente: "O Sol brilha pra todos", e com isso dizeis uma verdade maior e mais geral do que pensais.

> Todos os homens são submetidos às mesmas leis naturais, todos nascem com a mesma fragilidade, estão sujeitos às mesmas dores e o corpo do rico se destrói como o do pobre. Deus não concedeu, portanto, superioridade natural a nenhum homem, nem pelo nascimento, nem pela morte, todos são iguais diante dele.

2 - Desigualdade de aptidões.

804 - Por que Deus não deu as mesmas aptidões a todos os homens?

- Deus criou todos os espíritos iguais, mas cada um deles viveu mais ou menos tempo, e, por conseguinte realizou mais ou menos aquisições, a diferença está no grau de experiência e na vontade, que é o livre-arbítrio, daí decorre que uns se aperfeiçoam mais rapidamente, o que lhes dá aptidões diversas. A mistura de aptidões é necessária a fim de que cada um possa contribuir pros desígnios da Providência, nos limites do desenvolvimento de suas forças físicas e intelectuais, o que tini não faz, o outro faz, e é assim que cada um tem a sua função útil, além disso, todos os mundos sendo solidários entre si, é necessário que os habitantes dos mundos superiores, na sua maioria criados antes do vosso, venham habitar aqui pra vos dar exemplo.

805 - Passando dum mundo superior pra um inferior, o espírito conserva integralmente as faculdades adquiridas?

- Sim, já o dissemos, o espírito que progrediu não regride mais. Ele pode escolher, no estado de espírito, um envoltório mais rude ou uma situação mais precária que a anterior, mas sempre pra lhe servir de lição e ajudá-lo a progredir.

> Assim, a diversidade das aptidões do homem não se relaciona com a natureza íntima de sua criação, mas com o grau de aperfeiçoamento a que ele tenha chegado como espírito. Deus não criou, portanto, a desigualdade das faculdades, mas permitiu que os diferentes graus de desenvolvimento se mantivessem em contato a fim de que os mais adiantados pudessem ajudar os mais atrasados a progredir e também a fim de que os homens, necessitando uns dos outros, compreendam a lei de caridade que os deve unir.

3 - Desigualdades sociais.

806 - A desigualdade das condições sociais é uma lei natural?

- Não, é obra do homem e não de Deus.
- Essa desigualdade desaparecerá um dia?
- Só as leis de Deus são eternas. Não a vês desaparecer pouco a pouco, todos os dias? Essa desigualdade desaparecerá juntamente com a predominância do orgulho e do egoísmo, restando tão somente a desigualdade do mérito. Chegará um dia em que os membros da grande família dos filhos de Deus não mais se olharão como de sangue mais ou menos puro, pois somente o espírito é mais puro ou menos puro, e isso não depende da posição social.

807 - Que se deve pensar dos que abusam da superioridade de suas posições sociais em proveito próprio, oprimir os fracos?

- Eles merecem anátema! Ai, deles! Eles vão ser, a seu turno, oprimidos, vão nascer renascerão numa existência em que terão de sofrer tudo o que tiverem feito sofrer aos outros.

4 - Desigualdades das riquezas.

808 - A desigualdade das riquezas não tem sua origem na desigualdade das faculdades, que dão a uns mais meios de adquirir do que a outros?

- Sim e não. Que dizes dei astúcia e do roubo?
- A riqueza hereditária, entretanto, seria fruto das más paixões?
- Que sabes disso? Remonta à origem e verás se é sempre pura. Sabes se no princípio não foi o fruto duma espoliação ou duma injustiça? Mas sem falar em origem, que pode ser má, crês que a cobiça de bens, mesmo os melhor adquiridos, e os desejos secretos que se concebem de possuir o mais cedo possível, sejam sentimentos louváveis? Isso é o que Deus julga, e te asseguro que o seu julgamento é mais severo que o dos homens.

809 - Se uma fortuna foi mal adquirida, os herdeiros serão responsáveis por isso?

- Sem dúvida eles não são responsáveis pelo mal que outros tenham feito, tanto mais que o podem ignorar, mas fica sabendo que, muitas vezes, uma fortuna se destina a um homem pra lhe dar ocasião de reparar uma injustiça. Feliz dele se o compreender e se o fizer em nome daquele que cometeu a injustiça, a reparação será levada em conta pra ambos, porque quase sempre é este último quem a provoca.

810 - Sem fraudar a legalidade, podemos dispor dos nossos bens de maneira mais ou menos equitativa. Quem assim o faz é responsável, depois da morte, pelas disposições testamentárias?
- Toda ação traz os seus frutos, os das boas ações são doces e os das outras são sempre amargos, sempre, entendei bem isso.

811 - A igualdade absoluta das riquezas é possível e existiu alguma vez?
- Não, não é possível. A diversidade das faculdades e dos caracteres se opõe a isso.
- Há homens, entretanto, que creem estar nisso o remédio pros males sociais, que pensais a respeito?
- São sistemáticos ou ambiciosos e invejosos. Não compreendem que a igualdade seria logo rompida pela própria força das coisas. Combatei o egoísmo, pois essa é a vossa chaga social, e não corrais atrás de quimeras.

812 - Por não ser possível a igualdade das riquezas, o mesmo se dará com o bem estar?
- Não, mas o bem estar é relativo e todos poderiam dele gozar, se entendessem convenientemente, porque o verdadeiro bem estar consiste em cada um empregar o seu tempo como lhe apraza e não na execução de trabalhos pelos quais nenhum gosto sente. Como cada um tem aptidões diferentes, nenhum trabalho útil ficaria por fazer. Em tudo existe o equilíbrio, o homem é quem o perturba.
- Será possível que todos se entendam?
- Os homens se vão se entender quando todos praticarem a lei de justiça.

813 - Há pessoas que caem nas privações e na miséria por sua própria culpa, a sociedade pode ser responsabilizada por isso?
- Sim, já o dissemos, ela é sempre a causa primeira dessas faltas, pois não lhe cabe velar pela educação moral de seus membros? É frequentemente a má educação que falseia o critério dessas pessoas em lugar de aniquilar-lhes as tendências perniciosas.

5 - Provas da riqueza e da miséria.
814 - Por que Deus concedeu a uns a riqueza e o poder e a outros a miséria?
- Pra provar a cada um duma maneira diferente. Aliás, vós o sabeis essas provas são escolhidas pelos próprios espíritos, que muitas vezes sucumbem ao realizá-las.

815 - Qual dessas duas provas é a mais perigosa pro homem, a da desgraça ou a da riqueza?
- Tanto uma como a outra. A miséria provoca a lamentação contra a Providência, a riqueza leva a todos os excessos.

816 - Se o rico sofre mais tentações, ele não dispõe também de mais meios pra fazer o bem?
- E justamente o que nem sempre faz, torna-se egoísta, orgulhoso e insaciável, suas necessidades aumentam com a fortuna e julga não ter o bastante pra si mesmo.

> A posição elevada no mundo e a autoridade sobre os semelhantes são provas tão grandes e arriscadas quanto a miséria, porque, quanto mais o homem for rico e poderoso, mais obrigações tem a cumprir, maiores são os meios de que dispõe pra fazer o bem e o mal. Deus experimenta o pobre pela resignação e o rico pelo uso que faz de seus bens e do seu poder.

6 - Igualdade de direitos do homem e da mulher.
817 - O homem e a mulher são iguais perante Deus e têm os mesmos direitos?
- Deus não deu a ambos a inteligência do bem e do mal e a faculdade de progredir?

818 - De onde procede a inferioridade moral da mulher em certas regiões?
- Do domínio injusto e cruel que o homem exerceu sobre ela. Uma consequência das instituições sociais e do abuso da força sobre a debilidade. Entre os homens pouco adiantados do ponto de vista moral a força é o direito.

819 - Com que fim a mulher é fisicamente mais fraca do que o homem?
- Pra lhe assinalar funções particulares. O homem se destina aos trabalhos rudes, por ser mais forte, a mulher aos trabalhos suaves e ambos a se ajudarem mutuamente nas provas duma vida cheia de amarguras.

820 - A debilidade física da mulher não a coloca naturalmente na dependência do homem?
- Deus deu a força a uns pra proteger o fraco e não pra escravizá-lo.

> Deus apropriou a organização de cada ser às funções que ele deve desempenhar. Se ele deu menor força física à mulher, deu-lhe ao mesmo tempo maior sensibilidade, em relação com a delicadeza das funções maternais e a debilidade dos seres confiados aos seus cuidados.

821 - As funções a que a mulher é destinada pela natureza terão importância tão grande quanto às deferidas ao homem?
- Sim, e até maior. É ela quem lhe dá as primeiras noções da vida.

822 - Os homens, sendo iguais perante a lei de Deus, devem sê-lo igualmente perante a lei humana?
- Este é o primeiro princípio de justiça, não faça aos outros o que não queres que os outros vos façam.
- De acordo com isso, pra uma legislação ser perfeitamente justa, ela deve consagrar a igualdade de direitos entre o homem e a mulher?
- De direitos, sim, de funções, não. É necessário que cada um. Tenha um lugar determinado, que o homem se ocupe de fora e a mulher do lar, cada um segundo a sua aptidão. A lei humana, pra ser justa, deve consagrar a igualdade de direitos entre o homem e a mulher, todo privilégio concedido a um ou a outro é contrário à justiça. A emancipação da mulher segue o progresso da civilização, sua escravização marcha com a barbárie. Os sexos, aliás, só existem na organização física, pois os espíritos podem tomar um e outro não havendo diferenças entre eles a esse respeito. Por conseguinte, devem gozar dos mesmos direitos.

7 - Igualdades perante o túmulo
823 - Donde nasce o desejo que o homem sente de perpetuar sua memória por meio de monumentos fúnebres?
- Último ato de orgulho.
- Mas a suntuosidade dos monumentos fúnebres não é antes devida, as mais das vezes, aos parentes do defunto, que lhe querem honrar a memória, do que ao próprio defunto?
- Orgulho dos parentes, desejosos de se glorificarem a si mesmos. Oh! Sim, nem sempre é pelo morto que se fazem todas essas demonstrações. Elas são feitas por amor próprio e pro mundo, bem como por ostentação de riqueza. Supões, porventura, que a lembrança dum ser querido dure menos no coração do pobre, que não lhe pode colocar sobre o túmulo senão uma singela flor? Supões que o mármore salva do esquecimento aquele que na Terra foi inútil?

824 - Reprovais então, de modo absoluto, a pompa dos funerais?
- Não, quando se tenha em vista honrar a memória dum homem de bem, é justo e de bom exemplo.

> O túmulo é o ponto de reunião de todos os homens, ali terminam inelutavelmente todas as distinções humanas. Em vão tenta o rico perpetuar a sua memória, mandando erigir faustosos monumentos. O tempo os destruirá, como lhe consumirá o corpo. Assim o quer a natureza. Menos perecível do que o seu túmulo será a lembrança de suas ações boas e más. A pompa dos funerais não o limpará das suas torpezas, nem o fará subir um degrau que seja na hierarquia espiritual.

Capítulo 10 - Da lei da liberdade

1 - Liberdade natural.
825 - Há posições no mundo em que o homem possa se gabar de gozar duma liberdade absoluta?
- Não, porque vós todos necessitais uns dos outros, os pequenos como os grandes.

826 - Qual seria a condição cm que o homem pudesse gozar de liberdade absoluta?
- A do eremita no deserto. Desde que haja dois homens juntos, há direitos a respeitar e não terão eles, portanto, liberdade absoluta.

827 - A obrigação de respeitar os direitos alheios tira ao homem o direito de se pertencer a si mesmo?
- Absolutamente, pois esse é um direito que lhe vem da natureza.

828 - Como conciliar as opiniões liberais de certos homens com o seu frequente despotismo no lar e com os seus subordinados?
- É que possuem a compreensão da lei natural, mas contrabalançada pelo orgulho e pelo egoísmo. Sabem o que devem fazer, quando não transformam os seus princípios numa comédia bem calculada, mas não o fazem.
- Os princípios que professaram nesta vida lhes serão levados em conta na outra?
- Quanto mais inteligência tenha o homem pra compreender um princípio, menos escusável será de não o aplicar a si mesmo. Na verdade, vos digo que o homem simples, mas sincero, está mais adiantado no caminho de Deus do que aquele que aparenta o que não é.

2 - A escravidão.
829 - Há homens naturalmente destinados a ser propriedade de outros homens?
- Toda sujeição absoluta dum homem a outro é contrária à lei de Deus. A escravidão é um abuso da força c desaparecerá com o progresso, como pouco a pouco desaparecerão todos os abusos.

> A lei humana que estabelece a escravidão é uma lei contra a natureza, pois assemelha o homem ao bruto e o degrada moral e fisicamente.

830 - Quando a escravidão pertence aos costumes dum povo, são repreensíveis os que a praticam, nada mais fazendo do que seguir um uso que lhes parece natural?
- O mal é sempre o mal. Todos os vossos sofismas não farão que uma ação má se torne boa, mas a responsabilidade do mal é relativa aos meios de que dispondes pra compreendê-lo. Aquele que se serve da lei da escravidão é sempre culpável duma violação da lei natural, mas nisso, como em todas as coisas, a culpabilidade é relativa. Sendo a escravidão um costume entre certos povos, o homem pode praticá-la de boa fé, como uma coisa que lhe parece natural, mas desde que a sua razão, mais desenvolvida e, sobretudo esclarecida pelas luzes do Cristianismo, lhe mostrou no escravo um seu igual perante Deus, ele não tem mais desculpas.

831 - A desigualdade natural das aptidões não coloca certas raças humanas sob a dependência das raças inteligentes?
- Sim, pra elevá-las e não pra embrutecê-las ainda mais na escravidão. Os homens têm considerado, há muito, certas raças humanas como animais domesticáveis, munidos de braços e de mãos, e se julgaram no direito de vender os seus membros como bestas de carga. Consideram-se de sangue mais puro. Insensatos, que não enxergam além da matéria. Não é o sangue que deve ser mais ou menos puro, mas o espírito.

832 - Há homens que tratam os seus escravos com humanidade, que nada lhes deixam faltar e pensam que a liberdade os exporia a mais privações, o que dizer disso?
- Digo que compreendem melhor os seus interesses. Eles têm também muito cuidado com os seus bois e os seus cavalos a fim de tirarem mais proveito no mercado. Não são culpados como os que os maltratam, mas nem por isso deixam de usá-los como mercadorias, privando-os do direito de se pertencerem a si mesmos.

3 - Liberdade de pensamento.
833 - Há no homem qualquer coisa que escape a todo o constrangimento e pela qual ele goze duma liberdade absoluta?
- É pelo pensamento que o homem goza duma liberdade sem limites porque o pensamento não conhece entraves. Pode-se impedir a sua manifestação, mas não aniquilá-la.

834 - O homem é responsável pelo seu pensamento?
- É responsável perante Deus. Só Deus, podendo conhecê-lo, condena-o ou absolve-o, segundo a sua justiça.

4 - Liberdade de consciência.

835 - A liberdade de consciência é uma consequência da liberdade de pensar?
- A consciência é um pensamento íntimo, que pertence ao homem como todos os outros pensamentos.

836 - O homem tem o direito de pôr entraves à liberdade de consciência?
- Não mais do que à liberdade de pensar, porque somente a Deus pertence o direito de julgar a consciência. Se o homem regula, pelas suas leis, a relação de homem pra homem, Deus, por suas leis naturais, regula as relações do homem com Deus.

837 - Qual é o resultado dos entraves à liberdade de consciência?
- Constranger os homens a agir de maneira diversa ao seu modo de pensar, o que é torná-los hipócritas. A liberdade de consciência é uma das características da verdadeira civilização e do progresso.

838 - Toda crença é respeitável, ainda mesmo quando notoriamente falsa?
- Toda crença é respeitável quando é sincera e conduz à prática do bem. As crenças reprováveis são as que conduzem ao mal.

839 - Somos repreensíveis por escandalizar em sua crença aquele que não pensa como nós?
- Isso é faltar com a caridade e atentar contra a liberdade de pensamento.

840 - Será atentar contra a liberdade de a consciência opor entraves às crenças que podem perturbar a sociedade?
- Podem reprimir-se os atos, mas a crença íntima é inacessível.

> Reprimir os atos externos duma crença, quando esses atos acarretam qualquer prejuízo aos outros, não é atentar contra a liberdade de consciência porque essa repressão deixa à crença sua inteira liberdade.

841 - Devemos, por respeito à liberdade de consciência, deixar que se propaguem as doutrinas perniciosas ou podemos, sem atentar contra essa liberdade, procurar conduzir pro caminho da verdade os que se desviaram pra falsos princípios?
- Certamente se pode e mesmo se deve, mas ensinai, a exemplo de Jesus, pela doçura e persuasão e não pela força, porque seria pior que a crença daquele a quem desejásseis convencer. Se há alguma coisa que possa ser imposta é o bem e a fraternidade, mas não acreditamos que o meio de fazê-lo seja a violência, a convicção não se impõe.

842 - Como todas as doutrinas têm a pretensão de ser única expressão da verdade, por quais sinais nós podemos reconhecer a que tem o direito de se apresentar como tal?
- Essa será a que produza mais homens de bem e menos hipócritas quer dizer, que pratiquem a lei de amor e caridade na sua maior pureza e na sua aplicação mais ampla. Por esse sinal reconhecereis que uma doutrina é boa, pois toda doutrina que tiver por consequência semear a desunião e estabelecer divisões entre os filhos de Deus só pode ser falsa e perniciosa.

5 - O livre-arbítrio.

843 - O homem tem livre-arbítrio nos seus atos?
- Pois que tem a liberdade de pensar, tem a de agir. Sem o livre-arbítrio o homem seria uma máquina.

844 - O homem goza do livre-arbítrio desde o nascimento?
- Ele tem a liberdade de agir, desde que tenha a vontade de fazê-lo. Nas primeiras fases da vida, a liberdade é quase nula, ela se desenvolve e muda de objeto com as faculdades. Estando os pensamentos da criança em relação com as necessidades da sua idade, ela aplica o seu livre-arbítrio às coisas que lhe são necessárias.

845 - As predisposições instintivas que o homem traz ao nascer não são um obstáculo ao exercício de seu livre-arbítrio?
- As predisposições instintivas são as do espírito antes da sua encarnação, conforme for ele mais ou menos adiantado, elas podem impeli-lo a atos repreensíveis, no que ele será secundado por espíritos que simpatizem com essas disposições, mas não há arrastamento irresistível, quando se tem a vontade de resistir. Lembrai-vos de que querer é poder.

846 - O organismo não influi nos atos da vida? E se influi, não o faz com prejuízo do livre-arbítrio?
- O espírito é certamente, influenciado pela matéria, que pode entravar as suas manifestações. Eis porque, nos mundos em que os corpos são menos materiais do que na Terra, as faculdades se desenvolvem, com mais liberdade,

mas o instrumento não dá faculdades ao espírito. De resto, é necessário distinguir neste caso as faculdades morais das faculdades intelectuais. Se um homem tem o instinto do assassínio, é seguramente o seu próprio espírito que o possui e que lho transmite, mas nunca os seus órgãos. Aquele que aniquila o seu pensamento pra apenas se ocupar da matéria se faz semelhante ao bruto e ainda pior, porque não pensa mais em se precaver contra o mal, e nisso que ele se torna faltoso, pois assim age pela própria vontade.

847 - A alteração das faculdades tira do homem o livre-arbítrio?

- Aquele cuja inteligência está perturbada por uma causa qualquer perde o domínio do seu pensamento e desde então não tem mais liberdade. Essa alteração é frequentemente uma punição pro espírito que, numa existência, pode ter sido vão e orgulhoso, fazendo mau uso de suas faculdades. Ele pode renascer no corpo dum idiota, como o déspota no corpo dum escravo e o mau rico no dum mendigo, mas o espírito sofre esse constrangimento, do qual tem perfeita consciência, é nisso que está a ação da matéria.

848 - A alteração das faculdades intelectuais pela embriaguez desculpa os atos repreensíveis?

- Não, pois o ébrio voluntariamente se priva da razão pra satisfazer paixões brutais, em lugar duma falta, comete duas.

849 - Qual é, no homem em estado selvagem, a faculdade dominante, o instinto ou o livre-arbítrio?

- O instinto, o que não o impede de agir com inteira liberdade em certas coisas. Mas, como a criança, ele aplica essa liberdade às suas necessidades e ela se desenvolve com a inteligência. Por conseguinte, tu, que és mais esclarecido que um selvagem, és também mais responsável que ele pelo que fazes.

850 - A posição social não é, às vezes, um obstáculo à inteira liberdade de ação?

- O mundo tem, sem duvida, as suas exigências. Deus é justo e tudo leva em conta, mas vos deixa a responsabilidade dos poucos esforços que fazeis pra superar os obstáculos.

6 - Fatalidade.

851 - Há uma fatalidade nos acontecimentos da vida, segundo o sentimento ligado a essa palavra, quer dizer, todos os acontecimentos são predeterminados, e nesse caso cm que se torna o livre-arbítrio?

- A fatalidade só existe no tocante à escolha feita pelo espírito, ao se encarnar, de sofrer esta ou aquela prova, ao escolhê-la ele traça pra si mesmo uma espécie de destino, que é a própria consequência da posição em que se encontra. Falo das provas de natureza física, porque, no tocante às provas morais e às tentações, o espírito, conservando o seu livre-arbítrio sobre o bem e o mal, é sempre senhor de ceder ou resistir. Um bom espírito, ao vê-lo fraquejar, pode correr em seu auxílio, mas não pode influir sobre ele a ponto de subjugar-lhe a vontade. Um espírito mau, ou seja, inferior, ao lhe mostrar ou exagerar um perigo físico, pode abalá-lo e assustá-lo, mas a vontade do espírito encarnado não fica por isso menos livre de qualquer entrave.

852 - Há pessoas que parecem perseguidas por uma fatalidade, independentemente de sua maneira de agir, a desgraça está no seu destino?

- São, talvez, provas que devem sofrer e que elas mesmas escolheram. Ainda uma vez levais à conta do destino o que é quase sempre a consequência de vossa própria falta. Em meio dos males que te afligem, cuida que a tua consciência esteja pura e te sentirás meio consolado.

> As ideias justas ou falsas que fazemos das coisas nos fazem vencer ou fracassar, segundo o nosso caráter e a nossa posição social. Achamos mais simples e menos humilhante pro nosso amor-próprio atribuir os nossos fracassos à sorte ou ao destino, do que a nós mesmos. Se a influência dos espíritos contribui algumas vezes pra isso, podemos sempre nos subtrair a ela, repelindo as ideias más que nos forem sugeridas.

853 - Certas pessoas escapam a um perigo mortal pra cair em outro, parece que não podem escapar à morte. Não há nisso fatalidade?

- Fatal, no verdadeiro sentido da palavra, só o instante da morte. Chegando esse momento, duma forma ou doutra, a ele não podeis furtar-vos.

- Assim, qualquer que seja o período que nos ameace, não morreremos se a nossa hora não chegou?

- Não, não morrerás, e tens disto milhares de exemplos, mas quando chegara tua hora de partir, nada te livrará. Deus sabe com antecedência qual o gênero de morte por que partirás daqui e frequentemente teu espírito também o sabe, pois isso lhe foi revelado quando fez a escolha desta ou daquela existência.

854 - Da infalibilidade da hora da morte segue-se que as precauções que se tomam pra evitá-la são inúteis?

- Não porque as precauções que tomais vos são sugeridas com o fim de evitar uma morte que vos ameaça são um dos meios pra que ela não se verifique.

855 - Qual o fito da Providência ao fazer-nos correr perigos que não devem ter consequências?

- Quando tua vida se encontra em perigo, é essa uma advertência que tu mesmo desejaste, a fim de te desviar do mal e te tornar melhor. Quando escapas a esse perigo, ainda sob a influência do risco por que passaste, pensas com maior ou menor intensidade, sob a ação mais ou menos forte dos bons espíritos, em te tornares melhor. O mau espírito retornando, pensas que escaparás da mesma maneira a outros perigos e deixas que as tuas paixões se desencadeiem de novo. Pelos perigos que correis. Deus vos recorda a vossa fraqueza e a fragilidade de vossa existência. Se examinarmos a causa e a natureza do perigo, veremos que, na maioria das vezes, as consequências foram a punição duma falta cometida ou dum dever negligenciado. Deus vos adverte pra refletirdes sobre vós mesmos e vos emendardes.

856 - O espírito sabe, por antecipação, qual o gênero de morte que deve sofrer?

- Sabe que o gênero de vida por ele escolhido o expõe a morrer mais duma maneira que de outra. Mas sabe também quais as lutas que terá de sustentar pra evitá-lo, e que, se Deus o permitir, não sucumbirá.

857 - Há homens que enfrentam os perigos do combate com uma certa convicção de que a sua hora não chegou, há algum fundamento nessa confiança?

- Com muita frequência o homem tem o pressentimento do seu fim como o pode ter o de que ainda não morrerá. Esse pressentimento lhe é dado pelos seus espíritos protelares, que desejam adverti-lo pra que esteja pronto a partir ou reerguem, a sua coragem nos momentos em que se faz necessário. Também lhe pode vir da intuição da existência por ele escolhida, ou da missão que aceitou e sabe que deve cumprir.

858 - Os que pressentem a morte geralmente a temem menos do que os outros. Por quê?

- E o homem que teme a morte, não o espírito. Aquele que a pressente pensa mais como espírito do que como homem, compreende a sua libertação e a espera.

859 - Se a morte não pode ser evitada quando chega a sua hora, acontece o mesmo com todos os acidentes no curso da nossa vida?

- São, em geral, coisas demasiado pequenas, das quais podemos prevenir-vos dirigindo o vosso pensamento no sentido de as evitardes porque não gostamos do sofrimento material. Mas isso é de pouca importância pro curso da vida que escolhestes. A fatalidade, na verdade, só consiste nestas duas horas: a em que deveis aparecer e desaparecer deste mundo.

- Há fatos que devem ocorrer forçosamente e que a vontade dos espíritos não pode conjurar?

- Sim, mas que tu, quando no estado de espírito, viste e pressentiste ao fazer a tua escolha. Não acrediteis, porém, que tudo o que acontece esteja escrito como se diz. Um acontecimento é quase sempre a consequência duma coisa que fizeste por um ato de tua livre vontade, de tal maneira que se não tivesses praticado aquele ato, o acontecimento não se verificaria. Se queimas o dedo, isso é apenas a consequência de tua imprudência e da condição da matéria. Somente as grandes dores, os acontecimentos importantes e capazes de influir na tua evolução moral são previstos por Deus, porque são úteis à tua purificação e à tua instrução.

860 - Pode o homem, por sua vontade e pelos seus atos, evitar acontecimentos que deviam realizar-se e vice-versa?

- Pode, desde que esse desvio aparente possa caber na ordem geral da vida que ele escolheu. Além disso, pra fazer o bem, como é do seu dever e único objetivo da vida, ele pode impedir o mal, sobretudo aquele que possa contribuir pra um mal ainda maior.

861 - O homem que comete um assassinato sabe, ao escolher a sua existência, que se tornará assassino?

- Não. Sabe apenas que, ao escolher uma vida de lutas, terá a probabilidade de matar um de seus semelhantes, mas ignora se o fará ou não, porque estará quase sempre nele tomar a deliberação de cometer o crime. Ora, aquele que delibera sobre alguma coisa é sempre livre de fazê-la ou não.

Se o espírito soubesse com antecedência que, como homem, devia cometer um assassínio, estaria predestinado a isso. Sabei, então, que não há ninguém predestinado ao crime e que todo crime, como todo e qualquer ato, é sempre o resultado da vontade e do livre-arbítrio. De resto, sempre confundis duas coisas bastante distintas, os acontecimentos materiais da existência e os atos da vida moral. Se há fatalidade, às vezes, é apenas no tocante aos acontecimentos materiais, cuja causa estafara de vós e que são independentes da vossa vontade. Quanto aos atos da vida moral, emanam sempre do próprio homem, que tem sempre, por conseguinte, a liberdade de escolha, pros seus atos não existe jamais a fatalidade.

862 - Há pessoas que nunca conseguem êxito na vida e que um mau gênio parece perseguir, em todos os seus empreendimentos. Não é isso o que podemos chamar fatalidade?

- Pode ser fatalidade, se assim o quiseres, mas decorrente da escolha do gênero de existência, porque essas pessoas quiseram ser experimentadas por uma vida de decepções, a fim de exercitarem a sua paciência e a sua resignação. Não creias, entretanto, que seja isso o que fatalmente acontece, muitas vezes é apenas o resultado de haverem elas tomado um caminho errado, que não está de acordo com a sua inteligência e as suas aptidões.

Aquele que quer atravessar um rio a nado, sem saber nadar, tem grande probabilidade de morrer afogado. Assim acontece na maioria das ocorrências da vida. Se o homem não empreendesse mais do que aquilo que está de acordo com as suas faculdades, triunfaria quase sempre, o que o perde é o seu amor-próprio e a sua ambição, que o desviam do caminho pra tomar por vocação o simples desejo de satisfazer certas paixões. Então fracassa e a culpa é sua, mas, em vez de reconhecer o erro, prefere acusar a sua estrela. Há o que teria sido um bom operário, ganhando honradamente a vida, mas se fez mau poeta e morre de fome. Haveria lugar pra todos, se cada um soubesse ocupara seu lugar.

863 - Os costumes sociais não obrigam muitas vezes o homem a seguir um caminho errado? E não está ele submetido à influência das opiniões na escolha de suas ocupações? Isso a que chamamos respeito humano não é um obstáculo ao exercício do livre-arbítrio?

- São os homens que fazem os costumes sociais e não Deus, se a eles se submetem, é que lhes convêm. Isso também é um ato de livre-arbítrio, pois se quisessem poderiam rejeitá-los. Então, por que se lamentam? Não são os costumes sociais que eles devem acusar, mas o seu tolo amor-próprio, que os leva a preferir morrer de fome a infringi-los. Ninguém lhes pede conta desse sacrifício feito à opinião geral, enquanto Deus lhes pedirá conta do sacrifício feito à própria vaidade. Isso não quer dizer que se deva afrontar a opinião sem necessidade, como certas pessoas que têm mais de originalidade que de verdadeira filosofia. Tanto é desarrazoado exibir-se como um animal curioso, quanto é sensato descer voluntariamente e sem reclamações, se não se pode permanecer no alto da escada.

864 - Se há pessoas a sorte é contrária, outras parecem favorecidas por ela, pois tudo lhes sai bem, a que se deve isso?

- Em geral, porque sabem se orientar melhor, mas isso pode ser também um gênero de prova, o sucesso as embriaga, elas se fiam no seu destino e frequentemente vão pagar mais tarde esse sucesso com reveses cruéis que poderiam ter evitado com um pouco de prudência.

865 - Como explicar a sorte que favorece certas pessoas em circunstâncias que não dependem da vontade nem da inteligência, como no jogo, por exemplo?

- Certos espíritos escolheram antecipadamente determinadas espécies de prazer e a sorte que os favorece é uma tentação. Aquele que ganha como homem, perde como espírito, é uma prova pro seu orgulho e a sua cupidez.

866 – Então, a fatalidade que parece presidir aos destinos do homem na vida material seria também resultado do nosso livre-arbítrio?

- Tu mesmo escolheste a tua prova, quanto mais rude ela for, se melhor a suportas, mais te elevas. Os que passam a vida na abundância e no bem-estar são espíritos covardes que permanecem estacionários. Assim, o número dos infortunados ultrapassa de muito o dos felizes do mundo, visto que os espíritos procuram, na sua maioria, as provas que lhes sejam mais frutuosas. Eles veem muito bem a futilidade de vossas grandezas e dos vossos prazeres. Aliás, a vida mais feliz é sempre agitada, sempre perturbada: não seria assim tão somente pela ausência da dor.

867 - De onde procede a expressão, nascido sob uma boa estrela?

- Velha superstição, segundo a qual as estrelas estariam ligadas ao destino de cada homem, alegoria que certas pessoas fazem a tolice de tomar ao pé da letra.

7 - O conhecimento do futuro.

868 - O futuro pode ser revelado ao homem?

- Em princípio, o futuro lhe é oculto e só em casos raros e excepcionais, Deus lhe permite a sua revelação.

869 - Com que fim o futuro é oculto ao homem?

- Se o homem conhecesse o futuro, negligenciaria o presente e não agiria com a mesma liberdade de agora, pois seria dominado pelo pensamento de que, se alguma coisa deve acontecer, não adianta se ocupar dela, ou então procuraria impedi-la. Deus não quis que assim fosse afim de que cada um pudesse concorrer pra realização das coisas, mesmo daquelas que desejaria se opor. Assim é que tu mesmo, sem o saber, quase sempre preparas os acontecimentos que sobrevirão no curso da tua vida.

870 - Mas se é útil que o futuro permaneça oculto, por que Deus permite, às vezes, a sua revelação?

- E quando esse acontecimento antecipado deve facilitar o cumprimento das coisas, em vez de embaraçá-lo, levando o homem a agir dessa maneira diferente do que o faria se não o tivesse, além disso, muitas vezes é uma prova. A perspectiva dum acontecimento pode despertar pensamentos que sejam mais ou menos bons, se um homem souber, por exemplo, que obterá uma fortuna com a qual não contava, ele poderá ser tomado pelo sentimento de cupidez, pela alegria de aumentar os seus gozos terrenos, pelo desejo de obtê-la mais cedo, aspirando pela morte daquele que lha deve deixar, ou então essa perspectiva despertará nele bons sentimentos e pensamentos generosos. Se a previsão não se realizar, será outra prova, a da maneira por que suportará a decepção, mas não deixará por isso de ter um mérito ou demérito dos pensamentos bons ou maus que a crença mi previsão lhe provocou.

871 - Desde que Deus tudo sabe, também sabe se um homem deve ou não sucumbir numa prova. Nesse caso, qual a necessidade da prova, que nada pode revelar a Deus sobre aquele homem?

- Tanto valeria perguntar por que Deus não fez o homem perfeito e realizado, por que o homem passa pela infância, antes de checar a idade madura. A prova não tem por fim esclarecer a Deus sobre o mérito do homem, porque Deus sabe perfeitamente o que ele vale, mas deixarão homem toda a responsabilidade da sua ação, uma vez que ele tem a liberdade de fazer ou não fazer. Podendo o homem escolher entre o bem e o mal, aprova tem por fim colocá-lo ante a tentação do mal, deixando-lhe todo o mérito da resistência. Ora, não obstante Deus saiba muito bem com antecedência, se ele vencerá ou fracassará, não pode puni-lo nem recompensá-lo, na sua Justiça, por um ato que ele não tenha praticado.

> É assim entre os homens. Por mais capaz que seja um aspirante por mais certeza que se tenha de seu triunfo, não se lhe concede nenhum grau sem exame o que quer dizer sem prova. Da mesma maneira, um juiz não condena um acusado senão pela prova dum ato consumado, e não pela previsão de que ele pode ou deve praticar esse ato.

Quanto mais se reflete sobre as considerações que teria pro homem o conhecimento do futuro, mais se vê como a Providência foi sábia ao ocultá-lo. A certeza dum acontecimento feliz o atiraria na inação, a dum acontecimento desgraçado, no desânimo, e num caso como no outro suas forcas seriam paralisadas. Eis porque o futuro não é mostrado ao homem senão como um alvo que ele deve atingir pelos seus esforços, mas sem conhecer as vicissitudes por que deve passar pra atingi-lo. O conhecimento de todos os incidentes da rota lhe tiraria a iniciativa e o uso do livre-arbítrio, ele se deixaria arrastar pelo declive fatal dos acontecimentos sem exercitar as suas faculdades. Quando o sucesso duma coisa está assegurado, ninguém mais se preocupa com ela.

8 - Resumo teórico do móvel das ações humanas.

872 - A questão do livre-arbítrio pode resumir-se assim: o homem não é fatalmente conduzido ao mal, os atos que pratica não "estavam escritos", os crimes que comete não são o resultado dum decreto do destino. Ele pode como prova e expiação, escolher uma existência cm que se sentirá arrastado pro crime, seja pelo meio em que estiver situado, seja pelas circunstâncias supervenientes, mas será sempre livre de agir como quiser.

Assim, o livre-arbítrio existe, no estado de espírito, com a escolha da existência e das provas, e, no estado corpóreo, com a faculdade de ceder ou resistir aos arrastamentos a que voluntariamente estamos submetidos. Cabe à educação combater as más tendências, e ela o fará de maneira eficiente quando se basear no estudo aprofundado da natureza moral do homem. Pelo conhecimento das leis que regem essa natureza moral, chegar-se-á a modificá-la, como se modificam a inteligência pela instrução e as condições físicas pela higiene.

O espírito desligado da matéria, no estado errante, faz a escolha de suas futuras existências corpóreas segundo o grau de perfeição que tenha atingido. E nisso, como já dissemos, que consiste, sobretudo o seu livre-arbítrio. Essa liberdade não é anulada pela encarnação. Se ele cede à influência da matéria, é então que sucumbe nas provas por ele mesmo escolhidas. E é pra ajudá-lo a superá-las que pode invocar a assistência de Deus e dos bons espíritos. Sem o livre-arbítrio, o homem não tem culpa do mal, nem mérito no bem, e isso é de tal modo reconhecido que no mundo se proporciona sempre a censura ou o elogio à intenção, o que quer dizer à vontade, ora, quem diz vontade diz liberdade. O homem não poderia, portanto, procurar desculpas no seu organismo pras suas faltas sem com isso abdicar da razão e da própria condição humana, pra se assemelhar aos animais.

Se assim é pro mal, assim mesmo devia ser pro bem, mas quando o homem pratica o bem, tem grande cuidado em consignar o mérito a seu favor e não trata de atribuí-lo aos seus órgãos, o que prova que instintivamente ele não renuncia, malgrado a opinião de alguns sistemáticos, ao mais belo privilégio da sua espécie, a liberdade de pensar. A fatalidade, como vulgarmente é entendida, supõe a decisão prévia e irrevogável de todos os acontecimentos da vida, qualquer que seja a sua importância. Se assim fosse, o homem seria uma máquina destituída de vontade. Pra que lhe serviria a inteligência, se ele fosse invariavelmente dominado, em todos os seus atos, pelo poder do destino? Semelhante doutrina, se verdadeira, representaria a destruição de toda liberdade moral, não haveria mais responsabilidade pro homem, nem mal, nem crime, nem virtude.

Deus, soberanamente justo, não poderia castigar as suas criaturas por faltas que não dependeriam delas, nem recompensá-las por virtudes de que não teriam mérito. Semelhante lei seria ainda a negação da lei do progresso, porque o homem que tudo esperasse da sorte nada tentaria fazer pra melhorar a sua posição, desde que não poderia torná-la melhor nem pior. A fatalidade não é, entretanto, uma palavra vã, ela existe no tocante à posição do homem na Terra e às funções que nela desempenha, como consequência do gênero de existência que o seu espírito escolheu, como prova, expiação ou missão. Sofre ele, de maneira fatal, todas as vicissitudes dessa existência e todas as tendências boas ou más que lhe são inerentes, mas a isso se reduz a fatalidade, porque depende de sua vontade ceder ou não a essas tendências. Os detalhes dos acontecimentos estão na dependência das circunstâncias que ele mesmo provoque, com os seus atos, e sobre os quais podem influir os espíritos, através dos pensamentos que lhe sugerem.

A fatalidade está, portanto, nos acontecimentos que se apresentam ao homem como consequência da escolha de existência feita pelo espírito, mas pode não estar no resultado desses acontecimentos, pois pode depender do homem modificar o curso das coisas, pela sua prudência, e jamais se encontra nos atos da vida moral. É na morte que o homem é submetido, duma maneira absoluta, à inexorável lei da fatalidade, porque ele não pode fugir ao decreto que fixa o termo de sua existência, nem ao gênero de morte que deve interromper-lhe o curso.

Segundo a doutrina comum, o homem tiraria dele mesmo todos os seus instintos, estes procederiam, seja da sua organização física, pela qual ele não seria responsável, seja da sua própria natureza, na qual pode procurar uma escusa pra si mesmo, dizendo que não é sua a culpa de haver sido feito assim. A Doutrina Espírita é evidentemente mais moral, ela admite pro homem o livre-arbítrio em toda a sua plenitude, e, ao lhe dizer que, se pratica o mal, cede a uma sugestão má que lhe vem de fora, deixa-lhe toda a responsabilidade, pois lhe reconhece o poder de resistir, coisa evidentemente mais fácil do que se tivesse de lutar contra a sua própria natureza. Assim, segundo a Doutrina, não existem arrastamentos irresistíveis.

O homem pode sempre fechar os ouvidos à voz oculta que o solicita pro mal no seu foro íntimo, como os pode fechar à voz material de alguém que lhe fale, ele o pode por sua vontade, pedindo a Deus a força necessária e reclamando pra esse fim a assistência dos bons espíritos. É isso que Jesus ensina na sublime fórmula da Oração dominical, quando nos manda dizer: - *Não nos deixeis cair em tentação, mas livrai-nos do mal.*

Essa teoria da causa excitante dos nossos atos ressalta evidentemente de todos os ensinamentos dados pelos espíritos. E não somente é sublime de moralidade, mas acrescentaremos que eleva o homem aos seus próprios olhos, mostrando-o capaz de sacudir um jugo obsessor, como é capaz de fechar sua porta aos importunos. Dessa maneira, ele não é mais uma máquina agindo por impulsão estranha a sua vontade, mas um ser dotado de razão, que escuta, julga e escolhe livremente entre dois conselhos.

Acrescentamos que, malgrado isso, o homem não fica privado de iniciativa, não age menos pelo seu próprio impulso, pois em definitivo ele não passa dum espírito encarnado, que conserva, sob o invólucro corpóreo, as qualidades e os defeitos que tinha como espírito. As faltas que cometemos têm, portanto, sua origem primeira nas imperfeições do nosso próprio espírito, que ainda não atingiu a superioridade moral a que se destina, mas nem por isso tem menos livre-arbítrio. A vida corpórea lhe é dada pra purgar-se de suas imperfeições através das provas que nela sofre, e são precisamente essas imperfeições que o tornam mais fraco e mais acessível às sugestões de outros espíritos imperfeitos, que se aproveitam do fato de fazê-lo sucumbir na luta que empreendeu.

Se ele sai vitorioso dessa luta, se eleva, se fracassa, continua a ser o que era, nem pior, nem melhor, é a prova que terá de recomeçar e pro que ainda poderá demorar muito tempo na condição em que se encontra. Quanto mais ele se depura, mais diminuem as suas fraquezas e menos acessível se torna aos que o solicitam pro mal. Sua força moral cresce na razão da sua elevação e os maus espíritos se distanciam dele. Todos os espíritos mais ou menos bons, quando encarnados, constituem a espécie humana, e como a Terra é um dos mundos menos adiantados, nela se encontram mais espíritos maus do que bons, eis porque nela vemos tanta perversidade.

Façamos, pois, todos os esforços pra não regressar a este mundo após esta passagem e pra merecermos repouso num mundo melhor, num desses mundos privilegiados onde o bem reina inteiramente e onde nos lembraremos de nossa permanência neste planeta como dum tempo de exílio.

Sociedade Armônica

Capítulo 11 - Da lei da justiça, de amor e de caridade

1 - Justiça e direito natural.
873 - O sentimento de justiça é natural ou resulta de ideias adquiridas?

- É de tal modo natural que vos revoltais ao pensamento duma injustiça. O progresso moral desenvolve sem dúvida esse sentimento, mas não o dá, Deus o pôs no coração do homem. Eis porque encontrais frequentemente, entre os homens simples e primitivos, noções mais exatas de justiça do que entre pessoas de muito saber.

874 - Se a justiça é uma lei natural, como se explica que os homens a entendam de maneiras tão diferentes, que um considere justo o que a outro parece injusto?

- É que em geral se misturam paixões ao julgamento, alterando esse sentimento, como acontece com a maioria dos outros sentimentos naturais e fazendo ver as coisas sob um falso ponto de vista.

875 - Como se pode definir a justiça?

- A justiça consiste no respeito aos direitos de cada um.

- O que determina esses direitos?

- São determinados por duas coisas: a lei humana e a lei natural. Tendo os homens feito leis apropriadas aos seus costumes e ao seu caráter, essas leis estabeleceram direitos que podem variar com o progresso. Vede se as vossas leis de hoje, sem serem perfeitas, consagram os mesmos direitos que as da Idade Média. Esses direitos superados, que vos parecem monstruosos, pareciam justos e naturais naquela época. O direito dos homens, portanto, nem sempre é conforme a justiça. Só regula algumas relações sociais, enquanto na vida privada há uma infinidade de atos que são de competência exclusiva do tribunal da consciência.

876 - Fora do direito consagrado pela lei humana, qual a base da justiça fundada sobre a lei natural?

- Cristo vos disse: - *Querer pros outros o que quereis pra vós mesmos.*

Deus pôs no coração do homem a regra de toda a verdadeira justiça, pelo desejo que tem cada um de ver os seus direitos respeitados. Na incerteza do que deve fazer pro semelhante, em dada circunstância, que o homem pergunte a si mesmo como desejaria que agissem com ele. Deus não poderia dar um guia mais seguro que a sua própria consciência.

> O critério da verdadeira justiça é de fato o de se querer pros outros aquilo que se quer pra si mesmo, e não de querer pra si o que se deseja pros outros, o que não é a mesma coisa. Como não é natural que se queira o próprio mal, se tomarmos o desejo pessoal por norma ou ponto de partida, podemos estar certos de jamais desejar ao próximo senão o bem. Desde todos os tempos e em todas as crenças, o homem procurou sempre fazer prevalecer o seu direito pessoal. O sublime da religião cristã foi tomar o direito pessoal por base do direito do próximo.

877 - A necessidade de viver em sociedade acarreta pro homem obrigações particulares?

- Sim, e a primeira de todas é a de respeitar os direitos dos semelhantes, aquele que respeitar esses direitos será sempre justo. No vosso mundo, onde tantos homens não praticam a lei de justiça, cada um usa de represálias e vem daí a perturbação e a confusão da vossa sociedade. A vida social dá direitos e impõe deveres recíprocos.

878 - Podendo o homem iludir-se quanto à extensão do seu direito, o que pode fazer que ele conheça os seus limites?

- Os limites do direito que reconhece pro seu semelhante em relação a ele, na mesma circunstância e de maneira recíproca.

- Mas se cada um se atribui a si mesmo os direitos do semelhante, em que se transforma a subordinação aos superiores? Não será isso a anarquia de todos os poderes?

- Os direitos naturais são os mesmos pra todos os homens, desde o menor até o maior. Deus não fez uns de limo mais puro que outros e todos são iguais perante ele. Esses direitos são eternos, os estabelecidos pelos homens perecem com as instituições. De resto, cada qual sente bem a sua força ou a sua fraqueza, e saberá ter sempre uma certa deferência pra aquele que o merecer, por sua virtude e seu saber. É importante assinalar isto, pra que os que se julgam superiores conheçam os seus deveres e possam merecer essas deferências. A subordinação não estará comprometida, quando a autoridade for conferida à sabedoria.

879 - Qual seria o caráter do homem que praticasse a justiça em toda a sua pureza?

- O do verdadeiro justo, a exemplo de Jesus, porque praticaria também o amor ao próximo e a caridade, sem os quais não há a verdadeira justiça.

2 - Direito de propriedade - Roubo.
880 - Qual é o primeiro de todos os direitos naturais do homem?

- O de viver. É por isso que ninguém tem o direito de atentar contra a vida do semelhante ou fazer qualquer coisa que possa comprometer a sua existência corpórea.

881 - O direito de viver confere ao homem o direito de ajuntar o que necessita pra viver e repousar, quando não mais puder trabalhar?
- Sim, mas deve fazê-lo em família, como a abelha, através dum trabalho honesto, e não ajuntar como um egoísta. Alguns animais lhe dão o exemplo dessa previdência.

882 - O homem tem o direito de defender aquilo que ajuntou pelo trabalho?
- Deus não disse: - *Não roubarás*, e Jesus: - *Dai a César o que é de César?*

> Aquilo que o homem ajunta por um trabalho honesto é uma propriedade legítima, que ele tem o direito de defender, porque a propriedade que é fruto do trabalho constitui um direito natural, tão sagrado como o de trabalhar e viver.

883 - O desejo de possuir é natural?
- Sim, mas quando o homem só deseja pra si e pra sua satisfação pessoal, é egoísmo.
- Entretanto, não será legítimo o desejo de possuir, pois o que tem com o que viver não se torna carga pra ninguém?
- Há homens insaciáveis que acumulam sem proveito pra ninguém ou apenas pra satisfazer as suas paixões. Acreditas que isso seja aprovado por Deus? Aquele que ajunta pelo seu trabalho, com a intenção de auxiliar o seu semelhante, pratica a lei de amor e caridade e seu trabalho é abençoado por Deus.

884 - Qual é o caráter da propriedade legítima?
- Só há uma propriedade legítima: a que foi adquirida sem prejuízo pura os outros.

> A lei de amor e justiça proíbe que se faça a outro o que não queremos que nos seja feito, e condena, por esse mesmo princípio, todo meio de adquirir que o contrarie.

885 - O direito de propriedade é sem limites?
- Sem dúvida, tudo o que é legitimamente adquirido é uma propriedade, mas, como já dissemos, a legislação humana é imperfeita e consagra frequentemente direitos convencionais que a justiça natural reprova. É por isso que os homens reformam suas leis à medida que o progresso se realiza e que eles compreendem melhor a justiça. O que num século parece perfeito, no século seguinte se apresenta como bárbaro.

3 - Caridade e amor ao próximo.
886 - Qual o verdadeiro sentido da palavra caridade, como a entendia Jesus?
- Benevolência com todos, indulgência pras imperfeições alheias e perdão das ofensas.

> O amor e a caridade são o complemento da lei de justiça porque amar ao próximo é fazer-lhe todo o bem possível, que desejaríamos que nos fosse feito, tal é o sentido das palavras de Jesus: "Amai-vos uns aos outros como irmãos". A caridade, segundo Jesus, não se restringe à esmola, mas abrange todas as relações com os nossos semelhantes, quer se trate de nossos inferiores, iguais ou superiores. Ela nos manda ser indulgentes porque nós temos necessidade de indulgência e nos proíbe humilhar o infortúnio, ao contrário do que comumente se pratica. Se um rico nos procura, atendemo-lo com excesso de consideração e atenção, mas se é um pobre, parece que não nos devemos incomodar com ele. Quanto mais, entretanto, sua posição é lastimável, mais devemos temer aumentar-lhe a desgraça pela humilhação. O homem verdadeiramente bom procura elevar o inferior aos seus próprios olhos, diminuindo a distância entre ambos.

887 - Jesus ensinou ainda: "Amai aos vossos inimigos". Ora, um amor pelos nossos inimigos não é contrário às nossas tendências naturais e a inimizade não provém duma falta de simpatia entre os espíritos?
- Sem dúvida não se pode ter, com os inimigos, um amor terno e apaixonado, e não foi isso que ele quis dizer. Amar aos inimigos é perdoá-los e pagar-lhes o mal com o bem. É assim que nos tornamos superiores, pela vingança nos colocamos abaixo deles.

888 - O que pensar da esmola?
- O homem reduzido a pedir esmolas se degrada moral e fisicamente, se embrutece. Numa sociedade baseada na lei de Deus e na justiça, deve-se prover a vida do fraco, sem humilhação pra ele. Deve-se assegurar a existência dos que não podem trabalhar sem deixá-los à mercê do acaso e da boa vontade.
- Então condenais a esmola?
- Não, pois não é a esmola que é censurável, mas quase sempre a maneira por que ela é dada. O homem de bem, que compreende a caridade segundo Jesus, vai ao encontro do desgraçado sem esperar que ele lhe estenda a mão.

> A verdadeira caridade é sempre boa c benevolente, tanto está no ato quanto na maneira de fazê-la. Um serviço prestado com delicadeza tem duplo valor, se o for com altivez, a necessidade pode fazê-lo aceito, mas o coração mal será tocado. Lembrai-vos ainda de que a ostentação apaga aos olhos de Deus o mérito do benefício. Jesus disse: - *Que a vossa mão esquerda ignore o que faz a direita.* Com isso, ele vos ensina a não manchar a caridade pelo orgulho. É necessário distinguir a esmola propriamente dita da beneficência. O mais necessitado nem sempre é o que pede: o temor da humilhação retém o verdadeiro pobre, que quase sempre sofre sem se queixar. É a esse que o homem verdadeiramente humano sabe assistir sem ostentação. Amai-vos uns aos outros, eis toda lei, divina lei pela qual Deus governa os mundos. O amor é a lei de atração pros seres vivos e organizados, e a atração é a lei de amor pra matéria inorgânica.

Não olvideis jamais que o espírito, qualquer que seja o seu grau de adiantamento, sua situação como reencarnado ou na erraticidade, esta sempre colocado entre um superior que o guia e aperfeiçoa e um inferior perante o qual tem deveres iguais a cumprir. Sede, portanto, caridosos, não somente dessa caridade que vos leva a tirar do bolso o óbolo que friamente atirais ao que ousa pedir-vos, mas ide ao encontro das misérias ocultas. Seja indulgente pra com os erros dos vossos semelhantes. Em lugar de desprezar a ignorância e o vício, instruí-os e moralizai-os. Seja afável e benevolente pra com todos os que vos suo inferiores, sede-o mesmo pra com os mais ínfimos seres da Criação e tereis obedecido a lei de Deus. São Vicente de Paulo

889 - Não há homens reduzidos à mendicidade por sua própria culpa?
- Sem dúvida, mas se uma boa educação moral lhes tivesse ensinado a lei de Deus, não teriam caído nos excessos que os levaram à perda, e é disso, sobretudo, que depende o melhoramento do vosso globo.

4 - Amor maternal e filial.
890 - O amor maternal é uma virtude ou um sentimento instintivo, comum aos homens e aos animais?
- É uma coisa e outra. A natureza deu à mãe o amor pelos filhos, no interesse de sua conservação, mas no animal esse amor é limitado às necessidades materiais, cessa quando os cuidados se tornam inúteis. No homem, ele persiste por toda vida e comporta um devotamento e uma abnegação que constituem virtudes, sobrevive mesmo à própria morte, acompanhando o filho além da tumba. Vedes que há nele alguma coisa mais do que no animal.

891 - Se o amor materno ó uma lei natural, por que existem mães que odeiam os filhos e frequentemente desde o nascimento?
- É, às vezes, uma prova escolhida pelo espírito do filho ou uma expiação, se ele tiver sido um mau pai, mãe ruim ou mau filho em outra existência. Em todos esses casos, a mãe ruim não pode ser animada senão por um mau espírito, que procura criar dificuldades ao do filho, pra que ele fracasse na prova desejada, mas essa violação das leis naturais não ficará impune e o espírito do filho será recompensado pelos obstáculos que tiver superado.

892 - Quando os pais têm filhos que lhes causam desgostos, não são escusáveis de não terem por eles a ternura que teriam caso contrário?
- Não, porque se trata dum encargo que lhes foi confiado e sua missão é a de fazer todos os esforços pra conduzi-los ao bem. Por outro lado, esses desgostos são quase sempre a consequência dos maus costumes que os pais deixaram os filhos seguir desde o berço, eles colhem, portanto, o que semearam.

Sociedade Armônica

Capítulo 12 - Da perfeição moral

1 - As virtudes e os vícios.

893 - Qual a mais meritória de todas as virtudes?

- Todas as virtudes têm o seu mérito porque todas são indícios de progresso no caminho do bem. Há virtude sempre que há resistência voluntária ao arrastamento das más tendências, mas ti sublimidade da virtude consiste no sacrifício do interesse pessoal pro bem do próximo sem segunda intenção. A mais meritória é aquela que se baseia na caridade mais desinteressada.

894 - Há pessoas que fazem o bem por um impulso espontâneo, sem que tenham de lutar com nenhum sentimento contrário. Têm elas o mesmo mérito daquelas que têm de lutar contra a sua própria natureza e conseguem superá-la?

- Os que não têm de lutar é porque já realizaram o progresso, lutaram anteriormente e venceram, é por isso que os bons sentimentos não lhes custam nenhum esforço e suas ações lhes parecem tão fáceis, o bem tornou-se pra eles um hábito. Deve-se honrá-los como a velhos guerreiros que conquistaram suas posições. Como estais ainda longe da perfeição, esses exemplos vos espantam pelo contraste e os admirais tanto mais porque são raros, mas sabei que nos mundos mais avançados que o vosso, isso que entre vós é exceção se torna regra. O sentimento do bem se encontra por toda parte e de maneira espontânea, porque são mundos habitados somente por bons espíritos e uma única intenção má seria neles uma exceção monstruosa. Eis porque os homens ali são felizes e assim será também na Terra, quando a Humanidade se houver transformado e quando compreender e praticar a caridade na sua verdadeira acepção.

> Como você ainda está longe da perfeição, tais pessoas o atingem com espanto, porque sua ação contrasta tão fortemente com a do resto da humanidade, e você a admira em proporção à sua raridade, mas você deve saber que é o que é o A exceção em seu mundo é a regra em mundos de grau mais avançado. Nesses mundos, a bondade é espontânea em todos os lugares, porque eles são habitados apenas por espíritos bons, entre os quais mesmo uma intenção maligna seria considerada como uma monstruosidade excepcional. É esta prevalência geral de bens que constitui a felicidade desses mundos, será a mesma coisa em sua Terra, quando a raça humana terá sido transformada e deve compreender e praticar corretamente a lei da caridade.

895 - À parte os defeitos e os vícios sobre os quais ninguém se enganaria, qual é o indício mais característico da imperfeição?

- O interesse pessoal. As qualidades morais são geralmente como a douração dum objeto de cobre, que não resiste à pedra de toque. Um homem pode possuir qualidades reais que afazem pro mundo um homem de bem, mas essas qualidades, embora representem um progresso, não suportam em geral a certas provas, e basta ferir a tecla do interesse pessoal pra se descobrir a fundo. O verdadeiro desinteresse é de fato tão raro na Terra que se pode admirá-lo como a um fenômeno, quando ele se apresenta. O apego às coisas materiais é um indício notório de inferioridade, pois, quanto mais o homem se apega aos bens deste mundo, menos compreende o seu destino. Pelo desinteresse, ao contrário, ele prova que vê o futuro dum ponto de vista mais elevado.

896 - Há pessoas desinteressadas, mas sem discernimento, que prodigalizam os seus haveres sem proveito real, por não saberem empregá-los de maneira razoável. Terão por isso algum mérito?

- Têm o mérito do desinteresse, mas não o do bem que poderiam fazer. Se o desinteresse é uma virtude, a prodigalidade irrefletida é sempre, pelo menos uma falta de juízo. A fortuna não é dada a alguns pra ser lançada ao vento como não o é a outros pra ser encerrada num cofre, e um depósito de que terão de prestar contas, porque terão de responder por todo o bem que poderiam ter feito e não o fizeram, por todas as lágrimas que poderiam ter enxugado com o dinheiro dado aos que na verdade não estavam necessitados.

897 - Aquele que faz o bem sem visar a uma recompensa na Terra, mas na esperança de que lhe seja levado em conta na outra vida e que nessa a sua posição seja melhor, é repreensível, e esse pensamento prejudica o seu adiantamento?

- É necessário fazer o bem por caridade, ou seja, com desinteresse.

- Mas cada um tem o desejo muito natural de progredir pra sair da situação penosa desta vida. Os espíritos nos ensinam a praticar o bem com esse fim. Será, pois, um mal pensar que pela prática do bem se pode esperar uma situação melhor?

- Não, por certo, mas aquele que faz o bem sem segunda intenção, pelo prazer único de ser agradável a Deus e ao seu próximo sofredor, já se encontra num grau de adiantamento que lhe permitirá chegar mais rapidamente à felicidade do que o seu irmão que, mais positivo, faz o bem por cálculo e não pelo impulso natural do coração.

- Não há aqui que se fazer uma distinção entre fazer o bem ao próximo e cuidar de se corrigir dos próprios defeitos? Concebemos que fazer o bem com o pensamento de que nos seja levado em conta na outra vida é pouco meritório, mas emendar-se, vencer as paixões, corrigir o caráter, visando a se aproximar dos bons espíritos e se elevar, será igualmente um sinal de inferioridade?

898 - Desde que a vida corpórea é apenas uma efêmera passagem por este mundo, e que o nosso futuro deve ser a nossa principal preocupação, é útil esforçar-nos por adquirir conhecimentos científicos que se referem somente às coisas e necessidades materiais?
- Sem dúvida. Primeiro, isso vos torna capazes de aliviar os vossos irmãos, depois o vosso espírito se elevará mais depressa se houver progredido intelectualmente. No intervalo das encarnações, aprendereis numa hora aquilo que na Terra demandaria anos. Nenhum conhecimento é inútil, todos contribuem mais ou menos pro adiantamento, porque o espírito perfeito deve saber tudo e, devendo o progresso realizar-se em todos os sentidos, todas as ideias adquiridas ajudam o desenvolvimento do espírito.

899 - De dois homens ricos, um nasceu na opulência e jamais conheceu a necessidade, o outro deve a sua fortuna ao seu próprio trabalho, e todos os dois a empregam exclusivamente em sua satisfação pessoal. Qual dele o mais culpado?
- O que conheceu o sofrimento. Ele sabe o que é sofrer. Conhece a dor que não alivia, mas como geralmente acontece, nem se lembra de mais dela.

900 - Aquele que acumula sem cessar e sem beneficiar a ninguém, terá uma desculpa válida ao dizer que ajunta pra deixar aos herdeiros?
- É um compromisso de má consciência.

901 - De dois avarentos, o primeiro se priva do necessário e morre de necessidades sobre o seu tesouro, o segundo é avaro só pros demais e pródigo pra consigo mesmo, enquanto recua diante do mais ligeiro sacrifício pra prestar um serviço ou fazer uma coisa útil, nada lhe parece muito pra satisfazer aos seus gostos e às suas paixões. Pecam-lhe um favor, e estará sempre de má vontade, ocorra-lhe, porém, uma fantasia, e estará sempre pronto a satisfazê-la. Qual deles é o mais culpável e qual terá o pior lugar no mundo dos espíritos?
- Aquele que goza é mais egoísta do que avarento, o outro já recebeu uma parte de sua punição.

902 - É repreensível cobiçar a riqueza com o desejo de praticar o bem?
- O sentimento é louvável, sem dúvida, quando puro, mas esse desejo é sempre bastante desinteressado? Não trará oculta uma segunda intenção pessoal? A primeira pessoa a quem se deseja fazer o bem não será muitas vezes a nossa?

903 - Há culpa em estudar os defeitos alheios?
- Se é com o fito de criticá-los e divulgar, há muita culpa, porque isso é faltar com a caridade. Se é com intenção de proveito pessoal, evitando-se aqueles defeitos, pode ser útil, mas não se deve esquecer que a indulgência com os defeitos alheios é uma das virtudes compreendidas na caridade. Antes de censurar as imperfeições dos outros, vede se não podem fazer o mesmo a vosso respeito. Tratai, pois, de possuíras qualidades contrarias aos defeitos que tu critica nos outros. Esse é um meio de vos tomardes superiores. Se os censurais por serem avarentos, sede generosos, por serem duros, sede dóceis, por agirem com mesquinhez, sede grandes em todas as vossas ações. Numa palavra, fazei de maneira que não vos possam aplicar aquelas palavras de Jesus: - *Vedes um argueiro no olho do vizinho e não vedes uma trave no vosso.*

904 - É culpado o que sonda os males da sociedade e os desvenda?
- Isso depende do sentimento que o leva afazê-lo. Se o escritor só quer fazer escândalo, é um prazer pessoal que se proporciona, apresentando quadros que são, em geral, antes um mau do que um bom exemplo. O espírito faz uma apreciação, mas pode ser punido por essa espécie de prazer que sente em revelar o mal.
- Como julgar, nesse caso, a pureza das intenções e a sinceridade do escritor?
- Isso nem sempre é útil. Se ele escreve boas coisas, ele procura aproveitá-las, se ele escreve más, é uma questão de consciência que a ele diz respeito. De resto, se ele quer provar a sua sinceridade, cabe-lhe apoiar os preceitos no seu próprio exemplo.

905 - Alguns autores publicaram obras muito belas e moralmente elevadas, que ajudam o progresso da Humanidade, mas das quais eles mesmos não tiraram proveito. Como espírito lhes será levado em conta o bem que fizeram através de suas obras?
- A moral sem ações é como a semente sem. o trabalho. De que vos serve a semente se não afizerdes frutificar pura vos alimentar? Esses homens são mais culpáveis porque tinham inteligência pra compreender, não praticando as máximas que ofereciam aos outros, renunciaram a colher os seus frutos.

906 - E repreensível aquele que, fazendo conscientemente o bem, reconhece que o faz?

- Desde que pode ter consciência do mal que fizer, deve tê-la igualmente do bem, a fim de saber se age bem ou mal. É pesando todas as suas ações na balança da lei de Deus, e, sobretudo na da lei de justiça, de amor e de caridade, que ele poderá dizer a si mesmo se as suas ações são boas ou más e aprová-las ou desaprová-las. Não pode, pois, ser responsabilizado por reconhecer que triunfou das más tendências e de estar satisfeito por isso, desde que não se envaideça, com o que cairia em outra falta.

2 - Das paixões.
907 - O princípio das paixões sendo natural é mau em si mesmo?
- Não. A paixão está no excesso provocado pela vontade, pois o princípio foi dado ao homem pro bem e as paixões podem conduzi-lo a grandes coisas. O abuso a que ele se entrega é que causa o mal.

908 - Como definir o limite em que as paixões deixam de ser boas ou más?
- As paixões são como um cavalo que é útil quando governado e perigoso quando governa. Reconhecei, pois, que uma paixão se torna perniciosa no momento em que a deixais de governar e quando resulta num prejuízo qualquer pra vós ou pra outro.

> As paixões são alavancas que decuplicam as forças do homem e o ajudam a cumprir os desígnios da Providência. Mas, se, em vez de dirigi-las, o homem se deixa dirigir por elas, cai no excesso e a própria força que em suas mãos poderia fazer o bem recai sobre ele e o esmaga. Todas as paixões têm seu principio num sentimento ou numa necessidade da natureza. O princípio das paixões não é, portanto, um mal, pois repousa sobre uma das condições providenciais da nossa existência. A paixão propriamente dita é o exagero duma necessidade ou de um sentimento, está no excesso e não na causa, e esse excesso se torna mau quando tem por consequência algum mal. Toda paixão que aproxima o homem da natureza animal distancia-o da natureza espiritual. Todo sentimento que eleva o homem acima da natureza animal anuncia o predomínio do espírito sobre a matéria e o aproxima da perfeição.

909 - O homem poderia sempre vencer as suas más tendências pelos seus próprios esforços?
- Sim, e às vezes com pouco esforço, o que lhe falta é a vontade. Ah! Como são poucos os que se esforçam.

910 - O homem pode encontrar nos espíritos uma ajuda eficaz pra superar as paixões?
- Se orar a Deus e ao seu bom gênio com sinceridade, os bons espíritos virão certamente em seu auxílio, porque essa é a sua missão.

911 - Não existem paixões de tal maneira vivas e irresistíveis que a vontade seja impotente pra superá-las?
- Há muitas pessoas que dizem: "Eu quero!", mas a vontade está apenas nos seus lábios. Elas querem, mas estão muito satisfeitas de que assim não seja. Quando o homem julga que não pode superar suas paixões, é que o seu espírito nelas se compraz, por consequência de sua própria inferioridade. Aquele que procura reprimi-las compreende a sua natureza espiritual, vencê-las é pra ele um triunfo do espírito sobre a matéria.

912 - Qual o meio mais eficaz de se combater a predominância da natureza corpórea?
- Praticar a abnegação.

3 - Do egoísmo.
913 - Entre os vícios, qual o que podemos considerar radical?
- Já o dissemos muitas vezes, o egoísmo. Dele se deriva todo o mal. Estudai todos os vícios e vereis que no fundo de todos existe o egoísmo. Por mais que luteis contra eles, não chegareis a extirpá-los enquanto não os atacardes pela raiz, enquanto não lhes houverdes destruído a causa. Que todos os vossos esforços tendam pra esse fim, porque nele se encontra a verdadeira chaga da sociedade. Quem nesta vida quiser se aproximar da perfeição moral deve extirpar do seu coração todo sentimento de egoísmo, porque o egoísmo é incompatível com a justiça, o amor e a caridade: ele neutraliza todas as outras qualidades.

914 - Estando o egoísmo fundado no interesse pessoal, parece difícil extirpá-lo inteiramente do coração do homem, nós chegaremos a isso?
- À medida que os homens se esclarecem sobre as coisas espirituais, dão menos valor às materiais, em seguida, é necessário reformar as instituições humanas, que o entretém e excitam. Isso depende da educação.

915 - Sendo o egoísmo inerente à espécie humana, não será um obstáculo permanente ao reino do bem absoluto sobre a Terra?
- É certo que o egoísmo é o vosso mal maior, mas ele se liga à inferioridade dos espíritos encarnados na Terra e não à Humanidade em si mesma. Ora, os espíritos se purificam nas encarnações sucessivas, perdendo o egoísmo assim como perdem as outras impurezas. Não tendes na Terra algum homem destituído de egoísmo e praticante da caridade?

Existem em maior número do que julgais, mas conheceis poucos porque a virtude não se procura fazer notar. E se há um, por que não haverá dez? Se há dez, por que não haverá mil e assim por diante?

916 - O egoísmo, longe de diminuir, cresce com a civilização, que parece excitá-lo e entretê-lo. Como poderá a causa destruir o efeito?

- Quanto maior é o mal, mais horrível se torna. Era necessário que o egoísmo produzisse muito mal pra fazer compreender a necessidade de sua extirpação. Quando os homens se tiverem despido do egoísmo que os domina, viverão como irmãos, não se fazendo o mal e se ajudando reciprocamente pelo sentimento fraterno de solidariedade, então o forte será o apoio e não o opressor do fraco, e não mais se verão homens desprovidos do necessário, porque todos praticarão a lei de justiça. Esse é o reino do bem que os espíritos estão encarregados de preparar.

917 - Qual é o meio de se destruir o egoísmo?

- De todas as imperfeições humanas, a mais difícil de desenraizar é o egoísmo, porque se liga à influência da matéria, da qual o homem, ainda muito próximo da sua origem, não pôde libertar-se. Tudo concorre pra entreter essa influencia, suas leis, sua organização social, sua educação.

O egoísmo se enfraquecerá com a predominância da vida moral sobre a vida material, e, sobretudo com a compreensão que o Espiritismo vos dá quanto ao vosso estado futuro real e não desfigurado pelas ficções alegóricas. O Espiritismo bem compreendido, quando estiver identificado com os costumes e as crenças, transformará os hábitos, as usanças e as relações sociais. O egoísmo se funda na importância da personalidade, ora, o Espiritismo bem compreendido, repito-o, faz ver as coisas de tão alto que o sentimento da personalidade desaparece de alguma forma perante a imensidade. Ao destruir essa importância, ou pelo menos ao fazer ver a personalidade naquilo que de fato ela é, combate necessariamente o egoísmo.

> O homem é muitas vezes egoísta pela experiência do egoísmo dos outros, o que o faz sentir a necessidade de se defender contra eles. Vendo que os outros pensam em si mesmos e não dele, ele levou a pensar em si mesmo do que em outros, mas deixar o princípio da caridade e da fraternidade se tornar a base das instituições sociais, das relações jurídicas entre nação e nação e entre homem e homem e cada indivíduo pensará menos em seus próprios interesses pessoais, porque verá que estes foram pensados por outros, ele experimentará a influência moralizante do exemplo e do contato.

Em meio ao presente excesso de egoísmo, é necessário ter muitas virtudes pra permitir ao homem sacrificar seus próprios interesses por causa dos outros, que muitas vezes sentem, mas pouca gratidão por essa abnegação, mas é, sobretudo pra aqueles que possuem essa virtude que a o Reino dos Céus é aberto e a felicidade dos eleitos assegurou, enquanto que, no dia do julgamento, quem pensou apenas sobre si mesmo será deixado de lado e deixado de sofrer de sua solidão. Fénélon

4 - Caracteres do homem de bem.
918 - Por que sinais se pode reconhecer no homem o progresso real que deve elevar o seu espírito na hierarquia espírita?

- O espírito prova a sua elevação aliando todos os atos da sua vida corpórea constituem a prática da lei de Deus e quando compreende por antecipação a vida espiritual.

> O verdadeiro homem de bem é aquele que pratica a lei de justiça, de amor e de caridade na sua mais completa pureza. Se interrogar sua consciência sobre os atos praticados, perguntará se não violou essa lei, se não cometeu nenhum mal, se fez todo o bem que podia, se ninguém teve de se queixar dele. Enfim, se fez pros outros tudo o que queria que lhe fizessem. O homem possuído pelo sentimento de caridade e de amor ao próximo faz o bem pelo bem, sem esperança de recompensa, e sacrifica o seu interesse pela justiça. Ele é bom, humano e benevolente com todos porque vê irmãos em todos os homens, sem exceção de raças ou de crenças.

Se Deus lhe deu o poder e a riqueza, olha essas coisas como um depósito do qual deve usar pro bem, e disso não se envaidece porque sabe que Deus, que lhos deu, também poderá retirá-los. Se a ordem social colocou homens sob sua dependência, trata-os com bondade e benevolência porque são seus iguais perante Deus, usa de sua autoridade pra lhes erguer o moral e não pra esmagá-los com o seu orgulho.

É indulgente pra com as fraquezas dos outros porque sabe que ele mesmo tem necessidade de indulgência e se recorda destas palavras do Cristo: "Que aquele que estiver sem pecado atire a primeira pedra". Não é vingativo, a exemplo de Jesus, perdoa as ofensas pra não se lembrar de senão dos benefícios, porque sabe que lhe será perdoado assim como tiver perdoado. Respeita, enfim, nos seus semelhantes, todos os direitos decorrentes da lei natural, como desejaria que respeitassem os seus.

5 - Conhecimento de si mesmo.
919 - Qual o meio prático mais eficaz que tem o homem de se melhorar nesta vida e de resistir à atração do mal?

- Um sábio da antiguidade vo-lo disse: - *Conhece-te a ti mesmo.*

- Conhecemos toda a sabedoria desta máxima, porém a dificuldade está precisamente em cada um conhecer-se a si mesmo, qual o meio de consegui-lo?

- Fazei o que eu fazia, quando vivi na Terra, ao fim do dia eu interrogava a minha consciência, passava revista ao que fizera e perguntava a mim mesmo se não faltara a algum dever, se ninguém tivera motivo pra se queixar de mim. Foi assim que cheguei a me conhecer e a ver o que em mim precisava de reforma. Aquele que, todas as noites, evocasse todas as ações que praticara durante o dia e inquirisse de si mesmo o bem ou o mal que houvera feito, rogando a Deus e ao seu anjo de guarda que o esclarecessem, grande força adquiriria pra se aperfeiçoar, porque, crede-me, Deus o assistiria.

Dirigi, pois, a vós mesmos perguntas, interrogai-vos sobre o que tendes feito e com que objetivo procedestes em tal ou tal circunstância, sobre se fizestes alguma coisa que, feita por outrem, censuraríeis, sobre se obrastes alguma ação que não ousaríeis confessar. Perguntai ainda mais, se aprouvesse a Deus chamar-me neste momento, teria que temer o olhar de alguém, ao entrar de novo no mundo dos espíritos, onde nada pode ser ocultado?

> Examinai o que pudestes ter obrado contra Deus, depois contra o vosso próximo e finalmente contra vós mesmos. As respostas vos darão, ou o descanso pra vossa consciência, ou a indicação dum mal que precise ser curado. O conhecimento de si mesmo é, portanto, a chave do progresso individual. Mas direis como há de alguém julgar-se a si mesmo? Não está aí a ilusão do amor-próprio pra atenuar as faltas e torná-las desculpáveis? O avarento se considera apenas econômico e previdente, o orgulhoso julga que em si só há dignidade. Isto é muito real, mas tendes um meio de verificação que não pode iludir-vos.

Quando estiverdes indecisos sobre o valor duma de vossas ações, inquiri como a qualificaríeis, se praticada por outra pessoa. Se a censurais noutra, não poderia ter por legítima quando fordes o seu autor, pois que Deus não usa de duas medidas na aplicação de sua justiça.

Procurai também saber o que dela pensam os vossos semelhantes e não desprezeis a opinião dos vossos inimigos, porquanto esses nenhum interesse têm em mascarar a verdade e Deus muitas vezes os coloca ao vosso lado como um espelho, a fim de que sejais advertidos com mais franqueza do que o faria um amigo. Perscrute, conseguintemente, a sua consciência aquele que se sinta possuído do desejo sério de melhorar-se, a fim de extirpar de si os maus pendores, como do seu jardim arranca as ervas daninhas, dê balanço no seu dia moral pra, a exemplo do comerciante, avaliar suas perdas e seus lucros e eu vos asseguro que a conta destes será mais avultada que a daquelas.

Se puder dizer que foi bom o seu dia, poderá dormir em paz e aguardar sem receio o despertar na outra vida. Formulai, pois, de vós pra convosco, questões nítidas e precisas e não temais multiplicá-las. Justo é que se gastem alguns minutos pra conquistar uma felicidade eterna. Não trabalhais todos os dias com o fito de juntar haveres que vos garantam repouso na velhice? Não constitui esse repouso o objeto de todos os vossos desejos, o fim que vos faz suportar fadigas e privações temporárias? Pois bem! Que é esse descanso de alguns dias, turbado sempre pelas enfermidades do corpo, em comparação com o que espera o homem de bem? Não valerá este outro a pena de alguns esforços? Sei haver muitos que dizem ser positivo o presente e incerto o futuro.

Ora, esta exatamente a ideia que estamos encarregados de eliminar do vosso íntimo, visto desejarmos fazer que compreendais esse futuro, de modo a não restar nenhuma dúvida em vossa alma. Por isso foi que primeiro chamamos a vossa atenção por meio de fenômenos capazes de ferir-vos os sentidos e que agora vos damos instruções, que cada um de vós se acha encarregado de espalhar. Com este objetivo é que ditamos *O Livro dos Espíritos*. Santo Agostinho

Sociedade Armônica

4ª parte - Das esperanças e consolações
Capítulo 1 - Das penas e gozos terrestres

1 - Felicidade e infelicidades relativas.

920 - O homem pode gozar na Terra uma felicidade completa?

- Não, pois a vida lhe foi dada como prova ou expiação, mas dele depende abrandar os seus males e ser tão feliz, quanto se pode ser na Terra.

921 - Concebe-se que o homem seja feliz na Terra quando a Humanidade estiver transformada, mas enquanto isso não se verifica, pode cada um gozar duma felicidade relativa?

- O homem é, na maioria das vezes, o artífice de sua própria infelicidade. Praticando a lei de Deus, ele pode poupar-se a muitos males e gozar de uma felicidade tão grande quanto o comporta a sua existência num plano grosseiro.

> O homem bem compenetrado do seu destino futuro não vê na existência corpórea mais do que uma rápida passagem. É como uma parada momentânea numa hospedaria precária. Ele se consola facilmente de alguns aborrecimentos passageiros, numa viagem que deve conduzi-lo a uma situação tanto melhor quanto mais atenciosamente tenha feito os seus preparativos pra ela. Somos punidos nesta vida pelas infrações que cometemos às leis da existência corpórea, pelos próprios males decorrentes dessas infrações e pelos nossos próprios excessos Se remontarmos pouco a pouco à origem do que chamamos infelicidades terrenas, veremos a estas, na sua maioria, como a consequência de um primeiro desvio do caminho certo. Em virtude desse desvio inicial, entramos num mau caminho e de consequência em consequência, caímos afinal na desgraça.

922 - A felicidade terrena é relativa à posição de cada um, o que e suficiente pra felicidade dum faz a desgraça de outro. Há, entretanto, uma medida comum de felicidade pra todos os homens?

- Pra vida material, a posse do necessário, pra vida moral, a consciência pura e a fé no futuro.

923 - Aquilo que seria supérfluo pra um não se torna o necessário pra outro, e vice-versa, segundo a posição?

- Sim, de acordo com as vossas ideias materiais, os vossos preconceitos, a vossa ambição e todos os vossos caprichos ridículos, pros quais o futuro fará justiça quando tiverdes a compreensão da verdade. Sem dúvida, aquele que tivesse uma renda de 50 mil libras e a visse reduzida a 10 mil, considerar-se-ia muito infeliz, por não poder continuar fazendo boa figura, mantendo o que chama a sua classe, ter bons cavalos e lacaios, satisfazer a todas as paixões, etc. Julgaria faltar-lhe o necessário, mas francamente, podes considerá-lo digno de lástima, quando ao seu lado há os que morrem de fome e de frio, sem um lugar em que repousar a cabeça! O homem sensato, pra ser feliz, olha pra baixo e jamais pros que lhe estão acima, a não ser pra elevar sua alma ao infinito.

924 - Existem males que não dependem da maneira de agir e que ferem o homem mais justo. Não há algum meio de se preservar deles?

- O atingido deve resignar-se e sofrer sem queixa, se deseja progredir. Entretanto, encontra sempre uma consolação na sua própria consciência, que lhe dá a esperança dum futuro melhor, quando ele faz o necessário pra obtê-lo.

925 - Por que Deus beneficia com os bens da fortuna certos homens que não parecem merecê-los?

- Esse é um favor aos olhos daqueles que não enxergam alem do presente, mas sabei-o, a fortuna e uma prova geralmente mais perigosa que a miséria.

926 - A civilização, criando novas necessidades, não é a fonte de novas aflições?

- Os males deste mundo estão na razão das necessidades artificiais que criais pra vós mesmos. Aquele que sabe limitar os seus desejos e ver sem cobiça o que estafara das suas possibilidades, poupa-se a muitos aborrecimentos nesta vida. O mais rico é aquele que tem menos necessidades. Invejais os prazeres dos que vos parecem os felizes do mundo Mas sabeis, por acaso, o que lhes está reservado? Se não gozam senão pra si mesmos, são egoístas e terão de sofrera reverso. Lamentai-os, antes de invejá-los! Deus, às vezes, permite que o mau prospere, mas essa felicidade não é pra se invejar, porque a pagará com lágrimas amargas. Se o justo é infeliz, é porque passa por uma prova que lhe será levada em conta, desde que a saiba suportar com coragem. Lembrai-vos das palavras de Jesus: - *Bem-aventurados os que sofrem, porque serão consolados.*

927 - O supérfluo não é, por certo, indispensável à felicidade, mas não se da o mesmo com o necessário. Ora, a desgraça daqueles que estão privados do necessário não é real?

- O homem não é verdadeiramente desgraçado senão quando sente a falta daquilo que lhe é necessário pra vida e a saúde do corpo Essa privação e talvez a consequência de sua própria falta e então ele só deve queixar-se de si mesmo. Se a falta fosse de outro, a responsabilidade caberia a quem a tivesse causado.

928 - Pela natureza especial das aptidões naturais, Deus indica evidentemente a nossa vocação neste mundo. Muitos males não provêm do fato de não seguirmos essa vocação?

- Isso é verdade, e muitas vezes são os pais que, por orgulho ou avareza fazem os filhos se desviarem do caminho traçado pela natureza comprometendo-lhes com isso a felicidade. Mas serão responsabilizados.

- Então considerais justo que o filho dum homem da alta sociedade fabricasse tamancos, por exemplo, se fosse essa a sua aptidão?

- Não se precisa cair no absurdo nem no exagero, a civilização tem as suas necessidades. Por que o filho dum homem da alta sociedade, como dizes, teria de fazer tamancos, se ele pode fazer outras coisas? Ele poderá sempre se tornar útil na medida de suas faculdades, se não as aplicar em sentido contrário. Assim, por exemplo, em vez dum mau advogado, ele poderia ser talvez um bom mecânico, etc.

> O deslocamento de sua esfera intelectual é seguramente uma das causas mais frequentes de decepção. A inaptidão pra carreira abraçada é uma fonte inesgotável de reveses. Depois, o amor-próprio vem juntar-se a isso, impedindo o homem de recorrer a uma profissão mais humilde e lhe mostra o suicídio como o supremo remédio pra escapar ao que ele julga uma humilhação. Se uma educação moral o tivesse preparado acima dos tolos preconceitos do orgulho, ele jamais seria apanhado desprevenido.

929 - Há pessoas que, privadas de todos os recursos, mesmo quando reine a abundância em seu redor, não veem outra perspectiva de solução pro seu caso a não ser a morte. Que devem fazer? Deixar-se morrer de fome?

- O homem jamais deve ter a ideia de se deixar morrer de fome, pois sempre encontraria meios de se alimentar, se o orgulho não se interpusesse entre a necessidade e o trabalho. Frequentemente dizemos que não há profissões humilhantes e que não é o ofício de desonra, mas dizemos pros outros e não pra nós.

930 - É evidente que, sem os preconceitos sociais, pelos quais se deixa dominar, o homem sempre encontraria um trabalho qualquer que o pudesse ajudar a viver, mesmo deslocado de sua posição. Mas entre as pessoas que não tem preconceitos ou que os põem de lado, não há as que estão impossibilitadas de prover as suas necessidades em consequência de moléstias ou outras causas independentes de sua vontade?

- Numa sociedade organizada segundo a lei do Cristo, ninguém deve morrer de fome.

> Com uma organização social previdente e sábia, o homem não pode sofrer necessidades, a não ser por sua culpa, mas as próprias culpas do homem são frequentemente o resultado do meio em que ele vive. Quando o homem praticar a lei de Deus, disporá duma ordem social fundada na justiça e na solidariedade e com isso mesmo ele será melhor.

931 - Por que as classes sociais sofredoras são mais numerosas do que as felizes?

- Nenhuma é perfeitamente feliz, pois aquilo que se considera a felicidade muitas vezes oculta pungentes aflições. O sofrimento está por toda parte. Entretanto, pra responder ao teu pensamento, direi que as classes a que chamas sofredoras são mais numerosas porque a Terra é um lugar de expiação. Quando o homem a tiver transformado em morada do bem e dos bons espíritos, não mais será infeliz nesse mundo, que será pra ele o paraíso terrestre.

932 - Por que, neste mundo, os maus exercem geralmente maior influência sobre os bons?

- Pela fraqueza dos bons. Os maus são intrigantes e audaciosos, os bons são tímidos. Estes, quando quiserem, assumirão a preponderância.

933 - Se é o homem, em geral, o artífice dos seus sofrimentos materiais sê-lo-á também dos sofrimentos morais?

- Mais ainda, pois os sofrimentos materiais são, às vezes, independentes da vontade, enquanto o orgulho ferido, a ambição frustrada, a ansiedade da avareza, a inveja, o ciúme, todas as paixões, enfim constituem torturas da alma. Inveja e ciúme. Felizes os que não conhecem esses dois vermes vorazes. Com a inveja e o ciúme, não há calma, não há repouso possível. Pra aquele que sofre desses males, os objetos da sua cobiça, do seu ódio e do seu despeito, se erguem diante dele como fantasmas que não o deixam em paz e o perseguem até no sono. O invejoso e o ciumento vivem num estado de febre contínua. É essa uma situação desejável? Não compreendeis que, com essas paixões, o homem cria pra si mesmo suplícios voluntários e que a Terra se transforma pra ele num verdadeiro Inferno?

> Muitas expressões figuram energicamente os efeitos de algumas paixões. Diz-se: está inchado de orgulho, morrer de inveja, secar de ciúme ou de despeito, perder o apetite por ciúmes etc. esse quadro nos dá bem a verdade. Às vezes, o ciúme nem tem objeto determinado. Há pessoas que se mostram naturalmente ciumentas de todos os que se elevam, de todos os que saem da vulgaridade, mesmo quando não tenham no caso nenhum interesse direto, mas unicamente por não poderem atingir o mesmo plano. Tudo aquilo que parece acima do horizonte comum as ofusca, e, se formassem a maioria da sociedade, tudo desejariam rebaixar ao seu próprio nível. Temos nestes casos o ciúme aliado à mediocridade.

O homem é infeliz, geralmente, pela importância que liga às coisas deste mundo. A vaidade, a ambição e a cupidez fracassadas o fazem infeliz. Se ele se elevar acima do circulo estreito da vida material, se elevar o seu pensamento ao infinito, que é o seu destino, as vicissitudes da Humanidade lhe parecerão mesquinhas e pueris, como as mágoas da criança que se aflige pela perda dum brinquedo que representava a sua felicidade suprema. Aquele que só encontra a felicidade na satisfação do orgulho e dos apetites grosseiros é infeliz quando não os pode satisfazer, enquanto o que não se interessa pelo supérfluo se sente feliz com aquilo que pros outros constituiria infortúnio.

Referimo-nos aos homens civilizados porque o selvagem, tendo necessidades mais limitadas, não tem os mesmos motivos de cobiça e de angústias, sua maneira de ver as coisas é muito diferente. No estado de civilização, o homem pondera a sua infelicidade, a analisa, e por isso é mais afetado por ela, mas pode também ponderar e analisar os seus meios de consolação. Esta consolação ele a encontra no sentimento cristão, que lhe dá a esperança dum futuro melhor, no Espiritismo, que lhe dá a certeza do futuro.

Consultar *A Gênese*, onde Kardec analisa os motivos do aparecimento do Espiritismo em meados do século XIX, quando o mundo atingia um estado de adiantada civilização. O conhecimento da realidade espírita da vida só é possível, em sua plenitude, em mundos civilizados, da mesma maneira que no estado de civilização esse conhecimento é um imperativo do próprio progresso e um meio de acelera-lo.

2 - Perda de entes queridos.

934 - A perda de entes queridos não nos causa um sofrimento tanto mais legítimo quanto é ela irreparável e independente da nossa vontade?

- Essa causa de sofrimento atinge tanto o rico como o pobre, é uma prova de expiação e lei pra todos, mas é uma consolação poderdes comunicar-vos com os vossos amigos pelos meios de que dispondes, enquanto esperais o aparecimento de outros mais diretos e mais acessíveis aos vossos sentidos.

935 - Que pensar da opinião das pessoas que consideram as comunicações do além-túmulo como uma profanação?

- Não pode haver profanação quando há recolhimento e quando a evocação é feita com respeito e decoro. O que o prova é que os espíritos que vos são afeiçoados se manifestam com prazer, sentem-se felizes com a vossa lembrança e por conversarem convosco. Profanação haveria se as evocações fossem feitas com leviandade.

> A possibilidade de entrar em comunicação é uma bem doce consolação, que nos proporciona o meio de nos entretermos com os parentes e amigos que deixaram a Terra antes de nós. Pela evocação, eles se aproximam de nós, permanecem do nosso lado, nos ouvem e nos respondem. Não existe mais, por assim dizer, separação entre nós e eles, que nos ajudam com os seus conselhos, nos dão testemunhos da sua afeição e do contentamento que experimentam por nos lembrarmos deles. É pra nós uma satisfação sabê-los felizes e aprender através deles os detalhes da sua nova existência, adquirindo a certeza dum dia, por nossa vez, nos juntarmos a eles.

936 - Como as dores inconsoláveis dos que ficam na Terra afetam os espíritos que partiram?

- O espírito é sensível à lembrança e às lamentações daqueles que amou, mas uma dor incessante e desarrazoada o afeta penosamente, porque ele vê nesse excesso uma falta de fé no futuro e de confiança em Deus, e, por conseguinte um obstáculo ao progresso e talvez ao próprio reencontro com os que deixou.

> Estando o espírito mais feliz do que na Terra, lamentar que tenha deixado esta vida é lamentar que ele seja feliz. Dois amigos estão presos na mesma cadeia, ambos devem ter um dia a liberdade, mas um deles a obtém primeiro. Seria caridoso que aquele que continua preso se entristecesse por ter o seu amigo se libertando antes? Não haveria de sua parte mais egoísmo do que afeição ao querer que o outro partilhasse por mais tempo do seu cativeiro e dos seus sofrimentos? O mesmo acontece entre dois seres que se amam na Terra. O que parte primeiro foi o primeiro a se libertar e devemos felicitá-lo por isso, esperando com paciência o momento em que também nos libertaremos.

Faremos outra comparação. Tendes um amigo que, ao vosso lado, se encontra em situação penosa. Sua saúde ou seu interesse exige que vá pra outro país, onde estará melhor sob todos os aspectos. Dessa maneira, ele não estará mais ao vosso lado, durante algum tempo. Mas estareis sempre em correspondência com ele. A separação não será mais que material. Ficareis aborrecido com o seu afastamento, que é pro seu bem? A Doutrina Espírita, pela s provas patentes que nos dá quanto à vida futura, à presença ao nosso redor dos seres aos quais amamos, à continuidade da sua afeição e da sua solicitude, pelas relações que nos permite entreter com eles, nos oferece uma suprema consolação, numa das causas mais legitimas de dor. Com o Espiritismo, não há mais abandono. O mais isolado dos homens tem sempre amigos ao seu redor, com os quais pode comunicar-se.

Suportamos impacientemente as tribulações da vida. Elas nos parecem tão intoleráveis que supomos não as poder suportar. Não obstante, se as suportarmos com coragem, se soubermos impor silêncio às nossas lamentações, haveremos de nos felicitar quando estivermos fora desta prisão terrena, como o paciente que sofria se felicita, ao se ver curado, por haver suportado com resignação um tratamento doloroso.

3 - Decepções, ingratidão, quebra de afeições.

937 - As decepções provocadas pela ingratidão e pela fragilidade dos laços de amizade não são, também, pro homem de coração, uma fonte de amarguras?

- Sim, mas já vos ensinamos a lastimar os ingratos e soa amigos infiéis, que serão mais infelizes do que vós. A ingratidão é filha do egoísmo e o egoísta encontrará mais tarde corações insensíveis como ele próprio o foi. Pensai em todos os que fizeram mais bem do que vós, que valiam mais do que vós, e, no entanto foram pagos com a ingratidão. Pensai que o próprio Jesus, quando na Terra, foi injuriado e desprezado, tratado de patife e impostor, e não vos admireis de que o mesmo vos aconteça. Que o bem que fizeste seja vossa recompensa neste mundo e não vos importeis com o que dizem os beneficiados. A ingratidão é uma prova pra vossa persistência em fazer o bem. Isso vos será levado em conta e os que não vos foram reconhecidos serão punidos tanto mais quanto maior houver sido a sua ingratidão.

938 - As decepções causadas pela ingratidão não podem endurecer o coração e torná-lo insensível?

- Seria um erro pensar assim, porque o homem de coração, como dizes, será sempre feliz pelo que praticar. Ele sabe que se não o reconhecerem nesta vida, na outra o farão e o ingrato sentirá então remorso e vergonha.

- Este pensamento não impede que o seu coração se sinta ferido. Ora, disso não pode nascer-lhe a ideia de que seria mais feliz se fosse menos sensível?

- Sim, se ele preferir a felicidade do egoísta, uma bem triste felicidade. Se ele sabe, no entanto, que os amigos ingratos que o abandonam não são dignos de sua amizade e que se enganou a respeito dos mesmos, não deve mais lamentar a sua perda. Mais tarde encontrará os que melhor o compreenderão. Lamentai os que vos tratam de maneira que não mereceis, pois terão uma triste recompensa, mas não vos aflijais por isso, é o meio de vos elevardes sobre eles.

> A natureza deu ao homem a necessidade de amar e ser amado. Um dos maiores gozos que lhe são concedidos na Terra é o de encontrar corações que simpatizem com o seu. Ela lhe concede, assim, as primícias da felicidade que lhe está reservada no mundo dos espíritos perfeitos, onde tudo é amor e benevolência, essa é uma ventura recusada ao egoísta.

4 - Uniões antipáticas.

939 - Desde que os espíritos simpáticos são levados a se unir, como se explica que entre os encarnados a afeição frequentemente exista apenas dum lado e o amor sincero seja recebido com indiferença e mesmo com repulsa? Como, além disso, a mais via afeição entre dois seres pode se transformar em antipatia e algumas vezes em ódio?

- Não compreendes, então, que seja uma punição, embora passageira? Além disso, quantos há que pensam amar perdidamente porque julgam apenas as aparências, e, quando são obrigados a viver em comum, não tardam a reconhecer que se tratava somente de uma paixão material. Não é suficiente estar enamorado de uma pessoa que vos agrada e que supondes dotada de belas qualidades, é vivendo realmente com ela que o podereis apreciar.

Quantas uniões, por outro lado, que a princípio pareciam incompatíveis e com o correr do tempo, quando ambos se conheceram melhor , se transformaram num amor terno e durável porque baseado na estima recíproca! É necessário não esquecer que o espírito é quem ama, e não o corpo, e que, dissipada a ilusão material, o espírito vê a realidade. Há duas espécies de afeição, a do corpo e a da alma, e frequentemente se toma uma pela outra. A afeição da alma, quando pura e simpática, é duradoura, a do corpo é perecível, eis porque os que se julgam amar com um amor eterno acabam se odiando, quando passa a ilusão.

940 - A falta de simpatia entre os seres destinados a viver juntos não é igualmente uma fonte de sofrimentos, tanto mais amarga quando envenena toda a existência?

- Muito amarga, de fato, mas é uma dessas infelicidades de que, na maioria das vezes, sois a primeira causa. Em primeiro lugar, as vossas leis são erradas, pois acreditais vós que Deus vos obriga a viver com aqueles que vos desagradam? Depois, nessas uniões procurais quase sempre mais a satisfação do vosso orgulho e da vossa ambição do que a felicidade duma afeição mútua. E sofreis, então, apenas a consequência dos vossos preconceitos.

- Mas nesse caso não haverá quase sempre uma vítima inocente?

- Sim, e isso é pra ela uma dura expiação, mas a responsabilidade de sua infelicidade recairá sobre os que a causaram. Se a luz da verdade tiver penetrado em sua alma, ela se consolará com a fé no futuro, de resto, à medida que os preconceitos se enfraquecerem, desaparecerão também as causas das infelicidades íntimas.

5 - Preocupação com a morte.

941 - A preocupação com a morte é pra muitas pessoas uma causa de perplexidade, mas por essa preocupação, se elas têm o futuro pela frente?

- É errado que tenham essa preocupação, mas que queres? Procuram persuadi-las, desde cedo, de que há um Inferno e um paraíso, sendo mais certo que elas vão pro Inferno, pois lhes ensinam que aquilo que pertence à própria natureza é um pecado mortal pra alma. Assim, quando se tornam grandes, se tiverem um pouco de raciocínio, não podem admitir isso e se tornam ateus ou materialistas. É dessa maneira que são levados a crer que nada existe além da vida presente. Quanto aos que persistiram na crença da infância, temem o fogo eterno que deve queima-los sem os destruir.

A morte não inspira nenhum temor ao justo, porque a fé lhe dá a certeza do futuro, a esperança lhe acena com uma vida melhor e a caridade, cuja lei praticou, lhe dá a segurança de que não encontrará, no mundo em que vai entrar, nenhum ser cujo olhar ele deva temer.

> O homem carnal mais ligado à vida corpórea do que à vida espiritual, tem na Terra as suas penas e os seus prazeres materiais. Sua felicidade está na satisfação fugidia de todos os seus desejos. Sua alma, constantemente preocupada e afetada nelas vicissitudes da vida, permanece numa ansiedade e numa tortura perpétuas. A morte o amedronta, porque ele duvida do futuro e porque acredita deixar na Terra todas as suas afeições e todas as suas esperanças. O homem moral, que se elevou acima das necessidades artificiais criadas pelas paixões tem desde este mundo, prazeres desconhecidos do homem material. A moderação dos seus desejos dá ao seu espírito calma e serenidade. Feliz com o bem que fez não há pra ele decepções e as contrariedades deslizam por sua alma sem lhe deixarem marcas dolorosas.

942 - Algumas pessoas não acharão estes conselhos de felicidade um pouco banais, não verão neles o que chama lugares-comuns ou verdades cediças, e não dirão, por fim, que o segredo da felicidade consiste em saber suportar a infelicidade?
- Há as que dirão isso, e numerosas, mas muitas delas são como certos doentes aos quais o médico prescreve a dieta, desejariam ser curados sem remédios e continuando a se entregar aos excessos.

6 - Desgosto pela vida - Suicídio.
943 - De onde vem o desgosto pela vida que se apodera de alguns indivíduos sem motivos plausíveis?
- Efeito da ociosidade, da falta de fé e geralmente da saciedade. Pra aqueles que exercem as suas faculdades com um fim útil e segundo as suas aptidões naturais, o trabalho nada tem de árido e a vida se escoa mais rapidamente, suportam as suas vicissitudes com tanto mais paciência e resignação quanto mais agem tendo em vista a felicidade mais sólida e mais durável que os espera.

944 - O homem tem o direito de dispor da sua própria vida?
- Não, somente Deus tem esse direito. O suicídio voluntário é uma transgressão dessa lei.
- O suicídio não é sempre voluntário?
- O louco que se mata não sabe o que faz.

945 - O que pensar do suicídio que tem por causa o desgosto da vida?
- Insensatos! Por que não trabalhavam? A existência não lhes teria sido tão pesada!

946 - Que pensar do suicida que tem por fim escapar às misérias e às decepções deste mundo?
- Pobres espíritos que não tiveram a coragem de suportar as misérias da existência! Deus ajuda aos que sofrem e não aos que não têm força nem coragem. As tribulações da vida são provas ou expiações. Felizes os que as suportam sem se queixar, porque serão recompensados. Infelizes, ao contrário, os que esperam uma saída nisso que, na sua impiedade, chamam de sorte ou acaso! A sorte ou acaso, pra me servir de sua linguagem, podem de fato favorecê-los por um instante, mas somente pra lhes fazer sentir mais tarde, e de maneira mais cruel, o vazio de suas palavras.
- Os que levaram o desgraçado a esse ato de desespero sofrerão as consequências disso?
- Oh, infelizes deles. Porque eles responderão como por um assassínio.

947 - O homem que se vê às voltas com a necessidade e se deixa morrer de desespero pode ser considerado como suicida?
- É um suicida, mas os que o causaram ou que o poderiam impedir são mais culpáveis que ele, a quem a indulgência espera. Não acrediteis, porém, que seja inteiramente absolvido se lhe faltou a firmeza e a perseverança, e se não fez uso de toda a sua inteligência pra sair das dificuldades. Infeliz dele, sobretudo, se o seu desespero é filho do orgulho, quero dizer, se é um desses homens em que o orgulho paralisa os recursos da inteligência e que se envergonhariam se tivessem de dever a existência ao trabalho das próprias mãos, preferindo morrer de fome a descer do que chamam a sua posição social. Não há cem vezes mais grandeza e dignidade em lutar contra a adversidade, em enfrentar a crítica dum inundo útil e egoísta, que só tem boa vontade pra aqueles a quem nada falta, e que vos volta às costas quando dele necessitais? Sacrificar a vida à consideração desse mundo é uma coisa estúpida, porque ele não se importará com isso.

948 - O suicida que tem por fim escapar à vergonha duma ação má é tão repreensível como o que é levado pelo desespero?
- O suicídio não apaga a falta. Pelo contrário, com ele aparecem duas em lugar duma. Quando se teve a coragem de praticar o mal, é preciso tê-la pra sofrer as consequências. Deus é quem julga, e, segundo a causa, pode, às vezes, diminuir o seu rigor.

949 - O suicídio é perdoável quando tem por fim impedir que a vergonha envolva os filhos ou a família?
- Aquele que assim age não procede bem, mas acredita que sim, e Deus levará em conta a sua intenção, porque será uma expiação que a si mesmo se impôs. Ele atenua a sua falta pela intenção, mas nem por isso deixa de cometer uma falta. De resto, se abolirdes os abusos da vossa sociedade e os vossos preconceitos, não tereis mais suicídios.

> Aquele que tira a própria vida pra fugir à vergonha duma ação má, prova que tem mais em conta a estima dos homens que a de Deus, porque vai entrar na vida espiritual carregado de suas iniquidades, tendo-se privado dos meios de repará-las durante a vida. Deus é muitas vezes menos inexorável que os homens: perdoa o arrependimento sincero e leva em conta o nosso esforço de reparação, mas o suicídio nada repara.

950 - O que pensar daquele que tira a própria vida com a esperança de chegar mais cedo a uma vida melhor?
- Outra loucura. Que ele faça o bem e estará mais seguro de alcançá-la, porque, daquela forma, retarda a sua entrada num mundo melhor e ele mesmo pedirá pra vir completar essa vida que interrompeu por uma falsa ideia. Uma falta, qualquer que ela seja, não abre jamais o santuário dos eleitos.

951 - O sacrifício da vida não é às vezes meritório, quando tem por fim salvar a de outros ou ser útil aos semelhantes?
- Isso é sublime, de acordo com a intenção, e o sacrifício da vida não é então um suicídio, mas Deus se opõe a um sacrifício inútil e não pode vê-lo com prazer, se estiver manchado pelo orgulho. Um sacrifício não é meritório senão pelo desinteresse, e aquele que o pratica tem, às vezes, uma segunda intenção que lhe diminui o valor aos olhos de Deus.

> Todo sacrifício feito à custa da própria felicidade é um ato soberanamente meritório aos olhos de Deus, porque é a prática da lei de caridade. Ora, sendo a vida o bem terreno a que o homem dá maior valor, aquele que a ela renuncia pelo bem dos seus semelhantes não comete um atentado: é um sacrifício que ele realiza, mas antes de realizá-lo deve refletir se a sua vida não poderá ser mais útil que a sua morte.

952 - O homem que perece como vítima do abuso das paixões que, como o sabe, deve abreviar o seu fim, mas às quais não tem mais o poder de resistir, porque o hábito as transformou em verdadeiras necessidades físicas, comete um suicídio?
- E um suicídio moral. Não compreendeis que o homem, neste caso, é duplamente culpado? Há nele falta de coragem e bestialidade, e, além disso, o esquecimento de Deus.
- É mais ou menos culpado do que aquele que corta a sua vida por desespero?
- É mais culpado porque teve tempo de raciocinar sobre o seu suicídio. Naquele que o comete instantaneamente há. Às vezes, uma espécie de desvario que se aproxima da loucura, o outro será muito mais punido, porque as penas são sempre proporcionadas à consciência que se tenha das faltas cometidas.

953 - Quando uma pessoa vê à sua frente uma morte inevitável e terrível, é culpada por abreviar de alguns instantes o seu sofrimento, por uma morte voluntária?
- Sempre se é culpado de não esperar o termo fixado por Deus. Aliás, haverá certeza de que ele tenha chegado, malgrado as aparências, e não se pode receber um socorro inesperado no derradeiro momento?
- Concebe-se que, em circunstancias ordinárias, seja o suicídio repreensível, mas figuramos o caso em que a morte é inevitável e em que a vida só é abreviada por alguns instantes.
- É sempre uma falta de resignação e de submissão à vontade do Criador.
- Nesse caso, quais são as consequências de tal ação?
- Uma expiação proporcional à gravidade da falta, segundo as circunstâncias, como sempre.

954 - Uma imprudência que compromete a vida sem necessidade é repreensível?
- Não há culpabilidade quando não há a intenção ou a consciência positiva de fazer o mal.

955 - As mulheres que, em certos países, se queimam voluntariamente sobre os corpos de seus maridos podem ser consideradas como tendo se suicidado e sofrem as consequências disso?
- Elas obedecem a um preconceito e geralmente o fazem mais pela força do que pela própria vontade. Acreditam cumprir um dever, o que não é característica do suicídio. Sua escusa está na falta de formação moral da maioria delas e na sua ignorância. Essas usanças bárbaras e estúpidas desaparecem com a civilização.

956 - Os que, não podendo suportar a perda de pessoas queridas, se matam, na esperança de se juntarem a elas, elas atingem o seu objetivo?
- O resultado pra elas é bastante diverso do que esperam, pois, em vez de se unirem ao objeto de sua afeição, dele se afastam por mais tempo, porque Deus não pode recompensar um ato de covardia e o insulto que lhe é lançado com a

dúvida quanto à sua providencia. Eles pagarão esse instante de loucura com aflições ainda maiores do que aquelas que quiseram abreviar, e não terão pra compensá-los a satisfação que esperavam.

957 - Quais são, em geral, as consequências do suicídio sobre o estado do espírito?
- As consequências do suicídio são as mais diversas. Não há penalidades fixadas e em todos os casos elas são sempre relativas às causas que o produziram, mas uma consequência a que o suicida não pode escapar é o desapontamento. De resto, a sorte não é a mesma pra todos, dependendo das circunstâncias. Alguns expiam sua falta imediatamente, outros numa nova existência, que será pior que aquela cujo curso interromperam.

> A observação confirmou a afirmação de que as consequências do suicídio não são as mesmas em todos os casos, mas também nos mostrou que algumas dessas consequências, resultantes da interrupção súbita da vida, são as mesmas em todos os casos de morte violenta. A maioria disso é a maior tenacidade e a persistência do vínculo que une o espírito e o corpo, que liga. Em quase todos esses casos, está em toda a força no momento em que está quebrado, enquanto que, quando a morte é o resultado de causas naturais, esse vínculo foi gradualmente enfraquecido e muitas vezes é cortado antes que a vida esteja completamente extinta. As consequências da morte violenta são, em primeiro lugar, o prolongamento da confusão mental que geralmente segue a morte e, em seguida, a ilusão que faz com que um espírito, durante um período mais longo ou mais curto, acredite em viver ainda na vida terrena.

Sociedade Armônica

Capítulo 2 - As penas e gozos da vida

1 - O nada - A vida futura.
958 - Por que o homem repele instintivamente o nada?
- Porque o nada não existe.

959 - De onde vem pro homem o sentimento instintivo da vida futura?
- Já dissemos, antes da encarnação o espírito conhece todas essas coisas e a alma guarda uma vaga lembrança do que sabe e do que viu no estado espiritual.

> Em todos os tempos, o homem se preocupou com o futuro de além-túmulo, o que é muito natural. Qualquer que seja a importância dada à vida presente, ele não pode deixar de considerar quanto é curta e, sobretudo precária, pois pode ser interrompida a cada instante e ele jamais se acha seguro do dia de amanhã. Em que se tornará depois do instante fatal? A pergunta é grave, pois não se trata de alguns anos, mas da eternidade. Aquele que deve passar longos anos num país estrangeiro se preocupa com a situação em que se encontrará no mesmo. Como não nos preocuparmos com a que teremos ao deixar este mundo, desde que o será pra sempre?
A ideia do nada tem algo que repugna à razão. O homem mais despreocupado nesta vida, chegado o momento supremo, pergunta a si mesmo o que será feito dele e involuntariamente fica na expectativa. Crer em Deus sem admitir a vida futura seria um contrassenso. O sentimento duma existência melhor está no foro íntimo de todos os homens e Deus não o pôs ali em vão. A vida futura implica a conservação da nossa individualidade após a morte. Que nos importaria sobreviver ao corpo, se a nossa essência moral tivesse de perder-se no oceano do infinito? As consequências disso pra nós seriam as mesmas do nada.

2 - Intuição das penas e dos gozos futuros.
960 - De onde procede a crença que se encontra em todos os povos nas penas e recompensas futuras?
- É sempre a mesma coisa, pressentimento da realidade, dado ao homem pelo seu espírito. Porque, ficai sabendo, não é em vão que uma voz interior vos fala e vosso mal está em não escutá-la sempre. Se pensásseis bem nisso, com a devida frequência, vos tornaríeis melhores.

961 - No momento da morte qual é o sentimento que domina a maioria dos homens, a dúvida, o medo ou a esperança?
- A dúvida pros céticos endurecidos, o medo pros culpados e a esperança pros homens de bem.

962 - Por que há céticos desde que a alma traz pro homem o sentimento das coisas espirituais?
- São em menor número do que supondes, muitos se fazem de espírito forte durante esta vida por orgulho, mas no momento da morte não se conservam tão fanfarrões.

> A consequência da vida futura se traduz na responsabilidade dos nossos atos. A razão e a justiça nos dizem que, na distribuição da felicidade a que todos os homens aspiram, os bons e os maus não poderiam ser confundidos. Deus não pode querer que uns gozem dos bens sem trabalho e outros só o alcancem com esforço e perseverança. A ideia que Deus nos dá de sua justiça e de sua bondade, pela sabedoria de suas leis, não nos permite crer que o justo e o mau estejam aos seus olhos no mesmo plano, nem duvidar de que não recebam, algum dia, um a recompensa e outro o castigo pelo bem e pelo mal que tiverem feito. É por isso que o sentimento inato da justiça nos dá a intuição das penas e das recompensas futuras.

3 - Intervenção de Deus nas penas e recompensas.
963 - Deus se ocupa pessoalmente de cada homem? Não é ele demasiadamente grande e nós muito pequenos pra que cada indivíduo em particular tenha aos seus olhos alguma importância?
- Deus se ocupa de todos os seres que criou por menores que sejam, nada é demasiado pequeno pra sua bondade.

964 - Deus tem a necessidade de se ocupar de cada um dos nossos atos pra nos recompensar ou nos punir? A maioria desses atos não são insignificantes pra ele?
- Deus tem as suas leis, que regulam todas as vossas ações. Se as violardes, a culpa é vossa. Sem dúvida, quando o homem comete um excesso, Deus não estende um julgamento pra ele, dizendo-lhe, por exemplo, tu és um glutão e eu te vou te punir, mas ele traçou um limite, as doenças e por vezes a morte são consequências dos excessos, eis a punição, ela resulta da infração da lei. Assim se passa em tudo.

> Todas as nossas ações são submetidas às leis de Deus, não há nenhuma delas, por mais insignificante que nos pareça, que não possa ser uma violação dessas leis. Se nós sofremos as consequências dessa violação, não nos devemos

queixar senão de nós mesmos, que nos fazemos, assim, os artífices de nossa felicidade ou de nossa infelicidade futura. Essa verdade se torna sensível pelo seguinte apólogo: Um pai dá ao seu filho a educação e a instrução, ou seja, os meios pra saber conduzir-se. Cede-lhe um campo pra cultivar e lhe diz: Eis a regra a seguir e todos os instrumentos necessários pra tornar fértil o campo e assegurara tua existência. Dei-te a instrução pra compreenderes essa regra. Se a seguires, o campo produzirá bastante e te proporcionará o repouso na velhice, se não a seguires, nada produzirá e morrerás de fome. Dito isso, deixa-o agir à vontade.

Não é verdade que o campo produzirá na razão dos cuidados que se dispensar à cultura e que toda negligência redundará em prejuízo da colheita? O filho será, portanto, na velhice, feliz ou infeliz, segundo tenha seguido ou negligenciado a regra traçada pelo pai. Deus é ainda mais previdente, porque nos adverte a cada instante, se fazemos o bem ou o mal. Envia-nos espíritos que nos inspiram, mas não os escutamos. Há ainda esta diferença: Deus dá ao homem um recurso, por meio das novas existências, pra reparar os seus erros do passado, ao passo que o filho de que falamos não o terá, se empregar mal o seu tempo.

4 - Natureza das penas e gozos futuros.
965 - As penas e os gozos da alma após a morte têm alguma coisa de material?
- Não podem ser materiais, desde que a alma não é de matéria. O próprio bom senso o diz. Essas penas e esses gozos nada têm de carnal e por isso mesmo são mil vezes mais vivos do que os da Terra. O espírito, uma vez desprendido, é mais impressionável: a matéria não mais lhe enfraquece as sensações.

966 - Por que o homem faz ideias tão grosseiras e absurdas das penas e dos gozos da vida futura?
- Inteligência ainda não suficientemente desenvolvida. A criança compreende da mesma maneira que o adulto? Aliás, isso depende também do que se lhe tenha ensinado: é nesse ponto que há necessidade duma reforma. Vossa linguagem é muito imperfeita pra exprimir o que existe além do vosso alcance, por isso, foi necessário fazer comparações, sendo essas imagens e figuras tomadas como a própria realidade, mas à medida que o homem se esclarece, seu pensamento compreende as coisas que a sua linguagem não pode traduzir.

967 - Em que consiste a felicidade dos bons espíritos?
- Em conhecer todas as coisas, não ter ódio, nem ciúme, nem inveja, nem ambição, nem qualquer das paixões que fazem a infelicidade dos homens. O amor que os une é pra eles a fonte duma suprema felicidade. Não experimentam nem as necessidades, nem os sofrimentos, nem as angústias da vida material. São felizes com o bem que fazem. De resto, a felicidade dos espíritos é sempre proporcional à sua elevação.
Somente os espíritos puros gozam, na verdade, da felicidade suprema, mas nem por isso os demais são infelizes. Entre os maus e os perfeitos, há uma infinidade de graus, nos quais os gozos são relativos ao estado moral. Os que são bastante adiantados compreendem a felicidade dos que avançaram mais que eles, e a ela aspiram, mas isso é pra eles motivo de emulação e não de inveja. Sabem que deles depende alcançá-la e trabalham com esse fito, mas com a calma da consciência pura. Sentem-se felizes de não ter de sofrer o que sofrem os maus.

968 - Contais a ausência das necessidades materiais entre as condições da felicidade pros espíritos, mas a satisfação dessas mesmas necessidades não é pro homem uma fonte de gozos?
- Sim, de gozos animais. E quando não pode satisfazer essas necessidades, isso é uma tortura.

969 - O que se deve entender quando se diz que os espíritos puros estão reunidos no seio de Deus e ocupados em lho cantar louvores?
- É uma alegoria pra dar a ideia da compreensão que eles têm das perfeições de Deus, pois o veem e compreendem, mas, como tantas outras, não se deve torná-la ao pé da letra. Tudo na natureza, desde o grão de areia, canta, ou seja, proclama o poder, a sabedoria e a bondade de Deus, mas não penseis que os espíritos bem-aventurados estejam em contemplação na eternidade. Isso seria uma felicidade estúpida e monótona, e mais ainda, a felicidade do egoísta, pois a sua existência seria uma inutilidade sem fim. Eles não sofrem mais as tribulações da existência corpórea, isso já é um gozo, depois, como já dissemos, conhecem e sabem todas as coisas e empregam proveitosamente a inteligência adquirida, pra auxiliar o progresso dos outros espíritos, essa é a sua ocupação e ao mesmo tempo um gozo.

970 - Em que consistem os sofrimentos dos espíritos interiores?
- São tão variados quanto às causas que os produzem e proporcionais ao grau de inferioridade, como os gozos são proporcionais ao grau de superioridade. Podemos resumi-los assim, cobiçar tudo o que lhes falta pra serem felizes, mas não poder obtê-lo, ver a felicidade e não poder atingi-la, mágoa, ciúme, raiva, desespero, decorrentes de tudo o que os impede de ser felizes, remorsos e uma ansiedade moral indefinível. Todos desejam o gozo e não podem satisfazê-los, é isso o que os tortura.

971 - A influência que os espíritos exercem uns sobre os outros é sempre boa?

- Sempre boa da parte dos bons espíritos, é claro, mas os espíritos perversos procuram desviar do caminho do bem e do arrependimento os que consideram suscetíveis de serem arrastados, e que, muitas vezes, levaram pro mal durante a vida terrena.

- Então a morte não nos livra da tentação?

- Não, mas a ação dos maus espíritos é muito menor sobre os outros espíritos do que sobre os homens, pois aqueles não estão sujeitos às paixões materiais.

972 - Como procedem os maus espíritos pra tentar os outros espíritos, se não dispõem do auxílio das paixões?

- Se as paixões não existem materialmente, existem, entretanto, no pensamento dos espíritos atrasados. Os maus entretêm esses pensamentos, arrastando suas vítimas aos lugares onde deparam com essas paixões e com tudo o que as possa excitar.

- Mas pra que servem essas paixões se lhes falta o objeto real?

- Assim é, precisamente, pro seu suplício, o avarento vê o ouro que não pode possuir, o devasso, as orgias de que não pode participar, o orgulhoso, as honras que inveja e de que não pode gozar.

973 - Quais são os maiores sofrimentos que os maus espíritos podem suportar?

- Não há descrição possível das torturas morais que constituem a punição de certos crimes. Os próprios espíritos que as sofrem teriam dificuldades em vos dar uma ideia, mas seguramente a mais horrível é o pensamento de serem condenados pra sempre.

> O homem tem das penas e dos gozos da alma após a morte uma ideia mais ou menos elevada, segundo o estado de sua inteligência. Quanto mais ele se desenvolve, mais essa ideia se depura e se desprende da matéria, compreende as coisas de maneira mais racional e deixa de tomar ao pé da letra as imagens duma linguagem figurada. A razão mais esclarecida nos ensina que a alma é um ser inteiramente espiritual e, por isso mesmo, não pode ser afetada pelas impressões que não agem fora da matéria, mas disso não se segue que esteja livre de sofrimentos, nem que seja punida pelas suas faltas.

As comunicações espíritas têm por fim mostrar-nos o estado futuro da alma, não mais como uma teoria, mas como uma realidade. Colocam sob nossos olhos as vicissitudes da vida do além-túmulo, mas ao mesmo tempo no-las apresentam como consequências perfeitamente lógicas da vida terrena. E embora destituídas do aparato fantástico criado pela imaginação dos homens, nem por isso são menos penosas pros que fizeram mau uso de suas faculdades. A diversidade dessas consequências é infinita, mas pode dizer-se de maneira geral, cada um é punido naquilo em que pecou. Assim é que uns o são pela incessante visão do mal que fizeram, outros pelos remorsos, pelo medo, pela vergonha, a dúvida, o isolamento, as trevas, a separação dos seres que lhes são caros, etc.

974 - De onde procede a doutrina do fogo eterno?

- Imagem, como tantas outras, tomada pela realidade.

- Mas esse temor não pode ter um bom resultado?

- Vede se ela refreia aqueles que a ensinam. Se tu ensinar coisas que a razão rejeitará mais tarde, tu produzirás uma impressão que não será durável nem salutar.

> O homem, incapaz de traduzir na sua linguagem a natureza desses sofrimentos, não encontrou pra ela comparação mais enérgica que a do fogo, pois este é pra ele o tipo do suplício mais cruel e o símbolo da ação mais enérgica. É por isso que a crença no fogo eterno remonta a mais alta antiguidade e os povos modernos a herdaram dos antigos. É ainda por isso que, na sua linguagem figurada, ele diz, o fogo das paixões, queimar de amor, de ciúmes, etc.

975 - Os espíritos interiores compreendem a felicidade do justo?

- Sim, e é isso o que os tortura, pois compreendem que estão privados dela por sua própria culpa. E por isso que o espírito liberto da matéria aspira a uma nova existência corpórea, pois cada existência poderá abreviar, se for bem empregada, a duração desse suplício. É então que ele escolhe as provas que poderão expiar suas culpas. Porque, ficai sabendo, o espírito sofre por todo o mal que fez ou do qual foi causador involuntário, por todo o bem que, tendo podido fazer, não o fez, e por todo o mal que resultar do bem que deixou de fazer. O espírito errante não está mais envolvido pelo véu da matéria, é como se tivesse saído dum nevoeiro e vê o que o distancia da felicidade, então sofre ainda mais, porque compreende quanto é culpado. Pra ele, não existe mais a ilusão, ele vê a realidade das coisas.

> O espírito, na erraticidade, abrange na sua visão, dum lado, todas as suas existências passadas, e do outro, o futuro prometido, compreendendo o que lhe falta pra atingi-lo. Como um viajante que chegou ao cume duma montanha, vê a rota percorrida e o que falta pra chegar ao seu destino.

976 - Ver os espíritos que sofrem não é pros bons uma causa de aflição, e nesse caso, em que se transforma a sua felicidade assim perturbada?

- Isso não é uma aflição, pois eles sabem que o mal terá um fim e ajudam os outros no seu aperfeiçoamento, estendendo-lhes a mão: essa é a sua ocupação e um gozo quando obtêm êxito.

- Concebe-se isso de parte dos espíritos estranhos ou indiferentes, mas a visão das dores e dos sofrimentos dos que lhes foram caros na Terra não lhes perturba a felicidade?

- Se eles não vissem esses sofrimentos, vos seriam estranhos após a morte. Ora, a religião vos diz que as almas vos veem, mas consideram as vossas aflições de outro ponto de vista, pois sabem que os vossos sofrimentos são úteis pro vosso adiantamento, desde que os suporteis com resignação. Eles se afligem mais com a falta de coragem que vos atrasa do que com os sofrimentos que sabem ser passageiros.

977 - Os espíritos não podem ocultar-se reciprocamente os pensamentos e, todos os atos da vida sendo conhecidos, segue-se que o culpado está sempre na presença da vítima?

- Isso não pode ser de outra maneira, diz o bom senso.

- Essa revelação de todos os atos repreensíveis e a presença constante das vítimas serão um castigo pro culpado?

- Maior do que se pensa, mas somente até que ele tenha expiado as suas culpas, seja como espírito, seja como homem em novas existências corpóreas.

> Quando nos encontramos no mundo dos espíritos, todo o nosso passado será trazido à vista e o bem que o mal que fizemos será igualmente conhecido. Em vão, o malfeitor procurará evitar a visão de suas vítimas, sua presença, da qual ele não pode escapar, será pra ele um castigo e uma fonte de remorso até que ele tenha expiado os erros que ele os fez, enquanto o espírito de O homem ereto se encontrará constantemente cercado de bondade e boa vontade. Mesmo na Terra não há maior tormento pro homem perverso do que a presença de suas vítimas, a quem ele faz o máximo pra evitar. Qual será quando as ilusões das paixões se dissolvendo, ele compreende o mal que ele fez, vê suas ações mais secretas levadas à luz e sua hipocrisia desmascarada e percebe que ele não pode se esconder da visão daqueles que ele prejudicou? Mas enquanto a alma dos ímpios é assim presa de vergonha, arrependimento e remorso, a dos justos goza de paz perfeita.

978 - A recordação das faltas que a alma tenha cometido quando ainda imperfeita não perturba a sua felicidade, mesmo depois que ela se depurou?

- Não, porque ela resgatou as suas faltas e saiu vitoriosa das provas a que se submeteu com esse fim.

979 - As provas que ainda terá de sofrer pra terminar a sua purificação não são uma preocupação penosa, que perturba a sua felicidade?

- Pra alma que ainda permanece maculada, sim. É por isso que ele não pode gozar duma felicidade perfeita, senão quando estiver inteiramente pura, mas pra aquela que já se elevou, o pensamento das provas por que ainda tem de passar nada tem de penoso.

> A alma que chegou a um certo grau de pureza goza a felicidade. Um sentimento de doce satisfação a envolve: sente-se feliz com tudo o que vê e que a rodeia, o véu se eleva, pra ela descobrindo os mistérios e as maravilhas da criação e as perfeições divinas se mostram em todo o seu esplendor.

980 - O laço de simpatia que une os espíritos da mesma ordem é pra eles um motivo de felicidade?

- A união dos espíritos que se simpatizam pelo bem é pra eles um dos maiores gozos, porque não temem ver essa união perturbada pelo egoísmo. Eles formam, no mundo inteiramente espiritual, as famílias do mesmo sentimento. É nisso que consiste a felicidade espiritual, como no teu mundo os homens se agrupam em categorias e gozam dum certo prazer quando se reúnem. A afeição pura e sincera que provam e de que são objeto é um motivo de felicidade, pois lá não há falsos amigos nem hipócritas.

> O homem goza as primícias dessa felicidade sobre a Terra, quando encontra almas com as quais pode confundir-se numa união pura e santa. Numa vida mais depurada, esse prazer será inefável e sem limites, porque ele só encontrará almas simpáticas, que o egoísmo não tornou indiferentes. Pois tudo é amor na natureza, o egoísmo é que o aniquila.

981 - Há diferença, pro estado futuro do espírito, entre aquele que temia a morte e aquele que a via com indiferença e até mesmo com alegria?

- A diferença pode ser grande, entretanto, ela em geral se apaga ante as causas que produzem esse medo ou esse desejo. Quem a teme ou quem a deseje pode ser impulsionado por sentimentos muito diversos, e são esses sentimentos que vão influir no estado futuro do espírito, e evidente, por exemplo, que aquele que deseja a morte unicamente por ver na mesma o fim das tribulações, de certa maneira se queixa das provas que deve sofrer.

982 - E necessário fazer profissão de fé no Espiritismo e crer nas manifestações pra assegurar nossa sorte na vida futura?

- Se assim fosse, todos os que não creem ou não puderam esclarecer- se seriam deserdados, o que é absurdo. É o bem que assegura a sorte no futuro, ora, o bem é sempre o bem, qualquer que seja a via pela qual se conduz.

> A crença no Espiritismo ajuda o homem a se melhorar ao lhe fixar as ideias sobre determinados pontos do futuro, ela apressa o adiantamento dos indivíduos e das massas porque permite considerarmos o que seremos um dia, é, pois, um ponto de apoio, uma luz que nos guia. O Espiritismo ensina a suportar as provas com paciência e resignação, desvia o homem da prática dos atos que podem retardar-lhe a felicidade futura, e é assim que contribui pra sua felicidade, mas nunca se disse que sem ele não se possa atingi-la.

5 - Penas temporais.
983 - O espírito que expia as suas culpas numa nova existência passa apenas por sofrimentos materiais. Assim, não será exato dizer que após a morte a alma só tem sofrimentos morais?
- É bem verdade que, reencarnada, a alma encontra nas tribulações da vida o seu sofrimento, mas apenas o corpo sofre materialmente. Dizeis em geral que o morto já não sofre mais, mas isso nem sempre é verdade. Como espírito, não sofre mais dores físicas, mas, segundo as faltas que tenha cometido, pode ter dores morais mais cruciantes, e numa nova existência pode ser ainda mais infeliz.

O mau rico passará a esmolar e estará submetido a todas as privações da miséria, o orgulhoso, a todas as humilhações, aquele que abusa de sua autoridade e trata os seus subordinados com desprezo e dureza será forçado a obedecer a um senhor mais duro do que ele tenha sido. Todas as penas e atribulações da vida são expiações de faltas de outra existência, quando não se trata de consequências das faltas da existência atual. Ao saírdes daqui compreendereis bem. O homem que se crê feliz na Terra porque pode satisfazer suas paixões é o que faz menos esforços pra se melhorar. Em geral, ele começa a expiar essa felicidade efêmera na própria vida que leva, mas certamente a expiará numa outra existência tão material como essa.

984 - As vicissitudes da vida são sempre a punição das faltas atuais?
- Não. Já o dissemos, são provas impostas por Deus ou escolhidas por vós mesmos quando no estado de espírito e antes da vossa reencarnação, pra expiar as faltas cometidas numa outra existência. Porque jamais a infração das leis de Deus, e, sobretudo da lei de justiça, fica impune, se a punição não é feita nesta vida, será necessariamente em outra. E por isso que aquele que é justo aos vossos olhos vê-se frequentemente atingido pelo seu passado.

985 - A reencarnação da alma num mundo menos grosseiro é uma recompensa?
- E a consequência de sua purificação. Porque, à medida que os espíritos se purificam, vão se encarnando em mundos mais e mais perfeitos, até que se tenham despojado de toda matéria e lavado de todas as manchas, pra gozarem eternamente da felicidade dos espíritos puros no seio de Deus.

> Nos mundos em que a existência é menos material do que neste, as necessidades são menos grosseiras e todos os sofrimentos físicos são menos vivos. Os homens não mais conhecem as más paixões que, nos mundos inferiores, os fazem inimigos uns dos outros. Não tendo nenhum motivo de ódio ou de ciúme, vivem em paz porque praticam a lei de justiça, amor e caridade. Não conhecem os aborrecimentos e os cuidados que nascem da inveja, do orgulho e do egoísmo, e que constituem o tormento de nossa existência terrena.

986 - O espírito que progrediu na sua existência terrena pode às vezes reencarnar no mesmo mundo?
- Sim, se não pôde cumprir a sua missão e ele mesmo pedir pra completá-la numa nova existência, mas então não será mais pra ele uma expiação.

987 - O que acontece com o homem que, sem praticar o mal, nada fez pra se libertar da influência da matéria?
- Desde que não deu nenhum passo na direção da perfeição, deve recomeçar uma existência semelhante a que deixou. Fica estacionário e é assim que pode prolongar os sofrimentos de sua expiação.

988 - Há pessoas pras quais a vida flui numa serenidade perfeita, que, não tendo necessidade de fazer qualquer coisa pra si mesmas, estão livres de cuidados. Essa existência feliz é uma prova de que nada têm a expiar duma existência anterior?
- Conheces muitas assim? Se o acreditas, enganas-te. Em geral essa serenidade não é mais que aparente. Podem ter escolhido essa existência, mas, quando a deixam, percebem que ela não os ajudou a progredir, então, como os preguiçosos, lamentam o tempo perdido. Sabei que o espírito não pode adquirir conhecimento e se elevar senão através da atividade, se ele adormece na despreocupação, não se adianta. E semelhante àquele que, de acordo com os vossos costumes, tem necessidade de trabalhar e vai passear ou dormir pra nada fazer. Sabei também que cada qual terá de prestar contas da inatividade voluntária durante a sua existência, essa inutilidade é sempre fatal à felicidade futura. A soma da felicidade futura está na razão da soma do bem que tiver feito, a da infelicidade, na razão do mal e dos infelizes que se tenham feito.

989 - Há pessoas que, sem serem positivamente más, tornam infelizes, em virtude de seu caráter, todos os que as rodeiam. Qual é pra elas a consequência disso?

- Essas pessoas seguramente não são boas e expiarão pela visão daqueles que se tornaram infelizes, cuja presença constituirá pra elas uma exprobação. Depois, numa outra existência, sofrerão aquilo que fizeram sofrer.

6 - Expiação e arrependimento

990 - O arrependimento se dá no estado corporal ou no estado espiritual?

- No estado espiritual, mas também pode ocorrer no estado corporal, quando bem compreendeis a diferença entre o bem e o mal.

991 - Qual a consequência do arrependimento no estado espiritual?

- Desejar o arrependido uma nova encarnação pra se purificar. O espírito compreende as imperfeições que o privam de ser feliz e por isso aspira a uma nova existência em que possa expiar suas faltas.

992 - Que consequência produz o arrependimento no estado corporal?

- Fazer que, já na vida atual, o espírito progrida, se tiver tempo de reparar suas faltas. Quando a consciência o exprobra e lhe mostra uma imperfeição, o homem pode sempre melhorar-se.

993 - Não há homens que só têm o instinto do mal e são inacessíveis ao arrependimento?

- Já te disse que todo espírito tem que progredir incessantemente. Aquele que, nesta vida, só tem o instinto do mal, terá noutra o do bem e é pra isso que renasce muitas vezes, pois preciso é que todos progridam e atinjam a meta. A diferença está somente em que uns gastam mais tempo do que outros, porque assim o querem, aquele que só tem o instinto do bem, já se purificou, visto que talvez tenha tido o do mal em anterior existência.

994 - O homem perverso, que não reconheceu suas faltas durante a vida, sempre as reconhece depois da morte?

- Sempre as reconhece e, então, mais sofre, porque sente em si todo o mal que praticou ou de que foi voluntariamente causa. Contudo, o arrependimento nem sempre é imediato. Há espíritos que se obstinam em permanecer no mau caminho, não obstante os sofrimentos por que passam, porém, cedo ou tarde, reconhecerão errada a senda que tomaram e o arrependimento virá. Pra esclarecê-los trabalham os bons espíritos e também vós podeis trabalhar.

995 - Haverá espíritos que, sem serem maus, se conservem indiferentes à sua sorte?

- Há espíritos que de coisa alguma útil se ocupam. Estão na expectativa, mas, nesse caso, sofrem proporcionalmente. Devendo em tudo haver progresso, neles o progresso se manifesta pela dor.

- Não desejam esses espíritos abreviar seus sofrimentos?

- Desejam-no, sem dúvida, mas falta-lhes energia bastante pra quererem o que os pode aliviar. Quantos indivíduos se contam, entre vós, que preferem morrer de miséria a trabalhar?

996 - Pois que os espíritos veem o mal que lhes resulta de suas imperfeições, como se explica que haja os que agravam suas situações e prolongam o estado de inferioridade em que se encontram, fazendo o mal como espíritos, afastando do bom caminho os homens?

- Assim procedem os de tardio arrependimento. Pode também acontecer que, depois de se haver arrependido, o espírito se deixe arrastar de novo pro caminho do mal por outros espíritos ainda mais atrasados.

997 - Veem-se espíritos, de notória inferioridade, acessíveis aos bons sentimentos e sensíveis às preces que por eles se fazem. Como se explica que outros espíritos, que devêramos supor mais esclarecidos, revelam um endurecimento e um cinismo, dos quais coisa alguma consegue triunfar?

- A prece só tem efeito sobre o espírito que se arrepende. Com relação aos que, impelidos pelo orgulho, se revoltam contra Deus e persistem nos seus desvarios, chegando mesmo a exagerá-los, como o fazem alguns desgraçados espíritos, a prece nada pode e nada poderá, senão no dia em que um clarão de arrependimento se produza neles.

> Não se deve perder de vista que o espírito não se transforma subitamente após a morte do corpo. Se viveu vida condenável, é porque era imperfeito. Ora, a morte não o torna imediatamente perfeito. Pode, pois, persistir em seus erros, em suas falsas opiniões, em seus preconceitos, até que se haja esclarecido pelo estudo, pela reflexão e pelo sofrimento.

998 - A expiação se cumpre no estado corporal ou no estado espiritual?

- A expiação se cumpre durante a existência corporal, mediante as provas a que o espírito se acha submetido e, na vida espiritual, pelos sofrimentos morais, inerentes ao estado de inferioridade do espírito.

999 - Basta o arrependimento durante a vida pra que as faltas do espírito se apaguem e ele ache graça diante de Deus?

- O arrependimento concorre pra melhoria do espírito, mas ele tem que expiar o seu passado.

- Se, diante disto, um criminoso dissesse que, cumprindo-lhe, em todo caso, expiar o seu passado, nenhuma necessidade tem de se arrepender, que é o que daí lhe resultaria?

- Tornar-se mais longa e mais penosa a sua expiação, desde que ele se torne obstinado no mal.

1000 - Já desde esta vida poderemos ir resgatando as nossas faltas?

- Sim, reparando-as, mas não creiais que as resgateis mediante algumas privações pueris, ou distribuindo em esmolas o que possuirdes, depois que morrerdes, quando de nada mais precisais. Deus não dá valor a um arrependimento estéril, sempre fácil e que apenas custa o esforço de bater no peito. A perda de um dedo mínimo, quando se esteja prestando um serviço, apaga mais faltas do que o suplício da carne suportado durante anos, com objetivo exclusivamente pessoal.

Só por meio do bem se repara o mal e a reparação nenhum mérito apresenta, se não atinge o homem nem no seu orgulho, nem nos seus interesses materiais. De que serve, pra sua justificação, que restitua, depois de morrer, os bens mal adquiridos, quando se lhe tornaram inúteis e deles tirou todo o proveito? De que lhe serve privar-se de alguns gozos fúteis, de algumas superfluidades, se permanece integral o dano que causou a outrem? De que lhe serve, finalmente, humilhar-se diante de Deus, se, perante os homens, conserva o seu orgulho?

1001 - Nenhum mérito haverá em assegurarmos, pra depois de nossa morte, emprego útil aos bens que possuímos?

- Nenhum mérito não é o termo. Isso sempre é melhor do que nada. A desgraça, porém, é que aquele, que só depois de morto dá, é quase sempre mais egoísta do que generoso. Quer ter o fruto do bem, sem o trabalho de praticá-lo. Duplo proveito tira aquele que, em vida se priva de alguma coisa, o mérito do sacrifício e o prazer de ver felizes os que lhe devem a felicidade, mas lá está o egoísmo a dizer-lhe, o que dás tiras aos teus gozos, e, como o egoísmo fala mais alto do que o desinteresse e a caridade, o homem guarda o que possui, pretextando suas necessidades pessoais e as exigências da sua posição. Ah! Lastimai aquele que desconhece o prazer de dar, acha-se verdadeiramente privado dum dos mais puros e suaves gozos. Submetendo-o à prova da riqueza, tão escorregadia e perigosa pro seu futuro, houve Deus por bem conceder-lhe, como compensação, a ventura da generosidade, de já neste mundo pode gozar.

1002 - Que deve fazer aquele que, em artigo de morte, reconhece suas faltas, quando já não tem tempo de repará-las? Basta-lhe nesse caso arrepender-se?

- O arrependimento lhe apressa a reabilitação, mas não o absolve. Diante dele não se desdobra o futuro, que jamais se lhe tranca?

7 - Duração das penas futuras.

1003 - A duração dos sofrimentos do culpado na vida futura é arbitrária ou subordinada a alguma lei?

- Deus nunca age de maneira caprichosa e tudo no Universo é regido por leis que revelam a sua sabedoria e a sua bondade.

1004 - O que determina a duração dos sofrimentos do culpado?

- O tempo necessário ao seu melhoramento. O estado de sofrimento e de felicidade sendo proporcional ao grau de pureza de espírito, a duração e a natureza dos seus sofrimentos dependem do tempo que ele precisa pra se melhorar. À medida que ele progride e que os seus sentimentos se depuram, seus sofrimentos diminuem e se modificam. São Luís

1005 - Pro espírito sofredor, o tempo parece tão longo ou mais curto do que quando estava encarnado?

- Parece mais longo, o sono não existe pra ele. Só pros espíritos que atingiram um certo grau de purificação o tempo se apaga, por assim dizer, em face do infinito.

1006 - A duração dos sofrimentos do espírito pode ser eterna?

- Sem dúvida, se ele fosse eternamente mau, ou seja, se jamais tivesse de se arrepender nem de se melhorar. Então, sofreria eternamente, mas Deus não criou seres eternamente votados ao mal. Criou-os apenas simples e ignorantes, e todos devem progredir num tempo mais ou menos longo, de acordo com a própria vontade. Esta pode ser mais ou menos retardada, assim como há crianças mais ou menos precoces, mas, cedo ou tarde, ela se manifesta por uma irresistível necessidade que o espírito sente em sair da sua inferioridade e ser feliz. A lei que rege a duração das penas é, portanto, eminentemente sábia e benevolente, pois subordina essa duração aos esforços do espírito, jamais lhe tirando o livre-arbítrio, se dele fez mau uso, sofrerá as consequências disso. São Luís

1007 - Há espíritos que jamais se arrependem?

- Há espíritos cujo arrependimento é tardio, mas pretender que jamais se melhorem seria negar a lei do progresso e dizer que a criança não pode tornar-se adulto.

1008 - A duração das penas depende sempre da vontade do espírito, não existindo as que lhe são impostas por um tempo determinado?

- Sim, há penas que lhe podem ser impostas por determinado tempo, mas Deus, que não deseja senão o bem de suas criaturas, aceita sempre o arrependimento, e o desejo de se melhorar nunca é estéril. São Luís

1009 - Segundo isso, as penas impostas jamais seriam eternas?

- Consultai o vosso bom senso, a vossa razão e perguntai se uma condenação perpétua, em consequência de alguns momentos de erro, não seria a negação da bondade de Deus. Que é, com efeito, a duração da vida, mesmo que fosse de cem anos, em relação à eternidade? Eternidade! Compreendeis bem essa palavra? Sofrimento, tortura sem fim e sem esperança, apenas por algumas faltas. Não repugna ao vosso próprio critério semelhante pensamento? Que os antigos tivessem visto no Senhor do Universo um Deus terrível, invejoso e vingativo, compreende-se, na sua ignorância emprestaram à divindade as paixões dos homens.

Mas não é esse o Deus dos cristãos, que coloca o amor, a caridade, a misericórdia, o esquecimento das ofensas no plano das primeiras virtudes, poderia ele mesmo não ter as qualidades que exige como um dever? Não há contradição em se lhe atribuir à bondade infinita e a vingança infinita? Dizeis que antes de tudo ele é justo e que o homem não compreende a sua justiça. Mas a justiça não exclui a bondade e Deus não seria bom se destinasse às penas horríveis e perpétuas a maioria de suas criaturas. Poderia fazer da justiça uma obrigação pra seus filhos, se não lhes desse os meios de compreendê-la? Aliás, não é sublime a justiça unida à bondade, que faz a duração das penas depender dos esforços do culpado pra se melhorar? Nisto se encontra a verdade do preceito, a cada um segundo as suas obras. Santo Agostinho

> Empenhai-vos por todos os meios ao vosso alcance no combate, no aniquilamento da ideia da eternidade das penas, pensamento blasfemo da justiça e da bondade de Deus, a mais fecunda fonte da incredulidade, do materialismo e da indiferença que invadiram as massas, desde que a sua inteligência começou a se desenvolver. O espírito prestes a se esclarecer, ou ainda em vias de fazê-lo, bem logo compreendeu a monstruosa injustiça. Sua razão a repele e então raramente deixa de confundir numa mesma condenação a pena que o revolta e o Deus a que é atribuída. Disso decorrem os males sem conta que recaíram sobre vós e pros quais viemos trazer o remédio.

A tarefa que vos assinalamos será tanto mais fácil quanto as autoridades em que se apoiam os defensores dessa crença evitaram se pronunciar de modo formal. Nem os concílios, nem os Pais da Igreja decidiram de maneira absoluta essa grave questão. Se de acordo com os próprios evangelistas, tornando-se ao pé da letra as suas palavras alegóricas, o Cristo ameaçou os culpados com o fogo que não se extingue, com afogo eterno, entretanto, nada existe nessas palavras que provem tê-los condenado eternamente. Pobres ovelhas desgarradas, sabei ver que o Bom Pastor se aproxima de vós e que, longe de querer banir-vos pra sempre da sua presença, vem ao vosso encontro, pra vos reconduzir ao redil. Filhos pródigos, deixai o vosso exílio voluntário. Voltai pra morada paterna, o Pai vos abre os braços e está sempre pronto pra festejar o vosso retorno à família. Lamennais

3 - Guerras de palavras! Guerras de palavras! Não tendes feito verter bastante sangue? Será ainda necessário reacender as fogueiras? Discutem-se as expressões: eternidade das penas, eternidade dos castigos. Não sabeis então que aquilo que hoje entendeis por eternidade os antigos não o entendiam da mesma maneira? Que o teólogo consulte as fontes e como todos vós descobrirá que o texto hebraico não dava a palavra o mesmo sentido que os gregos, os latinos e os modernos traduziram por penas sem fim, irremissíveis. A eternidade dos castigos corresponde à eternidade do mal. Sim, enquanto existir o mal entre o homens subsistirão os castigos, é em sentido relativo que se devem interpretar os textos sagrados.

A eternidade das penas é, portanto, relativa e não absoluta. Dia virá em que todos os homens se revestirão pelo arrependimento da roupagem da inocência, e nesse dia não haverá mais gemidos ou ranger de dentes. Vossa razão é limitada, isso é verdade, mas, tal qual é, representa um presente de Deus e com a ajuda da razão não haverá um só homem de boa-fé que compreenda de outra maneira a eternidade dos castigos.

A eternidade dos castigos! Como? Teríamos então de admitir que o mal fosse eterno, mas só Deus é eterno e não poderia ter criado o mal eterno, pois, se assim não fosse, teríamos de destituí-lo do mais belo dos seus atributos: o soberano poder, porque deixa de ser soberanamente poderoso o que pode criar um demento destruidor de suas próprias obras. Humanidade, Humanidade! Não mergulhes mais o teu sombrio olhar nas profundezas da Terra, buscando os castigos. Chora, espera, expia e refugia-te no pensamento dum Deus infinitamente bom, absolutamente poderoso e essencialmente justo. Platão

4 - Gravitar pra unidade divina, esse é o objetivo da Humanidade. Pra atingi-lo, três coisas lhe são necessárias, a justiça, o amor e a ciência, três coisas lhe são opostas e contrárias: a ignorância, o ódio e a injustiça. Pois bem, em verdade vos digo que mentis a esses princípios fundamentais ao comprometer a ideia de Deus com o exagero de sua

severidade, e duplamente a comprometeis, deixando penetrar no espírito da criatura o pensamento de que ela possui mais clemência, mansuetude, amor e verdadeira justiça do que costumais atribuir ao Ser Infinito.

Destruís mesmo a ideia de Inferno, tornando-a ridícula e inacessível às vossas crenças como o é pros vossos corações o horrendo espetáculo das execuções, das fogueiras e das torturas da Idade Média, mas como? É quando a era das represálias cegas já foi superada pelas legislações humanas que esperais mantê-la numa forma ideal? Oh! Crede-me, irmãos em Deus e em Jesus Cristo, crede-me ou resignai-vos a deixar perecer nas vossas mãos todos os vossos dogmas, pra permitir a sua alteração, ou, então, vivificai-os, abrindo-os aos benéficos eflúvios que os bons espíritos derramam neste momento sobre eles.

A ideia do Inferno com suas fornalhas ardentes, com suas caldeiras ferventes, pôde ser tolerada ou admissível num século mitológico, mas no século XIX não passa de vão fantasma que só serve pra amedrontar as criancinhas, e no qual essas mesmas já não acreditam quando se tornam um pouco maiores. Persistindo nessa mitologia apavorante, engendrais a incredulidade, origem de toda a desorganização social, eis porque tremo ao ver toda uma ordem social abalada e a ruir sobre as próprias bases por falta de sanção penal. Homens de fé ardente e viva, vanguardeiros do dia da luz, ao trabalho, pois! Não pra manter velhas fábulas atualmente desacreditadas, mas pra reavivar e revitalizar a verdadeira sanção penal sob formas que correspondam aos vossos costumes, aos vossos sentimentos e às luzes da vossa época.

Quem é, com efeito, o culpado? Aquele que por um extravio, por um falso impulso da alma se distancia do objetivo da Criação, que consiste no culto harmonioso do belo e do bem idealizado pelo arquétipo humano, pelo homem-deus, por Jesus Cristo. Qual é o castigo? A consequência natural decorrente desse falso impulso, uma quantidade de dores necessárias pra fazê-lo aborrecer-se da sua deformação, pela prova do sofrimento. O castigo é o aguilhão que excita a alma pela amargura a voltar-se sobre si mesma, a retornar ao caminho da salvação. O objetivo do castigo não é outro senão a reabilitação, a redenção. Querer que o castigo seja eterno, por uma falta que não é eterna, é negar-lhe toda a razão de ser. Oh! Em verdade vos digo, cessai, cessai de pôr em paralelo, na eternidade, o Bem, a essência do Criador, com o mal, essência da criatura, isso seria criar uma penalidade injustificável. Afirmai, ao contrário, o abrandamento gradual dos castigos e das penas pelas transmigrações e consagrareis, pela razão ligada ao sentimento, a unidade divina. Paulo, o apóstolo.

5 - Deseja-se incitar o homem ao bem e desviá-lo do mal pelo engodo das recompensas e o temor dos castigos, mas se esses castigos são apresentados de maneira que a razão repele, não terão sobre ele nenhuma influência. Longe disso, ele rejeitará tudo: a forma e o fundo. Que se lhe apresente, pelo contrário, o futuro duma forma lógica e ele não o recusará. O Espiritismo lhe dá essa explicação.

A doutrina da eternidade das penas, no seu sentido absoluto, faz do ser supremo um Deus implacável. Seria lógico dizer-se que um soberano é muito bom muito benevolente, muito indulgente, que não deseja senão a felicidade dos que o rodeiam, mas que ao mesmo tempo é invejoso, vingativo, dum rigor inflexível e que pune com o suplicio máximo três quartas partes de seus súditos por uma infração às suas leis, ainda mesmo aqueles que faliram por não as conhecer? Não seria isso uma contradição? Pois bem. Deus pode ser menos do que o seria um homem?

Outra contradição se apresenta neste caso. Desde que Deus tudo sabe, sabia então, ao criar uma alma, que ela teria de falir, ela estava desde a formação destinada à infelicidade eterna: isto é possível, é racional? Com a doutrina das penas relativas, tudo se justifica. Deus sabia, sem dúvida, que ela teria de falir, mas lhe dá os meios de se esclarecer por sua própria experiência e pelas suas próprias faltas. É necessário que ela expie os seus erros pra melhor se firmar no bem, mas a porta da esperança jamais lhe será fechada e Deus faz depender o momento da sua libertação dos esforços que ela fizer pra atingi-lo. Eis o que todos podem compreender, o que a lógica mais meticulosa pode admitir. Se as penas futuras tivessem sido apresentadas dessa maneira, haveria muito menos céticos.

A palavra eterna é quase sempre empregada na linguagem comum em sentido figurado, pra designar uma coisa de longa duração e da qual não se prevê o termo, embora se saiba muito bem que esse termo existe. Dizemos, por exemplo, os gelos eternos das altas montanhas, dos polos, embora saibamos, dum lado, que o mundo físico pode ter um fim, e de outra parte, que o estado dessas regiões pode modificar-se pelo deslocamento normal do eixo da Terra ou por um cataclismo. A palavra eterno, neste caso, não quer dizer duração infinita. Quando sofremos uma longa doença, dizemos que o nosso mal é eterno.

Que há, pois, pra admirar, se os espíritos que sofrem desde muitos anos, desde séculos, e até mesmo de milhares de anos, também digam assim? Não nos esqueçamos, sobretudo, de que a sua inferioridade não lhes permitindo ver o termo da rota, eles creem sofrer pra sempre, o que é pra eles uma punição. De resto, a doutrina do fogo material, das fornalhas e das torturas emprestadas ao Tártaro do paganismo, está hoje completamente abandonada pela alta Teologia. Apenas nas escolas esses apavorantes quadros alegóricos são ainda apresentados como verdades positivas por alguns homens mais zelosos do que esclarecidos. É isso muito erroneamente, pois, as imaginações jovens, uma vez passado o terror, poderão aumentar o número dos incrédulos.

A Teologia reconhece hoje que a palavra fogo é empregada em sentido figurado, devendo ser entendida como fogo moral. Os que, como nós, acompanharam as peripécias da vida e dos sofrimentos do além-túmulo através das comunicações espíritas puderam convencer-se de que, por não terem nada material, elas não são menos pungentes. A respeito mesmo da sua duração, alguns teólogos começam a admiti-las no sentido restritivo que indicamos acima e pensam que, de fato, a palavra eterno pode referir-se às penas em si mesmas, como consequência duma lei imutável e não na sua aplicação a cada indivíduo. No dia em que a religião admitir essa interpretação, bem como outras que são igualmente a consequência do progresso das luzes, reconduzirá ao seu seio muitas ovelhas desgarradas.

8 - Ressurreição da carne.
1010 - O dogma da ressurreição da carne será a consagração da reencarnação ensinada pelos espíritos?
- Como quereríeis que fosse de outro modo? Conforme sucede com tantas outras, estas palavras só parecem despropositadas, no entender de algumas pessoas, porque as tomam ao pé da letra. Levam, por isso, à incredulidade. Dai-lhes uma interpretação lógica e os que chamais livres pensadores as admitirão sem dificuldades, precisamente pela razão de que refletem. Porque, não vos enganeis, esses livres pensadores o que mais pedem e desejam é crer. Tem, como os outros, ou, talvez, mais que os outros, a sede do futuro, mas não podem admitir o que a ciência desmente. A doutrina da pluralidade das existências é consentânea com a justiça de Deus, só ela explica o que, sem ela, é inexplicável. Como havíeis de pretender que o seu princípio não estivesse na própria religião?
- Assim, pelo dogma da ressurreição da carne, a própria Igreja ensina a doutrina da reencarnação?
- É evidente, Demais essa doutrina decorre de muitas coisas que têm passado despercebidas e que dentro em pouco se compreenderão neste sentido. Reconhecer-se-á em breve que o Espiritismo ressalta a cada passo do texto mesmo das escrituras sagradas. Os espíritos, portanto, não vêm subverter a religião como alguns o pretendem. Vêm, ao contrário, confirmá-la, sancioná-la por provas irrecusáveis. Como, porém, são chegados os tempos de não mais empregarem linguagem figurada, eles se exprimem sem alegorias e dão às coisas sentido claro e preciso, que não possa estar sujeito a qualquer interpretação falsa. Eis por que, daqui a algum tempo, muito maior será do que é hoje o número de pessoas sinceramente religiosas e crentes.

1011 - Observação: Na tradução do livro pra língua portuguesa, os tradutores pularam da questão 1011 pra 1012, portanto nós vamos colocar a questão francesa, original.
Kardec pergunta: - A Igreja, então, no dogma da ressurreição do corpo, realmente ensina a doutrina da reencarnação?
- Isso é evidente, mas logo será visto que a reencarnação está implícita em todas as partes da Sagrada Escrita. Os espíritos, portanto, não vêm derrubar a religião, como às vezes é afirmado, eles vêm, pelo contrário, pra confirmá-lo e sancioná-lo por provas irrefragáveis, mas, como o tempo chegou pra renunciar ao uso da linguagem figurativa, eles falam sem alegorias e dar a cada afirmação um significado claro e preciso que evita todo perigo de interpretação falsa. Por esta razão, haverá, há muito tempo, um número maior de pessoas sinceramente religiosas e realmente crentes do que se encontram no presente.

> A Ciência demonstra a impossibilidade da ressurreição segundo a ideia vulgar. Se os despojos do corpo humano permanecessem homogêneos, embora dispersados e reduzidos a pó, ainda se conceberia a sua reunião em determinado tempo, mas as coisas não se passam assim. O corpo é formado por elementos diversos, oxigênio, hidrogênio, azoto, carbono, etc. Pela decomposição, esses elementos se dispersam, mas vão servir à formação de novos corpos, e isso de tal maneira que a mesma molécula, por exemplo, de carbono, entrará na composição de muitos milhares de corpos diferentes (não falamos senão dos corpos humanos, sem contar os dos animais).
Dessa maneira, um indivíduo pode ter em seu corpo moléculas que pertenceram aos homens dos primeiros tempos. E essas mesmas moléculas orgânicas que absorveis dos vossos alimentos provêm talvez do corpo dum indivíduo que conhecestes, e assim por diante. Sendo a matéria de quantidade definida e suas transformações em número indefinido como poderia cada um desses corpos reconstituir-se com seus mesmos elementos? Há nisso uma impossibilidade material. Não se pode, portanto, racionalmente admitir a ressurreição da carne, senão como uma figura simbolizando o fenômeno da reencarnação. E então nada há que choque a razão, nada que esteja em contradição com os dados da Ciência.
É verdade que segundo o dogma essa ressurreição não deve ocorrer senão no fim dos tempos, enquanto segundo a Doutrina Espírita ocorre todos os dias, mas não há também nesse quadro do julgamento final uma grande e bela figura que oculta, sob o véu da alegoria, uma dessas verdades imutáveis que os céticos não rejeitarão quando forem conduzidas à verdadeira significação? Que se medite bem a teoria espírita sobre o futuro das almas e sobre a sua sorte, em consequência das diferentes provas que devem sofrer, e se verá que, com exceção da simultaneidade, o julgamento em que são condenadas ou absolvidas não é uma ficção como pensam os incrédulos. Consideremos ainda que ela é a consequência natural da pluralidade dos mundos, hoje perfeitamente admitida, enquanto, segundo a doutrina do julgamento final, a Terra é considerada como o único mundo habitado.

9 - Paraíso, Inferno, Purgatório, Paraíso perdido.
1012 - Haverá no Universo lugares circunscritos pras penas e gozos dos espíritos segundo seus merecimentos?
- Já respondemos a esta pergunta. As penas e os gozos são inerentes ao grau de perfeição dos espíritos. Cada um tira de si mesmo o princípio de sua felicidade ou de sua desgraça e como eles estão por toda parte, nenhum lugar

circunscrito ou fechado existe especialmente destinado a uma ou outra coisa. Quanto aos encarnados, esses são mais ou menos felizes ou desgraçados, conforme é mais ou menos adiantado o mundo em que habitam.

- De acordo, então, com o que vindes de dizer, o Inferno e o paraíso não existem, tais como o homem os imagina?
- São simples alegoria, por toda parte há espíritos ditosos e inditosos. Entretanto, conforme também há dissemos, os espíritos de uma mesma ordem se reúnem por simpatia, mas podem reunir-se onde queiram, quando são perfeitos.

> A localização absoluta dos lugares de penas e de recompensas só existe na imaginação dos homens, elas provém da sua tendência de materializar e circunscrever as coisas cuja natureza infinita eles não podem compreender.

1013 - O que se deve entender por Purgatório?
- Dores físicas e morais, é o tempo da expiação, é quase sempre na Terra que fazeis o vosso Purgatório e que Deus vos faz expiaras vossas faltas.

> Aquilo que o homem chama Purgatório é também uma figura pela qual se deve entender, não algum lugar determinado, mas o estado dos espíritos imperfeitos que estão em expiação até a purificação completa que deve elevá-los ao plano dos espíritos felizes. Operando-se essa purificação nas diversas encarnações, o Purgatório consiste nas provas da vida corpórea.

1014 - Como se explica que os espíritos que revelam superioridade por sua linguagem tenham respondido, a pessoas bastante sérias, a respeito do Inferno e do Purgatório, de acordo com as ideias vulgarmente admitidas?
- Eles falam uma linguagem que possa ser compreendida pelas pessoas que os interrogam. Quando essas pessoas estão muito imbuídas de certas ideias, eles não querem chocá-las muito rudemente, pra não ferir as suas convicções. Se um espírito fosse dizer, sem precauções oratórias, a um muçulmano, que Maomé não era um profeta, ele seria muito mal recebido.
- Concebe-se isso da parte dos espíritos que desejam instruir-nos, mas como se explica que espíritos interrogados sobre a sua situação tenham respondido que sofriam as torturas do Inferno ou do Purgatório?
- Quando eles são inferiores e não estão completamente desmaterializados, eles conservam uma parte de suas ideias terrenas e traduzem as suas impressões pelos termos que lhes são familiares. Eles se encontram num meio que não lhes permite sondar o futuro senão de maneira deficiente. Essa é a causa por que em geral os espíritos errantes, ou recentemente libertados, falam como teriam feito se estivessem na vida carnal. Inferno pode traduzir-se por uma vida de provas extremamente penosas, com a incerteza de melhora, Purgatório, por uma vida também de provas, mas com a consciência dum futuro melhor. Quando sofres uma grande dor, não dizes que sofres como um danado? Não são mais que palavras, sempre em sentido figurado.

1015 - O que se deve entender por alma penada?
- Uma alma errante e sofredora, incerta do seu futuro, à qual podeis proporcionar um alívio que frequentemente ela solicita ao vir comunicar-se convosco.

1016 - Em que sentido se deve entender a palavra Céu?
- Crês que seja um lugar como os Campos Elíseos dos antigos, onde todos os bons espíritos estão aglomerados e confundidos, sem outra preocupação que a de gozar na eternidade uma felicidade passiva? Não, e o espaço universal, são os planetas, as estrelas e todos os mundos superiores em que os espíritos gozam de todas as suas faculdades, sem as atribulações da vida material nem as angústias inerentes à inferioridade.

1017 - Disseram alguns espíritos habitar o quarto, o quinto Céu, etc., o que entendiam por isso?
- Vós lhes perguntais que Céu habitam, porque tendes a ideia de muitos Céus sobrepostos como os andares duma casa, então eles respondem de acordo com a vossa linguagem, mas pra eles, as palavras quarto, quinto Céu exprimem diferentes graus de purificação e por conseguinte de felicidade. É exatamente como quando se pergunta a um espírito se ele está no Inferno. Se ele for infeliz, ele dirá que sim, porque pra ele o Inferno é sinônimo de sofrimento, mas ele sabe muito bem que não se trata duma fornalha. Um pagão vos responderia que estava no Tártaro.

> O mesmo pode ser dito em relação a outras expressões de caráter semelhante, como "a cidade das flores", "a cidade dos eleitos", a 1ª, 2ª ou 3ª "esfera", etc., que são apenas alegórico e empregado por alguns espíritos no sentido figurativo, por outros, da ignorância da realidade das coisas, ou mesmo dos princípios mais elementares da ciência natural. De acordo com a ideia restrita anteriormente divertida em relação às localidades de recompensas e punições e à crença comum de que a Terra era o centro do universo, que o céu formava um cofre sobre a cabeça e que havia uma região específica de estrelas. Os homens colocaram o Céu acima e o Inferno abaixo, daí as expressões pra "ascender ao céu", estar no "Céu mais alto" pra ser "derrubado no Inferno", etc.
Agora que a Astronomia, tendo rastreado a história da Terra e descrito sua Constituição, nos mostrou que é um dos mundos mais pequenos que circulam no espaço e desprovidos de qualquer importância especial, que o espaço é infinito

e que não há "lábios" nem "baixos" no universo, os homens foram obrigados a deixar de colocar Céu acima das nuvens e Inferno nas "partes inferiores da Terra". Quanto ao Purgatório, nenhum lugar fixo foi atribuído a ele. Foi reservado ao Espiritismo dar, em relação a todos esses pontos, uma explicação que é ao mesmo tempo e no mais alto grau, racional, sublime e consolador, mostrando-nos que temos em nós mesmos nosso "Inferno" e nosso "Céu", e que encontramos nosso "Purgatório" no estado de encarnação, em nossas vidas físicas ou físicas sucessivas.

1018 - Em que sentido se deve entender as palavras de Cristo: - *Meu reino não é deste mundo?*

- Cristo respondeu em sentido figurado, ele queria dizer que não reina senão sobre os corações puros e desinteressados. Ele está em todos os lugares em que domine o amor do bem, mas os homens, ávidos das coisas deste mundo e ligados aos bens da Terra, não estão com ele.

1019 - O reino do bem poderá um dia realizar-se na Terra?

- O bem reinará na Terra quando, entre os espíritos que a vêm habitar, os bons superarem os maus, então eles farão reinar o amor e a justiça, que são a fonte do bem e da felicidade, é pelo progresso moral e pela prática das leis de Deus que o homem atrairá pra Terra os bons espíritos e afastará os maus, mas os maus só a deixarão quando o homem tiver banido daqui o orgulho e o egoísmo.

> A transformação da Humanidade foi predita e chegais a esse momento em que todos os homens progressistas estão se apressando. Ela se realizará pela encarnação de espíritos melhores, que constituirão sobre a Terra uma nova geração. Então os espíritos dos maus, que a morte ceifa diariamente, e todos os que tendem a deter a marcha das coisas serão excluídos, porque estariam deslocados entre os homens de bem, cuja felicidade perturbariam. Irão pra mundos novos, menos adiantados, cumprir missões penosas, nas quais poderão trabalhar pelo seu próprio adiantamento ao mesmo tempo em que trabalharão pro adiantamento de seus irmãos ainda mais atrasados. Não vedes nessa exclusão da Terra transformada a sublime figura do Paraíso Perdido?

E no homem que veio à Terra em condições semelhantes, trazendo em si os germes de suas paixões e os traços de sua inferioridade primitiva, a figura não menos sublime do pecado original? Considerado dessa maneira, o pecado original se refere à natureza ainda imperfeita do homem que só é responsável por si mesmo e por suas próprias faltas, e não pelas dos seus pais.

Vós todos, homens de fé e de boa vontade, trabalhai, portanto, com zelo e com coragem na grande obra da regeneração, porque colhereis centuplicado o grão que tiverdes semeado. Infelizes dos que fecham os olhos à luz, pois preparam pra si mesmos longos séculos de trevas e de decepções. Infelizes dos que colocam todas as suas alegrias nos bens deste mundo, porque sofrerão mais privações que os gozos que tenham tido. Infelizes, sobretudo dos egoístas, porque não encontrarão ninguém pros ajudara carregar o fardo das suas misérias. São Luís

Sociedade Armônica

Conclusão

1

Quem, de magnetismo terrestre, apenas conhecesse o brinquedo dos patinhos imantados que, sob a ação do imã, se movimentam em todas as direções numa bacia com água, dificilmente poderia compreender que ali está o segredo do mecanismo do Universo e da marcha dos mundos. O mesmo se dá com quem, do Espiritismo, apenas conhece o movimento das mesas, em o qual só vê um divertimento, um passatempo, sem compreender que esse fenômeno tão simples e vulgar, que a antiguidade e até povos semisselvagens conheceram, possa ter ligação com as mais graves questões da ordem social.

Efetivamente, pro observador superficial, que relação pode ter com a moral e o futuro da Humanidade uma mesa que se move? Quem quer, porém, que reflita se lembrará de que duma simples panela a ferver e cuja tampa se erguia continuamente, fato que também ocorre desde toda a antiguidade, saiu o possante motor com que o homem transpõe o espaço e suprime as distâncias. Pois bem! Sabei, vós que não credes senão no que pertence ao mundo material, que dessa mesa, que gira e vos faz sorrir desdenhosamente, saiu uma ciência, assim como a solução dos problemas que nenhuma filosofia pudera ainda resolver. Apelo pra todos os adversários de boa-fé e os adjuro a que digam se deram ao trabalho de estudar o que criticam.

Porque, em boa lógica, a crítica só tem valor quando o crítico é conhecedor daquilo de que fala. Zombar de uma coisa que se não conhece, que se não sondou com o escalpelo do observador consciencioso, não é criticar, é dar prova de leviandade e triste mostra de falta de critério. Certamente que, se houvéssemos apresentado esta filosofia como obra de um cérebro humano, menos desdenhoso tratamento encontraria e teria merecido as honras do exame dos que pretendem dirigir a opinião. Vem ela, porém, dos espíritos. Que absurdo! Mal lhe dispensam um simples olhar. Julgam-na pelo título, como o macaco da fábula julgava da noz pela casca. Fazei, se quiserdes, abstração da sua origem. Suponde que este livro é obra dum homem e dizei do íntimo e em consciência se depois de o terdes lido seriamente, achais nele matéria pra zombaria.

2

O Espiritismo é o mais terrível antagonista do materialismo. Não é, pois, de admirar que tenha por adversários os materialistas, mas como o materialismo é uma doutrina cujos adeptos mal ousam confessar que o são, eles se acobertam com o manto da razão e da ciência. E, coisa estranha, os mais cépticos chegam a falar em nome da religião, que não conhecem e não compreendem melhor que ao Espiritismo. Por ponto de mira tomam o maravilhoso e o sobrenatural, que não admitem. Ora, dizem, pois que o Espiritismo se funda no maravilhoso, não pode deixar de ser uma suposição ridícula.

Não refletem que, condenando, sem restrições, o maravilhoso e o sobrenatural, também condenam a religião. Com efeito, a religião se funda na revelação e nos milagres. Ora, que é a revelação, senão um conjunto de comunicações extraterrenas? Todos os autores sagrados, desde Moisés, têm falado dessa espécie de comunicações. Que são os milagres, senão fatos maravilhosos e sobrenaturais, por excelência, visto que, no sentido litúrgico, constituem derrogações das leis da natureza? Logo, rejeitando o maravilhoso e o sobrenatural, eles rejeitam as bases mesmas da religião. Não é deste ponto de vista, porém, que devemos encarar a questão.

Ao Espiritismo não compete examinar se há ou não milagres, isto é, se em certos casos houve Deus por bem derrogar as leis eternas que regem o Universo. Permite, a este respeito, inteira liberdade de crença. Diz e prova que os fenômenos em que se baseia de sobrenaturais só têm a aparência. E parecem tais a algumas pessoas, apenas porque são insólitos e diferentes dos fatos conhecidos. Não são, contudo, mais sobrenaturais do que todos os fenômenos, cuja explicação a Ciência hoje dá e que parecem maravilhosos noutra época. Todos os fenômenos espíritas, sem exceção, resultam de leis gerais. Revelam-nos uma das forças da natureza, força desconhecida, ou, por melhor dizer, incompreendida até agora, mas que a observação demonstra estar na ordem das coisas.

Assim, pois, o Espiritismo se apoia menos no maravilhoso e no sobrenatural do que a própria religião. Conseguintemente, os que o atacam por esse lado mostram que o não conhecem e ainda quando fossem os maiores sábios, lhes diríamos: se a vossa ciência, que vos instruiu em tantas coisas, não vos ensinou que o domínio da natureza é infinito, sois apenas meio sábios.

3

Dizeis que desejais curar o vosso século de uma mania que ameaça invadir o mundo. Preferiríeis que o mundo fosse invadido pela incredulidade que procurais propagar? A que se deve atribuir o relaxamento dos laços de família e a maior parte das desordens que minam a sociedade, senão à ausência de toda crença? Demonstrando a existência e a imortalidade da alma, o Espiritismo reaviva a fé no futuro, levanta os ânimos abatidos, faz suportar com resignação as vicissitudes da vida. Ousaríeis chamar a isto um mal? Duas doutrinas se defrontam, uma, que nega o futuro, outra, que lhe proclama e prova a existência, uma, que nada explica, outra, que explica tudo e que, por isso mesmo, se dirige à razão, uma, que é a sanção do egoísmo, outra, que oferece base à justiça, à caridade e ao amor do próximo.

A primeira somente mostra o presente e aniquila toda esperança, a segunda consola e desvenda o vasto campo do futuro. Qual a mais preciosa? Algumas pessoas, dentre as mais cépticas, se fazem apóstolos da fraternidade e do progresso, mas a fraternidade pressupõe desinteresse, abnegação da personalidade. Com que direito impondes um sacrifício àquele a quem dizeis que, com a morte, tudo se lhe acabará, que amanhã, talvez, ele não será mais do que uma velha máquina desmantelada e atirada ao monturo?

Que razões ele terá pra impor a si mesmo uma privação qualquer? Não será mais natural que trate de viver o melhor possível, durante os breves instantes que lhe concedeis? Daí o desejo de possuir muito pra melhor gozar. Do desejo nasce a inveja dos que possuem mais e, dessa inveja à vontade de apoderar-se do que a estes pertence, o passo é curto.

Que é que o detém? A lei? A lei, porém, não abrange todos os casos. Direis que a consciência, o sentimento do dever. Mas, em que baseias o sentimento do dever? Terá razão de ser esse sentimento, de par com a crença de que tudo se acaba com a vida? Onde essa crença exista, uma só máxima é racional: cada um por si, não passando de vãs palavras as ideias de fraternidade, de consciência, de dever, de humanidade, mesmo de progresso. Oh! Vós que proclamais semelhantes doutrinas, não sabeis quão grande é o mal que fazeis à sociedade, nem de quantos crimes assumis a responsabilidade! Pro céptico, tal coisa não existe. Só à matéria rende ele homenagem.

4

O progresso da Humanidade tem seu princípio na aplicação da lei de justiça, de amor e de caridade, lei que se funda na certeza do futuro. Tirai-lhe essa certeza e lhe tirareis a pedra fundamental. Dessa lei derivam todas as outras, porque ela encerra todas as condições da felicidade do homem. Só ela pode curar as chagas da sociedade. Comparando as idades e os povos, pode ele avaliar quanto a sua condição melhora, à medida que essa lei vai sendo mais bem compreendida e praticada. Ora, se, aplicando-a parcial e incompletamente, aufere o homem tanto bem, que não conseguirá quando fizer dela a base de todas as suas instituições sociais! Será isso possível? Certo, porquanto, desde que ele já deu dez passos, possível lhe é dar vinte e assim por diante.

Do futuro se pode, pois, julgar pelo passado. Já vemos pouco a pouco se extinguem as antipatias de povo pra povo. Diante da civilização, diminuem as barreiras que os separavam. De um extremo a outro do mundo, eles se estendem as mãos. Maior justiça preside à elaboração das leis internacionais. As guerras se tornam cada vez mais raras e não excluem os sentimentos de humanidade. Nas relações, a uniformidade se vai estabelecendo. Apagam-se as distinções de raças e de castas e os que professam crenças diversas impõem silêncio aos prejuízos de seita, pra se confundirem na adoração dum único Deus. Falamos dos povos que marcham à testa da civilização.

A todos estes respeitos, no entanto, longe ainda estamos da perfeição e muitas ruínas antigas, ainda se têm que abater, até que não restem mais vestígios da barbaria. Poderão acaso essas ruínas sustentar-se contra a força irresistível do progresso, contra essa força viva que é, em si mesma, uma lei da natureza? Sendo a geração atual mais adiantada do que a anterior, por que não o será mais do que a presente a que lhe há de suceder? Sê-lo-á, pela força das coisas.

Primeiro, porque, com as gerações, todos os dias se extinguem alguns campeões dos velhos abusos, o que permite à sociedade formar-se de elementos novos, livres dos velhos preconceitos. Em segundo lugar, porque, desejando o progresso, o homem estuda os obstáculos e se aplica a removê-los. Desde que é incontestável o movimento progressivo, não há que duvidar do progresso vindouro. O homem quer ser feliz e é natural esse desejo. Ora, buscando progredir, o que ele procura é aumentar a soma da sua felicidade, sem o que o progresso careceria de objeto. Em que consistiria pra ele o progresso, se lhe não devesse melhorar a posição?

Quando, porém, conseguir a soma de gozos que o progresso intelectual lhe pode proporcionar, verificará que não está completa a sua felicidade. Reconhecerá ser esta impossível, sem a segurança nas relações sociais, segurança que somente no progresso moral lhe será dado achar. Logo, pela força mesma das coisas, ele próprio dirigirá o progresso pra essa senda e o Espiritismo lhe oferecerá a mais poderosa alavanca pra alcançar tal objetivo.

5

Os que dizem que as crenças espíritas ameaçam invadir o mundo, proclamam, ipso facto, a força do Espiritismo, porque jamais poderia tornar-se universal uma ideia sem fundamento e destituída de lógica. Assim, se o Espiritismo se implanta por toda parte, se, principalmente nas classes cultas, recruta adeptos, como todos facilmente reconhecerão, é que tem um fundo de verdade.

Baldados, contra tanta tendência, serão todos os esforços dos seus detratores e a prova é que o próprio ridículo, de que procuram cobri-lo, longe de lhe amortecer o ímpeto, parece ter-lhe dado novo vigor, resultado que plenamente justifica o que repetidas vezes os espíritos hão dito: "Não vos inquieteis com a oposição; tudo o que contra vós fizerem se tornará o vosso favor e os vossos maiores adversários, sem o quererem, servirão à vossa causa. Contra a vontade de Deus não poderá prevalecer a má vontade dos homens".

Por meio do Espiritismo, a Humanidade tem que entrar numa nova fase, a do progresso moral que lhe é consequência inevitável. Não mais, pois, vos espanteis da rapidez com que as ideias espíritas se propagam. A causa dessa celeridade reside na satisfação que trazem a todos os que as aprofundam e que nelas veem alguma coisa mais do que fútil passatempo. Ora, como cada um o que acima de tudo quer é a sua felicidade, nada há de surpreendente em que cada um se apegue a uma ideia que faz ditosos os que a esposam.

Três períodos distintos apresenta o desenvolvimento dessas ideias, primeiro, o da curiosidade, que a singularidade dos fenômenos produzidos desperta; segundo, o do raciocínio e da filosofia, terceiro, o da aplicação e das consequências. O período da curiosidade passou, a curiosidade dura pouco. Uma vez satisfeita, muda de objeto. O mesmo não acontece com o que desafia a meditação séria e o raciocínio.

Começou o segundo período, o terceiro virá inevitavelmente. O Espiritismo progrediu principalmente depois que foi sendo mais bem compreendido na sua essência íntima, depois que lhe perceberam o alcance, porque tange a corda mais sensível do homem, a da sua felicidade, mesmo neste mundo. Aí a causa da sua propagação, o segredo da força que o fará triunfar. Enquanto a sua influência não atinge as massas, ele vai felicitando os que o compreendem. Mesmo os que nenhum fenômeno tem testemunhado, dizem, à parte esses fenômenos, há a filosofia, que me explica o que nenhuma outra me havia explicado.

Nela encontro, por meio unicamente do raciocínio, uma solução racional pros problemas que no mais alto grau interessam ao meu futuro. Ela me dá calma, firmeza, confiança, livra-me do tormento da incerteza. Ao lado de tudo isto, secundária se torna a questão dos fatos materiais. Quereis, vós todos que o atacais, um meio de combatê-lo com êxito? Aqui o tendes. Substituí-o por alguma coisa melhor, indicai solução mais filosófica pra todas as questões que ele resolveu, dai ao homem outra certeza que o faça mais feliz, porém compreendei bem o alcance desta palavra certeza, porquanto o homem não aceita, como certo, senão o que lhe parece lógico.

Não vos contenteis com dizer, isto não é assim, demasiado fácil é semelhante afirmativa. Provai, não por negação, mas por fatos, que isto não é real, nunca o foi e não pode ser. Se não é, dizei o que o é, em seu lugar. Provai, final mente, que as consequências do Espiritismo não são tornar melhor o homem e, portanto, mais feliz, pela prática da mais pura moral evangélica, moral a que se tecem muitos louvores, mas que muito pouco se pratica.

Quando houverdes feito isso, tereis o direito de atacá-lo. O Espiritismo é forte porque assenta sobre as próprias bases da religião, Deus, a alma, as penas e as recompensas futuras; sobretudo, porque mostra que essas penas e recompensas são corolários naturais da vida terrestre e, ainda, porque, no quadro que apresenta do futuro, nada há que a razão mais exigente possa recusar. Que compensação ofereceis aos sofrimentos deste mundo, vós cuja doutrina consiste unicamente na negação do futuro?

Enquanto vos apoiais na incredulidade, ele se apoia na confiança em Deus, ao passo que convida os homens à felicidade, à esperança, à verdadeira fraternidade, vós lhes ofereceis o nada por perspectiva e o egoísmo por consolação. Ele tudo explica, vós nada explicais. Ele prova pelos fatos, vós nada provais. Como quereis que se hesite entre as duas doutrinas?

6

Falsa ideia formaria do Espiritismo quem julgasse que a sua força lhe vem da prática das manifestações materiais e que, portanto, obstando-se a tais manifestações, se lhe terá minado a base. Sua força está na sua filosofia, no apelo que dirige à razão, ao bom senso. Na antiguidade, era objeto de estudos misteriosos, que cuidadosamente se ocultavam do vulgo. Hoje, pra ninguém tem segredos. Fala uma linguagem clara, sem ambiguidades. Nada há nele de místico, nada de alegorias susceptíveis de falsas interpretações. Quer ser por todos compreendido, porque chegados são os tempos de fazer-se que os homens conheçam a verdade. Longe de se opor à difusão da luz, deseja-a pra todo o mundo. Não reclama crença cega, quer que o homem saiba por que crê. Apoiando-se na razão, será sempre mais forte do que os que se apoiam no abala.

Os obstáculos que tentassem oferecer à liberdade das manifestações poderiam pôr lhe fim? Não, porque produziriam o efeito de todas as perseguições: o de excitar a curiosidade e o desejo de conhecer o que foi proibido. De outro lado, se as manifestações espíritas fossem privilégio de um único homem, sem dúvida que, segregado esse homem, as manifestações cessariam. Infelizmente pros seus adversários, elas estão ao alcance de toda gente e todos a elas recorrem, desde o mais pequenino até o mais graduado, desde o palácio até a mansarda. Poderão proibir que sejam obtidas em público.

Sabe-se, porém, precisamente que em público não é onde melhor se dão e sim na intimidade. Ora, podendo todos ser médiuns, quem poderá impedir que uma família, no seu lar, um indivíduo, no silêncio de seu gabinete, o prisioneiro, no seu cubículo, entrem em comunicação com os espíritos, a despeito dos esbirros e mesmo na presença deles?

Se as proibirem num país, poderão obstar a que se verifiquem nos países vizinhos, no mundo inteiro, uma vez que nos dois hemisférios não há lugar onde não existam médiuns? Pra se encarcerarem todos os médiuns, preciso fora que se encarcerasse a metade do gênero humano. Chegassem mesmo a isso, que não seria mais fácil, a queimar todos os livros espíritas e no dia seguinte estariam reproduzidos, porque inatacável é a fonte donde dimanam e porque ninguém pode encarcerar ou queimar os espíritos, seus verdadeiros autores.

O Espiritismo não é obra de um homem. Ninguém pode inculcar-se como seu criador, pois tão antigo é ele quanto à criação. Encontramo-lo por toda parte, em todas as religiões, principalmente na religião Católica e aí com mais autoridade do que em todas as outras, porquanto nela se nos depara o princípio de tudo que há nele, os espíritos em todos os graus de elevação, suas relações ocultas e ostensivas com os homens, os anjos guardiães, a reencarnação, a emancipação da alma durante a vida, a dupla vista, todos os gêneros de manifestações, as aparições e até as aparições tangíveis.

Quanto aos demônios, esses não são senão os maus espíritos e, salvo a crença de que aqueles foram destinados a permanecer perpetuamente no mal, ao passo que a senda do progresso se conserva aberta aos segundos, não há entre uns e outros mais do que simples diferença de nomes. Que faz a moderna ciência espírita? Reúne em corpo de doutrina o que estava esparso, explica, com os termos próprios, o que só era dito em linguagem alegórica, poda o que a superstição e a ignorância engendraram, pra só deixar o que é real e positivo. Esse o seu papel! O de fundadora não lhe pertence. Mostra o que existe, coordena, porém não cria, por isso que suas bases são de todos os tempos e de todos os lugares. Quem, pois, ousaria considerar-se bastante forte pra abafá-la com sarcasmos, ou, ainda, com perseguições? Se a proscreverem de um lado, renascerá noutras partes, no próprio terreno donde a tenham banido, porque ela está em a natureza e ao homem não é dado aniquilar uma força da natureza, nem opor veto aos decretos de Deus. Que interesse, aos demais, haveria em obstar-se a propagação das ideias espíritas? É exato que elas se erguem contra os abusos que nascem do orgulho e do egoísmo, mas, se é certo que desses abusos há quem aproveite, à coletividade humana eles prejudicam.

A coletividade, portanto, será favorável a tais ideias, contando-se-lhes por adversários sérios apenas os interessados em manter aqueles abusos. As ideias espíritas, ao contrário, são um penhor de ordem e tranquilidade, porque, pela sua influência, os homens se tornam melhores uns pra com os outros, menos ávidos das coisas materiais e mais resignados aos decretos da Providência.

7

O Espiritismo se apresenta sob três aspectos diferentes: o das manifestações, o dos princípios e da filosofia que delas decorrem e o da aplicação desses princípios. Daí, três classes, ou, antes, três graus de adeptos: 1° os que creem nas manifestações e se limitam a compro vá-las, pra esses, o Espiritismo é uma ciência experimental; 2° os que lhe percebem as consequências morais; 3° os que praticam ou se esforçam por praticar essa moral. Qualquer que seja o ponto de vista, científico ou moral, sob que considerem esses estranhos fenômenos, todos compreendem constituírem eles uma ordem, inteiramente nova, de ideias que surge e da qual não pode deixar de resultar uma profunda modificação no estado da Humanidade e compreendem que essa modificação não pode deixar de operar-se no sentido do bem.

Quanto aos adversários, também podemos classificá-los em três categorias. 1ª - A dos que negam sistematicamente tudo o que é novo, ou deles não venha, e que falam sem conhecimento de causa. A esta classe pertencem todos os que não admitem senão o que possa ter o testemunho dos sentidos. Nada viram, nada querem ver e ainda menos aprofundar. Ficariam mesmo aborrecidos se vissem as coisas muito claramente, porque forçoso lhes seria convir em que não têm razão. Pra eles, o Espiritismo é uma quimera, uma loucura, uma utopia, não existe, está dito tudo. São os incrédulos de caso pensado. Ao lado desses, podem colocar-se os que não se dignam de dar aos fatos a mínima atenção, sequer por desencargo de consciência, a fim de poderem dizer: Quis ver e nada vi. Não compreendem que seja preciso mais de meia hora pra alguém se inteirar de uma ciência.

2ª - A dos que, sabendo muito bem o que pensar da realidade dos fatos, os combatem, todavia, por motivos de interesse pessoal. Pra estes, o Espiritismo existe, mas lhes receiam as consequências. Atacam-no como a um inimigo.

3ª - A dos que acham na moral espírita censura por demais severa aos seus atos ou às suas tendências. Tomado ao sério, o Espiritismo os embaraçaria; não o rejeitam, nem o aprovam: preferem fechar os olhos. Os primeiros são movidos pelo orgulho e pela presunção; os segundos, pela ambição, os terceiros, pelo egoísmo. Concebe-se que, nenhuma solidez tendo, essas causas de oposição venham a desaparecer com o tempo, pois em vão procuraríamos uma quarta classe de antagonistas, a dos que em patentes provas contrárias se apoiassem demonstrando estudo laborioso e porfiado da questão. Todos apenas opõem a negação, nenhum aduz demonstração, séria e irrefutável.

Fora presumir da natureza humana supor que ela possa transformar-se de súbito, por efeito das ideias espíritas. A ação que estas exercem não é certamente idêntica, nem do mesmo grau, em todos os que as professam. Mas, o resultado dessa ação, qualquer que seja, ainda que extremamente fraco, representa sempre uma melhora. Será, quando menos, o de dar a prova da existência de um mundo extracorpóreo, o que implica a negação das doutrinas materialistas. Isto deriva da só observação dos fatos, porém, pros que compreendem o Espiritismo filosófico e nele veem outra coisa, que não somente fenômenos mais ou menos curiosos, diversos são os seus efeitos.

O primeiro e mais geral consiste e desenvolver o sentimento religioso até naquele que, sem ser materialista, olha com absoluta indiferença pras questões espirituais. Daí, lhe advém o desprezo pela morte. Não dizemos o desejo de morrer, longe disso, porquanto o espírita defenderá sua vida como qualquer outro, mas uma indiferença que o leva a aceitar, sem queixa, nem pesar, uma morte inevitável, como coisa mais de alegrar do que de temer, pela certeza que tem do estado que se lhe segue. O segundo efeito, quase tão geral quanto o primeiro, é a resignação nas vicissitudes da vida.

O Espiritismo dá a ver as coisas de tão alto, que, perdendo a vida terrena três quartas partes da sua importância, o homem não se aflige tanto com as tribulações que a acompanham. Daí, mais coragem nas aflições, mais moderação nos desejos. Daí, também, o banimento da ideia de abreviar os dias da existência, por isso que a ciência espírita ensina que, pelo suicídio, sempre se perde o que se queria ganhar. A certeza de um futuro, que temos a faculdade de tornar feliz, a possibilidade de estabelecermos relações com os entes que nos são caros, oferecem ao espírita suprema consolação. O horizonte se lhe dilata ao infinito, graças ao espetáculo, a que assiste incessantemente, da vida de além-túmulo, cujas misteriosas profundezas lhe é facultado sondar.

O 3º efeito é o estimular no homem a indulgência com os defeitos alheios. Todavia, cumpre dizê-lo, o princípio egoísta e tudo que dele decorre são o que há de mais tenaz no homem e, por conseguinte, de mais difícil de desarraigar. Toda gente faz voluntariamente sacrifícios, contanto que nada custem e de nada privem. Pra maioria dos homens, o dinheiro tem ainda irresistível atrativo e bem poucos compreendem a palavra supérfluo, quando de suas pessoas se trata. Por isso mesmo, a abnegação da personalidade constitui sinal de grandíssimo progresso.

8

Perguntam algumas pessoas: Ensinam os espíritos qualquer moral nova, qualquer coisa superior ao que disse o Cristo? Se a moral deles não é senão a do Evangelho, de que serve o Espiritismo? Este raciocínio se assemelha notavelmente ao do califa Omar, com relação à biblioteca de Alexandria: "Se ela não contém mais do que o que está no *Corão*, é inútil. Logo deve ser queimada. Se contém coisa diversa, é nociva. Logo, também deve ser queimada". Não, o Espiritismo não traz moral diferente da de Jesus, mas, perguntamos, por nossa vez, antes que viesse o Cristo, não tinham os homens à lei dada por Deus a Moisés? A doutrina do Cristo não se acha contida no Decálogo? Dir-se-á, por isso, que a moral de Jesus era inútil? Perguntaremos, ainda, aos que negam utilidade à moral espírita: Por que tão pouco praticada é a do Cristo?

E por que, exatamente os que com justiça lhe proclamam a sublimidade, são os primeiros a violar-lhe o preceito capital, o da caridade universal? Os espíritos vêm não só confirmá-la, mas também mostrar-nos a sua utilidade prática. Tornam inteligíveis e patentes verdades que haviam sido ensinadas sob a forma alegórica. E, justamente com a moral, trazem-nos a definição dos mais abstratos problemas da psicologia. Jesus veio mostrar aos homens o caminho do verdadeiro bem. Por que, tendo-o enviado pra fazer lembrada Sua lei que estava esquecida, não havia Deus de enviar hoje os espíritos, a fim de a lembrarem novamente aos homens, e com maior precisão, quando eles a olvidam, pra tudo sacrificar ao orgulho e à cobiça? Quem ousaria pôr limites ao poder de Deus e traçar-Lhe normas?

Quem nos diz que, como o afirmam os espíritos, não estão chegando os tempos preditos em que não chegamos aos em que verdades mal compreendidas, ou falsamente interpretadas, devam ser ostensivamente reveladas ao gênero humano, pra lhe apressar o adiantamento? Não haverá alguma coisa de providencial nessas manifestações que se produzem simultaneamente em todos os pontos do globo? Não é um único homem, um profeta quem nos vem advertir. A luz surge por toda parte. É todo um mundo novo que se desdobra às nossas vistas. Assim como a invenção do microscópio nos revelou o mundo dos infinitamente pequenos, de que não suspeitávamos, assim como o telescópio nos revelou milhões de mundos de cuja existência também não suspeitávamos, as comunicações espíritas nos revelam o mundo invisível que nos cerca, nos acotovela constantemente e que, à nossa revelia, toma parte em tudo o que fazemos.

Decorrido que seja mais algum tempo, a existência desse mundo, que nos espera, se tornará tão incontestável como a do mundo microscópico e dos globos disseminados pelo espaço. Nada, então, valerá de nos terem feito conhecer um mundo todo, o nos haverem iniciado nos mistérios da vida de além-túmulo? É exato que essas descobertas, se lhes pode dar este nome, contrariam algum tanto certas ideias aceitas. Mas, não é real que todas as grandes descobertas científicas hão igualmente modificado, subvertido até, as mais correntes ideias? E o nosso amor-próprio não teve que se curvar diante da evidência? O mesmo acontecerá com relação ao Espiritismo, que, em breve, gozará do direito de cidade entre os conhecimentos humanos.

As comunicações com os seres de além-túmulo deram em resultado fazer-nos compreender a vida futura, fazer-nos vê-la, iniciar-nos no conhecimento das penas e gozos que nos estão reservados, de acordo com os nossos méritos e, desse modo, encaminhar pro Espiritualismo os que no homem somente viam a matéria, a máquina organizada. Razão, portanto, tivemos pra dizer que o Espiritismo, com os fatos, matou o materialismo. Fosse este único resultado por ele produzido e já muita gratidão lhe deveria a ordem social, ele, porém, faz mais, mostra os inevitáveis efeitos do mal e, conseguintemente, a necessidade do bem. Muito maior do que se pensa é, e cresce todos os dias, o número daqueles em que ele há melhorado os sentimentos, neutralizado as más tendências e desviado do mal.

É que pra esses o futuro deixou de ser coisa imprecisa, simples esperança, por se haver tornado uma verdade que se compreende e explica, quando se veem e ouvem os que partiram lamentar-se ou felicitar-se pelo que fizeram na Terra. Quem disso é testemunha entra a refletir e sente a necessidade de a si mesmo se conhecer, julgar e emendar.

9

Os adversários do Espiritismo não se esqueceram de armar-se contra ele de algumas divergências de opiniões sobre certos pontos de doutrina. Não é de admirar que, no início duma ciência, quando ainda são incompletas as observações e cada um a considera do seu ponto de vista, apareçam sistemas contraditórios. Mas, já três quartos desses sistemas caíram diante dum estudo mais aprofundado, a começar pelo que atribuía todas as comunicações ao espírito do mal, como se a Deus fora impossível enviar bons espíritos aos homens, doutrina absurda, porque os fatos a desmentem, ímpia, porque importa na negação do poder e da bondade do Criador.

Os espíritos sempre disseram que nos não inquietássemos com essas divergências e que a unidade se estabeleceria. Ora, a unidade já se fez quanto à maioria dos pontos e as divergências tendem cada vez mais a desaparecer. Tendo-se-lhes perguntado: - *Enquanto se não faz a unidade, sobre que pode o homem, imparcial e desinteressado, basear-se pra formar juízo?*

Eles responderam: - *Nuvem alguma obscurece a luz verdadeiramente pura, o diamante sem jaça é o que tem mais valor, julgai, pois, dos espíritos pela pureza de seus ensinos.* Não olvideis que, entre eles, há os que ainda se não despojaram das ideias que levaram da vida terrena. Sabei distingui-los pela linguagem de que usam. Julgai-os pelo conjunto do que vos dizem.

Vede se há encadeamento lógico nas suas ideias, se nestas nada revela ignorância, orgulho ou malevolência; em suma, se suas palavras trazem todas o cunho de sabedoria que a verdadeira superioridade manifesta. Se o vosso mundo fosse inacessível ao erro, seria perfeito, e longe disso se acha ele. Ainda estais aprendendo a distinguir do erro a verdade.

Faltam-vos as lições da experiência pra exercitar o vosso juízo e fazer-vos avançar. A unidade se produzirá do lado em que o bem jamais esteve de mistura com o mal; desse lado é que os homens se coligarão pela força mesma das coisas, porquanto reconhecerão que aí é que está a verdade. Aliás, que importam algumas dissidências, mais de forma que de fundo! Notai que os princípios fundamentais são os mesmos por toda parte e vos hão de unir num pensamento comum: o amor de Deus e a prática do bem. Quaisquer que se suponham ser o modo de progressão ou as condições normais da existência futura, o objetivo final é um só, fazer o bem. Ora, não há duas maneiras de fazê-lo.

Se é certo que, entre os adeptos do Espiritismo, se contam os que divergem de opinião sobre alguns pontos da teoria, menos certo não é que todos estão de acordo quanto aos pontos fundamentais. Há, portanto, unidade, excluídos apenas os que, em número muito reduzido, ainda não admitem a intervenção dos espíritos nas manifestações, os que se atribuem a causas puramente físicas, o que é contrário a este axioma: Todo efeito inteligente há de ter uma causa inteligente, ou ainda a um reflexo do nosso próprio pensamento, o que os fatos desmentem. Os outros pontos são secundários e em nada comprometem as bases fundamentais. Pode, pois haver escolas que procurem esclarecer-se acerca das partes ainda controvertidas da ciência; não deve haver seitas rivais umas das outras. Antagonismo só poderia existir entre os que querem o bem e os que quisessem ou praticassem o mal.

Ora, não há espírita sincero e compenetrado das grandes máximas morais ensinadas pelos espíritos que possa querer o mal, nem desejar mal ao seu próximo, sem distinção de opiniões. Se errônea for alguma destas, cedo ou tarde a luz pra ela brilhará, se a buscar de boa-fé e sem prevenções. Enquanto isso não se dá, um laço comum existe que as deve unir a todos num só pensamento; uma só meta pra todas. Pouco, por conseguinte, importa qual seja o caminho, uma vez que conduza a essa meta. Nenhuma deve impor-se por meio do constrangimento material ou moral e em caminho falso estaria unicamente aquela que lançasse anátema sobre outra, porque então procederia evidentemente sob a influência de maus espíritos.

O argumento supremo deve ser a razão. A moderação garantirá melhor a vitória da verdade do que as diatribes envenenadas pela inveja e pelo ciúme. Os bons espíritos só pregam a união e o amor ao próximo, e nunca um pensamento malévolo ou contrário à caridade pode provir de fonte pura. Ouçamos sobre este assunto, e pra terminar, os conselhos do Espírito Santo Agostinho: Por bem largo tempo, os homens se têm estraçalhado e anatematizado mutuamente em nome de um Deus de paz e misericórdia, ofendendo-o com semelhante sacrilégio. O Espiritismo é o laço que um dia os unirá, porque lhes mostrará onde está a verdade, onde o erro.

Durante muito tempo, porém, ainda haverá escribas e fariseus que negarão, como negaram o Cristo. Quereis saber sob a influência de que espíritos estão as diversas seitas que entre si fizeram partilha do mundo? Julgai-o pelas suas obras e pelos seus princípios. Jamais os bons espíritos foram os instigadores do mal, jamais aconselharam ou legitimaram o assassínio e a violência, jamais estimularam os ódios dos partidos, nem a sede das riquezas e das honras, nem a avidez dos bens da Terra. Os que são bons, humanitários e benevolentes com todos, esses os seus prediletos e prediletos de Jesus, porque seguem a estrada que este lhes indicou pra chegarem até ele.

Sociedade Armônica - O melhor pro mundo.

Faça aquilo que tu gosta, que te possibilita evoluir e viver bem em qualquer lugar, que não prejudica ninguém e traga sempre as felicidades.

Sociedade Armônica

Printed in Great Britain
by Amazon